国家职业教育应用化工技术专业教学资源库配套教材

高等职业教育新形态一体化教材

有机化学

（第二版）

高等职业教育化学教材编写组 编

中国教育出版传媒集团
高等教育出版社·北京

内容提要

本书是"十四五"职业教育国家规划教材，也是国家职业教育应用化工技术专业教学资源库配套教材。

本书以官能团顺序分类，全书分为十二个模块，主要介绍了饱和烃、不饱和脂肪烃、芳香烃、烃含卤衍生物、烃饱和含氧衍生物、烃不饱和含氧衍生物、烃含氮衍生物、烃含杂原子环状化合物和生命的物质基础糖类、氨基酸、蛋白质、核酸的变化及应用，每个模块均设有任务训练。本书融理论、实验、应用为一体，结合有机化学学科的特点，书末列出了"有机化学学习导航"，总结了各类有机化合物之间的内在联系，更加方便教师的教学和学生的学习。

本书提供授课用演示文稿、习题解答、教学动画、微视频等数字化教学资源。书中重要知识点的动画和视频资源可通过移动终端扫描二维码观看。

本书适用于高素质技术技能人才的培养目标，可供高等职业院校生物与化工大类、医药卫生大类、轻工纺织大类、能源动力与材料大类、资源环境与安全大类、食品药品与粮食大类等专业使用。

图书在版编目(CIP)数据

有机化学 / 高等职业教育化学教材编写组编. —2版. —北京：高等教育出版社，2024.3

ISBN 978-7-04-059791-2

Ⅰ.①有… Ⅱ.①高… Ⅲ.①有机化学-高等职业教育-教材 Ⅳ.①O62

中国国家版本馆CIP数据核字(2023)第013479号

YOUJI HUAXUE

策划编辑 苗叶凡　责任编辑 苗叶凡　封面设计 张 志　版式设计 杜微言
责任绘图 李沛蓉　责任校对 高 歌　责任印制 朱 琦

出版发行	高等教育出版社	网　址	http://www.hep.edu.cn
社　址	北京市西城区德外大街4号		http://www.hep.com.cn
邮政编码	100120	网上订购	http://www.hepmall.com.cn
印　刷	湖南天闻新华印务有限公司		http://www.hepmall.com
开　本	787mm×1092mm 1/16		http://www.hepmall.cn
印　张	22.5	版　次	2014年3月第1版
字　数	500千字		2024年3月第2版
购书热线	010-58581118	印　次	2024年3月第1次印刷
咨询电话	400-810-0598	定　价	59.80元

物 料 号　59791-00

前言 preface

本书是高等职业教育应用化工技术专业教学资源库配套教材、“十四五”职业教育国家规划教材。本书寓“思”“理”“德”于教材中，引导学生树立正确的世界观、人生观、价值观。教材编写坚持“做中学，学中做”的职业教育理念，以学生为中心，使学生带着问题边讨论边学习，带着任务训练，学习知识和技能。

党的二十大报告提出，“推动绿色发展，促进人与自然和谐共生”“绿水青山就是金山银山”。有机化学与绿色发展密不可分，有机产品在生产、合成过程中，涉及废水、废气处理等环保问题。本教材以问题为导向，引导学生树立绿色环保、规范操作、安全生产、团队协作等意识，将理论知识、实践操作及素质培养融于一体，促进学生专业技能的提升。

本书结合高等职业教育的特点和学生实际情况，本着专业基础课为专业服务的宗旨，以有机化学知识在化工、生物、医药等领域的应用为出发点编写。本书按官能团将各类有机化合物有机地组织在一起。全书共分为十二个模块，每个模块内容包括学习目标、问题引入、理论知识、任务训练、本章小结、习题与测试等。本书融理论、实验、应用于一体，以工作过程为导向，突出能力培养。本书具有如下特色：

1. 教材编排系统，可读性强

教材内容组织遵循学生的认知规律，循序渐进，能满足不同专业教学需要，可作为高等职业院校及本科院校、中等职业学校化工、分析、食品、制药、造纸等专业的有机化学课程教材。

2. 栏目设计新颖，以学生为中心

书中交流与讨论式的“问题引入”从生活中的有机化学导入，可以激发学生的学习兴趣；“交流与讨论”有助于开展案例教学；“任务训练”便于实施任务教学；“小知识”“小贴士”开阔学生的视野，同时也便于学生将学到的化学知识与日常生活联系起来。

3. 融入多媒体，灵活性好

本书提供授课用演示文稿、习题解答、教学动画、微视频等数字化教学资源。教材中插入了大量的有机化合物结构动画、有机化合物特征反应动画、有机反应机理动画，以及实验操作视频等信息化资源。学生通过扫描二维码即可观看，不仅满足了信息化教学的要求，也为学生课后学习提供了帮助。

4. 教材内容紧密对接职业岗位

"任务训练"以工作任务引导的方式，帮助学生架构一个完整的任务框架。学生通过完成资料查询、收集与整理，设计、完善实验方案，实施方案完成任务，模拟真实的岗位工作能力训练，突出创新精神和实践能力培养。

5. 注重学习能力培养

"有机化学学习导航"模块，引导学生复习和总结，有助于学生对教材重要知识点的理解和掌握，让学生学会揭示各类有机化合物之间的内在联系，找出它们的共性和不同官能团化合物之间的关系，从而做到举一反三。

本书由张良军（广西工业职业技术学院）主编，张霖（中国石油天然气总公司锦州石化分公司）主审。张良军编写了第一、六、八、十二模块，梁伟夏（广西工业职业技术学院）编写了模块二，徐晶（东北石油大学秦皇岛分校）编写了模块三，张学花（东营职业学院）编写了模块四，钟飞（荆州理工职业学院）编写了模块五，荆文静（山西工程职业学院）编写了模块七，谢辉（河北石油职业技术大学）编写了模块九，付兴丽（广西工业职业技术学院）编写了模块十，张睿哲（广西工业职业技术学院）编写了模块十一，余希成（广西工业职业技术学院）编写了任务训练部分，全书由张良军统稿。

本书在编写过程中得到了高等教育出版社及主审、各编者所在单位的大力支持，在此一并表示感谢！

由于编者水平有限，难免有不妥之处，恳请广大读者予以批评指正，在此致以诚挚的谢意。

编　者

2024 年 1 月

目录 contents

模块一

认识有机化学

学习目标

1. 知道有机化合物的含义和有机化合物的特点；

2. 会用构造式表示有机化合物，知道有机化合物的同分异构现象；

3. 知道什么是共价键及共价键的属性；

4. 能指出所给有机化合物的类别；

5. 能简单描述有机化合物的研究方法，并能根据已知的实验数据计算出待定有机化合物的化学式；

6. 会进行蒸馏的操作。

问题引入

2015 年 10 月 5 日，瑞典卡罗琳医学院宣布，将 2015 年诺贝尔生理学或医学奖授予屠呦呦及另外两名科学家，以表彰他们在寄生虫疾病治疗研究方面所取得的成就。

诺贝尔生理学或医学奖评委让·安德森说："屠呦呦是第一个证实青蒿素可以在动物体和人体内有效抵抗疟疾的科学家。她的研发对人类的生命健康贡献突出，为科研人员打开了一扇崭新的窗户。屠呦呦既有中医学知识，也了解药理学和化学，她将东西方医学相结合，达到了一加一大于二的效果，屠呦呦的发明是这种结合的完美体现。"

青蒿素是哪一类化合物？它是如何有效抵抗疟疾的？

生活中的化合物，如作为能源的石油、天然气；人们穿的衣服所用的棉花、染料、纤维；能防病、治病的天然和合成药物；生命产生的物质基础如脂肪、氨基酸、蛋白质、糖类、血红素、叶绿素、酶、激素、维生素等属于哪一类化合物？如何判断它们的类别？

主题 1　有机化学的研究对象

一、有机化学和有机化合物的含义

交流与讨论

$CHCl_3$、CH_3COOH、Na_2CO_3、C_2H_5OH、NaCN 等化合物中哪些是无机化合物，哪些是有机化合物？

小贴士

早期，有机化合物是指从动植物有机体内取得的物质。自 1828 年维勒人工合成尿素后，有机化合物和无机物质之间的界限随之消失，但由于历史和习惯的原因，“有机”这个名词仍沿用至今。有机化合物对人类具有重要意义，地球上所有的生命形式，主要是由有机化合物组成的。

1. 有机化合物

在化学上通常把化合物分为两大类：无机化合物、有机化合物。

什么是有机化合物呢？有机化合物具有如下特点。

(1) 所有的有机化合物，均含有 C 元素。

(2) 绝大多数有机化合物中还含有 H 元素，仅含有 C、H 两种元素的有机化合物称为**碳氢化合物**，简称为**烃**。

(3) 有些有机化合物还含有 O、N、X、S、P 等元素，这些有机化合物称为**碳氢化合物的衍生物**。

因此，**有机化合物**是指碳氢化合物及其衍生物，简称**有机物**。

2. 有机化学与有机化学工业

有机化学是研究有机化合物的组成、结构、性质、合成与应用的一门科学。

生产有机化合物的工业叫作**有机化学工业**。20 世纪以来，以煤焦油和石油为主要原料的有机化学工业获得快速发展，生产合成了许多染料、药物、橡胶、树脂等有机化合物。现今，人们的衣、食、住、行都离不开有机化学工业。一些尖端科学和生命科学的发展离不开有机化学；经济建设和国防建设离不开有机化学工业。以有机化学为基础的石油、化工、医药、涂料、合成材料已成为我国国民经济的支柱产业；生物化工、功能材料等也已成为我国重点发展的工业。“十四五”期间，我国将重点发展化工新材料，如高端聚烯烃塑料、工程塑料及重点工程塑料、聚氨酯材料等。

二、有机化合物的特点

交流与讨论

你认为可以用哪种最简便的方法鉴别无机化合物和有机化合物。

1. 数目繁多

目前人类已知的有机化合物超 1 亿种，数量远远超过无机化合物。截至 2019 年，美国化学文摘社化学物质数据库中收录的物质数量已超过 1.52 亿种。其中收录的第 6 000 万种物质，是一种具有潜在治疗活性的化合物。该物质在中国国家知识产权局进行了专利申请，它是由中国的一家权威药物研究机构——中国科学院药物研究所发现的。这也充分表明了中国在全球化学研究中贡献了伟大力量。

2. 容易燃烧

大多数有机化合物容易燃烧，碳氢化合物还可烧尽，最终产物为二氧化碳和水。但也有少量的有机化合物难以燃烧。如四氯化碳不仅不能燃烧，还可以灭火。

3. 熔沸点低

许多有机化合物在室温时呈气态或液态，常温下呈固态的有机化合物其熔点一般也很低。有机化合物的熔点一般在 300℃以下，很少超过 400℃。

4. 大多数有机化合物易溶于有机溶剂而不(或难)溶于水

有机化合物一般为非极性或极性较弱的化合物，所以大多数有机化合物不(或难)溶于水，易溶于有机溶剂，但也有一些有机化合物(如乙醇、乙酸等)因分子中含有极性较强的基团而易溶于水。

5. 反应速率慢且反应较复杂

有机反应大多数是分子反应，只有当分子具有一定能量时才能起反应，故需要一定的时间。为了加快反应速率，往往需要加热、光照或使用催化剂。另外有机反应较复杂，能起反应的部位不局限于分子的某一部位，常常可在几个部位同时发生。因此，同一反应物在同一反应条件下会得到许多不同的产物。一般把化合物主要进行的一个反应叫作**主反应**，其他的反应叫作**副反应**。

6. 稳定性较差，加热时易分解

有机化合物分子中的化学键大多是共价键，其键能相对于无机物分子中的离子键要低很多，因此，其稳定性相对来说较差，在加热时易发生分解。

主题 2　有机化合物的结构特征

一、有机化合物的构造式

1. 定义

化学式用来表示组成有机化合物分子的原子种类和数目。分子内各原子的连接顺序和连接方式叫作**分子构造**,表示分子构造的化学式叫作**构造式**。

2. 表示方法

将原子与原子用短线相连代表共价键,一条短线代表一个共价键。当原子与原子之间以双键或三键相连时,则用两条或三条短线相连。例如:

$$C-C \qquad C=O \qquad C\equiv N$$

构造式比较完整地表示了有机化合物的分子组成。在构造式的基础上,省略碳原子或其他原子与氢原子之间的短线,即得到**结构简式**。例如:

$$\begin{array}{ccccccccc} & & H & & H & & H & & H & & \\ & & | & & | & & | & & | & & \\ H & - & C & - & C & - & C & - & C & - & H \\ & & | & & | & & | & & | & & \\ & & H & & H & & H & & H & & \end{array} \qquad CH_3CH_2CH_2CH_3$$

构造式　　　　结构简式

结构简式也能反映出有机化合物的分子组成、原子间的连接顺序和连接方式,而且较构造式简单。所以常采用结构简式表示有机化合物的分子结构。

书写具有较长碳链或环状结构的有机化合物时,也常用**键线式**。键线式只能表示碳的骨架。例如:

结构简式	$CH_3CH_2CH_2CH_2CH_3$	环状: CH_2 连接 H_2C 与 CH_2, H_2C—CH_2 下接 H_2C—CH_2
键线式	(折线)	(五边形)

二、同分异构现象

交流与讨论

CH_3CH_2CHO、CH_3COCH_3、$CH_2{=}CHCH_2OH$这三种物质组成上有什么特点?它们之间是什么关系?

构成有机化合物的元素种类并不多，但有机化合物的数量却非常之多，这是什么原因呢？

1. 碳原子的连接能力非常强

(1) 碳原子既可以和其他原子相互连接，也可以和碳原子相互连接；

(2) 可以是一个碳原子和其他原子形成化合物，也可以是成千上万个碳原子相互连接形成有机化合物；

(3) 碳原子既可以连接成链状，也可以连接成环状；

(4) 碳原子既能够以单键形式相互连接，也能够以双键、三键的形式相互连接形成有机化合物。

2. 有机化合物中普遍存在着同分异构现象

有机化合物中有一种现象，同一个化学式可以代表许多性质完全不同的化合物。例如，化学式为 C_2H_6O 的有机化合物就代表了乙醇和甲醚这两种不同的化合物。

$$CH_3—CH_2—OH$$

乙醇(属于醇)

$$CH_3—O—CH_3$$

甲醚(属于醚)

像这种化学式相同的不同化合物叫作**同分异构体**，简称**异构体**。这种现象叫作**同分异构现象**，化学式相同，分子构造不同的化合物叫作**构造异构体**。

丁烷的构造异构体有

$$CH_3—CH_2—CH_2—CH_3$$

正丁烷

$$\begin{array}{c} \quad\;\; CH_3 \\ \quad\;\; | \\ CH_3—CH—CH_3 \end{array}$$

异丁烷

戊烷的构造异构体有

$$CH_3—CH_2—CH_2—CH_2—CH_3$$

正戊烷

$$\begin{array}{l} \qquad\quad CH_3 \\ \qquad\quad\; | \\ CH_3—CH—CH_2—CH_3 \end{array}$$

异戊烷

$$\begin{array}{c} CH_3 \\ | \\ CH_3—C—CH_3 \\ | \\ CH_3 \end{array}$$

新戊烷

有机化合物含有的碳原子数和原子种类越多，它的构造异构体也越多。例如，化学式为 C_8H_{18} 的构造异构体达 18 种，化学式为 $C_{10}H_{22}$ 的构造异构体可达 75 种。正是因为构造异构现象的存在，有机化合物的数量才大大增加。

三、共价键的形成

在有机化合物分子中，原子与原子之间一般是以共价键的形式连接起来的。对于共价键形成的理论解释，常用两种方法：价键法和分子轨道法。下面主要介绍价键法。

价键法认为，共价键的形成可看作是原子轨道的重叠或电子配对的结果，成键的电子处于以此化学键相连原子的区域内，两个原子如果都有未成对的电子，并且自旋相反，就能配对成键。也就是原子轨道可重叠形成共价键，重叠的程度越大，所形成的共价键就越牢固。例如：

$$\times\overset{\times}{\underset{\times}{C}}\times + 4H\cdot \longrightarrow H\overset{\cdot\times}{\underset{\times\cdot}{:}}\overset{H}{\underset{H}{C}}\overset{\cdot\times}{\underset{}{:}}H \quad 或 \quad H-\overset{H}{\underset{H}{\overset{|}{\underset{|}{C}}}}-H$$

共价键的成键方式有两种：一种是沿着原子轨道对称轴的方向“头碰头”地重叠，形成的共价键称为**σ 键**；另一种是原子轨道的对称轴相互平行，原子轨道从侧面“肩并肩”地重叠，形成的共价键称为**π 键**。

四、共价键的属性

交流与讨论

对于共价键 C—O、C—Br 、C—Cl、C—I、C—F，你能否按照极性由大到小的顺序进行排列？

共价键的属性主要表现在如下键参数方面。

1. 键长

共价键形成以后，组成共价键的两个原子核之间的距离称为**键长**，单位为 nm。不同共价键的键长是不相同的，例如，C—H 键的键长为 0.109 nm，C—C 键的键长为 0.154 nm。表 1-1为常见共价键的键长。

表 1-1　常见共价键的键长

键型	键长/nm	键型	键长/nm
C—H	0.109	C—O	0.143
C—C	0.154	C—N	0.147
C—Cl	0.177	C═C	0.134
C—Br	0.191	C═O	0.122
C—I	0.212	C≡C	0.120
N—H	0.103	C═N	0.130
O—H	0.097	C≡N	0.116

同一类型共价键的键长在不同的化合物中可能稍有差别，主要是因为构成共价键的原子在分子中不是孤立的而是相互影响的。表 1-2 列出了不同化合物中 C—C 键的键长。

表 1-2　在不同化合物中 C—C 键的键长

化合物	键长/nm	化合物	键长/nm
$H_3C\overset{\downarrow}{—}CH_3$	0.153	$H_3C\overset{\downarrow}{—}C≡CH$	0.146
$H_3C\overset{\downarrow}{—}CH═CH_2$	0.151	$CH_2═CH\overset{\downarrow}{—}C≡CH$	0.143
$CH_2═CH\overset{\downarrow}{—}CH═CH_2$	0.147	$CH≡C\overset{\downarrow}{—}C≡CH$	0.137

2. 键角

二价以上的原子在形成共价键以后，两个共价键键轴之间的夹角称为**键角**。如甲烷分子中 H—C—H 的键角为 109.5°，再如水分子中 H—O—H 的键角为 104.5°，键角反映了分子的空间结构。

3. 键能

所谓**键能**就是共价键断裂时所需要的能量或共价键形成时所放出的能量。

对于双原子分子来说，其键能就是其键解离能。所谓**键解离能**就是 1 mol 气态双原子分子在 298 K 和 100 kPa 条件下解离为气态原子时所吸收的能量。例如，实验测得，25 ℃时，1 mol H_2 分子（气态）解离为 H 原子（气态）时吸收的能量为 436.0 kJ，H—H 键的键能就是 436.0 kJ·mol^{-1}（25 ℃）。反之，25 ℃时，H 原子（气态）相互结合生成 1 mol H_2 分子（气态）时放出的能量也是 436.0 kJ。

$$H_2(g) \rightleftharpoons H(g) + H(g) - 436.0\ \text{kJ}\cdot\text{mol}^{-1}$$

对于多原子分子来说，同类共价键的键解离能可能有所不同，其键能一般是指同一类共价键的键解离能的平均值。例如，甲烷分子中含有 4 个 C—H 键，逐一解离每个 C—H 键的键解离能是不相同的，C—H 键的键能是解离 4 个 C—H 键的键解离能的平均值。

$$CH_4(g) \longrightarrow CH_3\cdot(g) + H\cdot(g) - 434.7\ \text{kJ}\cdot\text{mol}^{-1}$$

$$CH_3\cdot(g) \longrightarrow \cdot CH_2\cdot(g) + H\cdot(g) - 443.1\ \text{kJ}\cdot\text{mol}^{-1}$$

$$\cdot CH_2\cdot(g) \longrightarrow \cdot\dot{\underset{\cdot}{C}}H(g) + H\cdot(g) - 443.1\ \text{kJ}\cdot\text{mol}^{-1}$$

$$\cdot\dot{\underset{\cdot}{C}}H(g) \longrightarrow \cdot\dot{\underset{\cdot}{C}}\cdot(g) + H\cdot(g) - 338.6\ \text{kJ}\cdot\text{mol}^{-1}$$

C—H 键的键能为（434.7 kJ·mol^{-1}＋443.1 kJ·mol^{-1}＋443.1 kJ·mol^{-1}＋338.6 kJ·mol^{-1}）/4＝414.9 kJ·mol^{-1}。

键能反映了共价键的稳定性，键能越大，该共价键就越稳定，破坏该共价键所需要的能量就越高。表 1-3 为常见共价键的键能。

表 1-3　常见共价键的键能

键型	键能/(kJ·mol^{-1})	键型	键能/(kJ·mol^{-1})	键型	键能/(kJ·mol^{-1})
C—C	347	C—N	305	O—H	464
C═C	611	C—F	485	N—H	389
C≡C	837	C—Cl	339	H—H	436
C—H	414	C—Br	285	S—H	347
C—O	360	C—I	218	C—S	272

4. 键的极性

键的极性往往对化合物的物理、化学性质有明显的影响。分子中以共价键相连接的原子吸引电子能力是不同的，原子吸引电子能力的大小是以元素电负性的大小来表示的，电负性大的吸引电子的能力大，电负性小的吸引电子的能力小。

相同原子由于元素的电负性相同，所形成的共价键无极性；不同原子由于元素的电负性不同，所形成的共价键有极性。

对于双原子分子来说，键的极性就是分子的极性。对于多原子分子来说，分子的极性除了与键的极性有关外，还与分子中原子在空间的排布有关。由极性键构成的对称分子，是非极性分子，由极性键构成的非对称分子，则是极性分子。

练一练

下列化合物中哪些是极性分子？哪些是非极性分子？

1. CH_2Cl_2 2. C_2H_5OH 3. CH_3CH_2Cl

4. CH_4 5. CCl_4 6. NH_3

五、共价键的断裂和有机反应的类型

在有机化合物分子中，原子与原子之间是靠共价键相互连接起来的，有机化学反应实际上就是旧的共价键断裂和新的共价键形成的过程。共价键的断裂大体上可分为两类。

1. 均裂

共价键在断裂时，组成共价键的两个电子平均分配给组成该共价键的两个原子或基团。此过程称为**共价键的均裂**。

$$A:B \longrightarrow A\cdot + B\cdot$$

均裂反应生成的带单电子的原子或基团称为自由基或游离基，因此均裂反应也称为**自由基型反应**。

2. 异裂

共价键在断裂时，组成共价键的两个电子被其中的一个原子或基团所独占。此过程称为**共价键的异裂**。

$$A:B \longrightarrow A^+ + :B^-$$

异裂反应生成的是带正、负电荷的离子，有离子参加的反应称为**离子型反应**。

小知识

在离子型反应中，根据试剂本身是亲核的还是亲电的，可将其分为**亲核试剂**和**亲电试剂**两类。有机化合物与亲电试剂的反应，称为**亲电反应**；有机化合物与亲核试剂的反应，称为**亲核反应**，具体内容见模块三、五。

主题 3　有机化合物的分类

有机化合物的数目繁多，但结构相似的有机化合物性质也相似，因此，可根据有机化合物的结构特征对其进行分类。有机化合物的分类方法大体上有两种：按碳骨架分类和按官能团分类。

交流与讨论

你知道这些化合物属于有机化合物中的哪一类吗？

1. $CH_3CH{=}CHCH_3$　2. CH_3CH_2Cl　3. $C_6H_5NH_2$　4. $CH_3OCH_2CH_3$

5. CH_3CH_2OH　6. CH_3COOH　7. C_2H_5CN　8. $CH_3-\underset{\underset{O}{\|}}{C}-CH_3$

一、按碳骨架分类

根据有机化合物碳原子的连接方式可将有机化合物分为两大类。

1. 开链化合物（脂肪族化合物）

在开链化合物中，碳原子间或碳原子与其他原子之间连接成链状，所以称为**开链化合物**。由于此类化合物最初是从动物的脂肪中得到的，所以又称为**脂肪族化合物**。例如：

$$CH_3-CH_2-OH \qquad CH_3-CH_2-O-CH_2-CH_3$$

2. 环状化合物

在环状化合物中，碳原子间或碳原子与其他原子之间连接成环状，所以称为**环状化合物**。环状化合物根据组成环的原子或结构又分为三类。

（1）脂环化合物　碳原子之间连接成环状，其性质与脂肪族化合物相似，所以称为脂环化合物。例如：

环戊烷　　环己烷

（2）芳香族化合物　芳香族化合物最初是从具有芳香气味的有机化合物——天然香树脂和香精油中提取出来的，其共同特点是，在它们的分子中一般具有苯环结构，具有特殊的性质。所以这类化合物称为**芳香族化合物**。例如：

苯　　萘

（3）杂环化合物　杂环化合物的共同特点是，在它们的分子中也具有环状结构，但组成环的原子中除了碳原子外，还有其他原子（如氧、硫、氮等）存在。例如：

二、按官能团分类

官能团是指有机化合物分子中特别容易发生反应的一些原子或基团，这些原子或基团决定了这类有机化合物的主要性质。如烯烃中的 $C=C$ 双键，炔烃中的 $C\equiv C$ 三键，卤代烃中的卤原子（F、Cl、Br、I），醇中的羟基（—OH）等。表 1－4 列出了一些常见的、重要的官能团。

表 1－4　一些常见的、重要的官能团

官能团	名称	官能团	名称
$-\overset{\vert}{C}=\overset{\vert}{C}-$	双键	$-\overset{\overset{O}{\Vert}}{C}-$	羰基
$-C\equiv C-$	三键	$-\overset{\overset{O}{\Vert}}{C}-OH$	羧基
—OH	羟基	—CN	氰基
—X(F,Cl,Br,I)	卤原子	$-NO_2$	硝基
C—O—C	醚键	$-NH_2$	氨基
$-\overset{\overset{O}{\Vert}}{C}-H$	醛基	$-SO_3H$	磺酸基

练一练

指出下列化合物中的官能团：

1. $CH_2=CH_2$　　2. CH_3-CHO　　3. CH_3CH_2Cl

4. CH_3CH_2OH　　5. CH_3-COOH　　6. $CH_3-\underset{\underset{O}{\Vert}}{C}-CH_3$

主题 4　有机化合物的研究方法

交流与讨论

如何检测某有机化合物中含有哪些元素?

小知识

1831 年，德国化学家李比希(Justus von Liebig，1803—1873)对燃烧法的装置做了重大改革。其燃烧管是一根很长的硬质玻璃管，以炭火(或煤气灯)加热，管内采用氧化铜作氧化剂，反应产生的 H_2O 和 CO_2 分别用装有无水氯化钙(或高氯酸镁)和碱石灰的干燥管吸收，然后称量，即可得出所测有机化合物中所含碳、氢、氧三种元素的含量。李比希的这套分析仪很快就成为常规分析仪，被广泛采纳。对该装置略作改动，还可检测出有机化合物中氮元素等的含量。

研究一种新的有机化合物一般需要经过以下几个步骤。

一、分离提纯

研究一种新的有机化合物首先要把它分离提纯，保证达到应有的纯度。分离提纯的方法有：重结晶法、升华法、蒸馏法、色谱分析法、离子交换法等。

二、检验纯度

一般来说，纯的有机化合物都有一定的物理常数，如熔点、沸点、密度、折射率等。因此，测定有机化合物的物理常数就可以确定其纯度。检验固体有机化合物的纯度最常用的方法是测定其熔点，纯的有机化合物熔点间距很小，一般为 0.5～1 ℃，不纯的则没有恒定的熔点。

三、实验式和化学式的确定

提纯后的有机化合物就可以进行元素的定性分析，确定它是由哪些元素组成的，然后再进行元素的定量分析，确定其实验式。**实验式**是表示化合物分子中各元素原子相对数目的最简单式子，不能确切表明分子中真实的原子个数。因此，必须进一步测定其相对分子质量，从而确定其化学式。

例 1-1 3.26 g 某样品燃烧后，得到 4.74 g CO_2 和 1.92 g H_2O，实验测得其相对分子质量为 60，求其化学式。

解：通过样品燃烧得到的产物可知，该样品中一定含有 C、H 两种元素，是否含有氧元素只能根据 C、H 元素的含量之和是否达到 100% 来确定。若 C、H 元素的含量之和达到 100%，则不含氧元素；若 C、H 元素的含量之和没有达到 100%，则含有氧元素。

1. 求出各元素的含量

样品	CO_2	H_2O
3.26 g	4.74 g	1.92 g

$$\text{碳元素质量}=CO_2\text{ 质量}\times\frac{\text{C 相对原子质量}}{CO_2\text{ 相对分子质量}}=4.74\text{ g}\times\frac{12}{44}=1.29\text{ g}$$

$$\text{氢元素质量}=H_2O\text{ 质量}\times\frac{\text{H 相对原子质量}\times 2}{H_2O\text{ 相对分子质量}}=1.92\text{ g}\times\frac{2}{18}=0.213\text{ g}$$

$$\text{C 含量}=\frac{\text{碳元素质量}}{\text{样品质量}}\times100\%=\frac{1.29\text{ g}}{3.26\text{ g}}\times100\%=39.6\%$$

$$\text{H 含量}=\frac{\text{氢元素质量}}{\text{样品质量}}\times100\%=\frac{0.213\text{ g}}{3.26\text{ g}}\times100\%=6.53\%$$

$$\text{C 含量}+\text{H 含量}=39.6\%+6.53\%=46.13\%<100\%$$

说明样品中含有氧元素。

$$\text{O 含量}=100\%-46.13\%=53.87\%$$

2. 求出各元素的原子数目比（即实验式）

$$C:\frac{39.6}{12}=3.30,\quad H:\frac{6.53}{1}=6.53,\quad O:\frac{53.87}{16}=3.37$$

$$C:H:O=\frac{3.30}{3.30}:\frac{6.53}{3.30}:\frac{3.37}{3.30}=1:1.98:1.02\approx1:2:1$$

该化合物的实验式为 CH_2O。

3. 求化学式

该化合物的相对分子质量为 60，即 $(CH_2O)_n$ 的相对分子质量为 60，实验式相对质量为

$$12+1\times2+16=30$$

则

$$n=\frac{60}{30}=2$$

所以，该化合物的化学式为 $C_2H_4O_2$。

四、构造式的确定

测定有机化合物结构的方法主要有两种：物理方法和化学方法。物理方法根据化合物的性质和运用现代物理方法如 X 射线衍射法、电子衍射法、光谱法、核磁共振波谱法等来测定化合物的结构。

练一练

1. 元素定量分析，甲基橙是一种含氧酸的钠盐，它含有 C 51.4%、H 4.3%、N 12.8%、S 9.8% 和 Na 7.0%，问甲基橙的实验式是什么？

2. 下面记录了化合物的元素定量分析和相对分子质量测定的结果，请计算它们的化学式。

① C 65.35%，H 5.60%，相对分子质量 110。

② C 62.60%，H 11.30%，N 12.17%，相对分子质量 230。

③ C 45.06%，H 8.47%，N 13.16%，Cl 33.35%，相对分子质量 106.5。

主题 5　如何学好有机化学

交流与讨论

学好有机化学，你有什么好方法？

一、明确学习目的

有机化学与人类的生产、生活关系密切，学好有机化学具有重要的意义。

二、掌握学习方法

有机化合物数量多、结构复杂，有机反应中副反应多，因此在学习有机化学时要勤记忆。同时，由于学习有机化合物时往往是以一种具有一定代表性的有机化合物为典型物质进行学习，因此要善于抓住主要知识点的学习，学会举一反三。

三、及时归纳总结

要善于归纳总结，提高学习效率。归纳和总结是学好有机化学的重要环节。众多的有机化合物的命名、反应与合成是有一定规律的。要学会揭示各类化合物之间的内在联系，找出它们的共性和不同官能团化合物的个性之间的关系。

有机化学的学习方法因人而异，但共同点是理解、记忆、应用，三者缺一不可。要开动脑筋，努力学习，极大限度地调动人的主观能动性，只有这样才能将有机化学知识学到手。

任务训练 1　工业乙醇的蒸馏

任务工单 1

工作任务	工业乙醇的蒸馏						
姓名		班级		学号		日期	

学习目标

1. 知识目标

(1) 通过查找资料，了解乙醇的物性参数；

(2) 掌握蒸馏的基本原理。

2. 能力目标

会进行蒸馏操作。

3. 素养目标

(1) 会查找资料；

(2) 学会规范操作，树立安全意识；

(3) 具有严肃认真的学习态度及认真仔细的工作态度。

学习要求

1. 组长组织组员召开小组会议，领会学习目标，进行任务分工；
2. 结合所学的有机化学理论知识讨论理解实验原理；
3. 讨论实验安全事项。

任务分组

角色	姓名	学号	分工
组长			
组员 1			
组员 2			
组员 3			

任务落实

1. 资料查询、收集与整理。通过查阅资料，填写表 1-5。

表 1-5　试剂及产品的基本物性参数

名称	摩尔质量/($g \cdot mol^{-1}$)	熔点/℃	沸点/℃	密度/($g \cdot cm^{-3}$)	水溶性
乙醇					

2. 实验原理和材料。

(1) 实验原理

动画：有机化学实验注意事项

(2) 材料清单

3. 实验方案设计。

(1) 实验装置绘制

(2) 方框流程图

操作 1 → 操作 2 → 操作 3 → 操作 4 → ……

4. 完成实验报告。

(1) 实验现象记录

(2) 实验结果记录

(3) 实验结果讨论

任务评价

1. 产品外观

无色透明液体。

2. 产品产量

称量并计算回收率，填写产品质量及其评价表，如表 1-6 所示。

表 1-6　产品质量及其评价表

产品外观	回收率/%

问题探究

1. 用蒸馏法测定沸点时，在下述两种情况下，所测数据会产生什么误差？

(1) 加热过猛，蒸馏速度太快。

(2) 温度计水银球上端在蒸馏烧瓶支管底边的水平线以上或以下。

2. 当有馏出液时，才发现冷凝管夹套未通冷水，能否立即通水？为什么？应如何正确处理？

【知识连线】

1. 实验原理

蒸馏是利用液体混合物中各组分挥发度的差别，使液体混合物部分汽化并随之使蒸气部分冷凝，从而实现其所含组分的分离。其方法包括常压蒸馏、水蒸气蒸馏、分馏、减压蒸馏等。可根据有机化合物的性质合理选用。

常压蒸馏简称为蒸馏，是分离混合物和提纯有机液体化合物的重要方法之一，是在常压下加热液体至沸腾使之汽化，再将蒸气冷凝成液体，将冷凝液收集下来的操作过程。

当液体混合物受热时，蒸馏瓶内的混合液不断汽化，当液体的饱和蒸气压与施加给液体表面的外压相等时，液体沸腾，此时的温度称为该液体的**沸点**。液体混合物之所以能用蒸馏的方法加以分离，是因为组成混合液的各组分具有不同的挥发度。当被蒸馏的液体混合物的沸点差别较大时，在溶液上方，蒸气的组成与液相的组成不同。蒸气中低沸点组分的相对含量较大，而其在液相中的含量则较小，当蒸气冷凝时，就可得到低沸点组分含量高的馏出液，沸点较高者随后蒸出，不挥发的物质留在蒸馏器中。一般情况下，当两种液体的沸点差大于 30 ℃时，就可以利用普通蒸馏进行分离。

2. 仪器设备与装置

蒸馏装置由蒸馏烧瓶（或圆底烧瓶和蒸馏头）、温度计、冷凝管（直形或空气冷凝管）、接引管、接受器组成。如图 1-1 所示。

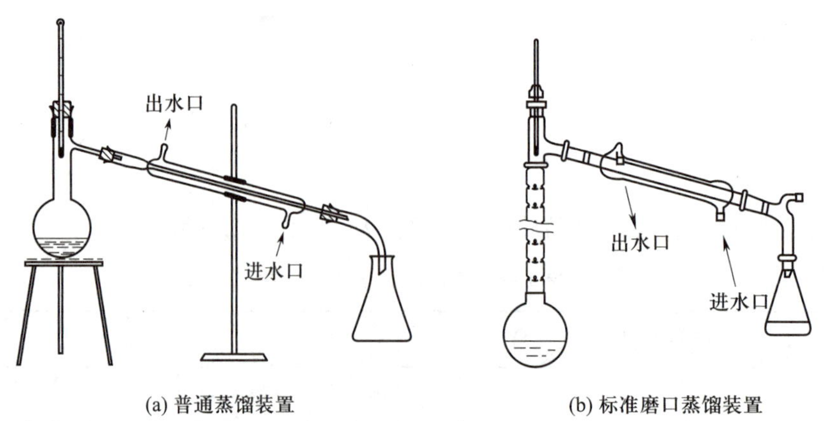

(a) 普通蒸馏装置　　(b) 标准磨口蒸馏装置

图 1-1　常压蒸馏装置

3. 药品试剂

工业乙醇。

4. 实验流程

实验关键步骤：组装仪器→加料→加热→收集馏分→计算回收率。

在 100 mL 蒸馏烧瓶中用玻璃漏斗或沿着面对蒸馏烧瓶支管的瓶颈壁，小心倒入 40 mL 含杂质的工业乙醇，加入 2～3 粒沸石，用水浴加热进行蒸馏。控制蒸馏速度为 1～2 滴/s，收集 77 ℃的馏分。当瓶内只剩下少量（0.5～1 mL）液体时，若维持原来的加热速度，温度计的读数会突然下降，即可停止蒸馏。称量 77～79 ℃的馏分，并计算回收率。

5. 实验注意事项

（1）蒸（分）馏装置及安装　仪器安装顺序为：自下而上，从热源部分安装。切勿使水电交错。仪器拆卸顺序与安装顺序相反。

（2）温度计水银球上限应和蒸馏头侧管的下限在同一水平线上。冷凝水应从冷凝管的下口进，上口出。蒸馏前加入沸石，以防暴沸。

（3）蒸馏及分馏效果与操作条件有直接关系，其中最主要的是控制馏出液流出速度，以 1～2 滴/s 为宜（1 mL/min），不能太快，否则达不到分离要求。

（4）当蒸馏沸点高于 140 ℃的物质时，应该使用空气冷凝管。

（5）如果维持原来加热程度，不再有馏出液蒸出，温度突然下降时，就应停止蒸馏，即使杂质量很少也不能蒸干，特别是蒸馏低沸点液体时更要注意不能蒸干，否则易发生意外事故。蒸馏完毕，先停止加热，后停止通冷却水，拆卸仪器。

（6）简单分馏操作和蒸馏大致相同，要很好地进行分馏，必须注意下列几点：

① 分馏一定要缓慢进行，控制好恒定的蒸馏速度（1～2 滴/s），这样，可以得到比较好的分馏效果。

② 要使有相当量的液体沿分馏柱流回烧瓶中，即要选择合适的回流比，使上升的气体和下降的液体充分进行热交换，使易挥发组分尽量上升，难挥发组分尽量下降，分馏效果更好。

③ 必须尽量减少分馏柱的热量损失和波动。柱的外围可用石英棉包住，这样可以减少柱内热量的散发，降低风和室温的影响，也减少了热量的损失和波动，使加热均匀，分馏操作平稳地进行。

【素质拓展】

甲苯的水蒸气蒸馏。

苯甲醛的减压蒸馏。

本模块小结

本模块介绍了有机化学及有机化合物的含义和有机化学的基本知识，了解和掌握这些知识对后续课程的学习至关重要。

1. 有机化学和有机化合物

有机化合物是指碳氢化合物及其衍生物；有机化学就是研究有机化合物的组成、结构、性质、合成与应用的一门科学。

2. 有机化合物的特点

数目繁多；容易燃烧；熔沸点低；易溶于有机溶剂而不(或难)溶于水；反应速率慢且反应较复杂；稳定性较差，加热时易分解。

3. 有机化合物的结构

碳原子之间以共价键结合，共价键有两种类型：σ 键和 π 键。

同分异构现象：化学式相同而分子构造不同的现象。

4. 共价键的键参数

键长：共价键形成以后，组成共价键的两个原子核之间的距离称为键长。

键角：分子中同一原子形成的两个化学键之间的夹角称为键角。

键能：在 298 K 和 100 kPa 条件下，断裂 1 mol 共价键所需要的能量。

键的极性：键的极性是由于成键原子的电负性不同而引起的。

5. 共价键断裂方式

均裂：共价键断裂时，成键的一对电子平均分给成键的两个原子或基团的断裂方式叫作均裂。共价键均裂后生成的带单电子的原子或基团称为自由基或游离基。分子经过均裂而发生的反应称为自由基型反应。

异裂：共价键断裂时，组成共价键的一对电子被其中的一个原子或基团所独占，此过程称为共价键的异裂。共价键异裂后生成带正、负电荷的离子。分子经过异裂而发生的反应称为离子型反应。

6. 有机化合物的分类

按分子的碳骨架可分为开链化合物和环状化合物(脂环化合物、芳香族化合物和杂环化合物)。

按官能团的分类，一些常见的、重要的官能团见表 1-4。

7. 研究有机化合物的一般步骤

分离提纯；纯度的检验；实验式和化学式的确定；构造式的确定。

8. 任务训练：工业乙醇的蒸馏

蒸馏是利用液体混合物中各组分挥发度的差别，使液体混合物部分汽化并随之使蒸气部分冷凝，从而实现其所含组分的分离。

本模块思维导图

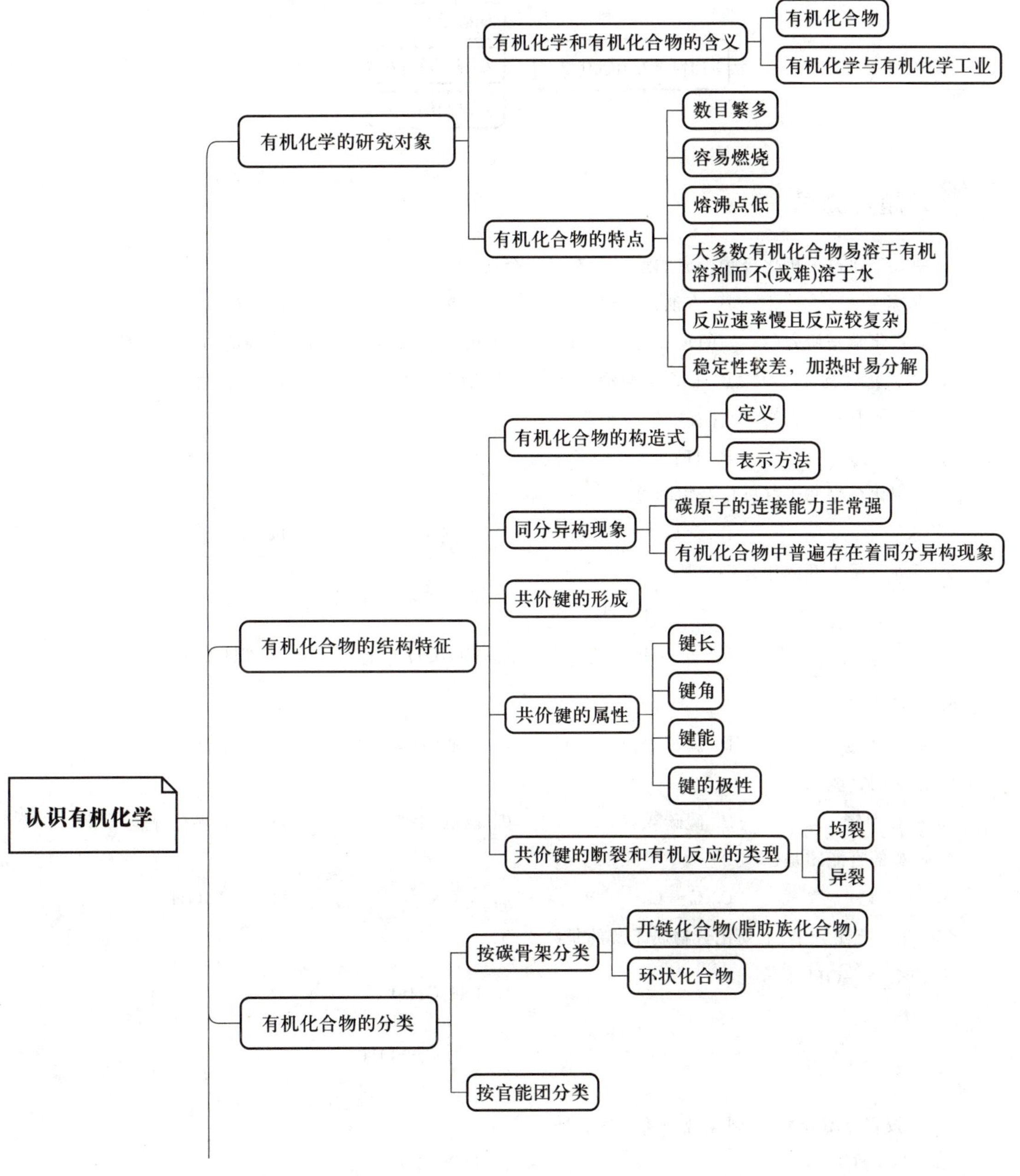
认识有机化学
有机化学的研究对象
有机化学和有机化合物的含义
有机化合物
有机化学与有机化学工业
有机化合物的特点
数目繁多
容易燃烧
熔沸点低
大多数有机化合物易溶于有机溶剂而不(或难)溶于水
反应速率慢且反应较复杂
稳定性较差，加热时易分解
有机化合物的结构特征
有机化合物的构造式
定义
表示方法
同分异构现象
碳原子的连接能力非常强
有机化合物中普遍存在着同分异构现象
共价键的形成
共价键的属性
键长
键角
键能
键的极性
共价键的断裂和有机反应的类型
均裂
异裂
有机化合物的分类
按碳骨架分类
开链化合物(脂肪族化合物)
环状化合物
按官能团分类

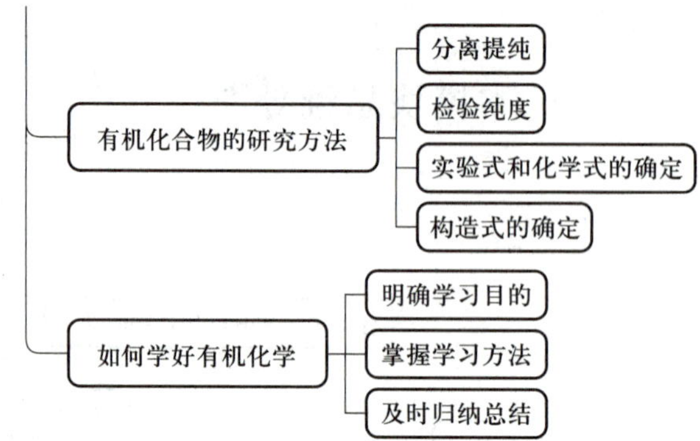

习题与测试

1. 由人工通过无机化合物合成的第一个有机化合物是(　　)。

A. 尿素　　B. 汽油　　C. 酒精　　D. 沼气

2. 有机化学是研究(　　)的来源、制备、组成、结构、性质、合成、应用及相关理论的一门科学。

A. 无机化合物　　B. 有机化合物　　C. 稀有矿物质　　D. 生命物质

3. 所有的有机化合物,均含有(　　)元素。

A. C　　B. H　　C. O　　D. N

4. 下列化合物属于有机化合物的是(　　)。

A. 水　　B. 食盐　　C. 铁锅　　D. 花生油

5. 下列不属于开链化合物的是(　　)。

A. (三元环)—CH_3　　B. CH_3CHCH_3（中间碳上连 CH_3）　　C. $CH_3CH_2CH_3$　　D. CH_3CH_3

6. 烯烃的官能团是(　　)。

A. 碳碳单键　　B. 碳碳双键　　C. 碳碳三键　　D. 以上都有可能

7. 丙炔的官能团是(　　)。

A. 碳碳单键　　B. 碳碳双键　　C. 碳碳三键　　D. 以上都有可能

8. 乙醇的官能团是(　　)。

A. —OH　　B. C═C　　C. —CN　　D. —COOH

※9. 按官能团分类,下列化合物属于醇的是(　　)。

A. (苯环)—OH　　B. CH_3CHO

C. $CH_3—O—CH_3$　　D. (环己烷)—OH

※10. 按官能团分类,下列化合物属于酸的是(　　)。

A. CH_3CH_2CHO　　B. HCOOH

C. (环戊烷)—OH　　D. HO—(苯环)—OH

模块二

饱和烃的变化及应用

学习目标

1. 会给烷烃及环烷烃命名，知道烷烃及环烷烃的结构；
2. 知道烷烃及环烷烃的物理性质，掌握其化学性质；
3. 知道烷烃及环烷烃的来源；
4. 能进行固体有机化合物的提纯。

问题引入

2021 年 6 月 25 日，“深海一号”大气田正式投产，这标志着我国深水油气田开发能力和深水海洋工程装备建造水平取得重大突破。这是我国自主研发建造的全球首座 10 万吨级深水半潜式生产储油平台，这一最新海洋工程重大装备实现了 3 项世界级创新。

“深海一号”能源站运用了 13 项国内首创技术，被誉为迄今为止我国相关领域技术集大成之作。“深海一号”大气田投产后，深水天然气将通过海底管线接入全国天然气管网，每年将稳定供气超 30 亿立方米。

天然气的主要成分是什么？它属于哪一类有机化合物？这类有机化合物的物理性质和化学性质是怎样的？

主题 1　饱和烃的通式与结构

一、饱和烃的通式

烃分子中碳原子间的单键相连，碳原子其余价键被氢原子所饱和的化合物称为饱和烃。

交流与讨论

你知道最简单的烷烃的化学式吗？各烷烃相邻化合物之间是什么关系？

小贴士

甲烷是天然气、沼气的主要成分，对人体基本无毒，但浓度过高时，会使空气中氧含量明显降低，使人窒息。当空气中甲烷含量达25%～30%时，可引起头痛、头晕、乏力、注意力不集中、呼吸和心跳加速、供给失调。若不及时远离，可致窒息死亡。皮肤接触液化的甲烷，可致冻伤。

甲烷(CH_4)、乙烷(C_2H_6)、丙烷(C_3H_8)、环丙烷(C_3H_6)、环丁烷(C_4H_8)等都是烷烃，表2-1中列出了一些饱和烃的名称和化学式。

由表2-1可知，饱和烃分子中每增加一个C原子，分子中要增加2个H原子，故可用C_nH_{2n+2}表示烷烃的通式，C_nH_{2n}表示单环烷烃的通式，n表示碳原子的数目。

表2-1 一些饱和烃的名称和化学式

饱和烃	名称	化学式	名称	化学式
烷烃	甲烷	CH_4	十一烷	$C_{11}H_{24}$
	乙烷	C_2H_6	十二烷	$C_{12}H_{26}$
	丙烷	C_3H_8	十三烷	$C_{13}H_{28}$
	丁烷	C_4H_{10}	十四烷	$C_{14}H_{30}$
	戊烷	C_5H_{12}	十五烷	$C_{15}H_{32}$
	己烷	C_6H_{14}	十六烷	$C_{16}H_{34}$
	庚烷	C_7H_{16}	十七烷	$C_{17}H_{36}$
	辛烷	C_8H_{18}	二十烷	$C_{20}H_{42}$
	壬烷	C_9H_{20}	五十烷	$C_{50}H_{102}$
	癸烷	$C_{10}H_{22}$	一百烷	$C_{100}H_{202}$
单环烷烃	环丙烷	C_3H_6	环庚烷	C_7H_{14}
	环丁烷	C_4H_8	环辛烷	C_8H_{16}
	环戊烷	C_5H_{10}	环壬烷	C_9H_{18}
	环己烷	C_6H_{12}	环癸烷	$C_{10}H_{20}$

相邻两个烷烃在组成上相差CH_2，这个CH_2称为**系列差**(简称**系差**)。在组成上相差一个或几个系差的化合物称为**同系列**，同系列中的化合物互称为**同系物**。

二、饱和烃的结构

1. 烷烃的结构

(1) 碳原子轨道的 sp^3 杂化　烷烃分子中碳原子是 sp^3 杂化的，即碳原子在形成烷烃时，2s 轨道中的一个电子跃迁到 2p 空轨道上去。一个 2s 轨道和三个 2p 轨道进行杂化，形成四个能量相等、形状相同的新的原子轨道。这种杂化方式称为 **sp^3 杂化**，形成的新原子轨道称为 **sp^3 杂化轨道**，如图 2-1 所示。

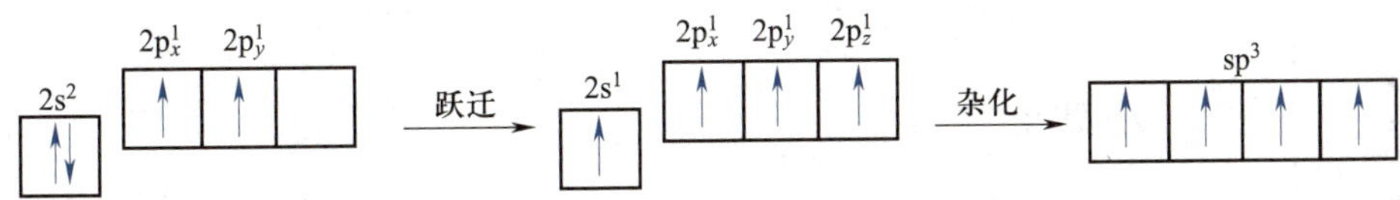

图 2-1　碳原子轨道的 sp^3 杂化

sp^3 杂化轨道的形状如图 2-2 所示，这就增强了它与其他原子轨道发生重叠的程度。范托夫(van't Hoff)1874 年提出了碳原子正四面体的结构模型：碳原子在四面体的中心，四个 sp^3 杂化轨道伸向四面体的四个顶点，sp^3 杂化轨道的对称轴之间互成 109°28′，如图 2-3 所示。

图 2-2　sp^3 杂化轨道的形状

(2) 烷烃分子的形成　甲烷分子中四个 C—H 键都为 sp^3-s，氢原子 1s 轨道分别从 sp^3 杂化轨道的对称轴方向互相接近，轨道达到最大重叠，形成了四个等同的碳氢键，示意图如图 2-4、图 2-5 所示。这样，从 sp^3 杂化所预料的键角除了与甲烷的实测值一致以外，也与正四面体构型一致，四个 C—H 键完全等同。

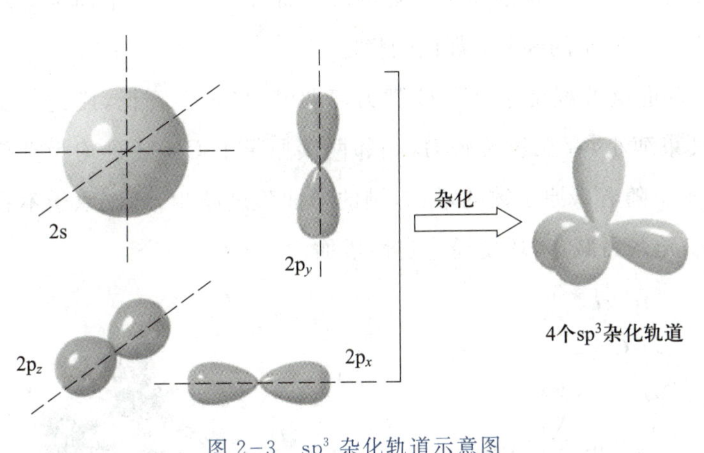

图 2-3　sp^3 杂化轨道示意图

动画：甲烷分子的结构

动画：甲烷的化学键

动画：sp^3 杂化

乙烷分子中两个碳原子各以一个 sp^3 杂化轨道重叠形成 C—C 键，又各以三个 sp^3 杂化轨道分别与氢原子 1s 轨道重叠形成六个 C—H 键，如图 2-6 所示。

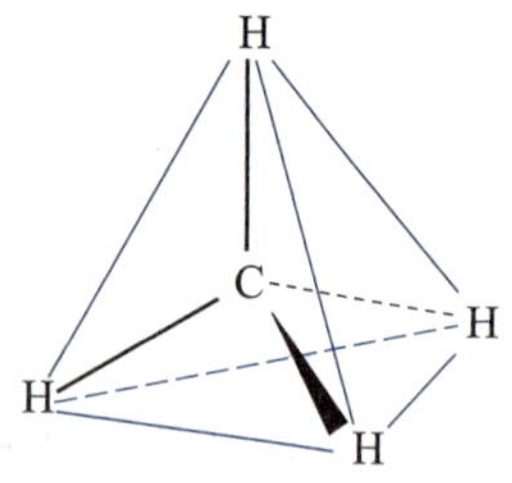

图 2-4 甲烷的正四面体结构

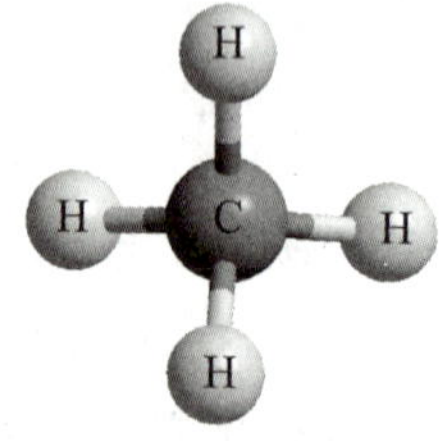

图 2-5 甲烷的立体模型

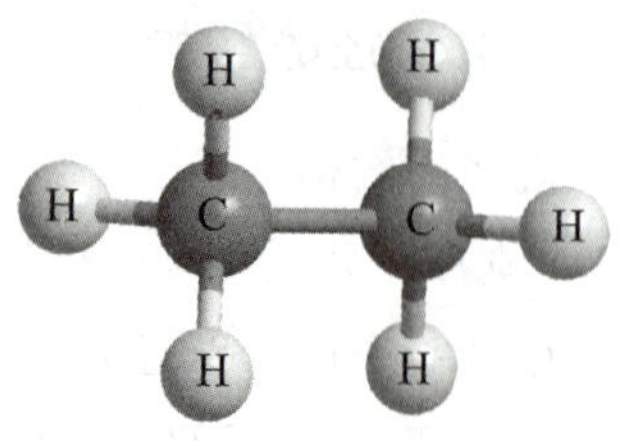

图 2-6 乙烷的立体模型

动画：乙烷分子的构象

动画：正丁烷分子的构象

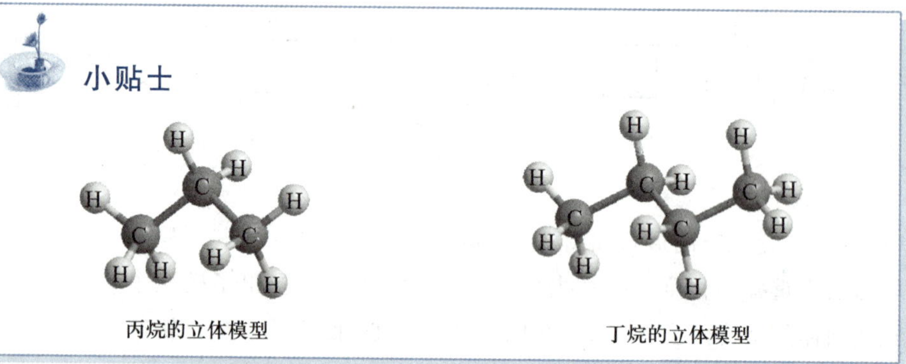

在烷烃分子中碳原子都是采取 sp^3 杂化的。C—C 键为 sp^3-sp^3，C—H 键为 sp^3-s。这种键称为 σ 键，其特征是电子云沿键轴近似于圆柱形对称分布，成键的两个原子可围绕着键轴自由旋转。

2. 环烷烃的结构与稳定性

环烷烃分子中碳原子也是 sp^3 杂化，C—C 键为 σ 键，当键角越接近 109°28′时，环越稳定。除三元环外，四元环及四元环以上的脂环化合物的环碳原子不在一个平面上。六元环以上的化合物（多至三十多个碳原子的碳环）都比较稳定。

环丙烷不稳定的原因：轨道重叠程度小，C—C 键为弯曲键，稳定性降低，成键电子云分布在两核连线外侧，核对其束缚小，存在扭转张力，相邻两碳原子上 C—H 键均为重叠式构象，如图 2-7 和图 2-8 所示。随着碳原子数的增加，键的弯曲程度减少，环碳原子不在同一平面上，轨道重叠程度增大，角张力减小，环烷烃稳定性增加。

动画：环烷烃的结构

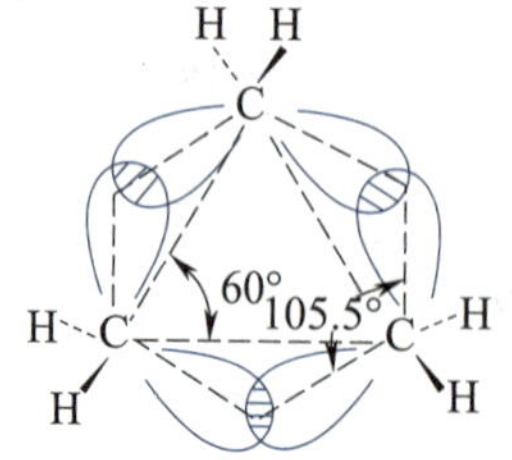

图 2-7 环丙烷的香蕉键（外形如“香蕉”）

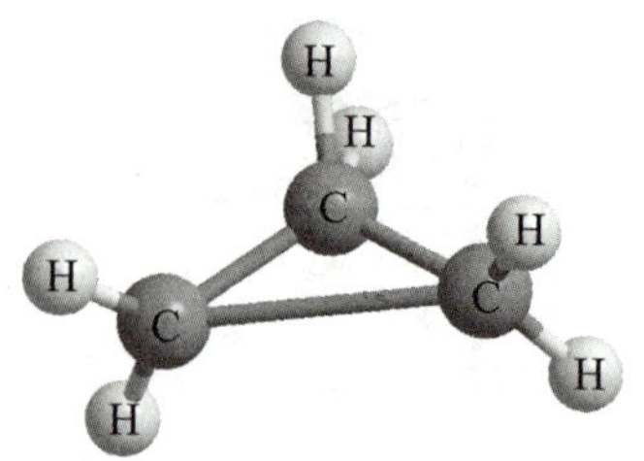

图 2-8 环丙烷的立体模型

自环戊烷开始，成环的碳原子不在一个平面内，C—C 键间的夹角基本上可以保持正常的 109°28′（因而角张力很小）和最大程度的重叠。所以，五元环以上的大环都是稳定的（多至三十多个碳原子的碳环）。六元环是最稳定的环，在自然界存在最普遍。

三、碳原子的种类

碳原子按照在分子中所处的位置不同分为 4 类。

与一个碳原子相连的碳原子为一级碳原子或伯碳原子，常用 1°表示；

与两个碳原子相连的碳原子为二级碳原子或仲碳原子，常用 2°表示；

与三个碳原子相连的碳原子为三级碳原子或叔碳原子，常用 3°表示；

与四个碳原子相连的碳原子为四级碳原子或季碳原子，常用 4°表示。

例如：

$$CH_3-\underset{CH_3}{\overset{CH_3}{|}}{\underset{|}{C}}-CH_3$$ （中心 C →季碳；端基 CH_3 →伯碳）

$CH_3CH_2CH_2CH_2CH_3$（中间 C →仲碳）

$CH_3\underset{|}{C}HCH_2CH_3$，支链 CH_3（CH →叔碳）

与伯、仲、叔碳原子相连的氢原子则分别称为伯、仲、叔氢原子。

练一练

写出己烷的构造异构体，并指出每种构造异构体中各碳原子的类型。

主题 2　饱和烃的命名

交流与讨论

如何命名此烷烃：

$$CH_3-\overset{\displaystyle CH_3}{\underset{\displaystyle CH_3}{\overset{|}{\underset{|}{C}}}}-CH_2-CH_2-CH_3$$

烷烃常用的命名法有普通命名法、衍生物命名法和系统命名法。

一、普通命名法

普通命名法又称**习惯命名法**，用于结构比较简单的烷烃的命名。根据碳原子数目命名为“某烷”。碳原子数在 10 以内的，用天干十个字（甲、乙、丙、丁、戊、己、庚、辛、壬、癸）来表示碳原子数目。例如，CH_4 叫甲烷，C_2H_6 叫乙烷，C_3H_8 叫丙烷，以此类推。碳原子数在 10 以上的，用十一、十二……中文数字来表示碳原子数目，如 $C_{11}H_{24}$ 叫十一烷。

为了区别同分异构体，常用正、异、新来表示。对于直链烷烃在母体前加词头“正”；仅在碳链一端第 2 个碳原子上带有一个甲基 $\left(\begin{array}{c}CH_3—CH— \\ \quad\quad | \\ \quad\quad CH_3\end{array}\right)$ 则命名为“异某烷”；仅在碳链一端第 2 个碳原子上带有两个甲基 $\left(\begin{array}{c}\quad\quad CH_3 \\ \quad\quad | \\ CH_3—C— \\ \quad\quad | \\ \quad\quad CH_3\end{array}\right)$ 则命名为“新某烷”。例如：

$$CH_3—CH_2—CH_2—CH_2—CH_3$$

正戊烷

$$\begin{array}{c}CH_3—CH—CH_2—CH_3 \\ | \\ CH_3\end{array}$$

异戊烷

$$\begin{array}{c}CH_3 \\ | \\ CH_3—C—CH_3 \\ | \\ CH_3\end{array}$$

新戊烷

用正、异、新可以区别烷烃中具有五个碳原子以下的同分异构体，但命名多于五个碳原子的烷烃时就有困难了。如六个碳原子的化合物有五种同分异构体，除用正、异、新表示其中的三种异构体外，尚有两种无法加以区别，因此普通命名法只适用于简单的化合物。

二、衍生物命名法

衍生物命名法是以甲烷作为母体，把其他烷烃看作是甲烷的衍生物，即甲烷分子中的氢原子被烷基所取代得到的衍生物。

从烷烃分子中去掉一个氢原子后所剩下的基团称为**烷基**。例如：

$CH_3—$	$CH_3CH_2—$	$CH_3CH_2CH_2—$	$CH_3CH_2CH_2CH_2—$
甲基	乙基	正丙基	正丁基

$\begin{array}{c}CH_3CHCH_3 \\ \vert\end{array}$	$\begin{array}{c}CH_3CHCH_2— \\ \vert \\ CH_3\end{array}$	$\begin{array}{c}CH_3CH_2CHCH_3 \\ \vert\end{array}$	$\begin{array}{c}\vert \\ CH_3CCH_3 \\ \vert \\ CH_3\end{array}$
异丙基	异丁基	仲丁基	叔丁基

烷基的通式为 $C_nH_{2n+1}—$，常用 R—表示。

从烷烃分子中去掉两个氢原子后剩下的基团称为**亚某基**。

$>CH_2$	$>CHCH_3$	$—CH_2CH_2—$
亚甲基	亚乙基	1,2-亚乙基或二亚甲基

衍生物命名法命名时，一般把连接烷基最多的碳原子作为母体碳原子，烷基则按照次序规则列出的顺序，把优先基团排在后面。

次序规则的顺序：

$(CH_3)_3C— > CH_3CH_2(CH_3)CH— > (CH_3)_2CH— > (CH_3)_2CHCH_2— >$
$CH_3CH_2CH_2CH_2— > CH_3CH_2CH_2— > CH_3CH_2— > CH_3—$（“>”表示“优先于”）

例如：

$$\begin{array}{c} \quad\quad\quad CH_3 \\ \quad\quad\quad | \\ CH_3CH—C—CH_2CH_2CH_3 \\ \quad | \quad\quad | \\ \quad CH_3 \quad CH_3 \end{array}$$

二甲基正丙基异丙基甲烷

对于复杂的烷烃，由于涉及的烷基比较复杂，常常难以采用这种方法命名。

三、系统命名法

系统命名法采用国际纯粹与应用化学联合会（international union of pure and applied chemistry，IUPAC）命名原则，简称为 **IUPAC 命名法**。其基本精神是体现化合物的系列和结构的特点，具有普遍适用性。

1. 烷烃的命名

在系统命名法中，对于直链烷烃的命名和普通命名法是基本相同的，但不写上“正”字。例如：

	普通命名法	系统命名法
$CH_3CH_2CH_2CH_2CH_2CH_3$	正己烷	己烷

对于支链烷烃，命名规则如下。

（1）选取主链（母体）　选择含碳原子数目最多的碳链作为主链，支链作为取代基。按主链碳原子数命名为某烷。若分子中有两条以上等长碳链时，则选择支链多的一条为主链，即“长、多”。例如：

$$\begin{array}{l} CH_3—CH—CH_2—CH_2—CH_3 \\ \quad\quad\ \ | \\ \quad\quad CH_2 \\ \quad\quad\ \ | \\ \quad\quad CH_3 \end{array}$$

（2）对主链碳原子编号　从距离取代基最近的一端开始，将主链碳原子依次用 1，2，3…编号。例如：

$$\begin{array}{l} CH_3—\overset{3}{C}H—\overset{4}{C}H_2—\overset{5}{C}H_2—\overset{6}{C}H_3 \\ \quad\quad\ \ | \\ \quad\quad {}^{2}CH_2 \\ \quad\quad\ \ | \\ \quad\quad {}^{1}CH_3 \end{array}$$

3-甲基己烷

当取代基的位置相同时，则从较简单的取代基一端开始编号。若在上述基础上，编号仍有选择性，则使各取代基位置和最小，即“近、简、小”。例如：

```
6     5     4    3     2    1
CH3—CH2—CH—CH2—CH—CH3
             |          |
            CH2        CH3
             |
            CH3
```

2-甲基-4-乙基己烷

（3）书写时将支链（取代基）写在主链名称的前面　取代基按“次序规则”小的基团优先列出。当含有几个相同的取代基时，相同基团合并写出，位置用2，3…标出，取代基数目用二、三……标出。

（4）表示位置的数字间要用“，”隔开，位次和取代基名称之间要用“-”隔开。例如：

```
                        CH3
 7     6     5    4    3|    2    1
CH3—CH2—CH—CH—CH—CH—CH3
             |     |          |
            CH3   CH2        CH3
                   |
                  CH3
```

2，3，5-三甲基-4-乙基庚烷

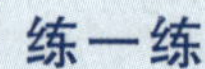

练一练

根据系统命名法命名下列化合物或写出化合物的构造式：

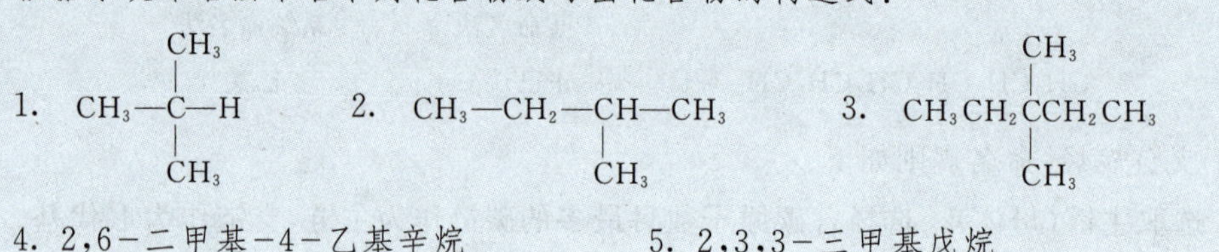

4. 2，6-二甲基-4-乙基辛烷　　5. 2，3，3-三甲基戊烷

2. 简单环烷烃的命名

简单环烷烃的命名基本与直链烷烃相同，加前缀“环”称为环某烷。当环上只有一个取代基时，不必编号；当环上有多个取代基时，最小取代基所连的C原子编号为1，其他取代基位置编号尽可能小；简单环上连有较复杂碳链，或同一碳链上连接有几个脂环烃时，可将环当作取代基。例如：

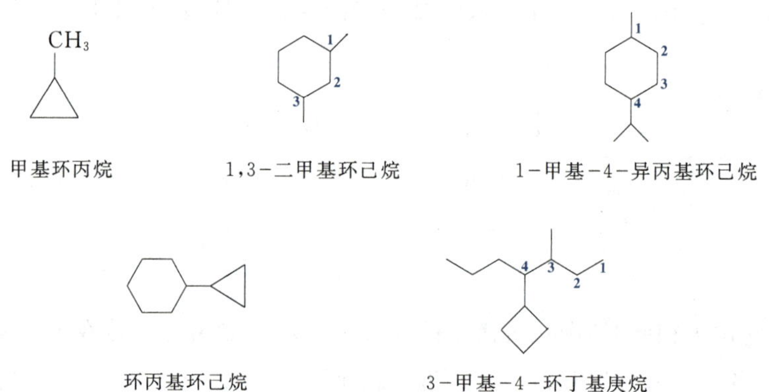

甲基环丙烷　　1，3-二甲基环己烷　　1-甲基-4-异丙基环己烷

环丙基环己烷　　3-甲基-4-环丁基庚烷

主题 3　饱和烃的性质

一、物理性质

有机化合物的物理性质通常包括化合物的状态、熔点、沸点、密度、溶解度、折射率等。这些物理常数是用物理方法测定出来的，可从化学和物理学手册中查出来。纯净化合物物理常数的测定，可用来鉴别有机化合物。

1. 烷烃的物理性质

交流与讨论

查表 2−2，归纳烷烃的熔点、沸点、相对密度变化的规律，讨论一下为什么。

如表 2−2 所示，烷烃同系物的物理常数随相对分子质量的增减而有规律地变化，体现了自然界由量变到质变的客观规律及结构决定性质的规律。

表 2−2　烷烃的物理常数

状态	名称	化学式	熔点/℃	沸点/℃	相对密度(d_4^{20})
气态	甲烷	CH_4	−182.5	−164	0.466
	乙烷	C_2H_6	−183.3	−88.6	0.572
	丙烷	C_3H_8	−189.7	−42.1	0.500 5
	丁烷	C_4H_{10}	−138.4	−0.5	0.601 2
液态	戊烷	C_5H_{12}	−129.7	36.1	0.626 2
	己烷	C_6H_{14}	−95.0	68.9	0.660 3
	庚烷	C_7H_{16}	−90.6	98.4	0.683 8
	辛烷	C_8H_{18}	−56.8	125.7	0.702 5
	壬烷	C_9H_{20}	−51	150.8	0.717 6
	癸烷	$C_{10}H_{22}$	−29.7	174	0.729 8
	十一烷	$C_{11}H_{24}$	−25.6	195.9	0.740 2
	十二烷	$C_{12}H_{26}$	−9.6	216.3	0.748 7
	十三烷	$C_{13}H_{28}$	−5.5	235.4	0.756 4
	十四烷	$C_{14}H_{30}$	5.9	253.7	0.762 8
	十五烷	$C_{15}H_{32}$	10	270.6	0.768 5
	十六烷	$C_{16}H_{34}$	18.2	287	0.773 3
固态	十七烷	$C_{17}H_{36}$	22	301.8	0.778 0
	十八烷	$C_{18}H_{38}$	28.2	316.1	0.776 8
	十九烷	$C_{19}H_{40}$	32.1	329.7	0.777 4
	二十烷	$C_{20}H_{42}$	36.8	343	0.788 6
	二十二烷	$C_{22}H_{46}$	44.4	368.6	0.794 4
	三十二烷	$C_{32}H_{66}$	69.7	467	0.812 4

(1) 物质状态　含有1～4个碳原子的烷烃为气体；含有5～16个碳原子的烷烃为液体；从含有17个碳原子的正烷烃开始为固体。

(2) 熔点和沸点　烷烃的熔点和沸点都很低，并且熔点和沸点随着相对分子质量的增加而升高。但值得注意的是：① 对相同碳原子数的烷烃来说，结构对称的分子熔点高。因为结构对称的分子在固体晶格中可紧密排列，分子间的色散力较大，因而使之熔融就必须提供较多的能量。② 含偶数碳原子的正烷烃比含奇数碳原子的正烷烃熔点高。这主要取决于晶体中碳链的空间排布情况。X射线衍射证明，固体正烷烃的碳链在晶体中伸长为锯齿形，奇数碳原子的碳链中两端的甲基处在同一边，而偶数碳原子的碳链中两端的甲基处在相反的位置，从而使这种含偶数碳原子碳链的烷烃比含奇数碳原子碳链的烷烃彼此更为靠近，于是它们的色散力就大些。

烷烃沸点的上升比较有规则，烷烃分子中每增加一个CH_2，其沸点上升20～30 ℃，越到高级系列上升越慢。在相同碳原子数的烷烃中，直链烷烃的沸点比带支链烷烃的高，这是由于在液态下，直链的烃分子易于相互接近，而有支链的烃分子空间阻碍较大，不易靠近。

(3) 相对密度　烷烃的相对密度都小于1，随分子中支链的增加而升高，最后接近于0.8(20 ℃)。

(4) 溶解度　由于烷烃分子没有极性或极性很小，所以不溶于水及强极性溶剂，可溶于氯仿、乙醚、四氯化碳等溶剂（“相似相溶”原理）。

想一想

比较一下$CH_3CH_2CH_2CH_2CH(CH_3)CH_3$与$CH_3CH(CH_3)CH_2CH(CH_3)CH_3$的沸点高低及相对密度大小。

2. 环烷烃的物理性质

环烷烃的熔点、沸点和相对密度较相应的开链烷烃高。因为环烷烃的环状结构，使分子较有序，排列较紧密，分子间作用力较大。而直链烷烃分子可自由摇摆，有序度小，分子间作用力较弱，故熔点、沸点和相对密度较小，如表2-3所示。

表2-3　环烷烃和烷烃的物理常数比较

名称	化学式	熔点/℃	沸点/℃	相对密度(d_4^{20})
环丙烷	C_3H_6	−127.4	−32.9	0.720(−79 ℃)
丙烷	C_3H_8	−189.7	−42.1	0.500 5(在沸点时)
环丁烷	C_4H_8	−50	12	0.703(0 ℃)
正丁烷	C_4H_{10}	−138.4	−0.5	0.601 2(在加压下)
环戊烷	C_5H_{10}	−93.9	49.3	0.745 7
正戊烷	C_5H_{12}	−129.7	36.1	0.626 2
环己烷	C_6H_{12}	6.6	80.7	0.778 6
正己烷	C_6H_{14}	−95.0	68.9	0.660 3

想一想

分析表 2-3 中的信息可得出什么结论？如何解释。

二、化学性质

烷烃分子中，由于 C—C 键和 C—H 键都是 σ 键，牢固且极性小，因此，一般情况下，烷烃的化学性质很不活泼。常温下与强酸、强碱、强氧化剂、强还原剂都不反应。环烷烃的化学性质与烷烃类似。但是，如果改变反应条件，如高温或光照下烷烃也能发生某些化学反应。

交流与讨论

瓦斯爆炸是怎样发生的？

小贴士

矿井瓦斯爆炸是一种热-链式反应（也叫链锁反应）。当爆炸混合物吸收一定能量（通常是引火源给予的热能）后，反应分子的链即行断裂，解离成两个或两个以上的自由基（也叫游离基）。这类自由基具有很大的化学活性，成为反应连续进行的活性中心，在适合的条件下，每一个自由基又可以进一步分解，再产生两个或两个以上的自由基。这样循环不已，自由基越来越多，化学反应速率也越来越快，最后就可以发展为燃烧或爆炸式的氧化反应。所以，瓦斯爆炸就其本质来说，是一定浓度的甲烷和空气中氧作用产生的激烈氧化反应。

1. 卤化反应

烷烃中的氢原子被卤原子取代的反应，叫作**卤化反应**。

$$RH+X_2 \xrightarrow{\text{高温或光照}} R—X+HX$$

F_2、Cl_2、Br_2 与烷烃反应生成一卤和多卤代烷，其反应活性为 $F_2>Cl_2>Br_2$。CH_4 与 F_2 反应时，反应剧烈并有大量热放出，会破坏生成的氟甲烷，因此没有实用价值。CH_4 和氯在常温或黑暗中混合并不发生反应，但在紫外线照射或高温下，两者就能发生反应，有时甚至剧烈到爆炸的程度。碘不能与 CH_4 发生取代反应生成碘甲烷，碘甲烷必须用其他方法制备。

动画：甲烷的氯化反应

例如，甲烷的氯化反应。

$$CH_4+2\,Cl_2 \xrightarrow{\text{强日光}} C+4\,HCl$$

此反应剧烈，甚至爆炸。实际意义不大。但在漫射光作用下，可以发生较为缓和的反应。

$$CH_4+Cl_2 \xrightarrow[\text{或漫射光}]{350\sim400\ ℃} \underset{\text{一氯甲烷}}{CH_3Cl}+\underset{\text{二氯甲烷}}{CH_2Cl_2}+\underset{\text{三氯甲烷}}{CHCl_3}+\underset{\text{四氯化碳}}{CCl_4}+HCl$$

甲烷的氯化反应较难停留在一氯甲烷阶段，产物为四种氯代物的混合物。

环烷烃与 Br_2、Cl_2 在光照下一般也是发生取代反应，且氯化先取代环上含氢少的碳原子上的氢原子。例如：

$$\text{环己烷} + Br_2 \xrightarrow{\text{光}} \text{溴代环己烷} + HBr$$

溴代环己烷

$$\text{甲基环己烷} + Cl_2 \xrightarrow{\text{光}} \text{1-甲基-1-氯环己烷} + HCl$$

1-甲基-1-氯环己烷

2. 氧化反应

交流与讨论

为什么汽车尾气中会有黑烟产生？

有机化学中的氧化反应是指在分子中加入氧或从分子中去掉氢的反应。烷烃的燃烧就是它和空气中的氧所发生的剧烈的氧化反应，生成二氧化碳和水，同时放出大量的热。

$$CH_4 + 2O_2 \xrightarrow{\text{点燃}} CO_2 + 2H_2O$$

$$2C_2H_6 + 7O_2 \xrightarrow{\text{点燃}} 4CO_2 + 6H_2O$$

燃烧反应的通式为

$$C_nH_{2n+2} + \left(\frac{3n+1}{2}\right)O_2 \longrightarrow nCO_2 + (n+1)H_2O + Q$$

这是汽油、柴油等作为动力燃料的依据。当燃烧不完全时，则有游离碳生成，因此在动力车尾气中有黑烟冒出。

烷烃在金属氧化物或金属盐催化下进行氧化，整个反应十分复杂。控制适当条件，则可得到烷烃的部分氧化产物。高级烷烃（石蜡 C_{20}～C_{30}）氧化得高级脂肪酸等，高级脂肪酸可代替动物油制肥皂。

彻底氧化只是产生了热量，部分氧化将能产生有用的工业原料。烷烃的部分氧化是当今有关科研领域的一个研究热点。

3. 裂化反应

常温下烷烃很稳定，但隔绝空气加热到一定温度就开始分解。**裂化反应**是大分子烃在高温、高压或有催化剂的条件下，分裂成小分子烃的反应。裂化反应属于消除反应（见模块五），因此烷烃的裂化总是生成烯烃。例如：

$$CH_3CH_2CH_3 \xrightarrow{460\ ℃} \begin{cases} CH_3CH{=}CH_2 + H_2 \\ CH_2{=}CH_2 + CH_4 \end{cases}$$

由于每个键的环境不同，断裂的概率也就不同，下面以丁烷的裂化为例讨论这一点：

动画：烷烃的高温裂化反应

$$CH_3—CH_2—CH_2—CH_3 \longrightarrow \begin{cases} CH_4 + CH_2=CH—CH_3 & 48\% \\ CH_3—CH_3 + CH_2=CH_2 & 38\% \\ CH_2=CH—CH_2—CH_3 + H_2 & 14\% \end{cases}$$

裂化反应中，不同的条件能引发不同的机理，但反应过程类似。热分解过程中有碳自由基产生，催化裂化过程中产生碳正离子和氢负离子。这些极不稳定的中间体经过重排、键的断裂、氢的转移等步骤形成稳定的小分子烃。

在工业中，深度的裂化叫作**裂解**，裂解的产物都是气体，称为**裂解气**。

4. 小环烷烃的加成反应

有机化合物的结构决定有机化合物的性质。

环烷烃的化学性质与相应的烷烃类似，但由于具有环状结构，且环有大有小，表现出某些特性。结构特点是饱和烃分子中的原子以 σ 键相连，键的极性较小，键能较大。但小环烷烃还有一些特殊的性质，容易开环生成开链化合物，即发生了加成反应。

交流与讨论

比较环烷烃发生加成反应的难易。

(1) 加氢反应　在催化剂作用下，环丙烷在 80 ℃即开始加氢，120 ℃时反应很容易；环丁烷在 120 ℃即开始加氢，200 ℃时反应很容易；而环戊烷、环己烷等较大的环烷烃须在 300 ℃以上才开始加氢。

动画：环丙烷加氢反应

$$\triangle \xrightarrow[80\ ℃]{H_2,Ni} CH_3CH_2CH_3$$

$$\square \xrightarrow[120\ ℃]{H_2,Ni} CH_3CH_2CH_2CH_3$$

(2) 加卤素反应　环丙烷及其取代物易与卤素进行开环加成反应，生成二卤代烷。而环丁烷需要加热才与卤素发生加成反应。

动画：环丙烷加溴反应

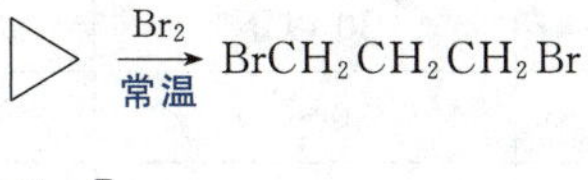

$$\triangle \xrightarrow[常温]{Br_2} BrCH_2CH_2CH_2Br$$

$$\square \xrightarrow[加热]{Br_2} BrCH_2CH_2CH_2CH_2Br$$

环戊烷以上的烷烃与溴在光照下起取代反应，不开环。

动画：环丁烷加溴反应

(3) 加卤化氢的反应　环丙烷及其取代物不仅易与氢、卤素进行开环加成反应，在常温下也易与卤化氢起反应。例如：

动画：甲基环丙烷加溴化氢的反应

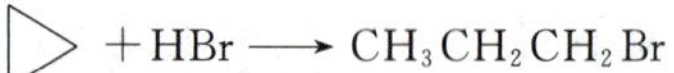

环丙烷的烷基取代物与卤化氢反应时，加成的位置发生在连接最少和最多烷基的碳原子之间，氢原子加在含氢较多的碳原子上，即遵循马尔科夫尼科夫规则（详见模块三）。例如：

$$\text{(甲基环丙烷)} + HBr \longrightarrow CH_3CH_2\underset{\substack{|\\ Br}}{CH}CH_3$$

三元环以上的环烷烃在常温时不与卤化氢起反应。

主题 4 饱和烃的来源

交流与讨论

查找资料了解烷烃、环烷烃的来源有哪些。

一、烷烃的来源与用途

碳氢化合物的主要来源是天然气和石油。尽管各地的天然气组分不同，但几乎都含有75%的甲烷、15%的乙烷及5%的丙烷，其余的为较高级的烷烃。而含烷烃种类最多的是石油，石油中含有1～50个碳原子的烷烃及一些环烷烃，以环戊烷、环己烷及其衍生物为主，个别产地的石油中还含有芳香烃。我国各地产的石油，成分也不相同，但可根据需要，把它们分馏成不同的馏分加以应用。烷烃不仅是燃料的重要来源，而且也是现代化学工业的原料。其来源及用途见表2-4。但表中所示的温度范围不是绝对的，常因生产情况和对产品质量的要求不同而有一定的波动。另外，烷烃还可以作为某些细菌的食物，细菌食用烷烃后，分泌出许多很有用的化合物，也就是说烷烃经过细菌的“加工”后，可成为更有用的化合物。

表 2-4 烷烃的天然来源及用途

馏分	组分	沸点/℃	用途
石油气	C_1～C_4	30以下	燃料、化工原料
石油醚	C_5～C_6	30～60	溶剂
汽油	C_7～C_9	60～200	内燃机燃料、溶剂
航空煤油	C_{10}～C_{15}	160～245	喷气式飞机燃料油
煤油	C_{11}～C_{16}	175～270	燃料、工业洗涤油
柴油	C_{15}～C_{19}	250～400	柴油机燃料
润滑油	C_{16}～C_{20}	300以上	机械润滑

续表

馏分	组分	沸点/℃	用途
凡士林	C_{20}～C_{24}	350 以上	制药、防锈涂料
石蜡	C_{20}～C_{30}	350 以上	制皂、蜡烛、蜡纸、脂肪酸
沥青		固体	防腐绝缘材料、铺路及建筑材料
石油焦		固体	制电石、炭精棒，用于冶金工业

上述情况表明，石油工业的发展对于国民经济及有机化学的发展都非常重要。石油虽含有丰富的各种烷烃，但它是复杂混合物，除了 C_1～C_6 烷烃外，由于其中其他各组分的相对分子质量差别小，沸点相近，要完全分离成极纯的烷烃，较为困难。采用气相色谱法，虽可有效地予以分离，但这只适用于研究，而不能用于大量生产。因此在使用上，只把石油分离成几种馏分来应用，石油分析中有时需要纯的烷烃作基准物，可以通过合成的方法制备（制备方法将在卤代烃中做具体介绍）。

二、环烷烃的来源

五元环、六元环烷烃的衍生物可从石油中获得，三元环、四元环烷烃在自然界含量不多，一般通过合成来制取。

任务训练 2　苯甲酸重结晶

任务工单 2

<table>
<tr><td colspan="2">工作任务</td><td colspan="6">苯甲酸重结晶</td></tr>
<tr><td>姓名</td><td></td><td>班级</td><td></td><td>学号</td><td></td><td>日期</td><td></td></tr>
<tr><td colspan="8">学习目标
1. 知识目标
（1）通过查找资料，了解苯甲酸的物性参数；
（2）掌握重结晶的基本原理。
2. 能力目标
（1）掌握苯甲酸的提纯方法；
（2）学会结晶和重结晶的基本操作。
3. 素养目标
（1）会查找资料；</td></tr>
</table>

(2) 学会规范操作，树立安全意识；

(3) 具有严肃认真的学习态度及认真仔细的工作态度。

学习要求

1. 组长组织组员召开小组会议，领会学习目标，进行任务分工；
2. 结合所学的有机化学理论知识讨论理解实验原理；
3. 讨论实验安全事项。

任务分组

角色	姓名	学号	分工
组长			
组员 1			
组员 2			
组员 3			

任务落实

视频：苯甲酸的重结晶

1. 资料查询、收集与整理。通过查阅资料，填写表 2-5。

表 2-5　苯甲酸的基本物性参数

名　称	摩尔质量/($g\cdot mol^{-1}$)	熔点/℃	沸点/℃	密度/($g\cdot cm^{-3}$)	水溶性
苯甲酸					

2. 实验原理和材料

(1) 实验原理

(2) 材料清单

3. 实验方案设计

(1) 实验装置绘制

(2) 方框流程图

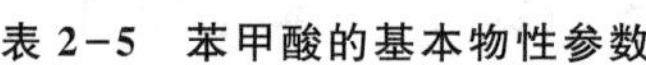

4. 完成实验报告

(1) 实验现象记录

（2）实验结果记录

（3）实验结果讨论

任务评价

图 2-9　苯甲酸

1. 产品外观

苯甲酸为白色鳞片状或针状晶体，如图 2-9。

2. 产品产量

称量并计算回收率。填写产品质量及其评价表，如表 2-6 所示。

表 2-6　产品质量及其评价表

产品外观	粗产品质量/g	精制产品质量/g	收率/%

问题探究

1. 活性炭为什么要在固体物质全溶后加入？为什么不能在溶液沸腾时加入？
2. 在趁热过滤时，溶剂挥发对重结晶有何影响？如何减少溶剂挥发？
3. 抽气过滤收集晶体时，为什么要先打开安全瓶放空旋塞再关闭水泵？
4. 用有机溶剂重结晶时，在哪些操作上容易着火？应如何防止？
5. 重结晶时，为什么溶剂不能太多，也不能太少？如何正确控制剂量？
6. 重结晶提纯固体有机化合物时，有哪些步骤？简单说明每一步的目的。

【知识连线】

1. 实验原理

粗产品苯甲酸固体和杂质在溶剂中的溶解度不同，可通过加热溶解，趁热过滤将杂质除去，冷却结晶的方式达到分离提纯的目的。

2. 仪器设备与装置

无颈玻璃漏斗、250 mL 抽滤瓶、布氏漏斗、烧杯、锥形瓶、表面皿、玻璃棒、量筒、滤纸、电炉、石棉网。

3. 药品试剂

工业苯甲酸、活性炭。

4. 实验流程

实验关键步骤：溶解→结晶→抽滤→重结晶。实验操作流程见图 2-10。

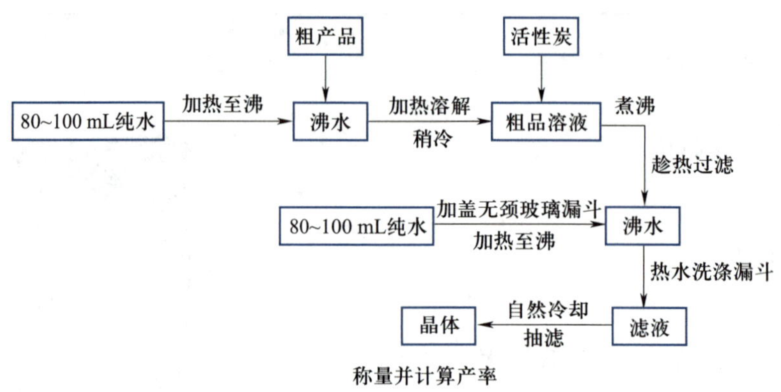

图 2-10　粗苯甲酸的纯化流程

5. 实验注意事项

(1) 溶剂的选择及用量(常多加 20%)。

(2) 活性炭脱色时,不能把其加入已沸腾的溶液中,防止暴沸,用量为干燥粗产品质量的1%～5%。

(3) 抽滤时防止倒吸。

【素质拓展】

乙酰苯胺的重结晶。

柠檬酸的提纯。

小贴士

苯甲酸是重要的酸性食品防腐剂。在酸性条件下,对真菌、酵母和细菌均有抑制作用,但对产酸菌作用较弱。抑菌的最适 pH 为 2.5～4.0,一般以低于 4.5 为宜。在食品工业用塑料桶装浓缩果蔬汁中,最大使用量不得超过 2.0 g/kg;在果酱(不包括罐头)、果汁(味)型饮料、酱油、食醋中最大使用量为 1.0 g/kg;在软糖、葡萄酒、果酒中最大使用量为 0.8 g/kg;在果脯、蜜饯中最大使用量为 0.5 g/kg;在碳酸饮料中最大使用量为 0.2 g/kg。由于苯甲酸微溶于水,使用时可用少量乙醇使其溶解。

本模块小结

1. 烷烃和环烷烃的通式

烷烃的通式是 C_nH_{2n+2},环烷烃的通式是 C_nH_{2n}。

2. 饱和烃的结构

饱和烃分子中的碳原子是 sp^3 杂化的,C—C 键和 C—H 键都是 σ 键,成键的两个原子可围绕着键轴自由旋转。

饱和烃由于碳原子间的连接方式不同而有同分异构体。

3. 饱和烃的命名

饱和烃的命名主要有三种方法：普通命名法、衍生物命名法和系统命名法。

烷烃的系统命名法遵循以下原则，简称为“长、多、近、简、小”原则。

(1) 选择含碳原子数目最多的碳链作为主链，支链作为取代基。按主链碳原子数命名为某烷。若分子中有两条以上等长碳链时，则选择支链多的一条为主链，即“长、多”。

(2) 从距离取代基最近的一端开始，将主链碳原子依次用1,2,3…编号，编号遵循“近、简、小”。

(3) 书写时将支链(取代基)写在主链名称的前面。取代基按“次序规则”小的基团优先列出。当含有几个相同的取代基时，相同基团合并写出，位置用2,3…标出，取代基数目用二、三……标出。

(4) 表示位置的数字间要用“,”隔开，位次和取代基名称之间要用“-”隔开。

简单环烷烃的命名在相应的烷烃名称前加一个“环”字。编号时，使取代基位置编号尽可能小。

4. 饱和烃的化学性质

(1) 卤化反应

$$RH+X_2 \xrightarrow{\text{高温或光照}} R\text{—}X+HX$$

(2) 氧化反应

$$C_nH_{2n+2}+\left(\frac{3n+1}{2}\right)O_2 \longrightarrow nCO_2+(n+1)H_2O+Q$$

(3) 裂化反应

$$CH_3CH_2CH_2CH_3 \xrightarrow{\triangle} \begin{cases} \underset{\text{甲烷}}{CH_4}+\underset{\text{丙烯}}{CH_3\text{—}CH{=}CH_2} \\ \underset{\text{乙烯}}{CH_2{=}CH_2}+\underset{\text{乙烷}}{CH_3\text{—}CH_3} \\ H_2+\underset{\text{1-丁烯}}{CH_3\text{—}CH_2\text{—}CH{=}CH_2} \end{cases}$$

(4) 小环烷烃的加成反应

小环烷烃易开环，与氢气、卤素和卤化氢发生加成反应。其主要规律如下。

① 加氢反应活性：环丙烷>环丁烷>环戊烷>环己烷（“>”表示易于）。

② 加卤素：环丙烷及其取代物易与卤素进行开环加成反应，生成二卤代烷。环丁烷在常温时不反应，高温时才反应。

③ 加卤化氢：遵循马尔科夫尼科夫规则，即氢原子加在含氢较多的碳原子上，加成的位

置发生在连接最少和最多烷基的碳原子之间。

5. 饱和烃的来源

饱和烃的天然来源主要是天然气和石油。纯的饱和烃一般通过合成来制取。

6. 任务训练:苯甲酸重结晶

通过结晶、重结晶等操作来提纯苯甲酸,关键步骤:溶解→结晶→抽滤→重结晶。

本模块思维导图

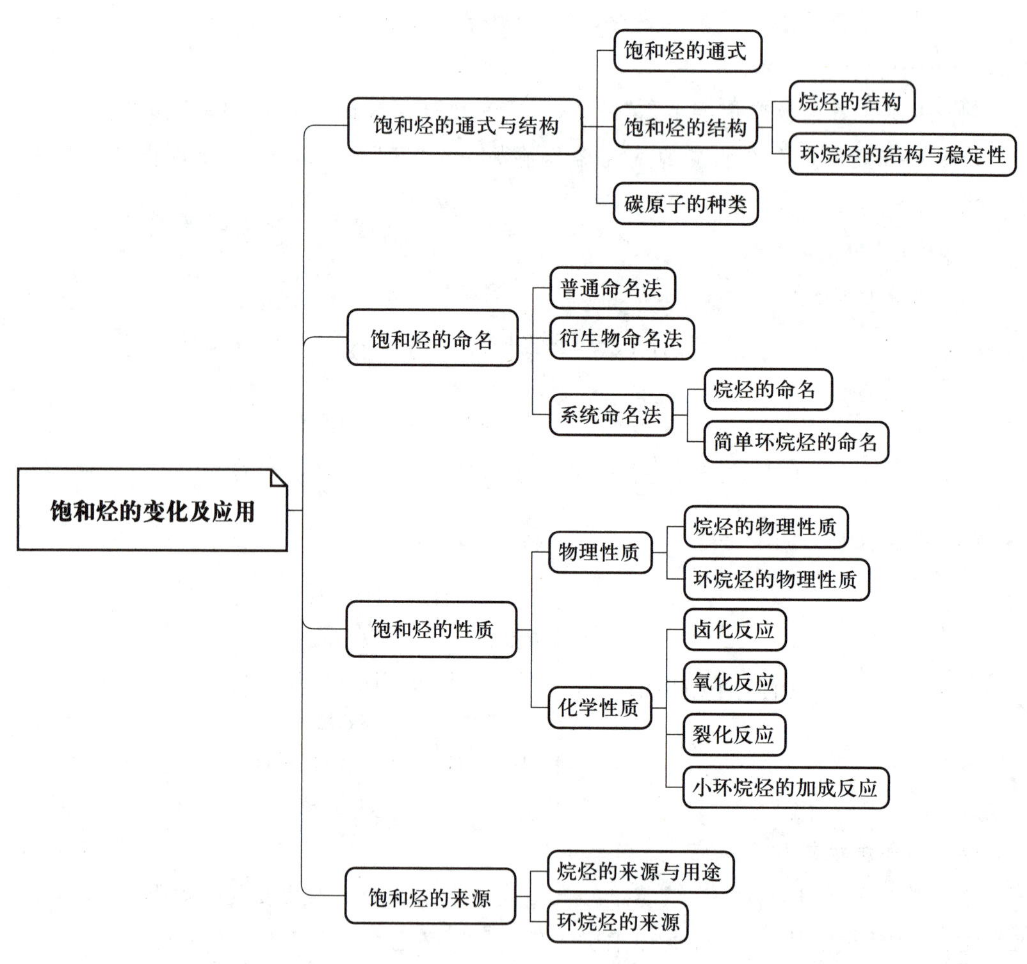

习题与测试

一、命名

1. $CH_3CH_2C(CH_3)_2CH_2CH_3$（结构式：$CH_3CH_2\overset{CH_3}{\underset{CH_3}{C}}CH_2CH_3$）

2. $CH_3—\underset{}{\overset{C_2H_5}{CH}}—\overset{CH_3}{CH}—(CH_2)_3—CH_3$

3. $CH_3—\overset{CH_3}{\underset{H_3C}{C}}—\underset{C_2H_5}{CH}—CH_2—CH_3$

4. $CH_3—CH_2—CH_2—\overset{CH_3}{\underset{CH_3}{C}}—CH_2—\overset{CH_3}{CH}—CH_3$

5. 1,2-二甲基环丙烷结构（环丙烷上连有两个 CH_3）

6. $(CH_3)_2CHCH_2CH_2CH_3$

7. $(CH_3)_2CHCH(CH_3)_2$

二、写出下列化合物的构造式

1. 正庚烷　　2. 2-甲基-4-乙基庚烷　　3. 2,6-二甲基-4-乙基辛烷

4. 2,3-二甲基己烷　　5. 2,3,3-三甲基戊烷

三、完成下列填空

1. 烷烃的物理性质一般随分子中________数的递增而发生________的变化，如常温下它们的状态是由____________，沸点________，液态时的密度____________（但都________水的密度），造成规律性变化的主要原因是__________________________。

2. 含有 10 个及 10 个以下碳原子的烷烃，其一氯代物只有一种的共有 4 种，请写出这 4 种烷烃的结构简式和名称。

__________________________，__________________________，

__________________________，__________________________。

四、推断题

根据以下溴代反应事实，推测相对分子质量为 72 的烷烃异构体的结构简式。

1. 只生成一种溴代产物；　2. 生成三种溴代产物；　3. 生成四种溴代产物。

模块三

不饱和脂肪烃的变化及应用

学习目标

1. 知道乙烯、乙炔、1,3-丁二烯分子的结构；
2. 会给烯烃、炔烃、二烯烃命名；
3. 知道烯烃、炔烃的物理性质；
4. 掌握烯烃、炔烃、共轭二烯烃的化学性质；
5. 会进行不饱和脂肪烃的鉴别；
6. 能进行环己烯的制备，掌握分馏操作技术。

问题引入

图3-1所示为方便袋、水杯、轮胎的图片，它们都是由高分子聚合物做成的，分别是聚乙烯、聚丙烯、聚1,3-丁二烯，这些聚合物所制成的产品都和人们的生活息息相关，那么合成这些聚合物所用的低分子原料是什么呢？它们属于有机化合物中的哪一类？有什么性质和用途呢？

方便袋

水杯

轮胎

图3-1　聚合物产品

主题 1　不饱和脂肪烃的分类与结构

一、不饱和脂肪烃的分类

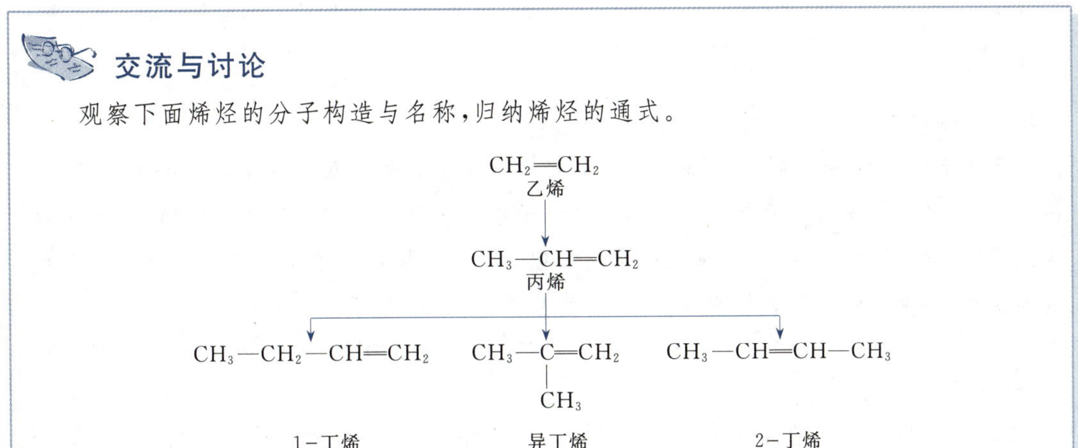

不饱和脂肪烃包括烯烃、炔烃。

1. 烯烃

烯烃是分子中含有一个 C═C 双键的不饱和脂肪烃，C═C 双键是烯烃的官能团。最简单的烯烃是乙烯（ $CH_2{=}CH_2$ ），C═C 双键位于末端的烯烃叫作**末端烯烃**或 **α-烯烃**。如 1-丁烯（ $CH_3{-}CH_2{-}CH{=}CH_2$ ）即 α-烯烃。烯烃的通式是 C_nH_{2n}（n 表示 C 原子数）。

不饱和脂肪烃分子中含有两个 C═C 双键的，叫作**二烯烃**，它的通式是 C_nH_{2n-2}，与碳原子数相同的炔烃互为同分异构体。按照这两个双键的相对位置，通常把二烯烃分为三类。

（1）累积双键二烯烃　两个双键连接在同一个碳原子上的，叫作累积双键，含有累积双键的二烯烃叫作**累积双键二烯烃**，简称**累积二烯烃**。例如：

$$\overset{3}{C}H_2{=}\overset{2}{C}{=}\overset{1}{C}H_2$$

丙二烯

$$\overset{4}{C}H_3{-}\overset{3}{C}H{=}\overset{2}{C}{=}\overset{1}{C}H_2$$

1,2-丁二烯

（2）共轭双键二烯烃　两个双键被一个单键隔开的（即双键和单键相互交替的），叫作共轭双键，含有共轭双键的二烯烃叫作**共轭双键二烯烃**，简称**共轭二烯烃**。例如：

$$\overset{4}{C}H_2{=}\overset{3}{C}H{-}\overset{2}{C}H{=}\overset{1}{C}H_2$$

1,3-丁二烯

$$\overset{4}{C}H_2{=}\overset{3}{C}H{-}\underset{\displaystyle CH_3}{\overset{2}{C}}{=}\overset{1}{C}H_2$$

2-甲基-1,3-丁二烯（俗名异戊二烯）

(3) 隔离双键二烯烃　两个双键被两个或两个以上单键隔开的，叫作隔离双键，含有隔离双键的二烯烃叫作**隔离(孤立)双键二烯烃**，简称**隔离(孤立)二烯烃**。例如：

$$\overset{5}{C}H_2=\overset{4}{C}H-\overset{3}{C}H_2-\overset{2}{C}H=\overset{1}{C}H_2$$

1,4-戊二烯

$$\overset{6}{C}H_3-\overset{5}{C}H=\overset{4}{C}H-\overset{3}{C}(CH_3)_2-\overset{2}{C}H=\overset{1}{C}H_2$$

3,3-二甲基-1,4-己二烯

小贴士

三种不同类型的二烯烃中，累积二烯烃由于分子中的两个双键连在同一个碳原子上，很不稳定，自然界中极少存在。隔离二烯烃分子中的两个双键相距较远，彼此没有什么影响，相当于两个孤立的烯烃，与烯烃的性质相似。共轭二烯烃分子中的两个双键被一个单键连接起来，由于结构比较特殊，具有独特的性质，是本章学习讨论的重点。

2. 炔烃

不饱和脂肪烃分子中含有C≡C三键的，叫作炔烃。C≡C三键是炔烃的官能团，炔烃通式是 C_nH_{2n-2}(n 表示 C 原子数)。在炔烃分子中，C≡C三键处于末端的，例如 HC≡CH、RC≡CH，叫作**末端炔烃**。

二、不饱和脂肪烃的结构

分别以乙烯、乙炔、1,3-丁二烯为例进行说明。

1. 乙烯分子的结构

(1) 乙烯分子的平面形结构——sp^2 杂化轨道　乙烯($CH_2=CH_2$)分子是平面形结构，键长和键角如图 3-2 所示。

在乙烯分子中，C 原子是 sp^2 杂化的，C 原子的一个 s 轨道和两个 p 轨道(例如 p_x 和 p_y 轨道)组合生成三个等同的 sp^2 杂化轨道，另一个 p 轨道(例如 p_z 轨道)未参与杂化。三个 sp^2 杂化轨道在空间的分布如图 3-3(a)所示。三个 sp^2 杂化轨道的对称轴经过 C 原子核，处在同一个平面内，互成 120°角，大头一瓣指向正三角形的三个角顶。另一个未杂化的 p 轨道(例如 p_z 轨道)垂直于 sp^2 杂化轨道对称轴所在的平面，如图 3-3(b)所示。

动画：乙烯分子的结构

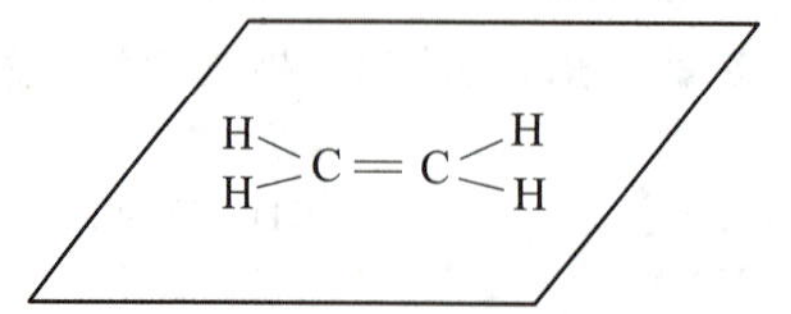

键角　∠HCC=121.6°

键角　∠HCH=116.7°

键长　C=C键键长为0.1339 nm

键长　C—H键键长为0.1086 nm

图 3-2　乙烯分子的平面形结构

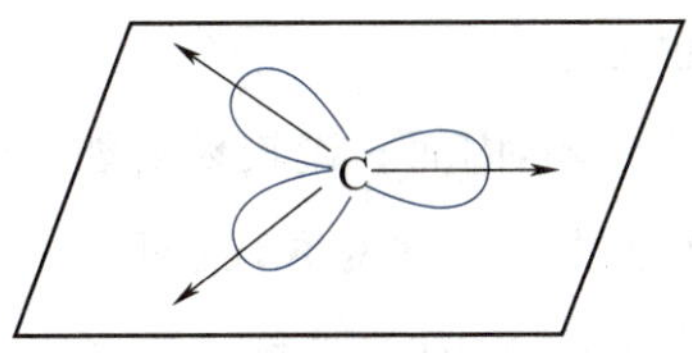

(a) C原子的三个sp^2杂化轨道在空间的分布(小头一瓣未画出)

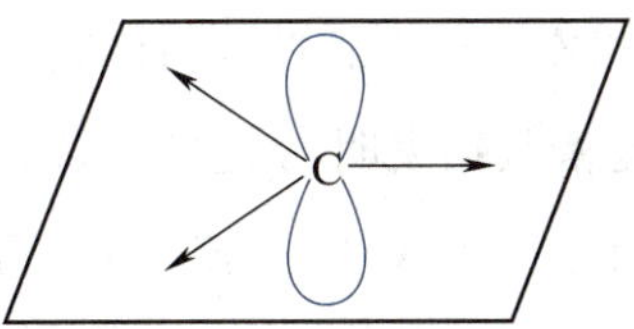

(b) C原子未杂化的p轨道

动画：sp^2杂化轨道

图 3-3　碳原子的 sp^2 杂化轨道和 p 轨道

小知识

在 sp^2 杂化轨道中，s 轨道成分占 1/3，p 轨道成分占 2/3。因此，sp^2 杂化轨道可以形象地看成 1/3 的 s 轨道和 2/3 的 p 轨道“混合”而成的。sp^2 杂化轨道的形状与 sp^3 杂化轨道相似。

乙烯分子中，C—H 键为 sp^2-s σ 键，C—C 键为 sp^2-sp^2 σ 键，这六个原子和五个 σ 键的键轴处在同一个平面内(见图 3-4)。

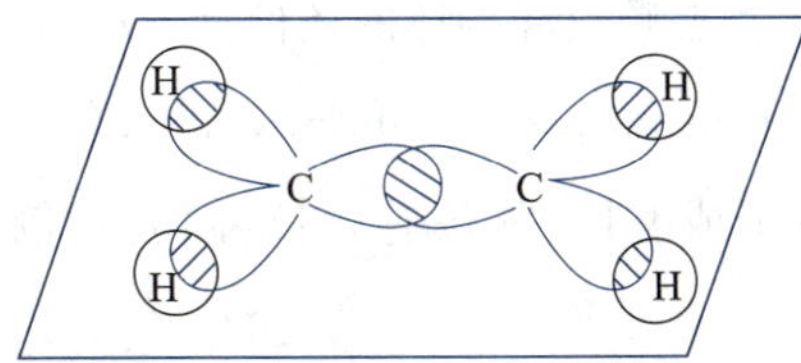

(a) C原子的sp^2杂化轨道之间，以及与H原子的s轨道之间的相互重叠“头碰头”重叠

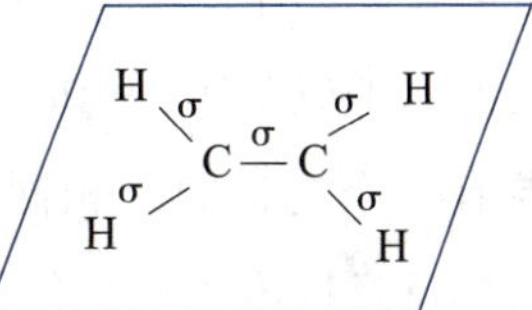

(b) 乙烯分子中的σ键

图 3-4　乙烯分子中的 σ 键

每个碳原子上还各有一个未参与杂化的 p_z 轨道，它们的对称轴都垂直于乙烯分子所在的平面，互相平行，这样两个 p_z 轨道进行另一种方式的重叠——如图 3-5(a)所示“肩并肩”的重叠，形成 π 键。π 轨道的大致形状如图 3-5(b)所示。

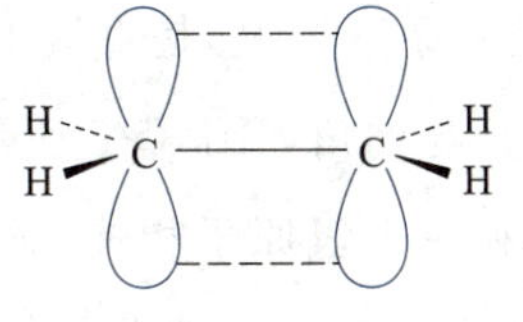

(a) 两个p_z轨道“肩并肩”重叠

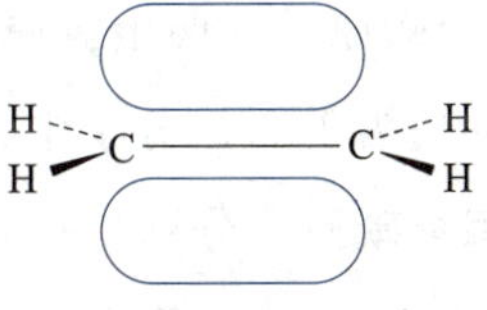

(b) π轨道

动画：乙烯分子中的 π 电子云

图 3-5　乙烯分子中的 π 键

在 C=C 双键中，一个是 σ 键，另一个是 π 键，不是两个等同的共价键。故其两个 C 原子核比只以一个 σ 键相连的更为靠近，而且结合得也更牢固。

σ 键和 π 键的键能数据表明，σ 键较强，而 π 键较弱，因而 π 键较易断裂。此外，π 电子也不像 σ 电子那样集中在两个 C 原子核之间，而是分散在上下两方，故两个 C 原子核对其的“束缚力”较小，所以，具有较大的流动性，在外界的影响下，如当试剂进攻时，π 电子就比较容易被极化，导致 π 键断裂发生加成反应。

(2) 顺反异构　由于乙烯分子是平面形的，碳碳双键不能绕键轴自由转动。因此，当双键的两个碳原子各连有两个不同的原子或基团时，烯烃就会产生两种不同的空间排列方式。其中，两个相同的原子或基团处在 C=C 双键同侧的叫作**顺式**；两个相同的原子或基团处在 C=C 双键两侧的叫作**反式**。例如 2-丁烯的两种构型。

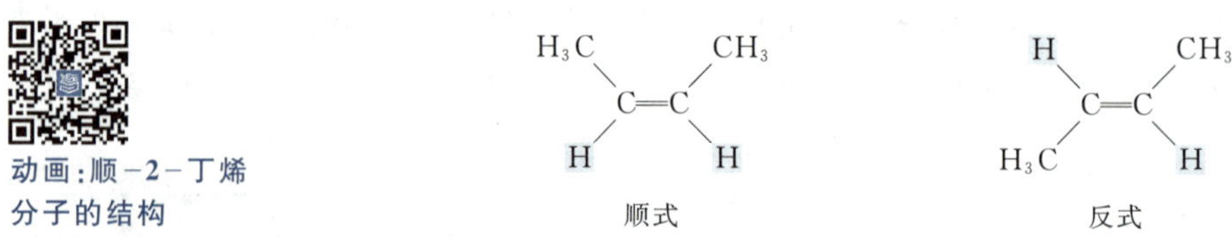

这种由于原子或基团在空间的排列方式不同所引起的异构现象叫作**顺反异构**，这两种异构体叫作**顺反异构体**。

并不是所有的烯烃都存在顺反异构体。存在顺反异构体的条件是：双键碳原子上连接的必须是两个不相同的原子或基团，例如，abC=Cab、abC=Cac、abC=Ccd 都有顺反异构体。两个双键碳原子只要有一个连接的是相同的原子或基团，就没有顺反异构体，例如，aaC=Cab 和 aaC=Cbc都没有顺反异构体。

烯烃的异构包括碳链构造异构、双键位置异构和顺反异构。

2. 乙炔分子的结构

交流与讨论

炔类化合物（例如 a—C≡C—a 或 b—C≡C—a）有无顺反异构体？为什么？

炔烃的结构特征是分子中具有 C≡C 三键，如乙炔，构造式为 H—C≡C—H 。实验测定，乙炔分子中的两个碳原子和两个氢原子都在同一条直线上，是直线形结构，其 C≡C 三键和 C—H 键之间的夹角为 180°。分子中各键的键长与键角如图 3-6 所示。

乙炔分子中的每个碳原子分别与一个碳原子和一个氢原子相连，碳原子用一个 2s 轨道和一个 2p 轨道重新组合，形成两个完全相同的新轨道，叫作 **sp 杂化轨道**。这两个 sp 杂化轨道对称轴同处在一条直线上，彼此成 180°角，其形状如图 3-7 所示。

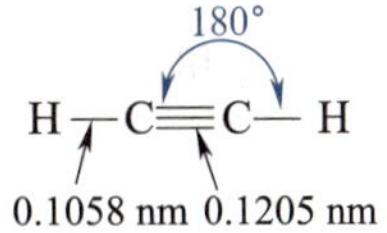

图 3-6　乙炔分子的直线形结构

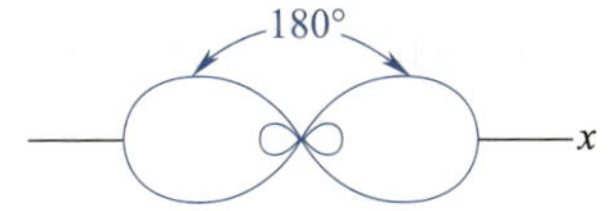

图 3-7　碳原子的 sp 杂化轨道

动画：乙炔分子的结构

动画：sp 杂化轨道

乙炔分子中的两个碳原子各以一个 sp 杂化轨道沿键轴方向"头碰头"重叠形成一个 C—C σ 键，每个碳原子的另一个 sp 杂化轨道分别与氢原子的 s 轨道沿键轴方向"头碰头"重叠形成两个 C—H σ 键。这三个 σ 键的对称轴同在一条直线上，键角为 180°，如图 3-8 所示。

碳原子上没有参与杂化的两个 2p 轨道相互垂直，并与 sp 杂化轨道相垂直。每个碳原子上两个相互垂直的未经杂化的 2p 轨道在两个碳原子以 sp 杂化轨道形成 σ 键的同时也两两对应，从侧面"肩并肩"重叠形成两个相互垂直的 π 键，如图 3-9 所示。其电子云围绕在 C—C σ 键的周围，对称分布，呈圆筒形。

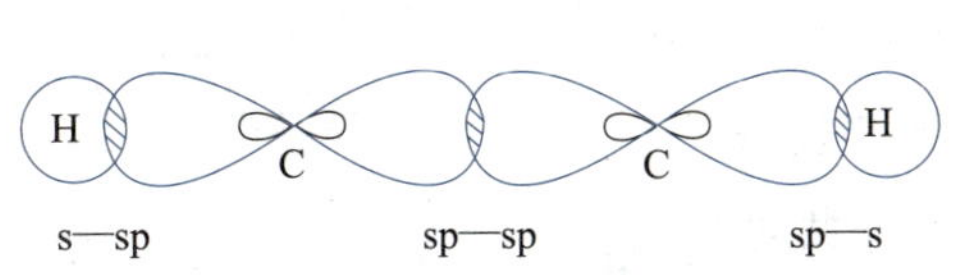

图 3-8　乙炔分子中的三个 σ 键

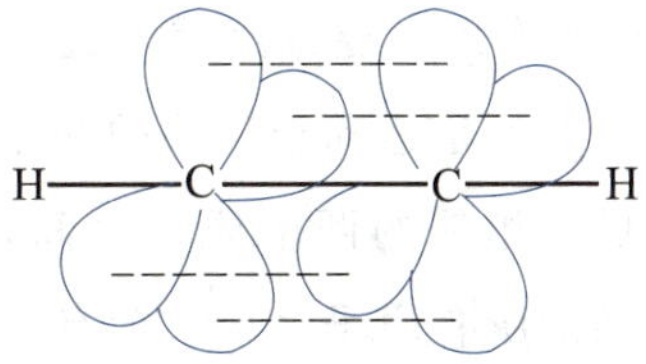

图 3-9　乙炔分子中的 π 键

其他炔烃分子中 C≡C 三键的结构与乙炔完全相同。炔烃的异构为碳链构造异构和三键位置异构。由于三键碳原子上只能连接一个原子或基团，所以炔烃没有顺反异构体，比相应烯烃的异构体数目少。例如，戊炔 C_5H_8 只有三种构造异构体：

$CH_3CH_2CH_2C{\equiv}CH$　　$CH_3CH_2C{\equiv}CCH_3$　　$CH_3CH(CH_3)C{\equiv}CH$

3. 1,3-丁二烯分子的结构

（1）共轭 π 键　在脂肪烃中，最简单的共轭二烯烃是 1,3-丁二烯。实验测定，1,3-丁二烯（$CH_2{=}CH{-}CH{=}CH_2$）分子中的 4 个 C 原子和 6 个 H 原子都在同一个平面内，所有键角都接近 120°，其键角和键长数据如图 3-10 所示。

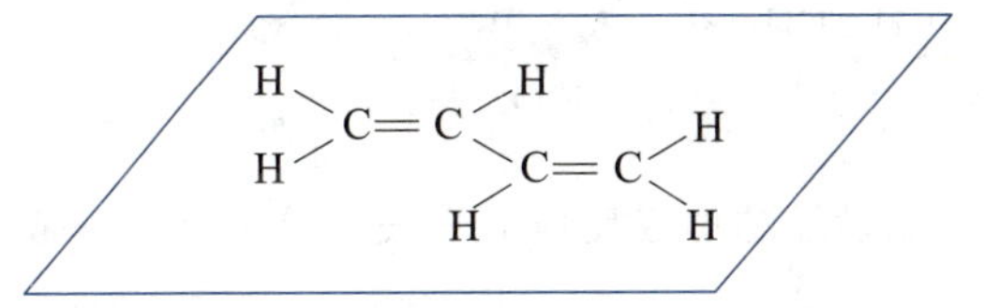

键角　∠C═C—C 122.4°
键角　∠C═C—H 119.8°
键长　C═C双键0.134 nm
键长　C—C单键0.146 nm

图 3-10　1,3-丁二烯分子的形状

动画：丁二烯分子中的 π 电子云

在 1,3-丁二烯分子中 C═C 双键的键长比烯烃中 C═C 双键的键长略长，但 C—C 单键的键长比烷烃中 C—C 单键的键长短，这说明在共轭二烯烃分子中，C═C 双键和 C—C 单键的键长具有平均化的趋势。

1,3-丁二烯分子中的四个 C 原子都是 sp^2 杂化的。它们各以 sp^2 杂化轨道沿键轴方向相互重叠形成三个 C—C σ 键，其余的 sp^2 杂化轨道分别与 H 原子的 s 轨道沿键轴方向相互重叠形成六个 C—H σ 键，这九个 σ 键都在同一平面上，它们之间的夹角都接近 120°。每个 C 原子上还剩下一个未参与杂化的 p 轨道（例如 p_z 轨道）和一个 p 电子（例如 p_z 电子），这四个 p 轨道的对称轴都垂直于 σ 键所在的平面，彼此平行。结果是，不仅 C_1 与 C_2 原子、C_3 与 C_4 原子的 p 轨道能够“肩并肩”地重叠，而且 C_2 和 C_3 原子的 p 轨道也能够“肩并肩”地重叠（虽然重叠得少些），使所有这 4 个 C 原子的 p 轨道都“肩并肩”地重叠起来，形成一个整体。在这个整体中有 4 个电子，形成一个包括 4 个原子、4 个电子的共轭 π 键（图 3-11）。

包括 3 个或 3 个以上原子的 π 键叫作**共轭 π 键**，共轭 π 键也叫作**大 π 键**或**离域 π 键**。这是因为形成共轭 π 键的电子并不是运动于相邻的两个原子之间，或者说，并不是定域于相邻的两个原子之间，而是离域扩展到共轭 π 键包括的所有原子之上。含有共轭 π 键的分子叫作**共轭分子**。

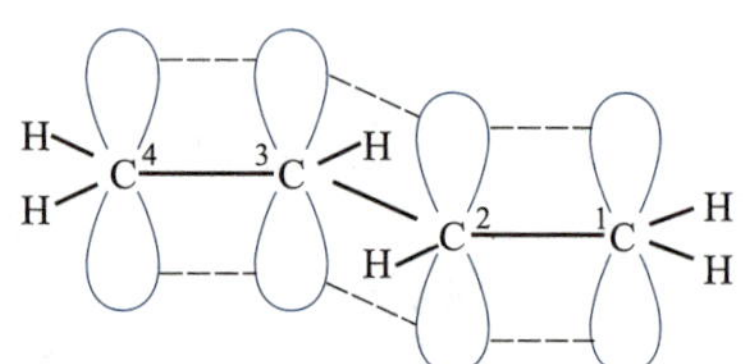

图 3-11　1,3-丁二烯分子中的共轭 π 键

在 1,3-丁二烯分子中，并不存在两个独立的双键，而是一个整体双键——共轭 π 键，但在书写时，仍用构造式 CH_2═CH—CH═CH_2 表示。

(2) 共轭效应　具有共轭 π 键的体系叫作**共轭体系**。在共轭体系中，由于原子间的相互影响而使体系内的 π 电子（或 p 电子）分布发生变化的一种电子效应称为**共轭效应**。共轭效应表现在物理性质和化学性质的许多方面，具有如下特点。

① 键长趋于平均化。共轭体系的 C═C 双键和 C—C 单键的键长趋于平均化。

② 极性交替现象沿共轭链传递。当共轭体系受到外界试剂进攻时，形成共轭 π 键的原子上的电荷会发生正、负极性交替现象，这种现象可沿共轭链传递而不减弱。例如，1,3-丁二烯分子受到试剂进攻时，发生极化：

$$\underset{4}{\overset{\delta+}{CH_2}}=\underset{3}{\overset{\delta-}{CH}}-\underset{2}{\overset{\delta+}{CH}}=\underset{1}{\overset{\delta-}{CH_2}} \longleftarrow \underset{\text{试剂}}{A^+-B^-}$$

由于分子中的极性交替现象，使共轭二烯烃的加成反应既可发生在 C_1—C_2（或 C_3—C_4）上，也可发生在 C_1 和 C_4 上。

③ 体系能量低，比较稳定。共轭体系能量较低，性质比较稳定。

主题 2　不饱和脂肪烃的命名

交流与讨论

如何命名下列化合物或写出构造式？

1. 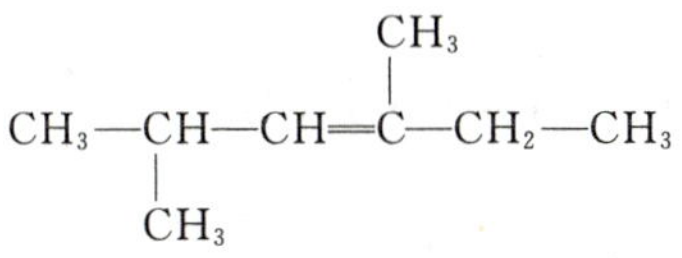 $CH_3—CH(CH_3)—CH=C(CH_3)—CH_2—CH_3$

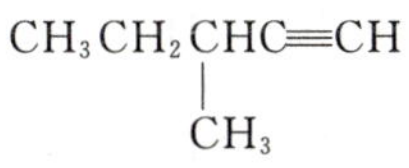

2. $CH_3CH_2CH(CH_3)C≡CH$

3. $HC≡C—C(CH_3)=CHCH_2CH_3$

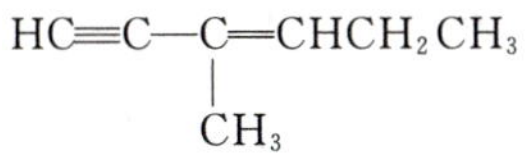

4. 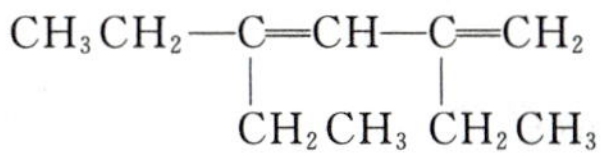 $CH_3CH_2—C(CH_2CH_3)=CH—C(CH_2CH_3)=CH_2$

5. 2-甲基-2-丁烯

6. 4-甲基-3-乙基-1-己炔

7. 3-甲基-1-庚烯-5-炔

8. 3-甲基-1,5-己二烯

一、烯烃的命名

1. 衍生物命名法

烯烃通常是以衍生物命名法和系统命名法来命名的。只有个别烯烃才具有习惯名称。例如：

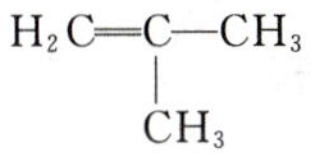

$$H_2C=C(CH_3)—CH_3$$

异丁烯

烯烃的衍生物命名法是以乙烯作为母体，把其他烯烃看作是乙烯的烷基衍生物来命名的。例如：

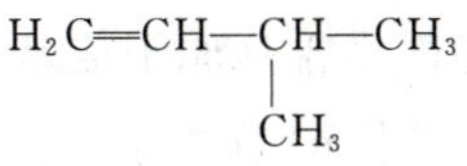

$$H_2C=CH—CH(CH_3)—CH_3$$

异丙基乙烯

$$H_2C=CH—CH(CH_3)—CH_2—CH_3$$

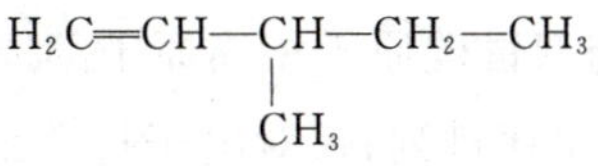

仲丁基乙烯

$$H_3C—CH=CH—CH_3$$

对称二甲基乙烯

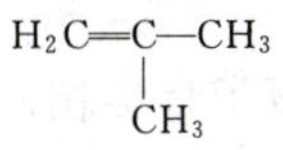

$$H_2C=C(CH_3)—CH_3$$

不对称二甲基乙烯

2. 系统命名法

烯烃的系统命名法是以含有双键的最长碳链为主链，把支链作为取代基来命名的。烯烃的名称依主链中所含有的碳原子数而定。碳原子数小于 10 个时，称为某烯，碳原子多于 10 个时，“烯”字前要缀一“碳”字。由于双键的存在，必须指出双键的位置。从靠近双键的一端开始，将主链中的碳原子依次编号。双键的位置，以双键上位次最小的碳原子号数来表明，写在烯烃名称的前面。按照较优基团后列出的原则将取代基的位置、数目和名称，也写在烯烃名称的前面。例如：

$\overset{1}{H_2C}=\overset{2}{CH}-\overset{3}{CH}(CH_3)-\overset{4}{CH_2}-\overset{5}{CH_3}$

3-甲基-1-戊烯

$\overset{1}{CH_3}-\overset{2}{C}(CH_3)=\overset{3}{CH}-\overset{4}{CH}(CH_3)-\overset{5}{CH_2}-\overset{6}{CH_3}$

2,4-二甲基-2-己烯

$\overset{4}{CH_3}-\overset{3}{CH}(CH_3)-\overset{2}{C}(CH_2CH_3)=\overset{1}{CH_2}$

3-甲基-2-乙基-1-丁烯

$H_2C=CH-(CH_2)_{15}CH_3$

1-十八碳烯

3. 顺-反命名法

对于 abC═Cab 和 abC═Cac 这两类化合物，经常采用顺-反命名法命名。相同的两个原子或基团在碳碳双键的同侧，叫作顺式；相同的两个原子或基团在碳碳双键的两侧，叫作反式。例如：

$(CH_3)(H)C=C(CH_2CH_3)(H)$

顺-2-戊烯

$(H)(CH_3)C=C(CH_2CH_3)(H)$

反-2-戊烯

对于 abC═Ccd 这类化合物的顺反异构体，两个 C═C 双键碳原子所连接的四个原子或基团都不相同时，则难以用顺-反命名法命名。

4. *Z*-*E* 命名法

命名顺反异构体普遍适用的方法是 *Z*-*E* 命名法。字母 *Z* 是德文“Zusamment”的第一个字母，意思是“同侧”，*E* 是德文“Entgegen”的第一个字母，意思是“相反，相对”。用次序规则决定 *Z*、*E* 的构型。次序规则的要点如下。

① 按直接与双键碳原子相连原子的原子序数减小的次序排列原子或基团；对于同位素，按质量数减小的次序排列；孤对电子排在最后。例如（“＞”表示“优先于”）：

$$I > Br > Cl > S > O > N > C > D > H > :$$

② 如果与双键碳原子直接相连原子的原子序数相同，就要从这个原子起向外进行比较，依次外推，直到能够比较出它们的优先次序为止。例如，$-CH_3$ 和 $-CH_2CH_3$ 直接相连的都是碳原子，但是，在 $-CH_3$ 中与这个碳原子相连的是三个氢原子（H，H，H）；而在 $-CH_2CH_3$ 中则是一个碳原子和两个氢原子（C，H，H），外推比较，C 的原子序数大于 H 的，所以 $-CH_2CH_3 > -CH_3$。同理：

$$-CH_2OH > -CH_2CH_3,\quad -CH_2OCH_3 > -CH_2OH,\quad -CH_2Br > -CCl_3$$

一些烷基的优先次序见模块二主题 2。

③ 如果与双键碳原子直接相连的是含有双键或三键的基团时，则把不饱和键看成是单键的重复，即认为双键和三键原子分别连接两个或三个相同的原子。例如，$-CH=CH_2$ 相当于—C 与 C、C、H 相连，$-C\equiv CH$ 相当于—C 与 C、C、C 相连。这样处理后，再进行比较，因此

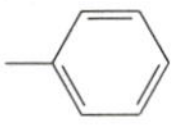

$$-C_6H_5 > -C\equiv CH > -CH=CH_2$$

按照次序规则，比较双键碳原子上所连接的两个原子或基团哪一个优先，优先的两个原子或基团如果是位于双键的同侧，称为 *Z* 式；如果是位于双键的两侧，则称为 *E* 式。*Z*，*E* 写在括号里放在化合物名称的前面。例如：

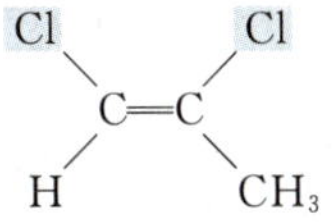

$Cl > CH_3$　　$Cl > H$

顺-1,2-二氯丙烯
或(*Z*)-1,2-二氯丙烯

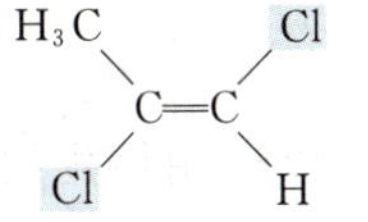

反-1,2-二氯丙烯
或(*E*)-1,2-二氯丙烯

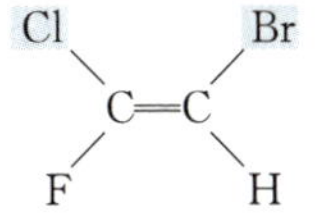

$Br > H$　　$Cl > F$

(*Z*)-1-氟-1-氯-2-溴乙烯

$CH_2CH_2CH_3 > CH_2CH_3$　　$CH_3 > H$

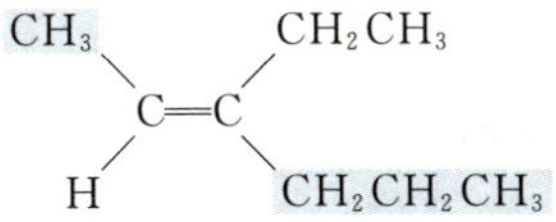

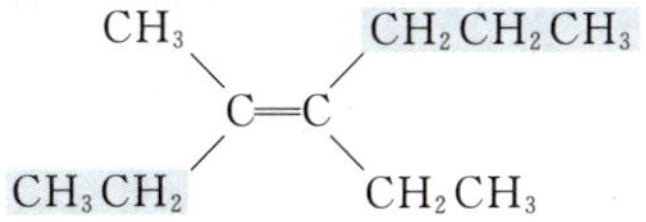

(*E*)-3-乙基-2-己烯

顺-3-甲基-4-乙基-3-庚烯
或(*E*)-3-甲基-4-乙基-3-庚烯

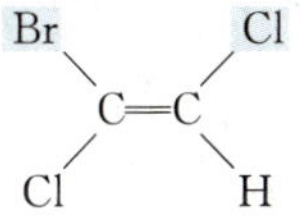

反-1,2-二氯-1-溴乙烯
或(*Z*)-1,2-二氯-1-溴乙烯

从上面的命名中可以看出，顺-反与 *Z*-*E* 在命名时并不完全一致，即顺式不一定是 *Z* 式，反式也不一定是 *E* 式。

练一练

用 *Z*-*E* 命名法命名下列化合物。

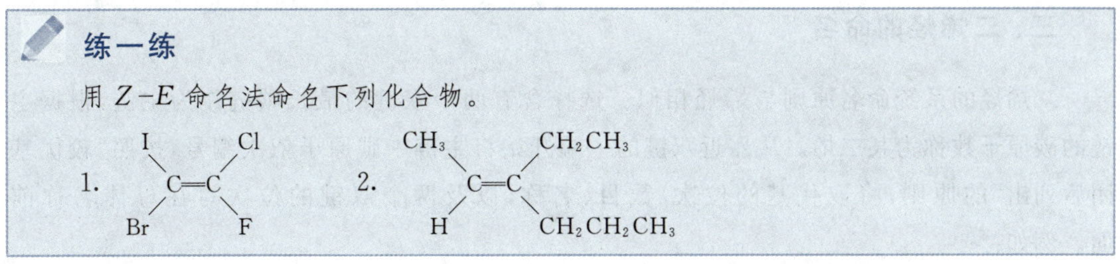

二、炔烃的命名

炔烃通常是以系统命名法和衍生物命名法来命名的，和烯烃命名法相似。

炔烃的系统命名法命名原则如下。

（1）选择含有三键的最长碳链作为母体，并使三键的位次处于最小，支链作为取代基。

（2）分子中同时存在双键和三键的叫作烯炔，命名时，选择含有双键、三键的最长碳链为主链，从靠近不饱和键的一端开始，将主链中的碳原子依次编号。如果双键、三键处于相同位次供选择时，则从靠近双键的一端开始编号。例如：

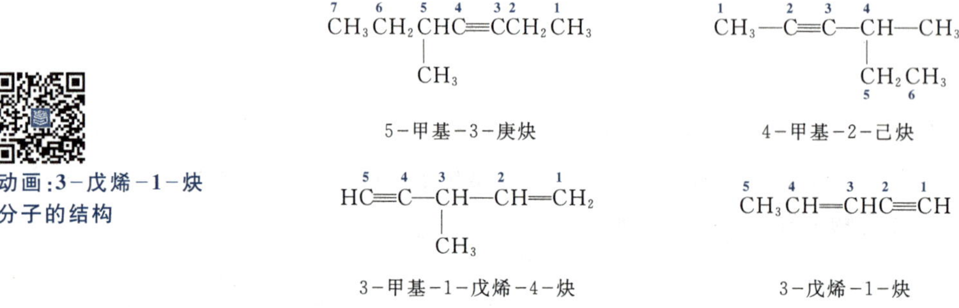

动画：3-戊烯-1-炔分子的结构

简单的炔烃可以采用衍生物命名法，可以把它们看作是乙炔的衍生物，即以乙炔为母体，而把其他的炔烃看作乙炔的烃基衍生物加以命名。

	$CH_3—C{\equiv}C—CH_2—CH_3$	$HC{\equiv}C—CH(CH_3)—CH_3$
系统命名法	2-戊炔	3-甲基-1-丁炔
衍生物命名法	甲基乙基乙炔	异丙基乙炔

如果命名的是环烯烃或环炔烃，则把 1，2 位次留给双键或三键碳原子，并使取代基的位次尽可能小。例如：

3-甲基环戊烯　　1-甲基-3-异丙基环己烯　　5-甲基环辛炔

三、二烯烃的命名

二烯烃的系统命名原则与烯烃相似。选择含有两个双键的最长碳链作为主链，根据主链的碳原子数称为某二烯。从靠近双键的一端开始将主链中碳原子依次编号，按照“较优基团后列出”的原则，将取代基的位次、数目、名称，以及两个双键的位次写在母体名称前面。例如：

$CH_3—CH(CH_3)—CH{=}CH—CH{=}CH_2$

5-甲基-1,3-己二烯

$CH_3—C(CH_3){=}CH—C(CH_2—CH_3){=}CH_2$

4-甲基-2-乙基-1,3-戊二烯

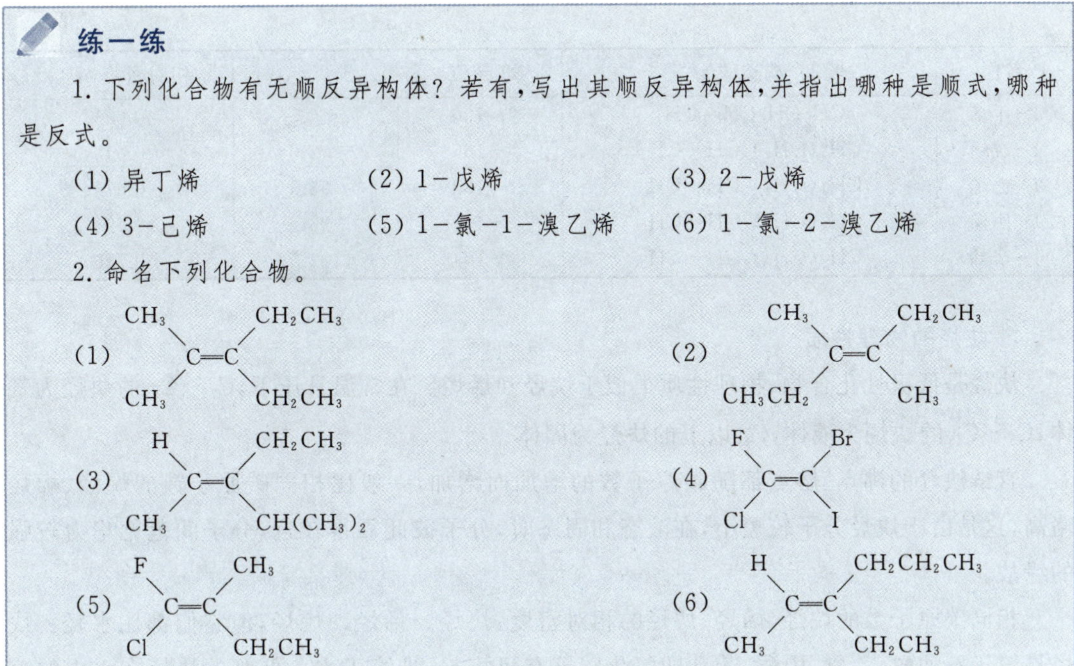

练一练

1. 下列化合物有无顺反异构体？若有，写出其顺反异构体，并指出哪种是顺式，哪种是反式。

(1) 异丁烯　　(2) 1-戊烯　　(3) 2-戊烯

(4) 3-己烯　　(5) 1-氯-1-溴乙烯　　(6) 1-氯-2-溴乙烯

2. 命名下列化合物。

主题 3　不饱和脂肪烃的性质

一、物理性质

1. 烯烃的物理性质

交流与讨论

烯烃的物理性质包括烯烃的熔点、沸点、溶解性、相对密度等，观察表 3-1 中的数据，能看出随着烯烃相对分子质量的增加这些物理量的变化规律吗？

烯烃的物理性质与烷烃相似。常温下，C_2～C_4 的烯烃为气体，C_5～C_{19} 的烯烃为液体，从 C_{20} 开始为固体。烯烃都是无色的，具有一定的气味，乙烯略带甜味，液态烯烃具有汽油的气味。烯烃的沸点和熔点随分子中碳原子数（或相对分子质量）的增大而升高。烯烃的相对密度（液态）小于 1，随分子中碳原子数（或相对分子质量）的增大而逐渐增大。烯烃难溶于水，易溶于有机溶剂，如苯、乙醚、氯仿、四氯化碳等。一些直链 α-烯烃的物理常数见表 3-1。

表 3-1　一些直链 α-烯烃的物理常数

名称	构造式	熔点/℃	沸点/℃	相对密度(d_4^{20})
乙烯	$CH_2{=}CH_2$	−169	−102	0.570
丙烯	$CH_3CH{=}CH_2$	−185	−48	0.610

续表

名称	构造式	熔点/℃	沸点/℃	相对密度(d_4^{20})
1-丁烯	$CH_3CH_2CH=CH_2$	−130	−6.5	0.625
1-戊烯	$CH_3(CH_2)_2CH=CH_2$	−166	3.0	0.643
1-己烯	$CH_3(CH_2)_3CH=CH_2$	−138	63.5	0.675
1-庚烯	$CH_3(CH_2)_4CH=CH_2$	−119	93	0.698
1-辛烯	$CH_3(CH_2)_5CH=CH_2$	−104	122.5	0.716

2. 炔烃的物理性质

炔烃是低极性化合物，物理性质类似于烷烃和烯烃。在常温常压下，C_2～C_4 的炔烃为气体，C_5～C_{15} 的炔烃为液体，C_{15} 以上的炔烃为固体。

直链炔烃的沸点、熔点都随碳原子数的增加而增加，一般比相同碳原子数的烷烃、烯烃略高，这是由于炔烃分子较短小，在液态和固态时，分子彼此靠得较近，分子间范德华力较强的缘故。

相同碳原子数的烷烃、烯烃、炔烃的相对密度：炔烃＞烯烃＞烷烃，但它们都比水轻。炔烃易溶于石油醚、乙醚、丙酮、苯和四氯化碳等有机溶剂，难溶于水。低级的炔烃在水中的溶解度较对应的烷烃、烯烃略有增加。它们的物理常数见表 3-2。

表 3-2 炔烃的物理常数

名称	熔点/℃	沸点/℃	相对密度(d_4^{20})
乙炔	−80.8	−84.0	0.618
丙炔	−101.5	−23.2	0.671
1-丁炔	−112.5	8.1	0.668
1-戊炔	−90.0	40.2	0.691
1-己炔	−124.0	71.4	0.716
1-庚炔	−81.0	99.7	0.733
1-辛炔	−79.3	125.2	0.747
1-壬炔	−50.0	150.8	0.760

炔烃中最重要的是乙炔。乙炔的临界温度是 36.5℃，临界压力是 6.17 MPa，常温在乙炔的临界温度以下，所以常温时增大压力可以使乙炔液化。液态乙炔受到振动会发生爆炸，所以在乙炔钢瓶中既要填入多孔性物质，如硅藻土、石棉等，又要加入丙酮作为溶剂，这样储存、运输、使用可以避免危险。

乙炔难溶于水。常温时 1 体积的水约能溶解 1 体积乙炔。乙炔易溶于丙酮和某些有机溶剂。

乙炔与空气组成爆炸性的混合气体。其爆炸极限为 3%～81%(体积分数)。从爆炸极限可以看出，乙炔与空气组成的爆炸混合气体的组成范围比其他烃类要大得多。在生产、使用乙炔时必须注意这一点，防止发生爆炸事故。

二、化学性质

1. 烯烃的化学性质

交流与讨论

有两气囊气体，一个是乙烷，另一个是乙烯，用简便方法把它们鉴别出来。

在有机化合物分子中，与官能团直接相连的碳原子，叫作 α－碳原子，α－碳原子上的氢原子叫作 α－氢原子。例如，丙烯分子中有一个 α－碳原子和三个 α－氢原子。

$$\mathrm{H{-}\underset{|}{\overset{H}{\overset{|}{C}}}{=}\overset{H}{\overset{|}{C}}{-}\underset{\underset{H}{|}}{\overset{H}{\overset{|}{C}}}{-}H}$$

α－碳原子

α－氢原子

官能团

烯烃的化学性质主要表现在官能团 C═C 双键上，以及受 C═C 双键影响较大的 α－碳原子上。

(1) 加成反应　C═C 双键中 π 键不牢固，较易断裂，在双键的两个碳原子上各加一个原子或基团，形成两个 σ 键，这种反应称为**加成反应**。这是 C═C 双键最普遍、最典型的反应。

$$\gt C{=}C\lt + X{-}Y \longrightarrow -\underset{X}{\underset{|}{\overset{|}{C}}}-\underset{Y}{\underset{|}{\overset{|}{C}}}-$$

烯烃　　试剂　　加成产物

① 催化加氢。在催化剂铂、钯或雷尼镍的催化下，烯烃能与氢加成生成烷烃，同时放出大量的热。例如：

动画：乙烯的催化加氢

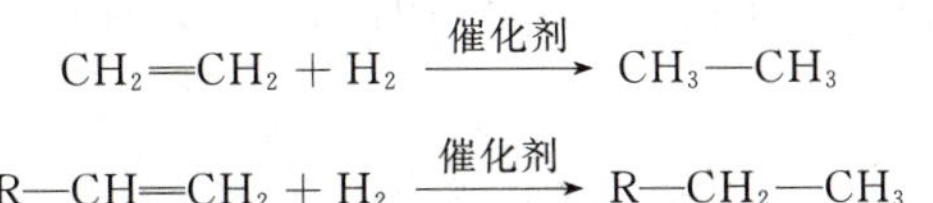

$$CH_2{=}CH_2 + H_2 \xrightarrow{\text{催化剂}} CH_3{-}CH_3$$

$$R{-}CH{=}CH_2 + H_2 \xrightarrow{\text{催化剂}} R{-}CH_2{-}CH_3$$

催化加氢的过程，一般认为是氢和烯烃都被吸附在催化剂的表面上，减弱了 H—H 键和 π 键，从而使加氢反应较易进行。

催化加氢可以在气相，也可以在液相中进行。在液相中进行时，实验室中常用乙醇作为溶剂。

由于催化加氢反应能定量地进行，因此在分析上可利用催化加氢反应，根据吸收氢气的体积，计算出混合物中不饱和化合物的含量。

汽油中含有少量烯烃，性能不稳定，可通过催化加氢使烯烃转变为烷烃，从而提高汽油质量。液态油脂中含有少量烯烃，容易变质，可通过催化加氢，将液态油脂转变为固态油脂，便于保存与运输。

② 亲电加成

Ⅰ. 和卤素的加成。氟与烯烃反应太剧烈，而碘与烯烃难反应，所以一般所谓烯烃的加卤，实际上是指加氯或加溴。

烯烃能与氯或溴发生加成反应，生成连二氯代烷或连二溴代烷。这是制备连二氯代烷和连二溴代烷最常用的一种方法。例如：

视频：乙烯与卤素加成——喷泉实验

$$CH_2=CH_2 + Cl_2 \xrightarrow[40\ ℃，溶剂]{FeCl_3} \underset{Cl}{\underset{|}{CH_2}}-\underset{Cl}{\underset{|}{CH_2}}$$

1,2-二氯乙烷

这是工业上制备1,2-二氯乙烷的一种方法。

小贴士

1,2-二氯乙烷为无色或淡黄色油状液体，有轻微甜味，易挥发，沸点83 ℃，相对密度1.2550；难溶于水，易溶于醇、醚等有机溶剂。1,2-二氯乙烷属高毒类物质，其蒸气有剧毒。1,2-二氯乙烷的主要用途是制取氯乙烯、乙二醇、乙二酸等，它还是良好的有机溶剂、萃取剂、抗震剂。

在常温、常压、不需加催化剂的情况下，烯烃与溴可迅速发生加成反应，生成1,2-二溴代烷。例如，将乙烯通入溴水或溴的四氯化碳溶液中，溴的红棕色很快褪去，生成1,2-二溴乙烷。

视频：乙烯与溴的加成反应

$$CH_2=CH_2 + \underset{（红棕色）}{Br-Br} \longrightarrow \underset{Br}{\underset{|}{CH_2}}-\underset{Br}{\underset{|}{CH_2}}$$

1,2-二溴乙烷（无色）

烯烃与溴的加成反应前后有明显的现象变化，因此可用来**鉴别烯烃**。工业上常用此法检验汽油、煤油中是否含有不饱和烃。

C═C双键与氯或溴加成时，烯烃的加成反应活性如下：

$$(H_3C)_2C=CH_2 > H_3C-CH=CH_2 > H_2C=CH_2$$

卤素的活性顺序是

$$Cl_2 > Br_2$$

Ⅱ. 和卤化氢的加成。烯烃能与卤化氢（氯化氢、溴化氢、碘化氢）发生加成反应，生成卤代烷。例如：

$$H_2C=CH_2 + HBr \longrightarrow \underset{H}{\underset{|}{H_2C}}-\underset{Br}{\underset{|}{CH_2}}$$

溴乙烷

不对称烯烃与卤化氢加成时显然可以生成两种产物。例如：

$$H_3C-CH=CH_2 + HBr \longrightarrow \begin{cases} H_3C-\underset{H}{\underset{|}{CH}}-\underset{Br}{\underset{|}{CH_2}} & \text{1-溴丙烷} \\ H_3C-\underset{Br}{\underset{|}{CH}}-\underset{H}{\underset{|}{CH_2}} & \text{2-溴丙烷} \end{cases}$$

实验发现，生成的产物是 2-溴丙烷。也就是说，烯烃与卤化氢加成时，卤化氢分子中的氢原子主要加在碳碳双键含氢较多的那个碳原子上，卤原子则加在含氢较少的那个碳原子上。这是 1869 年马尔科夫尼科夫（Markovnikov V）根据一些实验结果总结出来的一条经验规则，叫作**马尔科夫尼科夫规则**，简称**马氏规则**。加成产物符合马尔科夫尼科夫规则的，叫作**马尔科夫尼科夫加成**，简称**马氏加成**。利用马氏规则可预测烯烃加成反应的主要产物。

C═C 双键与卤化氢加成时，烯烃的活性顺序与加卤素相同。卤化氢的活性顺序是：$HI > HBr > HCl$。烯烃与溴化氢加成，如果是在过氧化物存在下进行，得到的产物与马氏规则不一致，是反马尔科夫尼科夫加成（反马氏加成）。例如：

$$CH_3-CH=CH_2 + HBr \xrightarrow{\text{无过氧化物}} CH_3-\underset{\underset{Br}{|}}{CH}-\underset{\underset{H}{|}}{CH_2} \quad \text{马氏加成}$$

$$CH_3-CH=CH_2 + HBr \xrightarrow{\text{有过氧化物}} CH_3-\underset{\underset{H}{|}}{CH}-\underset{\underset{Br}{|}}{CH_2} \quad \text{反马氏加成}$$

这是由于存在过氧化物而引起的加成定位的改变，叫作**过氧化物效应**。不对称烯烃与卤化氢的加成，只有溴化氢有过氧化物效应。

Ⅲ. 和硫酸的加成。烯烃能与硫酸加成生成硫酸氢酯。例如：

$$H_2C=CH_2 + HO-SO_2-OH \longrightarrow \underset{\underset{H}{|}}{H_2C}-\underset{\underset{O-SO_2-OH}{|}}{CH_2}$$

硫酸氢乙酯

$$CH_2=CH-CH_3 + HO-SO_2-OH \longrightarrow \underset{\underset{H}{|}}{H_2C}-\underset{\underset{O-SO_2-OH}{|}}{CH}-CH_3$$

硫酸氢异丙酯

从丙烯与硫酸的加成产物可以看出，不对称烯烃与硫酸的加成符合马氏规则。

烯烃与硫酸的加成产物硫酸氢酯溶于硫酸。利用这一性质，可将混在烷烃中的少量烯烃分离除去。

烯烃与硫酸的加成产物硫酸氢酯与水共热则水解生成醇，并重新给出硫酸。例如：

$$\underset{\text{硫酸氢乙酯}}{CH_3CH_2O-SO_2-OH} + H_2O \xrightarrow{\triangle} \underset{\text{乙醇}}{H_3C-CH_2-OH} + H_2SO_4$$

$$\underset{\text{硫酸氢异丙酯}}{(CH_3)_2CHO-SO_2-OH} + H_2O \xrightarrow{\triangle} \underset{\text{异丙醇}}{H_3C-\underset{\underset{CH_3}{|}}{CH}-OH} + H_2SO_4$$

烯烃与硫酸加成产物再水解生成醇，相当于在烯烃分子中加入了一分子水。因此这一反应又叫作**烯烃的间接水合法**。

工业上利用间接水合法制取乙醇、异丙醇等低级醇。此法的优点是对烯烃的纯度要求不高，对于回收利用石油炼厂气中的烯烃是一种好办法。但缺点是水解后产生的硫酸对生产设备有腐蚀作用。

Ⅳ. 和水的加成。在酸催化下，烯烃直接与水加成生成醇。例如：

$$H_2C{=}CH_2 + H_2O \xrightarrow[\text{约 300 ℃，约 7 MPa}]{\text{磷酸-硅藻土}} H_3C{-}CH_2{-}OH$$

不对称烯烃与水的加成符合马氏规则。例如：

$$H_3C{-}CH{=}CH_2 + H_2O \xrightarrow[\text{约 250 ℃，约 4 MPa}]{\text{磷酸-硅藻土}} H_3C{-}\underset{\displaystyle CH_3}{\underset{|}{CH}}{-}OH$$

烯烃直接加水制备醇叫作**烯烃直接水合法**。这是工业上生产乙醇、异丙醇的重要方法。直接水合法的优点是避免了硫酸对设备的腐蚀，而且省去了稀硫酸的浓缩回收过程。这既可以节约设备投资和减少能源消耗，又避免了酸性废水的污染。但直接水合法对烯烃的纯度要求较高，需要达到 97%以上。

Ⅴ. 和次氯酸的加成。烯烃能与次氯酸加成生成卤代醇。例如：

$$H_2C{=}CH_2 + \underset{\text{次氯酸}}{HO{-}Cl} \longrightarrow \underset{\text{2-氯乙醇}}{\underset{\displaystyle Cl}{\underset{|}{H_2C}}{-}\underset{\displaystyle OH}{\underset{|}{CH_2}}}$$

在实际生产中，常用氯气和水代替次氯酸。

不对称烯烃与次氯酸的加成符合马氏规则。例如，丙烯与次氯酸加成时，带正电荷的 Cl^+ 加到含氢较多的双键碳原子上，而带负电荷的 OH^- 加到含氢较少的双键碳原子上：

动画：丙烯和次氯酸的加成反应

$$H_3C{-}CH{=}CH_2 + HO^-{-}Cl^+ \longrightarrow \underset{\text{1-氯-2-丙醇}}{H_3C{-}\underset{\displaystyle OH}{\underset{|}{CH}}{-}\underset{\displaystyle Cl}{\underset{|}{CH_2}}}$$

乙烯与次氯酸加成，是合成氯乙醇的一种方法。丙烯与次氯酸加成，是合成甘油的一个步骤。

由于 π 电子受碳原子核的束缚力较小，易极化给出电子，因此易受缺电子的亲电试剂进攻而发生亲电加成反应。烯烃与卤素（Cl_2，Br_2）、卤化氢（HCl，HBr，HI）、硫酸、水、次氯酸等的加成，都是亲电加成。不对称烯烃与上述试剂所进行的亲电加成反应均遵循马氏规则。

小知识

亲电试剂即缺电子的试剂。

（2）聚合反应

交流与讨论

我们日常购物最普遍使用的包装物即白色污染的主要构成者——方便袋，就是由聚乙烯制成的，你知道聚乙烯是怎么合成的吗？耐热性好的塑料水杯、保鲜盒是由聚丙烯制成的，你知道聚丙烯又是怎么合成的吗？

烯烃分子中的 C═C 双键不但能与许多试剂加成，而且还能在引发剂或催化剂作用下，断裂 π 键，通过加成反应自身结合起来生成聚合物，这类反应叫作**聚合反应**。能发生聚合反应的相对分子质量较小的化合物叫作**单体**，聚合生成的相对分子质量较大的产物叫作**聚合物**。例如，在**齐格勒－纳塔催化剂**（三乙基铝－四氯化钛）催化下，加氢汽油为溶剂，乙烯、丙烯各自发生聚合反应生成聚乙烯、聚丙烯。聚乙烯用 $\lbrack CH_2-CH_2 \rbrack_n$ 表示，聚丙烯用 $\lbrack \underset{\displaystyle CH_3}{\underset{|}{CH}}-CH_2 \rbrack_n$ 表示，它们都是线型高聚物，乙烯和丙烯叫作单体，其中 $-CH_2-CH_2-$ 和 $-\underset{\displaystyle CH_3}{\underset{|}{CH}}-CH_2-$ 叫作重复结构单元（链节），n 叫作聚合度。

小贴士

常温时聚丙烯为乳白色半透明物质，其强度、硬度、刚度都比聚乙烯的高，光泽性也好；耐热性好，可在 100 ℃以上使用，轻载下可达 120 ℃；耐化学腐蚀，可耐除强氧化剂、浓硫酸和浓硝酸等以外的酸、碱、盐及大多数有机溶剂；具有优异的电绝缘性。缺点为低温脆性大，耐老化性差。可用于制备高压消毒制品、薄膜、绝热保温材料、包装容器、防腐材料、绝缘材料等。

$$\underset{\text{乙烯}}{n\,CH_2{=}CH_2} \xrightarrow[\text{60～75 ℃，约 1 MPa}]{Al(CH_2CH_3)_3-TiCl_4} \underset{\text{聚乙烯}}{\lbrack CH_2-CH_2 \rbrack_n}$$

$$\underset{\text{丙烯}}{n\,\underset{\displaystyle CH_3}{\underset{|}{CH}}{=}CH_2} \xrightarrow[\text{50 ℃，2 MPa}]{Al(CH_2CH_3)_3-TiCl_4} \underset{\text{聚丙烯}}{\lbrack \underset{\displaystyle CH_3}{\underset{|}{CH}}-CH_2 \rbrack_n}$$

（3）氧化反应

交流与讨论

某烯烃用酸性高锰酸钾溶液强烈氧化后，只生成一种产物乙酸 $\left(CH_3\overset{\displaystyle O}{\overset{\|}{C}}-OH \right)$，试推测该烯烃的构造式。

烯烃的 C═C 双键非常活泼，比较容易被氧化。随着氧化剂和氧化条件不同，氧化产物各异。

① 在空气中燃烧。烯烃在空气中可以燃烧，生成二氧化碳和水。乙烯燃烧时的火焰比甲烷明亮。例如：

$$CH_2{=}CH_2 + 3\ O_2 \xrightarrow{\text{燃烧}} 2\ CO_2 + 2\ H_2O$$

② 高锰酸钾氧化。在非常缓和的氧化条件下，烯烃中的 π 键可断裂，被氧化成连二醇。例如，将乙烯通入适量稀、冷高锰酸钾水溶液中，高锰酸钾溶液的紫色逐渐褪去，乙烯被氧化成乙二醇，高锰酸钾则被还原成棕褐色的二氧化锰从溶液中析出。

视频：不饱和烃使紫红色高锰酸钾溶液褪色

$$3\ CH_2{=}CH_2 + 2KMnO_4 + 4H_2O \longrightarrow 3\ \underset{\text{OH}}{CH_2}{-}\underset{\text{OH}}{CH_2} + 2MnO_2\downarrow + 2KOH$$

乙二醇

该反应速率较快，反应前后现象变化明显，因此常用来**鉴别烯烃**。

在比较强烈的氧化条件下，烯烃 C═C 双键发生完全断裂，生成相应的氧化产物。例如，使用过量的、热的高锰酸钾或者酸性高锰酸钾溶液氧化烯烃。

$$RCH{=}CHR' \xrightarrow[\text{或 } KMnO_4,H^+]{\text{过量 } KMnO_4,\triangle} R\overset{O}{\overset{\|}{C}}{-}OH + R'\overset{O}{\overset{\|}{C}}{-}OH$$

羧酸　　羧酸

$$R{-}\underset{R'}{\underset{|}{C}}{=}CH_2 \xrightarrow[\text{或 } KMnO_4,H^+]{\text{过量 } KMnO_4,\triangle} R{-}\overset{O}{\overset{\|}{C}}{-}R' + H_2O + CO_2$$

酮

由上例中可以看出，不同构造的烯烃，发生强烈氧化时，产物也不相同。其中具有 RCH═ 构造的烯烃，氧化后生成羧酸（RCOOH）；具有 $\genfrac{}{}{0pt}{}{R}{R'}\!\!>C{=}$ 构造的烯烃，氧化后生成酮（$\genfrac{}{}{0pt}{}{R}{R'}\!\!>C{=}O$）；具有$CH_2$═构造的烯烃，氧化后生成二氧化碳（$CO_2$）。因此可根据氧化产物推测原烯烃的结构。

③ 催化氧化。烯烃催化氧化可以生成不同的产物。例如：

$$H_2C{=}CH_2 + \frac{1}{2}O_2(\text{空气}) \xrightarrow[100\ ℃,1\ MPa]{PdCl_2-CuCl_2} CH_3CHO$$

乙醛

$$H_2C{=}CH_2 + \frac{1}{2}O_2(\text{空气}) \xrightarrow[200\sim300\ ℃]{Ag} H_2C\overset{O}{—}CH_2$$

环氧乙烷

乙烯催化氧化是工业上制取环氧乙烷和乙醛的主要方法。环氧乙烷和乙醛都是十分重要的化工产品。

(4) α-氢原子的反应　由于受 C═C 双键的影响，烯烃分子中的 α-氢原子比较活泼。容易发生取代反应和氧化反应。

① 取代反应。在较高温度下，烯烃分子中的 α-氢原子容易被卤素原子取代，生成 α-卤代烯烃。例如，丙烯与氯气反应时，在较低温度下，主要发生 C═C 双键的加成反应，生成 1,2-二氯丙烷；而在较高温度下，则主要发生 α-氯代反应，生成 3-氯丙烯。

$$H_3C—CH═CH_2 + Cl_2 \xrightarrow{<200\ ℃，加成} H_3C—\underset{Cl}{\underset{|}{CH}}—\underset{Cl}{\underset{|}{CH_2}} \quad (主要反应)$$

$$H_3C—CH═CH_2 + Cl_2 \xrightarrow[>300\ ℃，取代]{} \underset{Cl}{\underset{|}{H_2C}}—CH═CH_2 \quad (主要反应)$$

提高温度，将有利于取代反应进行。例如，工业上就是在 500～530 ℃的条件下，用丙烯与氯反应制取 3-氯丙烯的。

② 氧化反应。在催化剂作用下，烯烃的 α-氢原子可被空气或氧气氧化。在不同的催化条件下，氧化产物不同。例如，丙烯在氧化亚铜催化下，被空气氧化，生成丙烯醛。

$$CH_3—CH═CH_2 + O_2 \xrightarrow[300\sim400\ ℃]{Cu_2O} \underset{丙烯醛}{OHC—CH═CH_2} + H_2O$$

这是工业上生产丙烯醛的主要方法。

如果用钼酸铋或磷钼酸铋作催化剂，丙烯则被氧化成丙烯酸。

$$CH_3—CH═CH_2 + \frac{3}{2}O_2 \xrightarrow[300\sim400\ ℃]{磷钼酸铋} \underset{丙烯酸}{HOOC—CH═CH_2} + H_2O$$

这是工业上生产丙烯酸的一种方法。

小贴士

丙烯酸有很强的刺激性辛辣气味，对皮肤有强烈刺激性及腐蚀性。眼部接触可能会造成无法治愈的角膜烧伤，吸入相当量的蒸气可能会对呼吸系统造成刺激，导致昏睡或头痛。少量接触危害不大，但高浓度的接触可能会引起肺水肿。

练一练

1. 完成下列方程式。

(1) $CH_2═CH—\underset{CH_3}{\underset{|}{CH}}—CH_3 + HBr \longrightarrow ?$

(2) $CH_3—\underset{CH_3}{\underset{|}{C}}═CH—CH_3 + H_2 \xrightarrow{Ni} ?$

(3) $CH_3—CH═CH_2 + Cl_2 \xrightarrow{500\ ℃} ?$

(4) $CH_2═CH_2 + H_2O \xrightarrow[300\ ℃]{\text{磷酸-硅藻土}} ?$

(5) $CH_3—C(CH_3)═CH_2 \xrightarrow[\triangle]{KMnO_4} ?$

(6) $CH_2═C(CH_3)—CH_2—CH_3 + HBr \xrightarrow{\text{过氧化物}} ?$

(7) $CH_3CH_2—CH═CH_2 + HOCl \longrightarrow ?$

(8) $CH_3—C(CH_3)═CH_2 \xrightarrow{\text{浓 } H_2SO_4} ? \xrightarrow{H_2O} ?$

2. 写出下列化合物与适量的、冷的稀高锰酸钾水溶液和过量的、热的高锰酸钾水溶液反应时生成的产物。

(1) 三甲基乙烯　　(2) 环己烯

2. 炔烃的化学性质

交流与讨论

炔烃与烯烃性质相似，试推测炔烃能发生哪些化学反应。

炔烃的化学性质主要表现在 C≡C 三键官能团的反应上，C≡C 三键中的 π 键不稳定，因此炔烃的化学性质比较活泼，与烯烃相似，容易发生加成、氧化和聚合反应。由于 sp 杂化碳原子的电负性比较大，因此与三键碳原子直接相连的氢原子具有一定酸性，比较活泼，容易被某些金属或金属离子取代，生成金属炔化物。

(1) 加成反应　炔烃含有 C≡C 三键，能与 H_2、HX、X_2、H_2O、ROH 等进行加成反应。

① 催化加氢。炔烃在催化剂 Pt、Pd、Ni 等存在下加氢，先生成烯烃，再生成烷烃。在氢气过量的情况下，加氢反应不易停留在烯烃阶段，而是生成烷烃。

$$CH_3C≡CCH_3 \xrightarrow[\text{Pt,Pd 或 Ni}]{H_2} CH_3CH_2CH_2CH_3$$

若选用催化活性较低的**林德拉(Lindlar)催化剂**(它是沉淀在 $BaSO_4$ 或 $CaCO_3$ 上的金属钯，加喹啉或醋酸铅使钯部分中毒，以降低其催化活性)，可使炔烃的催化加氢反应停留在生成烯烃的阶段，得顺式烯烃。

动画：乙炔的催化加氢

$$R—C≡C—R' + H_2 \xrightarrow{Pd-Pb(COOCH_3)_2} \underset{H\qquad H}{\overset{R\qquad R'}{C═C}}$$

炔烃加氢反应比烯烃容易进行，工业上常利用这种方法，通过控制氢气用量，使石油裂解气中微量的乙炔转变为乙烯，以提高裂解气中乙烯的含量。

炔烃也可在液氨中用碱金属还原，生成反式烯烃。

$$R—C≡C—R' \xrightarrow[\text{液氨}]{\text{Na 或 Li}} \underset{H\qquad R'}{\overset{R\qquad H}{C═C}}$$

② 亲电加成。

Ⅰ. 和卤素的加成。炔烃可以和卤素加成，先生成二卤化物，若卤素过量可继续加成，生成四卤化物。工业上就是利用氯加成乙炔制得四氯乙烷。

$$HC\equiv CH \xrightarrow[Cl_2]{FeCl_3} \underset{\substack{|\\Cl}}{HC}=\underset{\substack{|\\Cl}}{CH} \xrightarrow[Cl_2]{FeCl_3} \underset{\substack{|\\Cl}}{\overset{\substack{Cl\\|}}{HC}}-\underset{\substack{|\\Cl}}{\overset{\substack{Cl\\|}}{CH}}$$

炔烃与溴也可以进行加成反应。与烯烃相似，也可根据溴的褪色来检验三键的存在。如控制反应条件，可使反应停留在二卤化物阶段。

$$CH_3C\equiv CCH_3 \xrightarrow[-20\ ℃]{Br_2,\text{乙醚}} (H_3C)(Br)C=C(Br)(CH_3)$$

$$CH_3C\equiv CCH_3 \xrightarrow[25\ ℃]{2\ Br_2} CH_3CBr_2CBr_2CH_3$$

炔烃和碘的加成比较困难，主要得到一分子加成产物，生成二碘烯烃。例如：

$$HC\equiv CH + I_2 \longrightarrow (I)(H)C=C(H)(I)$$

炔烃与卤素的亲电加成不如烯烃活泼，当分子中兼有双键和三键时，首先在双键上发生加成反应。例如，低温条件下，缓慢地加入溴，如下式所示，三键不参与反应，这种加成叫**选择性加成**。

$$CH_2=CH-CH_2-C\equiv CH + Br_2 \xrightarrow{\text{低温}} \underset{\substack{|\\Br}}{CH_2}-\underset{\substack{|\\Br}}{CH}-CH_2-C\equiv CH$$

Ⅱ. 和卤化氢的加成。炔烃与烯烃一样，可以和卤化氢加成，不对称炔烃的加成反应也按马尔科夫尼科夫规则进行，但反应活泼性不如烯烃。

$$R-C\equiv CH \xrightarrow{HX} R-\underset{\substack{|\\X}}{C}=CH_2 \xrightarrow{HX} R-\underset{\substack{|\\X}}{\overset{\substack{X\\|}}{C}}-CH_3$$

例如，工业上用乙炔和 HCl 加成生产氯乙烯。

$$HC\equiv CH + HCl \xrightarrow[150\sim160\ ℃]{HgCl_2-\text{活性炭}} H_2C=CH-Cl$$

氯乙烯可以进一步和 HCl 加成，生成 1,1-二氯乙烷。

$$H_2C=CH-Cl + HCl \xrightarrow[220\ ℃]{HgCl_2-\text{活性炭}} CH_3CHCl_2$$

Ⅲ. 和水的加成。炔烃和水的加成也不如烯烃容易进行，必须在催化剂硫酸汞和稀硫酸的存在下才发生。例如：

$$HC\equiv CH + H_2O \xrightarrow[10\%H_2SO_4]{5\%HgSO_4} \underset{H_2C=CH}{\overset{H\quad O}{}} \xrightarrow{分子重排} CH_3-\overset{O}{\overset{\|}{C}}-H$$

反应中先生成烯醇，烯醇不稳定，立刻发生分子内重排，羟基上的氢原子转移到相邻的双键碳原子上，原来的碳碳双键转变为碳氧双键，形成醛或酮。

不对称炔烃加水时，反应也是按马氏规则进行的。除乙炔外，其他炔烃加水，最终的产物都是酮。末端炔烃与水加成产物为甲基酮。例如：

$$CH_3-C\equiv CH + H_2O \xrightarrow[10\%H_2SO_4]{5\%HgSO_4} \left[CH_3-\overset{OH}{\overset{|}{C}}=CH_2 \right] \xrightarrow{分子重排} CH_3-\overset{O}{\overset{\|}{C}}-CH_3$$

上述反应是工业上合成乙醛和丙酮的重要方法之一，称为**炔烃的直接水合法**。

③ 亲核加成。

Ⅰ. 和醇的加成。在碱的存在下，炔烃可以和醇发生加成反应生成乙烯基醚。例如，乙炔与甲醇加成，生成甲基乙烯基醚。甲基乙烯基醚是工业上重要的单体，经加聚反应可生成高分子化合物，可用作塑料、增塑剂、黏合剂等。

$$HC\equiv CH + CH_3OH \xrightarrow[加热，加压]{KOH} \underset{甲基乙烯基醚}{CH_2=CHOCH_3}$$

在此反应过程中，由带负电荷的甲氧基负离子 CH_3O^- 首先和炔烃作用，生成碳负离子中间体，然后再和醇分子反应，得到产物。这类由亲核试剂进攻而引起的加成反应叫作**亲核加成反应**。

$$HC\equiv CH \xrightarrow{RO^-} HC^-=CH-OR \xrightarrow{ROH} CH_2=CH-OR$$

Ⅱ. 和氢氰酸的加成。乙炔在催化剂 Cu_2Cl_2 的作用下，于 80～90 ℃时与氢氰酸进行加成反应，生成丙烯腈。这是**增长碳链的反应**。

$$HC\equiv CH + HCN \xrightarrow[80\sim90\ ℃]{Cu_2Cl_2} CH_2=CH-CN$$

这是工业上早期生产丙烯腈的方法之一，目前已被丙烯的氨氧化法取代。

小贴士

丙烯腈是无色有辛辣气味的液体，沸点 77.3 ℃，稍溶于水，易溶于有机溶剂，有剧毒，主要用作生产腈纶（聚丙烯腈），俗称人造羊毛。

Ⅲ. 和羧酸的加成。乙炔与乙酸在醋酸锌−活性炭的催化下，气相，170～230 ℃，进行加成反应得到重要的化工原料乙酸乙烯酯。

$$HC\equiv CH + CH_3COOH \xrightarrow[170\sim230\ ℃]{\text{醋酸锌-活性炭}} \underset{\text{乙酸乙烯酯}}{CH_2=CHOOCCH_3}$$

（2）炔烃活泼氢原子的反应（炔氢反应）

交流与讨论

用简便的化学方法鉴别丙烯和丙炔。

① 与钠或氨基钠反应。含有炔氢原子的炔烃与熔融的金属钠或与液氨溶剂中的氨基钠作用得到炔化钠。例如：

$$2\ HC\equiv CH + 2\ Na \xrightarrow{\triangle} 2\ HC\equiv CNa + H_2\uparrow$$

$$HC\equiv CH + \underset{\text{氨基钠}}{Na^+\ NH_2^-} \xrightarrow[-33\ ℃]{\text{液氨}} \underset{\text{乙炔钠}}{HC\equiv C^-\ Na^+} + NH_3\uparrow$$

炔化钠的化学性质活泼，在液氨中可与伯卤代烷作用，在炔烃的分子中引入烷基，这是**增长炔烃碳链的重要方法**。例如：

$$HC\equiv CH \xrightarrow[-33\ ℃]{NaNH_2,\text{液氨}} HC\equiv CNa \xrightarrow[\text{液氨},-33\ ℃]{CH_3CH_2CH_2Br} \underset{(89\%)}{CH_3CH_2CH_2C\equiv CH}$$

$$HC\equiv CCH_2CH_3 \xrightarrow[-33\ ℃]{NaNH_2,\text{液氨}} NaC\equiv CCH_2CH_3 \xrightarrow[\text{液氨},-33\ ℃]{CH_3CH_2Br} \underset{(75\%)}{CH_3CH_2C\equiv CCH_2CH_3}$$

这是实验室中由乙炔制备其他炔烃普遍采用的一种方法。

② 与硝酸银或氯化亚铜的氨溶液反应——**末端炔烃的鉴定**。末端炔烃分子中的炔氢（以质子的形式）可被 Ag^+ 或 Cu^+ 取代生成炔银或炔亚铜。例如，把乙炔通入硝酸银的氨溶液中，立即生成白色乙炔银沉淀。

$$CH\equiv CH + 2\ \underset{\text{硝酸银氨溶液}}{[Ag(NH_3)_2]NO_3} \longrightarrow \underset{\text{乙炔银（白色）}}{AgC\equiv CAg}\downarrow + 2NH_4NO_3 + 2NH_3$$

把乙炔通入氯化亚铜的氨溶液中，则立即生成棕红色乙炔亚铜沉淀。

$$CH\equiv CH + 2\ \underset{\text{氯化亚铜氨溶液}}{[Cu(NH_3)_2]Cl} \longrightarrow \underset{\text{乙炔亚铜（棕红色）}}{CuC\equiv CCu}\downarrow + 2NH_4Cl + 2NH_3$$

这是末端炔烃的一个特征反应。反应非常灵敏，现象很明显，在实验室中和生产上经常用于乙炔及其他末端炔烃的分析、鉴定。

$$RC\equiv CH + [Ag(NH_3)_2]NO_3 \longrightarrow RC\equiv CAg\downarrow + NH_4NO_3 + NH_3\uparrow$$

$$RC\equiv CR+[Ag(NH_3)_2]NO_3 \longrightarrow \text{不反应}$$

视频：乙炔银的生成

炔银和炔亚铜不与水反应，也不溶于水。但是它们可被稀盐酸分解，重新生成末端炔烃。这个性质在实验室中可用来分离、精制末端炔烃。

炔银、炔亚铜潮湿时比较稳定，干燥时，因撞击、振动或受热会发生爆炸。因此，实验后应立即用酸处理。

（3）氧化反应

交流与讨论

某一炔烃经高锰酸钾溶液氧化后，得到两种酸：

$$\underset{\substack{|\\CH_3}}{CH_3CHCOOH} \quad \text{和} \quad CH_3COOH$$

试推测原来炔烃的结构。

① 炔烃在空气中燃烧，生成二氧化碳和水，同时放出大量的热。例如：

$$CH\equiv CH+\frac{5}{2}O_2 \xrightarrow{\text{燃烧}} 2CO_2+H_2O$$

乙炔在氧气中燃烧时产生的氧炔焰可达 3 000 ℃以上的高温，在工业上用于切割和焊接金属。

② 被高锰酸钾氧化。炔烃容易被高锰酸钾等氧化剂氧化，$C\equiv C$ 三键完全断裂，乙炔生成二氧化碳，其他的末端炔烃生成羧酸和二氧化碳，非末端炔烃生成两分子羧酸。例如：

$$3HC\equiv CH+10KMnO_4+2H_2O \longrightarrow 6CO_2\uparrow+10KOH+10MnO_2\downarrow$$

$$R—C\equiv CH \xrightarrow[H_2O]{KMnO_4} R—COOH+CO_2\uparrow$$

$$R—C\equiv C—R' \xrightarrow[H_2O]{KMnO_4} R—COOH+R'—COOH$$

在氧化反应过程中，高锰酸钾的紫红色逐渐褪去，同时生成棕褐色的二氧化锰沉淀。可根据高锰酸钾溶液的褪色和二氧化锰棕褐色沉淀的生成来鉴别炔烃。此外，还可根据氧化产物的不同来判断炔烃中三键的位置，从而确定原来炔烃的结构。

（4）聚合反应　炔烃也能聚合，但较烯烃困难，在不同的反应条件下，生成不同的聚合产物。例如：

在氯化亚铜-氯化铵的盐酸溶液中，乙炔可以发生二聚反应，生成乙烯基乙炔。

$$HC\equiv CH+HC\equiv CH \xrightarrow[\text{少量 HCl，约 70 ℃}]{Cu_2Cl_2-NH_4Cl} H_2C=CH—C\equiv CH$$

乙烯基乙炔与氯化氢加成，生成 2-氯-1，3-丁二烯，它是合成氯丁橡胶的原料。

$$H_2C=CH—C\equiv CH+HCl \xrightarrow{Cu_2Cl_2-NH_4Cl} H_2C=CH—\underset{\substack{|\\Cl}}{C}=CH_2$$

在齐格勒－纳塔催化剂(三乙基铝－四氯化钛)作用下，乙炔可以聚合成线型高分子化合物——聚乙炔。

$$n\mathrm{CH{\equiv}CH} \xrightarrow{\mathrm{Al(CH_2CH_3)_3-TiCl_4}} \mathrm{-\!\!\![CH{=}CH]\!\!\!-_n}$$

练一练

完成下列方程式。

1. $\mathrm{CH_3C{\equiv}CCH_2CH_3 + H_2 \xrightarrow[\text{喹啉}]{Pd-BaSO_4} ?}$
2. $\mathrm{CH_3CH{=}CHC{\equiv}CH + H_2 \xrightarrow[\text{喹啉}]{Pd-BaSO_4} ?}$
3. $\mathrm{CH{\equiv}C{-}CH_2{-}CH{=}CH_2 \xrightarrow[CCl_4]{Br_2} ?}$
4. $\mathrm{CH_3C{\equiv}CH \xrightarrow{HBr} ? \xrightarrow{HBr} ?}$
5. $\mathrm{CH_3CH_2CH_2C{\equiv}CH + H_2O \xrightarrow[\triangle]{Hg^{2+}/H_2SO_4} ?}$
6. $\mathrm{CH_3CH_2C{\equiv}CH + KMnO_4 \xrightarrow{H^+} ?}$
7. $\mathrm{CH_3CH_2C{\equiv}CH + NaNH_2 \xrightarrow{\text{液氨}} ? \xrightarrow{CH_3CH_2Br} ?}$
8. $\mathrm{CH_3CH{=}CHCH_2C{\equiv}CH + [Ag(NH_3)_2]NO_3 \longrightarrow ?}$

3. 共轭二烯烃的化学性质

交流与讨论

推测共轭二烯烃能发生哪些化学反应。

共轭二烯烃分子中含有 $\mathrm{CH_2{=}CH{-}CH{=}CH_2}$ 共轭 π 键。与 C═C 双键相似，发生的化学反应主要是加成和聚合反应。此外，由于共轭效应的影响，共轭二烯烃还可发生一些特殊的化学反应。现以 1,3－丁二烯为例，介绍共轭二烯烃的化学性质。

(1) 加成反应

① 催化加氢。在催化剂(铂、钯或雷尼镍)的作用下，1,3－丁二烯既可与一分子氢气加成生成 1,2－加成产物(1－丁烯)与 1,4－加成产物(2－丁烯)，又可与两分子氢气加成生成正丁烷。

$$\overset{1}{\mathrm{C}}\mathrm{H_2{=}}\overset{2}{\mathrm{C}}\mathrm{H{-}}\overset{3}{\mathrm{C}}\mathrm{H{=}}\overset{4}{\mathrm{C}}\mathrm{H_2 + H_2} \xrightarrow{\text{催化剂}} \begin{cases} \xrightarrow{\text{1,2－加成}} \mathrm{CH_3{-}CH_2{-}CH{=}CH_2} \\ \xrightarrow{\text{1,4－加成}} \mathrm{CH_3{-}CH{=}CH{-}CH_3} \end{cases}$$

动画：1,2－加成

$$\left.\begin{matrix} \mathrm{CH_3{-}CH_2{-}CH{=}CH_2 + H_2} \\ \mathrm{CH_3{-}CH{=}CH{-}CH_3 + H_2} \end{matrix}\right\} \xrightarrow{\text{催化剂}} \mathrm{CH_3{-}CH_2{-}CH_2{-}CH_3}$$

动画：1,4－加成

② 加卤素或卤化氢。1,3-丁二烯与一分子卤素或卤化氢加成时，既生成1,2-加成产物，又生成1,4-加成产物。例如：

$$\overset{1}{C}H_2=\overset{2}{C}H-\overset{3}{C}H=\overset{4}{C}H_2+Cl_2\xrightarrow{常温}\begin{cases}\xrightarrow[(约60\%)]{1,2-加成} CH_2Cl-CHCl-CH=CH_2\\ \xrightarrow[(约40\%)]{1,4-加成} CH_2Cl-CH=CH-CH_2Cl\end{cases}$$

控制反应条件，可调节两种产物的比例。如在低温下或非极性溶剂中有利于1,2-加成产物的生成，升高温度或在极性溶剂中则有利于1,4-加成产物的生成。例如：

$$CH_2=CH-CH=CH_2+Br_2\begin{cases}\xrightarrow[-15\ ℃]{正己烷} \underset{(62\%)}{CH_2Br-CHBr-CH=CH_2}+\underset{(38\%)}{CH_2Br-CH=CH-CH_2Br}\\ \xrightarrow[-15\ ℃]{CHCl_3} \underset{(63\%)}{CH_2Br-CH=CH-CH_2Br}+\underset{(37\%)}{CH_2Br-CHBr-CH=CH_2}\end{cases}$$

$$CH_2=CH-CH=CH_2+HBr\begin{cases}\xrightarrow{-80\ ℃} \underset{(80\%)}{CH_3-CHBr-CH=CH_2}+\underset{(20\%)}{CH_2Br-CH=CH-CH_3}\\ \xrightarrow{40\ ℃} \underset{(80\%)}{CH_2Br-CH=CH-CH_3}+\underset{(20\%)}{CH_3-CHBr-CH=CH_2}\end{cases}$$

1,3-丁二烯与卤素或卤化氢的加成是亲电加成。与卤化氢加成时，符合马氏规则。

(2) 第尔斯-阿尔德反应　在光或热作用下，共轭二烯烃可与具有C═C双键或C≡C三键的化合物进行1,4-加成反应，生成环状化合物，这类反应称为第尔斯(Diels)-阿尔德(Alder)反应，又称双烯合成。例如：

$$CH_2=CH-CH=CH_2+CH_2=CH_2\xrightarrow[17\ h]{165\ ℃,90\ MPa}\text{环己烯}$$

环己烯(78%)

在第尔斯-阿尔德反应中，含有共轭双键的二烯烃叫作双烯体；含有C═C双键或C≡C三键的不饱和化合物叫作亲双烯体。当双烯体中有给电子基团(如R—)或亲双烯体连有吸电子基团(如—CHO、—CN、$—NO_2$、—COOH)时，反应则较易进行。例如：

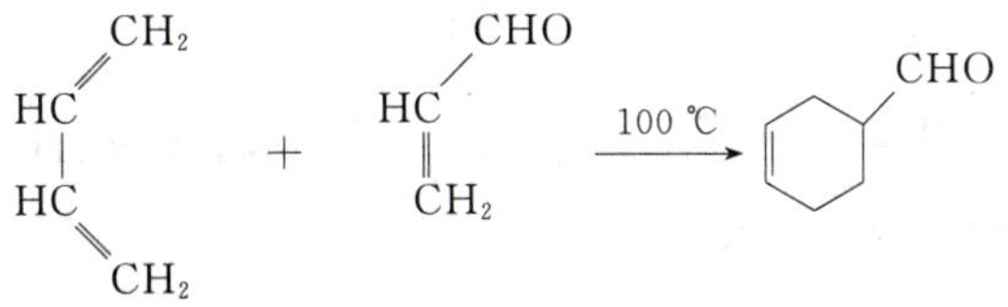

1,3-丁二烯（双烯体） + 丙烯醛（亲双烯体） $\xrightarrow{100\ ℃}$ 3-环己烯甲醛（100%）

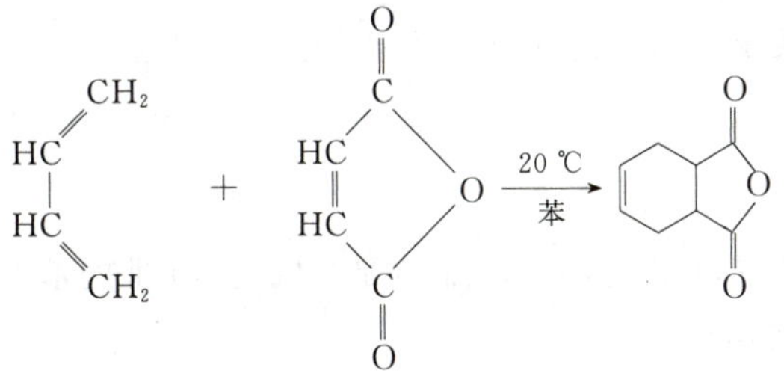

1,3-丁二烯（双烯体） + 顺丁烯二酸酐（亲双烯体） $\xrightarrow[\text{苯}]{20\ ℃}$ 产物（固体，100%）

第尔斯-阿尔德反应是共轭二烯烃的一个特征反应。共轭二烯烃与顺丁烯二酸酐反应生成沉淀可用于鉴别共轭二烯烃。

(3) 聚合反应　共轭二烯烃也容易发生聚合反应生成高分子化合物，工业上利用这一反应来生产合成橡胶。例如，在络合催化剂（如三异丁基铝-三氟化硼乙醚络合物-环烷酸镍）的催化下，在苯或加氢汽油溶剂中，40～70 ℃，1,3-丁二烯即聚合生成顺丁橡胶。

$$nCH_2{=}CH{-}CH{=}CH_2 \xrightarrow{\text{络合催化剂}} \left[\begin{array}{c} CH_2 \quad\quad CH_2 \\ \diagdown\ \ \diagup \\ C{=}C \\ \diagup\ \ \diagdown \\ H \quad\quad\quad H \end{array}\right]_n$$

顺-1,4-聚丁二烯（顺丁橡胶）

上述反应是按 1,4-加成方式，首尾相连而形成聚合物的。由于链节中相同的原子或基团在 C═C 双键同侧，所以称为顺式。顺丁橡胶由于结构排列有规律，具有耐磨、耐高温、耐老化、弹性好等优良性能，在合成橡胶中的产量占世界第二位，仅次于丁苯橡胶。顺丁橡胶产量的 85%～90%用于制造轮胎。

练一练

完成下列方程式。

1. $CH_2{=}CH{-}CH{=}CH_2 + H_2 \longrightarrow ?$

2. $CH_2{=}CH{-}CH{=}CH_2 + Br_2 \xrightarrow[-15\ ℃]{CHCl_3} ?$

3. $CH_2{=}CH{-}CH{=}CH_2 + HBr \xrightarrow{40\ ℃} ?$

4. 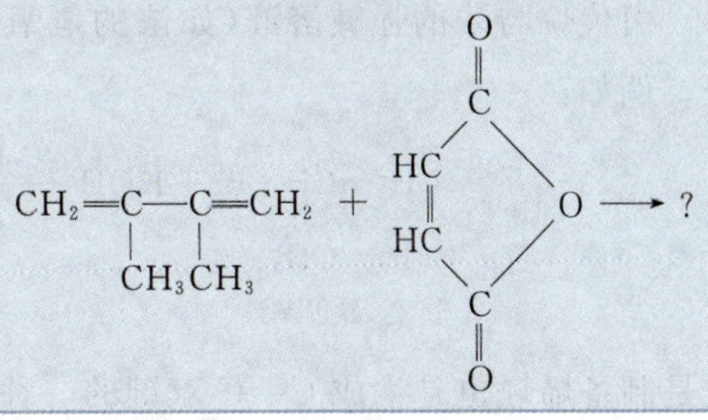 $CH_2{=}C(CH_3){-}C(CH_3){=}CH_2$ + 顺丁烯二酸酐 $\longrightarrow ?$

主题 4 不饱和脂肪烃的来源与制法

交流与讨论

通过烯烃、炔烃、共轭二烯烃的性质归纳它们的制备方法。

一、烯烃的制法

烯烃中最重要的是乙烯，其次是丙烯，它们都是有机化学工业的基础原料。烯烃的制法如下。

1. 从裂解气、炼厂气中分离

石油化工厂裂解石油得到的石油裂解气中含有乙烯、丙烯、丁烯等烯烃和 1,3-丁二烯等二烯烃。炼油厂炼制石油时得到的炼厂气中含有乙烯、丙烯、丁烯等烯烃。经过一系列的步骤，可以从裂解气和炼厂气中分离出乙烯、丙烯等。这是工业上大规模生产乙烯、丙烯等的方法。

2. 醇脱水（具体见模块六）

醇脱水是实验室制备烯烃的一种重要方法。在催化剂作用下，加热时，醇脱水可以生成烯烃。醇催化脱水一般分为两类。

（1）液相催化脱水　以浓硫酸为催化剂，加热时，醇脱水生成烯烃。例如：

$$\underset{\text{乙醇}}{CH_3-CH_2-OH} \xrightarrow[\text{约 170 ℃}]{\text{浓硫酸}} \underset{\text{乙烯}}{CH_2=CH_2} + H_2O$$

（2）气相催化脱水　以氧化铝为催化剂，高温下，醇的蒸气即在氧化铝表面脱水生成烯烃。例如：

$$\underset{\text{乙醇}}{CH_3-CH_2-OH} \xrightarrow[300\sim400\ ℃]{Al_2O_3} \underset{\text{乙烯}}{CH_2=CH_2} + H_2O$$

$$\underset{\text{异丙醇}}{CH_3-\underset{\displaystyle CH_3}{\underset{|}{CH}}-OH} \xrightarrow[300\sim400\ ℃]{Al_2O_3} \underset{\text{丙烯}}{CH_3-CH=CH_2} + H_2O$$

视频：乙醇的脱水反应

3. 卤代烷脱卤化氢（具体见模块五）

卤代烷与浓的强碱溶液（如浓的氢氧化钾乙醇溶液）共热，则脱去一分子卤化氢生成烯烃。例如：

$$\underset{\text{异丙基溴}}{CH_3-\underset{\displaystyle CH_3}{\underset{|}{CH}}-Br} + KOH \xrightarrow[\triangle]{C_2H_5OH} \underset{\text{丙烯}}{CH_3-CH=CH_2} + H_2O + KBr$$

这是制备烯烃也是生成 C═C 双键的一种方法。制备烯烃最好用叔卤代烷或仲卤代烷，因为伯卤代烷生成烯烃的产率一般较低。

二、炔烃的制法

乙炔是最重要的炔烃，它是一种重要的有机合成基础原料，用于生产乙醛、乙酸、乙酸酐、聚乙烯醇及氯丁橡胶等。

工业上常以碳化钙或天然气为原料来生产乙炔。

1. 以碳化钙为原料

在高温电炉中加热生石灰和焦炭到 2 500～3 000 ℃，得到碳化钙(电石)。电石与水反应即得乙炔，所以，乙炔俗名叫电石气。

$$3C+CaO \xrightarrow{2\,500\sim3\,000\ ℃} CaC_2+CO\uparrow$$

$$CaC_2+2H_2O \longrightarrow HC\equiv CH\uparrow+Ca(OH)_2$$

纯的乙炔是无色无臭味的气体。由于在生产电石的原料(生石灰和焦炭)中，经常混有少量含硫、磷等的杂质，而在生石灰和焦炭生成电石的条件下，这些含硫、磷等的杂质就转变成为硫化钙、磷化钙等而混杂在电石中。当电石与水作用生成乙炔时，硫化钙、磷化钙等同时也与水作用生成硫化氢、磷化氢等而混杂在乙炔中，从而使乙炔具有了难闻的臭味。

乙炔中含有的硫化氢、磷化氢等杂质在实验室或工业上一般是采用氧化法除去。即把乙炔通入次氯酸钠(NaClO)水溶液中，硫化氢、磷化氢等就被氧化成为硫酸盐、磷酸盐等而被除去。

此法得到的乙炔纯度较高，生产流程简单，但耗电量大，成本高，污染严重。

2. 以天然气为原料

天然气中的主要成分甲烷在 1 500 ℃高温下裂解生成乙炔。

$$2\,CH_4 \xrightarrow[0.01\sim0.1\ s]{1\,500\ ℃} HC\equiv CH+3H_2$$

该方法的优点是原料便宜，特别是在天然气资源丰富的国家，适宜大规模生产，但该法生产的乙炔纯度较低。

3. 其他炔烃的制法

(1) 由邻二卤代烷或偕二卤代烷制备　实验中制备炔烃可以通过烯烃加卤素得二卤代烷然后脱卤化氢的方式进行。

$$CH_3CH{=}CHCH_3 \xrightarrow[CCl_4]{Br_2} CH_3\underset{\underset{H}{|}}{\overset{\overset{Br}{|}}{C}}-\underset{\underset{H}{|}}{\overset{\overset{Br}{|}}{C}}CH_3 \xrightarrow{KOH,乙醇} CH_3C\equiv CCH_3$$

(2) 由炔钠和伯卤代烷制备　炔钠与伯卤代烷反应可得到碳链增长的炔烃。

$$(CH_3)_2CHCH_2C\equiv CH \xrightarrow{NaNH_2} (CH_3)_2CHCH_2C\equiv CNa \xrightarrow{CH_3Br} (CH_3)_2CHCH_2C\equiv C-CH_3$$

三、1,3-丁二烯的制法

1,3-丁二烯是无色可燃气体，沸点−4.4 ℃，在空气中的爆炸范围是2.0%～11.5%（体积分数），不溶于水，易溶于汽油、苯等有机溶剂。它在合成橡胶工业中占有特殊的地位，工业上生产1,3-丁二烯主要有以下方法。

1. 从裂解气中分离

1,3-丁二烯主要是从石油裂解气C_4馏分中提取得到的，常用的提取溶剂有*N*,*N*-二甲基甲酰胺、*N*-甲基吡咯烷酮、乙腈、二甲基亚砜、糠醛和醋酸铜氨溶液等。例如，将含有1,3-丁二烯的石油裂解气的C_4馏分，在−10～−5 ℃的温度及一定的压力下，通入醋酸铜氨溶液中，1,3-丁二烯与醋酸铜形成溶于醋酸铜氨溶液的络合物，将溶液加热到55～60 ℃时，络合物又分解为1,3-丁二烯与醋酸铜，产率在98%以上。

2. 丁烷或丁烯脱氢

将丁烷和1-丁烯、2-丁烯进行催化脱氢，可以转化为1,3-丁二烯。例如：

$$\left.\begin{matrix}CH_3—CH_2—CH═CH_2\\ \\CH_3—CH═CH—CH_3\end{matrix}\right]\xrightarrow[600\sim700\ ℃]{\text{磷酸镍钙加 2\% 的 }Cr_2O_3}CH_2═CH—CH═CH_2+H_2$$

氧化脱氢，虽然产物中损失了氢气，但可以节约能源。

$$\left.\begin{matrix}CH_3—CH_2—CH═CH_2\\ \\CH_3—CH═CH—CH_3\end{matrix}\right]+\frac{1}{2}O_2\xrightarrow[480\sim500\ ℃]{P-Mo-Bi}CH_2═CH—CH═CH_2+H_2O$$

以丁烷为原料催化脱氢，同样可得到1,3-丁二烯。

$$CH_3CH_2CH_2CH_3\xrightarrow[600\ ℃]{Al_2O_3-Cr_2O_3}CH_2═CH—CH═CH_2+2H_2$$

任务训练3　环己烯的制备

任务工单3

工作任务		环己烯的制备					
姓名		班级		学号		日期	
学习目标 1. 知识目标 (1) 通过查找资料，了解环己醇和环己烯的物性参数；							

（2）知道环己醇脱水反应的基本原理；

（3）懂得分馏的基本原理。

2. 能力目标

（1）能进行环己烯的制备；

（2）掌握分馏操作技术。

3. 素养目标

（1）会查找资料；

（2）学会规范操作，树立安全意识；

（3）具有严肃认真的学习态度及认真仔细的工作态度。

学习要求

1. 组长组织组员召开小组会议，领会学习目标，进行任务分工；
2. 结合所学的有机化学理论知识讨论理解实验原理；
3. 讨论实验安全事项。

任务分组

角色	姓名	学号	分工
组长			
组员 1			
组员 2			
组员 3			

任务落实

动画：环己烯的制备

1. 资料查询、收集与整理。通过查阅资料，填写表 3-3。

表 3-3　试剂及产品的基本物性参数

	沸点/℃		恒沸物组成含量/%
	组分	恒沸物	
环己醇			约 20.0
水			约 80.0
环己烯			90
水			10

2. 领会实验原理和仪器。

（1）实验原理

（2）材料清单

3. 实验方案设计。

（1）实验装置绘制

（2）方框流程图

操作 1 → 操作 2 → 操作 3 → 操作 4 → ……

4. 完成实验报告。

（1）实验现象记录

（2）实验结果记录

（3）实验结果讨论

任务评价

1. 产品外观

纯环己烯为无色透明液体。

2. 产品产量

计算产率并填写产品质量及其评价表，如表 3-4 所示。

表 3-4　产品质量及其评价表

产品外观	实际产量/g	理论产量/g	产率/%

问题探究

1. 用磷酸作脱水剂与用浓硫酸作脱水剂相比有什么优点？
2. 如果你的实验产率太低，试分析主要是在哪些操作步骤中造成损失的？

动画：分馏实验

【知识连线】

1. 实验原理

$$\text{H, OH} \xrightarrow{85\%H_3PO_4} \quad + H_2O$$

2. 分馏

分馏(也称**精馏**)是多次简单蒸馏的集合,经过多次的汽化-冷凝,在接受器中得到高纯度的低沸点组分,留在发生器中的高沸点组分的纯度也大大高于普通蒸馏。分馏主要用于分离两种或两种以上沸点相近的有机化合物。和常压蒸馏装置相比较,分馏装置需要在圆底烧瓶的瓶口安装分馏柱,以实现多次汽化-冷凝,分馏装置见图 3-12。

3. 仪器设备与装置

圆底烧瓶、分馏柱、温度计、冷凝管、接受瓶、铁架台、恒温加热器等。

制备环己烯的反应装置如图 3-12、图 3-13 所示。

4. 药品试剂

环己醇 10 mL(9.6 g,约 0.1 mol),磷酸(85%)5 mL,饱和食盐水,无水氯化钙。

5. 实验流程

在 50 mL 干燥的圆底烧瓶中,放入 10 mL 环己醇及 5 mL 85%磷酸,充分摇荡使两种液体混合均匀。投入 2 粒沸石,按图 3-12 安装分馏装置。用小烧瓶作接受器,并置于碎冰浴里。

用小火慢慢加热混合物至沸腾,以较慢速度进行蒸馏并控制分馏柱顶部温度不超过 73 ℃。当无液体蒸出时,提高温度继续蒸馏。当温度计指示达到 85 ℃时,停止加热。蒸出液为环己烯和水的混浊液。

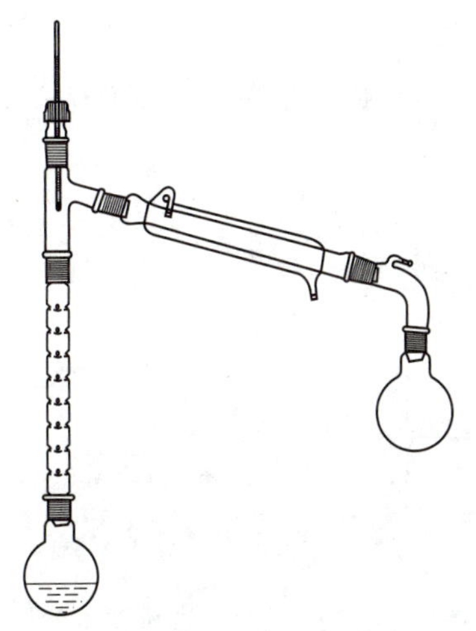

图 3-12　分馏装置

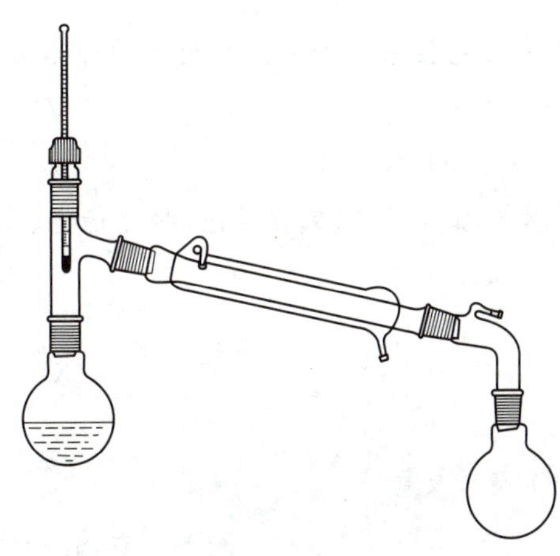

图 3-13　蒸馏装置

小锥形瓶中的粗产物,用滴管吸去水层,加入等体积的饱和食盐水,摇匀后静置待液体分层。用吸管吸去水层。油层转移到干燥的小锥形瓶中,加入少量无水氯化钙干燥。必须待液体完全澄清透明后,才能进行蒸馏。

将干燥后的粗制环己烯按图 3-13 进行蒸馏,收集 82～85 ℃的馏分。所用的蒸馏装置必须是干燥的。

6. 实验注意事项

(1) 最好用油浴加热,使反应物受热均匀。

(2) 环己醇和水、环己烯和水都可形成二元恒沸混合物。

【素质拓展】

乙醇脱水制备乙烯。

丙醇脱水制备丙烯。

本模块小结

本模块介绍了烯烃、炔烃、二烯烃的定义、通式、结构、命名法、分类、物理性质、化学性质。理解和掌握这些知识对有机化学的学习十分重要。

1. 定义及通式

烯烃是分子中含有一个 C═C 双键的不饱和脂肪烃，通式是 C_nH_{2n}（n 表示 C 原子数）；不饱和脂肪烃分子中含有两个 C═C 双键的，叫作二烯烃，通式是 C_nH_{2n-2}；炔烃是分子中含有一个 C≡C 三键的不饱和脂肪烃，通式是 C_nH_{2n-2}。

2. 结构

乙烯分子的平面形结构——sp^2 杂化轨道；1,3-丁二烯分子平面结构——4 原子 4 电子的共轭 π 键；乙炔分子的直线形结构——sp 杂化轨道。

3. 命名法

命名法包括系统命名法和衍生物命名法，若有顺反异构体则用顺-反命名法和 Z-E 命名法。

4. 烯烃的化学性质

能发生加成反应、氧化反应（推测烯烃、炔烃构造）、聚合反应。

(1) 加成反应

$$\gt C{=}C\lt + X{-}Y \longrightarrow -\underset{X}{\overset{|}{\underset{|}{C}}}-\underset{Y}{\overset{|}{\underset{|}{C}}}-$$

(2) 聚合反应

$$n\,\underset{\underset{CH_3}{|}}{CH}{=}CH_2 \xrightarrow[50\ ℃,\ 2\ MPa]{Al(CH_2CH_3)_3-TiCl_4} {+}\!\underset{\underset{CH_3}{|}}{CH}{-}CH_2\!{+}_n$$

(3) 氧化反应

① 在空气中燃烧生成二氧化碳和水

② 高锰酸钾氧化

$$RCH{=}CHR' \xrightarrow[\text{或 }KMnO_4,\ H^+]{\text{过量 }KMnO_4,\ \triangle} R\overset{\overset{O}{\|}}{C}{-}OH + R'\overset{\overset{O}{\|}}{C}{-}OH$$

$$R-\underset{\underset{R'}{|}}{C}=CH_2 \xrightarrow[\text{或 } KMnO_4, H^+]{\text{过量 } KMnO_4, \triangle} R-\overset{\overset{O}{\|}}{C}-R' + H_2O + CO_2$$

③ 催化氧化

$$H_2C=CH_2 + \frac{1}{2}O_2(\text{空气}) \xrightarrow[100\ ℃, 1\ MPa]{PdCl_2-CuCl_2} CH_3CHO$$

(4) α-氢原子的反应

① 取代反应

$$H_3C-CH=CH_2 + Cl_2 \xrightarrow{<200\ ℃, \text{加成}} H_3C-\underset{\underset{Cl}{|}}{CH}-\underset{\underset{Cl}{|}}{CH_2} \quad (\text{主要反应})$$

$$H_3C-CH=CH_2 + Cl_2 \xrightarrow{>300\ ℃, \text{取代}} \underset{\underset{Cl}{|}}{H_2C}-CH=CH_2 \quad (\text{主要反应})$$

② 氧化反应

$$CH_3-CH=CH_2 + O_2 \xrightarrow[300\sim400\ ℃]{Cu_2O} OHC-CH=CH_2 + H_2O$$

5. 炔烃的化学性质

(1) 加成反应

① 催化加氢

$$CH_3C\equiv CCH_3 \xrightarrow[Pt, Pd \text{ 或 } Ni]{H_2} CH_3CH_2CH_2CH_3$$

② 亲电加成

Ⅰ. 和卤素的加成

$$HC\equiv CH \xrightarrow[Cl_2]{FeCl_3} \underset{\underset{Cl}{|}}{HC}=\underset{\underset{Cl}{|}}{CH} \xrightarrow[Cl_2]{FeCl_3} \underset{\underset{Cl}{|}}{\overset{\overset{Cl}{|}}{HC}}-\underset{\underset{Cl}{|}}{\overset{\overset{Cl}{|}}{CH}}$$

Ⅱ. 和卤化氢的加成

$$R-C\equiv CH \xrightarrow{HX} R-\underset{\underset{X}{|}}{C}=CH_2 \xrightarrow{HX} R-\underset{\underset{X}{|}}{\overset{\overset{X}{|}}{C}}-CH_3$$

Ⅲ. 和水的加成

$$HC\equiv CH + H_2O \xrightarrow[10\%H_2SO_4]{5\%HgSO_4} H_2C=\overset{\overset{HO}{|}}{CH} \xrightarrow{\text{分子重排}} CH_3-\overset{\overset{O}{\|}}{C}-H$$

③ 亲核加成

Ⅰ. 和醇的加成

$$HC{\equiv}CH + CH_3OH \xrightarrow[\text{加热,加压}]{KOH} CH_2{=}CHOCH_3$$

Ⅱ. 和氢氰酸的加成

$$HC{\equiv}CH + HCN \xrightarrow[80\sim90\ ^\circ C]{Cu_2Cl_2} CH_2{=}CH{-}CN$$

Ⅲ. 和羧酸的加成

$$HC{\equiv}CH + CH_3COOH \xrightarrow[170\sim230\ ^\circ C]{\text{醋酸锌-活性炭}} CH_2{=}CHCOOCH_3$$

(2) 炔烃活泼氢原子的反应

① 与钠或氨基钠反应

$$2HC{\equiv}CH + 2Na \xrightarrow{\triangle} 2HC{\equiv}CNa + H_2\uparrow$$

$$HC{\equiv}CH + Na^+\ NH_2^- \xrightarrow[-33\ ^\circ C]{\text{液氨}} HC{\equiv}C^-\ Na^+ + NH_3\uparrow$$

② 与硝酸银或氯化亚铜的氨溶液反应——末端炔烃的鉴定

$$RC{\equiv}CH + [Ag(NH_3)_2]NO_3 \longrightarrow RC{\equiv}CAg\downarrow + NH_4NO_3 + NH_3\uparrow$$

(3) 氧化反应

① 炔烃在空气中燃烧生成二氧化碳和水

② 被高锰酸钾氧化

$$R{-}C{\equiv}CH \xrightarrow[H_2O]{KMnO_4} R{-}COOH + CO_2\uparrow$$

$$R{-}C{\equiv}C{-}R' \xrightarrow[H_2O]{KMnO_4} R{-}COOH + R'{-}COOH$$

(4) 聚合反应

$$HC{\equiv}CH + HC{\equiv}CH \xrightarrow[\text{少量 HCl,约 70 ℃}]{Cu_2Cl_2{-}NH_4Cl} H_2C{=}CH{-}C{\equiv}CH$$

6. 共轭二烯烃的化学性质

(1) 加成反应

① 催化加氢

$$\overset{1}{C}H_2{=}\overset{2}{C}H{-}\overset{3}{C}H{=}\overset{4}{C}H_2 + H_2 \xrightarrow{\text{催化剂}} \begin{cases} \xrightarrow{1,2-\text{加成}} CH_3{-}CH_2{-}CH{=}CH_2 \\ \xrightarrow{1,4-\text{加成}} CH_3{-}CH{=}CH{-}CH_3 \end{cases}$$

② 加卤素或卤化氢

$$\overset{1}{C}H_2{=}\overset{2}{C}H{-}\overset{3}{C}H{=}\overset{4}{C}H_2 + Cl_2 \xrightarrow{常温} \begin{cases} \xrightarrow[\text{(约 60\%)}]{\text{1,2-加成}} CH_2Cl{-}CHCl{-}CH{=}CH_2 \\ \xrightarrow[\text{(约 40\%)}]{\text{1,4-加成}} CH_2Cl{-}CH{=}CH{-}CH_2Cl \end{cases}$$

(2) 第尔斯-阿尔德反应

$$CH_2{=}CH{-}CH{=}CH_2 + CH_2{=}CH_2 \xrightarrow[\text{17 h}]{165\ ℃,90\ MPa} \text{环己烯}(CH{=}CH{-}CH_2{-}CH_2{-}CH_2{-}CH_2 \text{成环})$$

(3) 聚合反应

$$nCH_2{=}CH{-}CH{=}CH_2 \xrightarrow{络合催化剂} \left[CH_2{-}CH{=}CH{-}CH_2 \right]_n \text{(顺式, 两个 H 在同侧)}$$

7. 来源及制备方法

(1) 烯烃的制法

① 从裂解气、炼厂气中分离

② 醇脱水

$$CH_3{-}CH_2{-}OH \xrightarrow[\text{约 170 ℃}]{浓硫酸} CH_2{=}CH_2 + H_2O$$

③ 卤代烷脱卤化氢

$$CH_3{-}CH(CH_3){-}Br + KOH \xrightarrow[\triangle]{C_2H_5OH} CH_3{-}CH{=}CH_2 + H_2O + KBr$$

(2) 炔烃的制法

① 以碳化钙为原料生产乙炔

$$3\ C + CaO \xrightarrow{2\,500\sim3\,000\ ℃} CaC_2 + CO\uparrow$$

$$CaC_2 + 2H_2O \longrightarrow HC{\equiv}CH\uparrow + Ca(OH)_2$$

② 以天然气为原料生产乙炔

$$2\ CH_4 \xrightarrow[0.01\sim0.1\ s]{1\,500\ ℃} HC{\equiv}CH + 3H_2$$

③ 其他炔烃的制法

$$CH_3CH{=}CHCH_3 \xrightarrow[CCl_4]{Br_2} CH_3CHBr{-}CHBrCH_3 \xrightarrow{KOH,乙醇} CH_3C{\equiv}CCH_3$$

$$(CH_3)_2CHCH_2C{\equiv}CH \xrightarrow{NaNH_2} (CH_3)_2CHCH_2C{\equiv}CNa \xrightarrow{CH_3Br} (CH_3)_2CHCH_2C{\equiv}C{-}CH_3$$

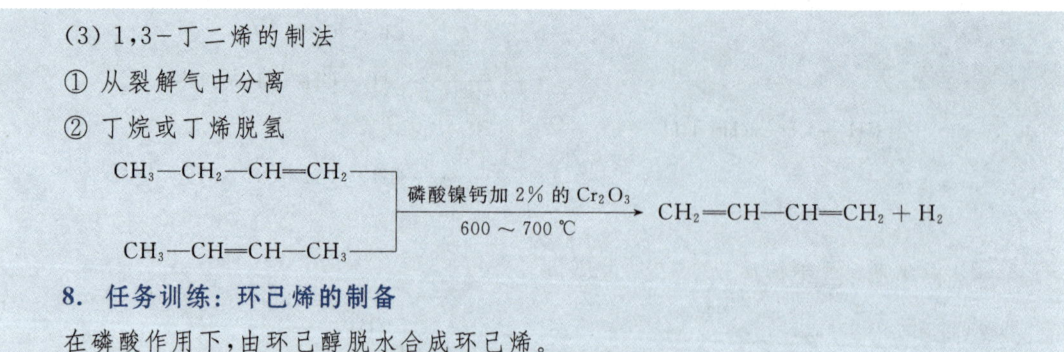

(3) 1,3-丁二烯的制法

① 从裂解气中分离

② 丁烷或丁烯脱氢

$$\left.\begin{array}{l}CH_3—CH_2—CH═CH_2\\CH_3—CH═CH—CH_3\end{array}\right\}\xrightarrow[600\sim700\ ℃]{\text{磷酸镍钙加 }2\%\text{ 的 }Cr_2O_3}CH_2═CH—CH═CH_2+H_2$$

8. 任务训练：环己烯的制备

在磷酸作用下，由环己醇脱水合成环己烯。

本模块思维导图

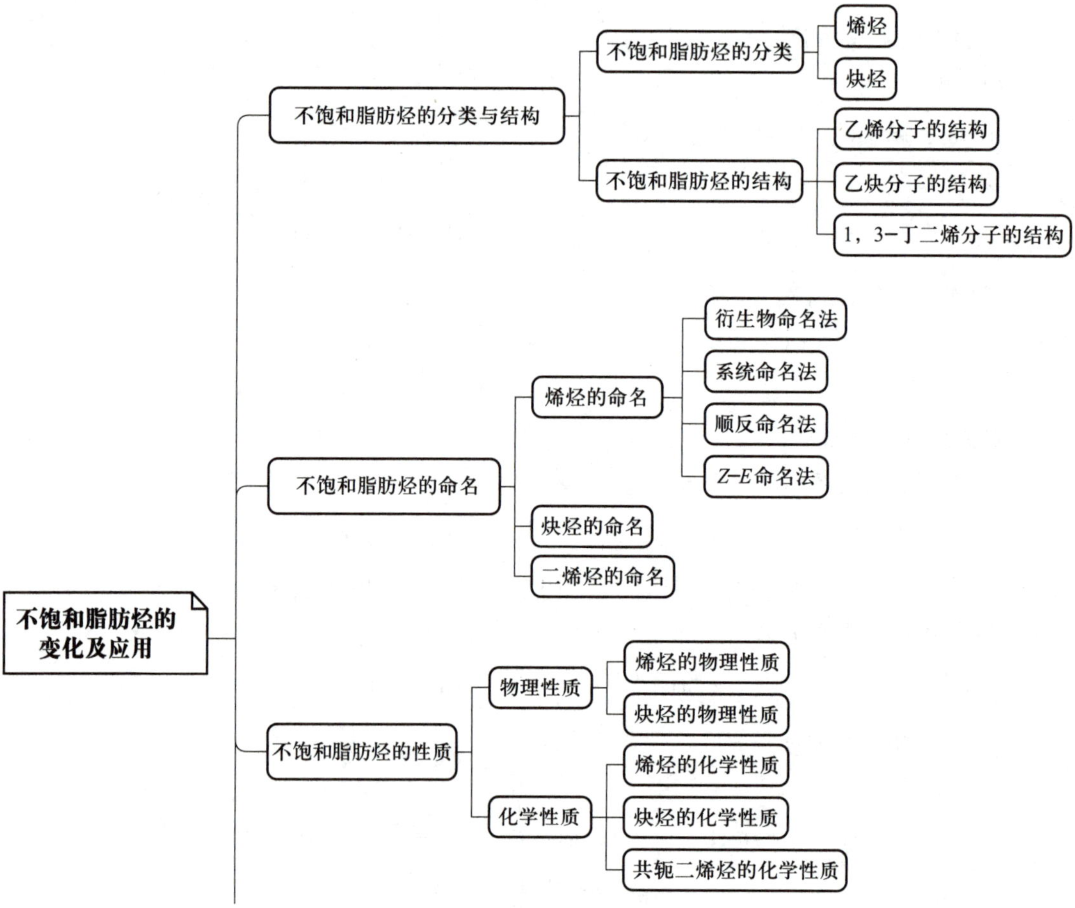

- **不饱和脂肪烃的变化及应用**
  - 不饱和脂肪烃的分类与结构
    - 不饱和脂肪烃的分类
      - 烯烃
      - 炔烃
    - 不饱和脂肪烃的结构
      - 乙烯分子的结构
      - 乙炔分子的结构
      - 1，3-丁二烯分子的结构
  - 不饱和脂肪烃的命名
    - 烯烃的命名
      - 衍生物命名法
      - 系统命名法
      - 顺反命名法
      - *Z-E*命名法
    - 炔烃的命名
    - 二烯烃的命名
  - 不饱和脂肪烃的性质
    - 物理性质
      - 烯烃的物理性质
      - 炔烃的物理性质
    - 化学性质
      - 烯烃的化学性质
      - 炔烃的化学性质
      - 共轭二烯烃的化学性质

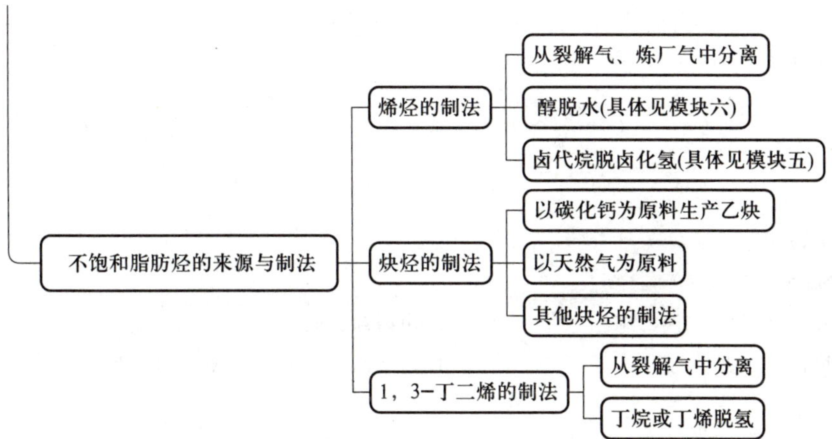

习题与测试

一、命名

1. $CH_3CH_2CH(CH_3)CH{=}CH_2$

2. $(CH_3)_3CCH_2CH{=}CHCH_2C(CH_3)_3$

※3. $$\begin{array}{ccc} CH_3 & & CH_2CH_3 \\ & \diagdown\ \ \diagup & \\ & C{=}C & \\ & \diagup\ \ \diagdown & \\ CH_3 & & CH_2CH_3 \end{array}$$

※4. $$\begin{array}{ccc} F & & CH_3 \\ & \diagdown\ \ \diagup & \\ & C{=}C & \\ & \diagup\ \ \diagdown & \\ Cl & & CH_2CH_3 \end{array}$$

5. $$\begin{array}{l} CH_3{-}\underset{\displaystyle CH_2CH_3}{\underset{|}{CH}}{-}C{\equiv}C{-}CH_2CH_3 \end{array}$$

6. $$HC{\equiv}C{-}\underset{\displaystyle CH_3}{\underset{|}{CH}}{-}CH{=}CH{-}CH_3$$

7. $CH_2{=}C{=}C(CH_3)_2$

8. $(CH_3)_2C{=}CH{-}CH{=}C(CH_3)_2$

二、写出下列化合物的构造式

1. 2-甲基-2-丁烯

2. 2,5-二甲基-3,4-二乙基-3-己烯

3. 4-甲基-2-己炔

4. 异丙基乙炔

5. 5-甲基-1,3-己二烯

6. 2-甲基-1,3-丁二烯

三、用化学方法区别下列各组化合物

1. 乙烷、乙烯

2. 1-戊炔、2-戊炔

3. 乙烷、乙烯、乙炔

四、完成下列方程式

1. $$CH_3{-}\underset{\displaystyle CH_3}{\underset{|}{C}}{=}CH_2 \xrightarrow{Br_2-CCl_4} ?$$

2. $$CH_3{-}\underset{\displaystyle CH_3}{\underset{|}{C}}{=}CH_2 \xrightarrow{HOCl} ?$$

3. $$CH_3{-}\underset{\displaystyle CH_3}{\underset{|}{C}}{=}CH_2 \xrightarrow[\text{(适量，稀冷)}]{KMnO_4\text{ 水溶液}} ?$$

4. $$HC{\equiv}C{-}CH_3 + KMnO_4 \xrightarrow{H_2O} ?$$

5. $$CH_3{-}C{\equiv}CH + 2HBr \xrightarrow{\text{过氧化物}} ?$$

6. $$CH_3{-}\underset{\displaystyle CH_3}{\underset{|}{CH}}{-}C{\equiv}CH + [Ag(NH_3)_2]NO_3 \longrightarrow ?$$

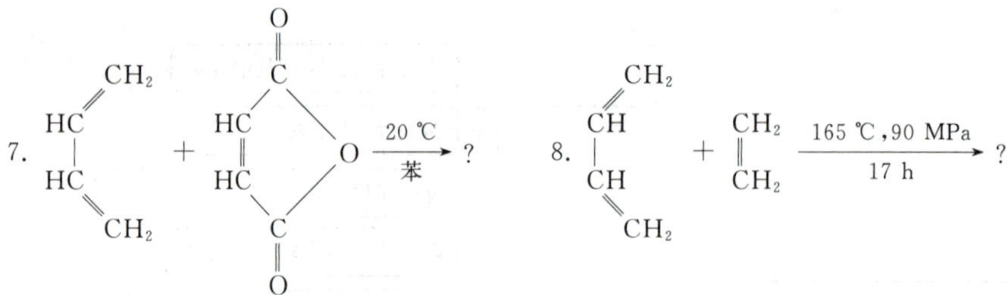

※五、合成题

1. 由乙醇合成1,2-二溴乙烷

2. 由丙烯合成1,2,3-三氯丙烷

3. 由乙炔合成丁炔

4. 由溴乙烷和1-丁炔合成3-己烯

六、推断题

1. 某烯烃化学式为C_5H_{10}。用酸性高锰酸钾溶液氧化后，得到

$$CH_3\overset{\overset{O}{\|}}{C}—OH \quad 和 \quad CH_3\overset{\overset{O}{\|}}{C}CH_3$$

试推测该烯烃的构造式。

※2. 化合物A的化学式为C_5H_8，与金属钠作用后再与1-溴丙烷作用，生成化学式为C_8H_{14}的化合物B。用$KMnO_4$氧化B得到两种化学式均为$C_4H_8O_2$的酸(C,D)，C和D互为同分异构体。A在$HgSO_4$的存在下与稀H_2SO_4作用时可得到酮E。试写出化合物A,B,C,D,E的构造式，并用反应式表示上述转变过程。

※3. 化合物A和B，都含碳88.82%，含氢11.18%，室温下它们都能使溴的四氯化碳溶液褪色。当A和B分别与氯化亚铜的氨溶液作用时，A能产生沉淀，而B不能生成沉淀，当A和B分别被热的高锰酸钾溶液氧化时，A能生成丙酸(CH_3CH_2COOH)和二氧化碳，而B则生成草酸(HOOCCOOH)和二氧化碳，试推测A和B的构造式，并用反应式表示上述转变过程。

※4. 1,3-丁二烯聚合时，除生成高分子聚合物外，还生成一种二聚体，这种二聚体可使Br_2-CCl_4溶液褪色，催化加氢生成乙基环己烷，氧化可生成下列化合物，推测这种二聚体的构造。

$$HOOC—CH_2—\underset{\underset{COOH}{|}}{CH}—CH_2—CH_2—COOH$$

模块四

芳香烃的变化及应用

学习目标

1. 会给芳香烃命名；
2. 知道苯的结构及芳香烃的物理性质；
3. 懂芳香烃的化学性质；
4. 能根据亲电取代反应的定位规律设计某些单环芳烃的合成路线；
5. 了解稠环芳烃；
6. 掌握水蒸气蒸馏操作技术。

问题引入

同学们找到自己衣服上面的成分标签，可以发现不少标签显示主要成分为聚酯纤维，生产聚酯纤维的主要原料是对二甲苯(Para-Xylene，PX)。它不仅与衣物有关，也是矿泉水瓶、药物胶囊等的制作材料，广泛应用于医药、建筑等各行各业，已经成为当今人们生活中必不可少的物质。对二甲苯作为芳香烃大家族之中的一员，是如何成为"多面手"，实现千变万化的呢？芳香烃中对二甲苯的其他"兄弟姐妹"还有哪些？它们有什么神奇之处？

主题1　芳香烃的分类与命名

一、芳香烃的分类

芳香烃——芳香族碳氢化合物，简称芳烃。苯系芳香烃一般是指含有苯环的一大类碳氢化合物。

根据结构的不同苯系芳香烃可分为单环芳香烃、多环芳香烃和稠环芳香烃。

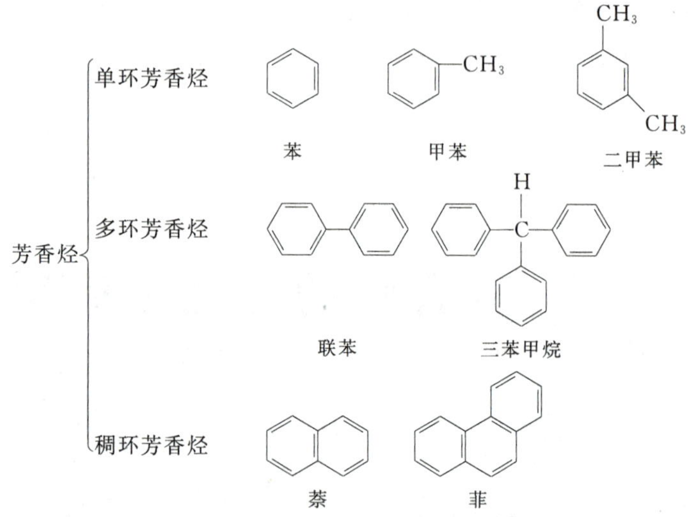

单环芳香烃：分子中只含有一个苯环的芳香烃。

多环芳香烃：分子中含有两个或两个以上苯环的芳香烃。

稠环芳香烃：分子中含有由两个或多个苯环彼此间通过共用两个相邻碳原子稠合而成的芳香烃。

小贴士

人们经常听到关于室内空气污染的案例，如苯的含量严重超标等，苯的主要来源如下：(1) 室内装修用的涂料；(2) 木器漆；(3) 胶黏剂；(4) 有机溶剂。

二、芳香烃的命名

简单的一元取代苯是以苯作为母体，烷基作为取代基来命名的，称为某烃基苯。对于小于等于 10 个碳原子的烷基，"基"字常略去，大于 10 个碳原子的烷基，不省略"基"字。例如：

CH_3　　CH_2CH_3　　$CH_2CH_2CH_3$　　$CH_2(CH_2)_{10}CH_3$

甲苯　　乙苯　　正丙苯　　十二烷基苯

二元取代苯可用邻、间、对作为字头来标明取代基的相对位置或用 *o*−、*m*−、*p*−表示，也可用阿拉伯数字来标明取代基的位次。

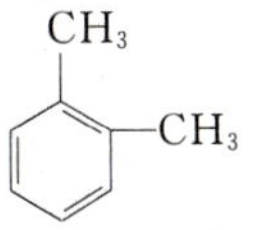

邻二甲苯
或*o*−二甲苯，或1，2−二甲苯

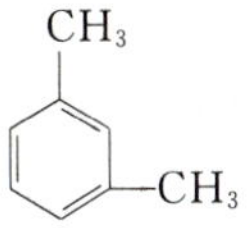

间二甲苯
或*m*−二甲苯，或1，3−二甲苯

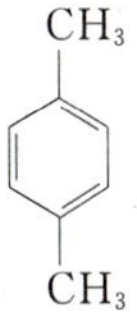

对二甲苯
或*p*−二甲苯，或1，4−二甲苯

若两个烷基不同，命名以苯为母体，选择较小的烷基所在位置为 1 位，按"最低系列"原则编号，并依"优先基团后列出"来命名。例如：

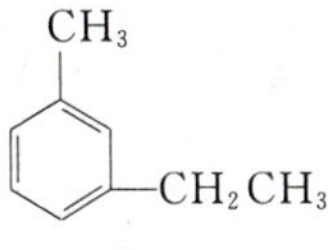

1−甲基−3−乙苯
或间甲乙苯

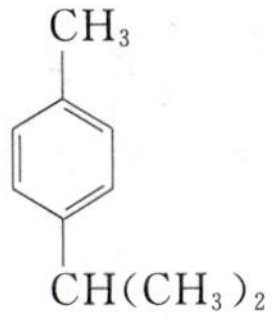

1−甲基−4−异丙苯
或对甲异丙苯

不同二元取代苯的命名原则也适用于多元取代苯。例如：

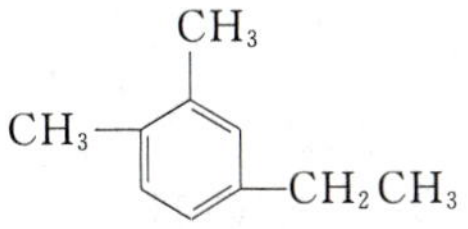

1，2−二甲基−5−乙苯

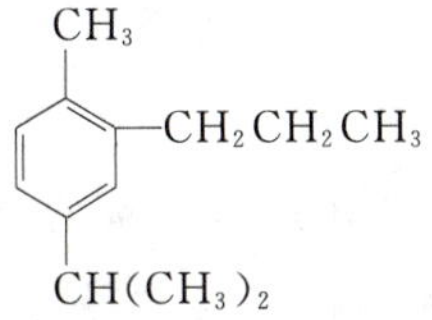

1−甲基−2−正丙基−4−异丙苯

对于三个相同的烷基取代苯，可用连、偏、均字头表示。例如：

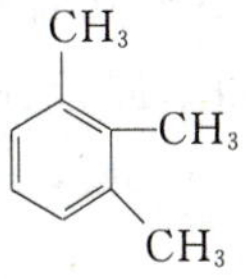

连三甲苯
或1，2，3−三甲苯

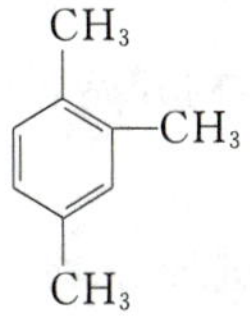

偏三甲苯
或1，2，4−三甲苯

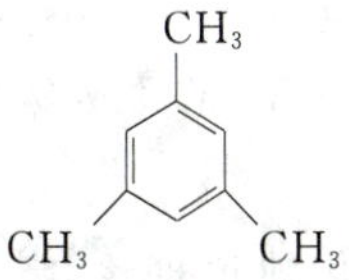

均三甲苯
或1，3，5−三甲苯

当苯环上连有不饱和烃基或复杂烷基，或烃链上连有多个苯环时，一般把苯作为取代基来命名。例如：

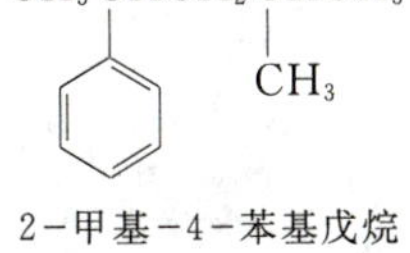

2−甲基−4−苯基戊烷

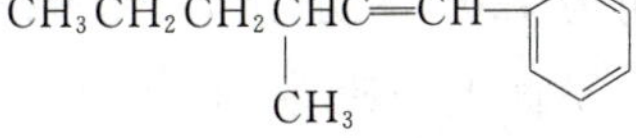

2，3−二甲基−1−苯基−1−己烯

芳香烃去掉一个氢原子剩下的部分为**芳基**(用 Ar—表示)，**苯基**常用 Ph－表示，重要的芳基有

苯基　　苯甲基(苄基)　　邻甲苯基(或2－甲苯基)

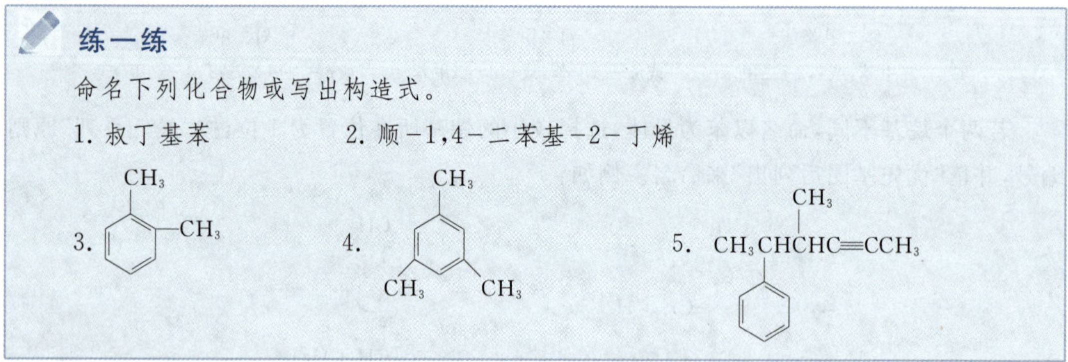

练一练

命名下列化合物或写出构造式。

1. 叔丁基苯　　2. 顺－1,4－二苯基－2－丁烯

主题 2　苯 的 结 构

交流与讨论

根据元素分析和相对分子质量的测定，证明苯的化学式为 C_6H_6。由苯的化学式可见，它应具有高度不饱和性，但是苯却极为稳定，一般情况下，不易发生加成反应和氧化反应，而容易发生取代反应，为什么？

苯是单环芳香烃中最简单又最重要的化合物，也是所有苯系芳香族化合物的母体，要掌握芳香烃的特性，就要从认识苯的分子结构开始，从而进一步理解和掌握芳香烃及其衍生物的特殊性。

按照杂化轨道理论，苯分子中 6 个碳原子均以 sp^2 杂化轨道成键，杂化轨道互相沿对称轴的方向重叠形成 6 个 C—C σ 键，组成一个正六边形。如图 4－1 苯的结构所示，6 个碳原子各以一个 sp^2 杂化轨道与 6 个氢原子的 1s 轨道沿对称轴方向重叠形成六个 C—H σ 键，碳原子的 sp^2 杂化轨道的对称轴间夹角为 120°，苯分子 6 个碳原子和 6 个氢原子在同一平面上。此外，每个碳原子还剩余一个未杂化的垂直于分子平面的 p 轨道，

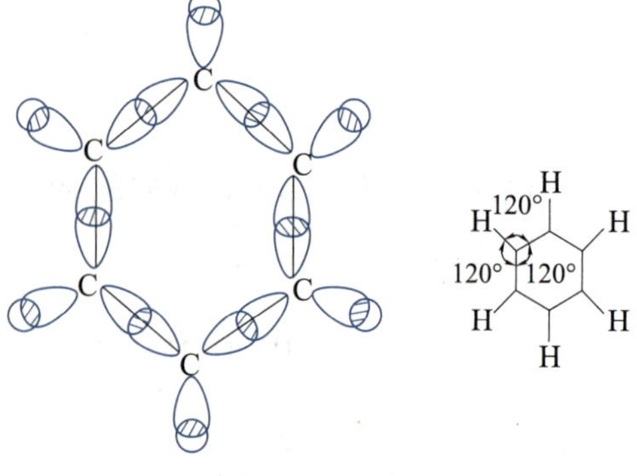

图 4－1　苯的结构

每两个相邻的 p 轨道相互重叠，形成一个包括 6 个碳原子和 6 个 π 电子在内的**共轭大 π 键**。这样，苯分子中 π 电子云的分布并非局限于或定域于两个碳原子之间，而是均匀地分布在 6 个碳原子上，电子云密度完全平均化，从而使能量降低，因此苯有特殊的稳定性。图 4-2 为苯分子中的共轭 π 键，图 4-3 为苯环 π 电子云分布。

动画：苯分子的结构

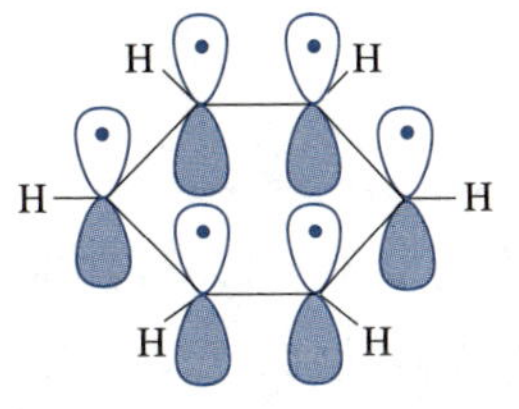

图 4-2　苯分子的共轭 π 键

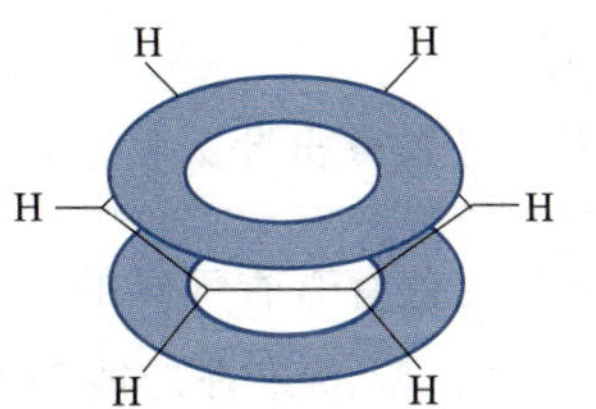

图 4-3　苯环 π 电子云分布

动画：苯分子共轭 π 键的形成及电子云的形状

由于共轭大 π 键的形成使 π 电子高度离域，键长趋于平均化，苯分子成为一个具有高度对称结构的闭合共轭体系。苯分子中所有碳碳键完全等同，它们既不同于一般的 C—C 单键，也不同于一般的 C═C 双键，但是每个碳碳键都具有这种闭合的共轭大 π 键的特殊性质。所以苯的结构可以用一个带有圆圈的正六边形表示，直线表示碳碳 σ 键，圆圈表示苯分子中完全平均化的大 π 键。

1865 年，德国化学家凯库勒提出了关于苯的结构的构想：

称为**苯的凯库勒式**，即碳环是由 3 个 C—C 单键和 3 个 C═C 双键交替排列而成的。它可以说明苯分子的组成及原子间的相互连接次序，并表明碳原子是四价的，六个氢原子的位置等同，因而可以解释苯的一元取代产物只有一种的实验事实。但是凯库勒式不能解释苯环在一般条件下不能发生类似烯烃的加成、氧化反应，也不能解释苯的邻位二元取代产物只有一种的实验事实。显然，凯库勒式不能表明苯的真实结构，但实际上，苯分子的凯库勒式仍然普遍使用。本书仍采用凯库勒式表示苯分子的结构。

议一议

乙烯的 π 键与苯的共轭 π 键有哪些不同？

小知识

苯结构式的由来

凯库勒曾描述发现苯凯库勒式的由来：他有一次在书房中打瞌睡，梦见碳原子的长链像蛇一样盘绕蜷曲，忽见一个“抓住自己的尾巴，这幅图像在我的眼前嘲弄般地旋转不已”。

主题3　芳香烃的性质

一、物理性质

交流与讨论

查表4-1，从表中可以得出什么信息，你知道为什么吗？

苯系芳香烃一般为无色有芳香气味的液体，不溶于水，相对密度为0.86～0.93，常见芳香烃的物理常数见表4-1。苯系芳香烃能与水形成共沸物，苯-水沸点为69 ℃，含水9%；甲苯-水沸点为85 ℃，含水20%。苯系芳香烃能溶解很多有机物质，是良好的有机溶剂；燃烧时火焰带有较浓的黑烟。

表4-1　常见芳香烃的物理常数

名称	熔点/℃	沸点/℃	相对密度(d_4^{20})
苯	5.5	80.0	0.879
甲苯	−95.0	110.6	0.867
邻二甲苯	−25.2	144.4	0.880
间二甲苯	−47.9	139.1	0.864
对二甲苯	13.3	138.4	0.861
乙苯	−95.0	136.2	0.867
正丙苯	−99.5	159.2	0.862
异丙苯	−96.0	152.4	0.862

苯系芳香烃的沸点随相对分子质量的升高而升高；它们的熔点除与相对分子质量有关外，还与结构有关，通常对位异构体由于分子对称性高，有较高的熔点。一般来说，熔点越高，异构体的溶解度越小，越易结晶。例如，苯的熔点就大大高于甲苯。对于二取代苯，对位异构体的对称性较高，其熔点也比其他两种异构体高。苯系芳香烃具有一定的毒性，和苯长期接触会导致慢性中毒。在苯的同系物中，每增加一个CH_2，沸点平均升高25～30 ℃，含相同数目碳原子的各种异构体，其沸点相差不大。例如，二甲苯有邻、间、对三种异构体，它们的沸点很接近，分别为144.4 ℃、139.1 ℃、138.4 ℃，相差1～6 ℃，因此很难用普通蒸馏方法将它们逐一分开。

想一想

如何利用芳香烃的物理性质将二甲苯的邻、间、对三种异构体分开？

二、化学性质

苯环的结构特征表明，它具有特殊的稳定性，没有典型的 C═C 双键的性质。易发生亲电取代反应，较难发生加成反应和氧化反应，这是芳香族化合物共有的特性，称为**芳香性**。

1. 取代反应

交流与讨论

设计由甲苯制备邻硝基甲苯的方案。

(1) 卤化反应　有机化合物分子中的氢原子被卤素取代的反应称为**卤化反应**。在铁粉或无水卤化铁催化下，氯或溴取代苯环上的氢原子，主要生成氯苯或溴苯。例如：

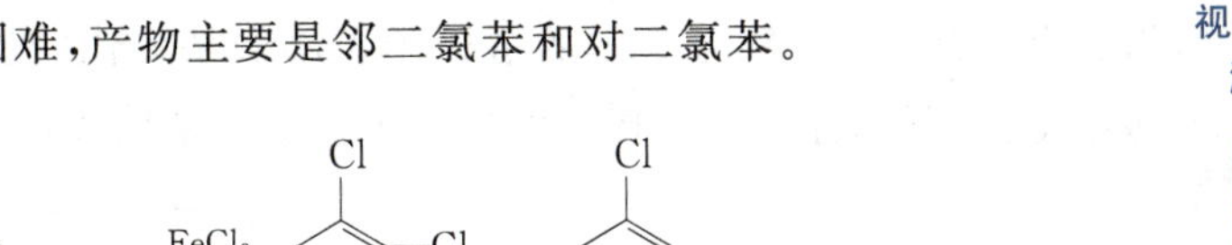

视频：苯的溴代反应

氯苯继续氯化比苯困难，产物主要是邻二氯苯和对二氯苯。

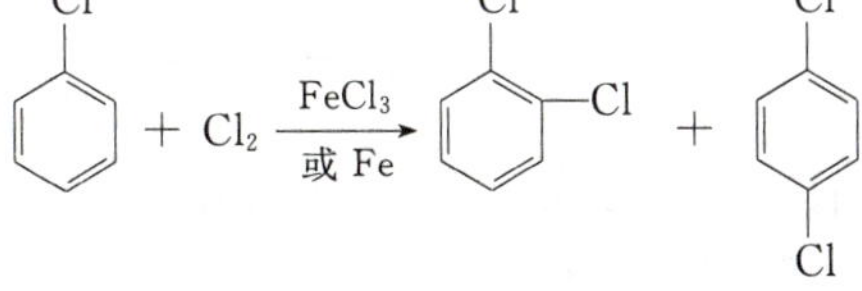

动画：苯的氯化反应

甲苯的氯化比苯容易，不需要提高反应温度，主要生成邻氯甲苯和对氯甲苯。

在卤化反应中，卤素的活性顺序如下：

$$F_2 > Cl_2 > Br_2 > I_2$$

其中，氟化反应太剧烈，不易控制，没有实际意义，碘的活性太低，不易发生反应。因此，单环芳香烃的卤化反应主要是与氯和溴的反应。

(2) 硝化反应　有机化合物中的氢原子被硝基取代的反应称为**硝化反应**。苯与浓硝酸和浓硫酸的混合物（通常称为**混酸**），在一定温度下发生反应，苯环上的氢原子被硝基取代，生成硝基苯。例如：

硝基苯进行硝化比苯要困难，生成的产物主要是间二硝基苯。

动画：苯的硝化反应

$$C_6H_5NO_2 \xrightarrow[100\ ℃]{HNO_3(\text{发烟}),H_2SO_4} \text{间}-C_6H_4(NO_2)_2 + \text{邻}-C_6H_4(NO_2)_2 + \text{对}-C_6H_4(NO_2)_2$$

（7%）

甲苯硝化比苯容易进行，硝化的主要产物是邻、对硝基甲苯。

$$C_6H_5CH_3 + HNO_3 \xrightarrow[30\ ℃]{H_2SO_4} \text{邻}-CH_3C_6H_4NO_2 + \text{对}-CH_3C_6H_4NO_2$$

苯环上的硝化是制备芳香族硝基化合物最重要的一种方法。

(3) 磺化反应　有机化合物分子中的氢原子被磺酸基取代的反应称为**磺化反应**。苯及其同系物与浓硫酸或发烟硫酸反应，环上的氢原子被磺酸基取代，生成苯磺酸。例如：

$$C_6H_6 + H_2SO_4 \overset{70\sim80\ ℃}{\rightleftharpoons} C_6H_5SO_3H + H_2O$$

苯磺酸

小知识　　磺酸基的占位反应

磺化反应是可逆反应，在较高温度和稀酸条件下发生水解反应。此反应在有机合成上具有重要意义，用磺酸基占据苯环上的某个位置，使新进入的取代基进入指定的位置，然后水解除去磺酸基，从而得到预期的产物。例如：

$$C_6H_5SO_3H + H_2O \xrightarrow[180\ ℃]{\text{稀酸}} C_6H_6 + H_2SO_4$$

苯磺酸进一步发生磺化反应时，比苯要难，需要发烟硫酸和较高的温度，且产物主要是间苯二磺酸。

$$C_6H_5SO_3H + H_2SO_4(\text{发烟}) \xrightarrow{200\sim230\ ℃} \text{间}-C_6H_4(SO_3H)_2 + H_2O$$

烷基苯发生磺化反应比苯容易进行，在低温时易得到邻、对位产物，但高温时主要产物为对位产物。例如：

$$C_6H_5CH_3 + H_2SO_4 \xrightarrow{100\ ℃} p\text{-}CH_3C_6H_4SO_3H\ (79\%) + o\text{-}CH_3C_6H_4SO_3H\ (13\%)$$

磺化是制备芳磺酸的一种重要方法。

(4) 弗里德-克拉夫茨反应

① 烷基化。在路易斯酸无水氯化铝等的催化下，芳香烃与卤代烷、醇和烯烃等试剂反应是典型的**弗里德-克拉夫茨烷基化反应**(简称**弗-克烷基化**)。例如：

$$C_6H_6 + CH_3CH_2Cl \xrightarrow{AlCl_3} C_6H_5CH_2CH_3 + HCl$$

在烷基化反应中，引入的烷基含 3 个或 3 个以上碳原子时，常常发生重排反应，生成重排产物。例如：

$$C_6H_6 + CH_3CH{=}CH_2 \xrightarrow{AlCl_3} \underset{\text{较多(重排产物)}}{C_6H_5CH(CH_3)_2} + \underset{\text{较少}}{C_6H_5CH_2CH_2CH_3}$$

烷基化反应一般不停止在一元取代物阶段，在生成一元烷基苯以后，可继续反应，最后得到各种多元取代苯的混合物，为了使一元烷基苯成为主要产物，制备时苯需过量。

② 酰基化。在路易斯酸无水氯化铝等的催化下，芳香烃与酰卤、酸酐等试剂反应，芳环上的氢原子被酰基取代，生成芳酮，称为**弗里德-克拉夫茨酰基化反应**(简称**弗-克酰基化反应**)。其中酰卤、酸酐等，在反应中提供酰基，叫**酰基化试剂**。例如：

$$C_6H_6 + Cl-\overset{O}{\overset{\|}{C}}-CH_3 \xrightarrow{AlCl_3} C_6H_5-\overset{O}{\overset{\|}{C}}-CH_3 + HCl$$

$$C_6H_6 + CH_3-\overset{O}{\overset{\|}{C}}-O-\overset{O}{\overset{\|}{C}}-CH_3 \xrightarrow{AlCl_3} C_6H_5-\overset{O}{\overset{\|}{C}}-CH_3 + CH_3-\overset{O}{\overset{\|}{C}}-OH$$

弗里德-克拉夫茨酰基化反应所需的催化剂无水氯化铝的量比烷基化反应所需要的量多得多。因为酰基化反应所生产的产物芳酮与氯化铝生成络合物，消耗了部分的氯化铝。

因为酰基是吸电子基团，弗里德-克拉夫茨酰基化反应不能生成多元取代物，也不发生重排。

小贴士

弗里德-克拉夫茨反应，1877 年由法国化学家查尔斯·弗里德（Friedel C）和美国化学家詹姆斯·克拉夫茨（Crafts J）共同发现。该反应主要有烷基化反应和酰基化反应。

练一练

完成下列反应。

1. 苯（过量）$+CH_2Cl_2 \xrightarrow{AlCl_3} ?$　　2. 苯 $+ Cl-\overset{\overset{O}{\|}}{C}-CH_2CH_2CH_3 \xrightarrow{AlCl_3} ?$

2. 加成反应

由于苯的特殊稳定性，一般情况下不易发生加成反应，但如果在催化剂或紫外线照射下，苯也可与氢气或氯气发生加成反应。

（1）加氢　在铂、钯或镍的催化作用下，苯与氢气发生加成反应生成环己烷。例如：

$$\text{苯} + 3H_2 \xrightarrow[50\sim60\ ℃,2.5\ MPa]{\text{雷尼镍}} \text{环己烷}$$

这是工业上生产环己烷的重要方法。

（2）加氯　在日光或紫外线照射下，苯与氯气发生加成反应生成六氯环己烷。例如：

视频：苯与氯气的加成

$$\text{苯} + 3Cl_2 \xrightarrow[50\ ℃,2.5\ MPa]{\text{日光或紫外线}} \text{六氯环己烷}$$

六氯环己烷化学式为 $C_6H_6Cl_6$，含碳、氢、氯原子各六个，所以俗称“六六六”，曾广泛用作杀虫剂，但因其性能稳定，不易分解，残毒严重，会造成人畜的累积性中毒，也污染环境，20 世纪 60 年代末停止生产和使用。

3. 氧化反应

交流与讨论

用简便的方法区分苯和甲苯。

（1）苯环氧化　苯虽然稳定，一般情况下不易发生氧化反应，但采用较强烈的氧化条件，仍可发生氧化反应。例如，在五氧化二钒催化下，苯可被空气氧化，苯环破裂，生成顺丁烯二酸酐(俗称马来酸酐)。例如：

$$C_6H_6 + O_2 \xrightarrow[\triangle\ (400\sim500\ ℃)]{V_2O_5} \text{顺丁烯二酸酐}$$

顺丁烯二酸酐(马来酸酐)

此反应是工业生产顺丁烯二酸酐的方法，顺丁烯二酸酐是生产不饱和聚酯及有机合成的原料。

(2) 侧链氧化　苯环比较稳定，一般氧化剂不能使其氧化，但如果苯环上连有侧链，由于受苯环的影响，其 α-H 比较活泼，容易被氧化，而且无论侧链长短、结构如何，最后的氧化产物都是苯甲酸。例如：

$$C_6H_5CH_3 \xrightarrow[H^+]{KMnO_4} C_6H_5COOH$$

视频：苯和苯的同系物与 $KMnO_4$ 的反应

若侧链烃基不含 α-H，一般情况下不发生氧化反应。例如：

$$CH_3-C_6H_4-C(CH_3)_3 \xrightarrow[H^+]{KMnO_4} HOOC-C_6H_4-C(CH_3)_3$$

工业生产上一般用空气作为氧化剂对烷基苯进行氧化。

用高锰酸钾作氧化剂氧化烷基苯时，其自身的紫红色逐渐消失，实验室中可用此反应鉴别苯环侧链是否含有 α-H。

主题 4　苯环上亲电取代反应的定位规律

交流与讨论

为什么甲苯的氯化比苯容易，主要生成邻氯甲苯和对氯甲苯？为什么硝基苯的硝化比苯困难，生成的产物主要是间二硝基苯？

一、一元取代苯的定位规律

苯环上一个氢原子被其他原子或基团取代后生成的产物叫作一元取代苯。苯环上原有的基团将决定再引入基团的难易和进入的位置，原有基团称为**定位基**。第二个基团可取代苯环上不同位置的氢原子，分别生成邻位、间位、对位三种二元取代物。

1. 第一类定位基——邻对位定位基

苯环上原有取代基使新引入的取代基主要进入其邻位和对位（邻位和对位产物之和大于 60%），则将原取代基称为**邻对位定位基**，也称为**第一类定位基**。邻对位定位基，除卤原子和氯甲基等使苯环钝化外，一般使苯环活化。

2. 第二类定位基——间位定位基

苯环上原有取代基使新引入的取代基主要进入其间位（间位产物大于 40%），则将原取代基称为**间位定位基**，也称为**第二类定位基**。间位定位基使苯环钝化。

苯环亲电取代反应的第一类、第二类定位基见表 4-2。

表 4-2　苯环亲电取代反应的第一类、第二类定位基

邻对位定位基	间位定位基
强烈活化	强烈钝化
$—O^-$，$—NR_2$，—NHR，—OH	$—N^+R_3$，$—NO_2$，$—CF_3$，$—CCl_3$
中等活化	中等钝化
$—OCH_3$，—NHCOR，—OCOR	—CN，$—SO_3H$，—CHO，—COR，—COOH，$—CONH_2$
较弱活化	
$—C_6H_5$，—R	
较弱钝化	
—X	

邻对位定位基的结构特点是：与苯环直接相连的原子带负电荷，或带有未共用电子对，或是饱和原子。

一般来讲，间位定位基的结构特点是：与苯环直接相连的原子带正电荷，或以重键与电负性较强的原子相连接。

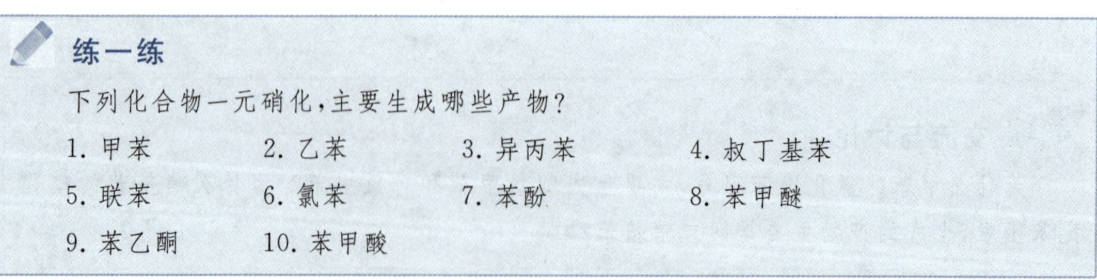

练一练

下列化合物一元硝化，主要生成哪些产物？

1. 甲苯　　2. 乙苯　　3. 异丙苯　　4. 叔丁基苯
5. 联苯　　6. 氯苯　　7. 苯酚　　8. 苯甲醚
9. 苯乙酮　　10. 苯甲酸

二、二元取代苯的定位规律

交流与讨论

为什么对硝基甲苯再硝化得到的是 2,4-二硝基甲苯，而不是 3,4-二硝基甲苯？

苯环上两个氢原子被其他原子或基团取代后生成的产物叫作**二元取代苯**。苯环上已有两个取代基时，第三个取代基进入苯环的位置，主要取决于原来两个取代基的定位效应。

(1) 当苯环上原有的两个定位基对于引入第三个取代基的定位作用一致时，仍由上述定位规律来决定。例如，下列化合物中再引入一个取代基时，取代基主要进入箭头所示的位置。

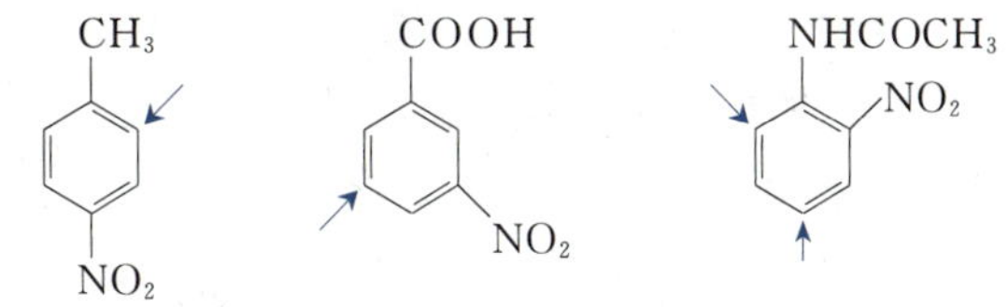

CH_3　NO_2　　COOH　NO_2　　$NHCOCH_3$　NO_2

(2) 当苯环上原有的两个定位基对于引入第三个取代基的定位作用不一致时，有如下两种情况。

① 如果两个定位基是同一类，第三个取代基进入苯环的位置主要由较强定位基决定。例如：

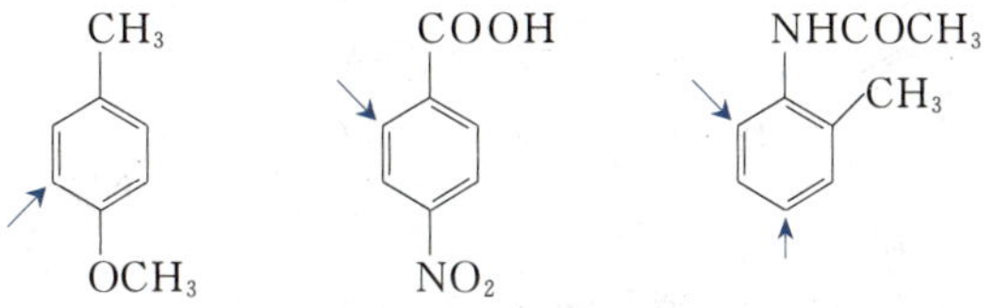

CH_3　OCH_3　　COOH　NO_2　　$NHCOCH_3$　CH_3

如果两个定位基的定位效应相近，则得到混合物，混合物各异构体中的含量相差不大。

② 如果两个定位基不是同一类，第三个取代基进入苯环的位置，一般由邻对位定位基决定。例如：

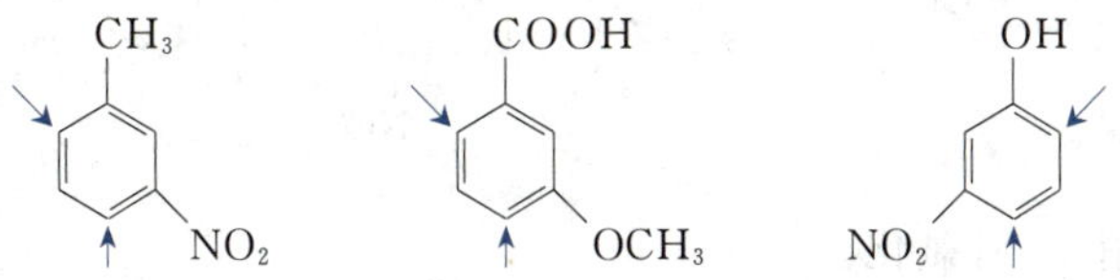

CH_3　NO_2　　COOH　OCH_3　　OH　NO_2

需要指出的是，用定位规律预测取代基进入的主要位置时，有时还要考虑到空间位阻的作用。如上述间甲氧基苯甲酸进行亲电取代反应时，由于空间位阻作用，使与甲氧基和羧基同处于邻位的碳原子上发生亲电取代的概率大大降低。

三、定位规律在合成上的应用

交流与讨论

定位规律可以设计和合成多取代苯的衍生物，对以较高的收率得到目标化合物具有重要的意义。请设计由苯为起始原料合成以下两种化合物的方案。

1. 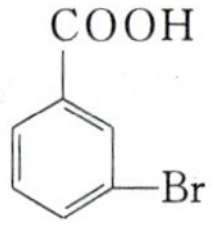 （间溴苯甲酸：COOH 与 Br 处于间位）　2. 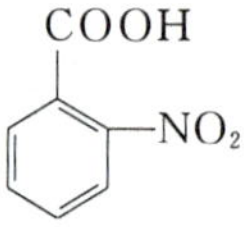 （邻硝基苯甲酸：COOH 与 NO_2 处于邻位）

苯环上亲电取代反应的定位规律对于预测反应的主要产物，设计和确定合理的合成路线，得到较高收率和较纯的苯的衍生物有重大的指导意义。

1. 预测主要产物

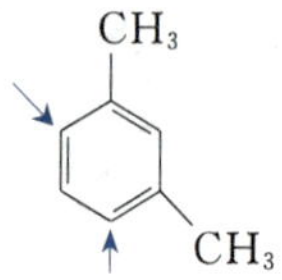

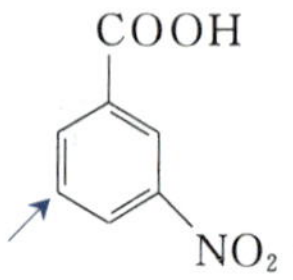

（间二甲苯：CH_3、CH_3；间硝基苯甲酸：COOH、NO_2，箭头指示取代位置）

2. 选择合理的合成路线

(1) 由甲苯合成间硝基苯甲酸　以甲苯为原料合成间硝基苯甲酸应考虑先氧化，后硝化。合成路线为

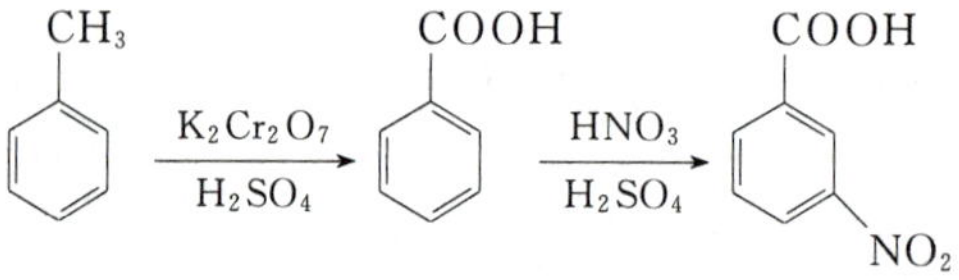

$$\text{甲苯}\xrightarrow[H_2SO_4]{K_2Cr_2O_7}\text{苯甲酸}\xrightarrow[H_2SO_4]{HNO_3}\text{间硝基苯甲酸}$$

(2) 以苯为原料，制备邻(对、间)硝基氯苯

邻(对)硝基氯苯：先氯化，后硝化。

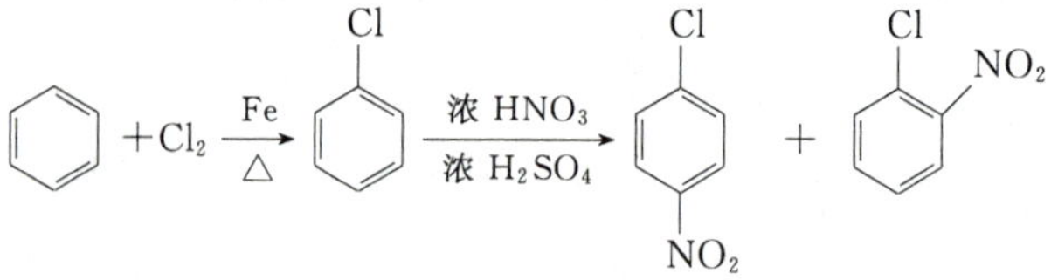

$$\text{苯}+Cl_2\xrightarrow[\triangle]{Fe}\text{氯苯}\xrightarrow[\text{浓 }H_2SO_4]{\text{浓 }HNO_3}\text{对硝基氯苯}+\text{邻硝基氯苯}$$

间硝基氯苯：先硝化，后氯化。

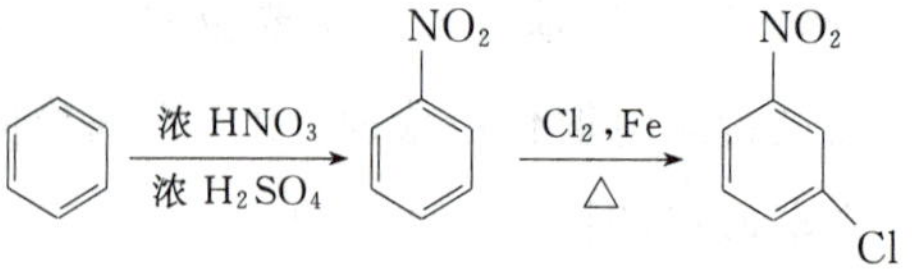

$$\text{苯}\xrightarrow[\text{浓 }H_2SO_4]{\text{浓 }HNO_3}\text{硝基苯}\xrightarrow[\triangle]{Cl_2,Fe}\text{间硝基氯苯}$$

（3）由苯合成间硝基对氯苯磺酸　以苯为原料合成间硝基对氯苯磺酸应先氯化，再磺化，后硝化。

$$\text{C}_6\text{H}_6 + Cl_2 \xrightarrow[\triangle]{Fe} \text{C}_6\text{H}_5Cl \xrightarrow[\triangle]{\text{浓}\ H_2SO_4} Cl\text{-C}_6\text{H}_4\text{-}SO_3H \xrightarrow[\triangle]{\text{浓}\ HNO_3} Cl(NO_2)\text{C}_6\text{H}_3\text{-}SO_3H$$

练一练

1. 推测下列反应的主要产物（没有特别指明时，则为引入一个取代基）。

（1）对叔丁基甲苯的硝化　　（2）对甲异丙苯的磺化

（3）邻二甲苯的硝化　　（4）间二甲苯的硝化

（5）对二甲苯的硝化　　（6）1,2,4-三甲苯的磺化

2. 以苯或甲苯为原料合成下列化合物。

（1）间硝基甲苯　　（2）3-硝基-5-氯苯甲酸

主题 5　稠环芳香烃

由共用两个或多个碳原子的多个苯环稠合而成的芳香烃称为**稠环芳香烃**，简称**稠环芳烃**。简单的稠环芳烃有萘、蒽、菲等。最重要的稠环芳烃是萘。

一、萘

交流与讨论

如何区别含萘的卫生球和天然樟脑卫生球？

萘是有光亮的白色片状晶体，熔点 80.2 ℃，沸点 218 ℃，不溶于水，易溶于乙醇、乙醚和苯等有机溶剂。燃烧时光亮弱、烟多。萘挥发性大，易升华，有特殊气味，具有驱虫防蛀作用，过去曾用于制作卫生球。近年来研究发现，萘可能有致癌作用，现使用樟脑取代萘制造卫生球。萘在工业上主要用于合成染料、农药等。

1. 萘的结构

萘由两个苯环稠合而成，骨架碳原子是 sp^2 杂化，整个分子是平面结构，测定表明萘分子中的碳碳键键长不是完全相同的。例如：

0.141 nm　0.136 nm　0.142 nm　0.136 nm　0.142 nm

小知识

1819 年英国人加登(Garden)和布兰德(Brand)首先从煤焦油中发现萘。20 世纪 50 年代以前,萘主要从煤焦油中分离得到,称焦油萘。50 年代以后,开发了由石油重芳烃馏分甲基萘脱烷基制萘(称石油萘)的生产方法。

萘环上碳原子的编号从两环并合处第一个含氢原子的碳原子开始：

其中 1、4、5、8 位等同,称为 **α 位**;2、3、6、7 位等同,称为 **β 位**。因此萘的一取代衍生物有两种位置异构体,即 α 位和 β 位,萘的二取代物则有更多的位置异构体。

2. 萘的性质

萘的亲电取代反应活性大于苯,反应易发生在 α 位。萘还易发生氧化和还原反应。

(1) 取代反应　萘可以发生卤化、硝化、磺化等亲电取代反应,由于萘的 α 位电子云密度比 β 位大,所以取代反应主要发生在 α 位。

卤化反应:氯气通入萘的苯溶液中,在氯化铁催化下生成 α-氯萘,为无色液体。例如：

$$C_{10}H_8 + Cl_2 \xrightarrow[100\sim110\ ℃]{FeCl_3} \alpha\text{-}C_{10}H_7Cl$$

硝化反应:萘在混酸中硝化,得主产物 α-硝基萘,为黄色针状结晶。例如：

$$C_{10}H_8 \xrightarrow[40\sim60\ ℃]{H_2SO_4, HNO_3} \alpha\text{-}C_{10}H_7NO_2$$

磺化反应:萘的磺化是可逆反应,反应温度不同,磺化的主产物不同。低温主要生成 α-萘磺酸,高温主要生成 β-萘磺酸。例如：

小贴士

含萘的卫生球气味刺鼻，且可沉于水中。而天然樟脑丸则是光滑的呈无色或白色的晶体，气味清香，会浮于水中。

（2）氧化反应　萘比苯容易发生氧化反应，在缓和条件下，萘氧化生成醌；在强烈条件下，萘氧化生成邻苯二甲酸酐。

1，4-萘醌

（3）还原反应　萘在适当条件下催化加氢，可分别生成四氢化萘和十氢化萘。例如：

四氢化萘　十氢化萘

四氢化萘，沸点 208 ℃，是性能良好的有机溶剂，可用于溶解脂肪，还能溶解硫黄。十氢化萘，沸点 192 ℃，常作为高沸点溶剂。

二、其他稠环芳烃

蒽和菲都是由三个苯环稠合而成的稠环芳烃。其中蒽的三个苯环为直线排列，菲的三个苯环成角式排列。蒽和菲化学式均为 $C_{14}H_{10}$，互为同分异构体。

蒽　菲

在蒽和菲中 1、4、5、8 位等同，又称为 ***α* 位**，2、3、6、7 位等同，又称为 ***β* 位**，9、10 位等同，又称为 ***γ* 位**。

蒽为带有淡蓝色荧光的白色片状晶体或浅黄色针状结晶，熔点 217 ℃，沸点 342 ℃。它不溶于水，难溶于乙醇和乙醚，较易溶于热苯，用于制备蒽醌和染料等，也用作杀虫剂、杀菌剂、汽油阻凝剂等，可由蒸馏煤焦油最后阶段得到的蒽油部分分出。菲为白色粉状结晶，熔点 101 ℃，沸点 340 ℃。菲可从煤焦油的蒽油中分离出来。它是带有光泽的无色晶体，不溶于水，溶于乙醇、苯和乙醚，溶液有蓝色的荧光。

除萘、蒽、菲外，还有一些其他稠环芳烃。例如，煤、烟草、木材等不完全燃烧也会产生较多的稠环芳烃，其中某些稠环芳烃具有致癌作用，如苯并芘类稠环芳烃，特别是 3,4－苯并芘有强烈的致癌作用。3,4－苯并芘为浅黄色晶体，1933 年从煤焦油中分离得来。煤的干馏、煤和石油等的燃烧焦化，都可产生 3,4－苯并芘，在煤烟和汽车尾气污染的空气及吸烟产生的烟雾中都可检测出 3,4－苯并芘，测定空气中 3,4－苯并芘的含量是环境监测项目的重要指标之一。

主题 6　芳香烃的来源

芳香烃是重要的有机化工原料，其中最重要的是苯、甲苯、二甲苯和萘，它们是有机化工的基础原料。芳香烃主要来源于石油加工和煤加工。煤干馏过程中能生成多种芳香烃。19 世纪初至中叶，从煤干馏所得煤焦油中陆续分离出苯、甲苯、萘、蒽等芳香烃。此后，工业用芳香烃主要来自煤炼焦副产物焦炉煤气及煤焦油。石油中含多种芳香烃，但含量不多，且其组分与含量也因产地而异。20 世纪 40 年代后实现石脑油的催化重整，将石脑油中的非芳香烃转化为芳香烃。从烃裂解所得的裂解汽油中也可分离出芳香烃。芳香烃的主要来源已从煤转化为石油。现在，世界芳香烃总产量中 90％以上来自石油。

一、石油的芳构化

以铂为催化剂，在 500 ℃、3 MPa 条件下处理石油的 C_6～C_8 馏分（主要是 C_6～C_8 的烷烃，也可能含有 C_6～C_8 环烷烃），C_6～C_8 的各组分发生一系列反应，最后生成芳香烃。这个过程在石油工业上叫**石油的铂重整**，这个反应叫作**芳构化**。

铂重整后的产物经过萃取、分离、精馏等过程，即可得到苯、甲苯、二甲苯、乙苯的混合物。石油的铂重整是 C_6～C_8 芳香烃目前最重要的来源。

二、炼焦副产物回收芳香烃

煤在隔绝空气条件下，受热分解生成煤气、煤焦油、粗苯和焦炭的过程，称为**煤干馏**（或称炼焦、焦化）。煤干馏过程中能生成多种芳香烃。

煤 $\xrightarrow[\text{干馏}]{900\sim1100\ ℃}$ {焦炭；焦炉煤气 {氨、煤气；粗苯：苯、甲苯、二甲苯；煤焦油}}

煤焦油的产率是原料用煤质量的 3%～4%，它的成分相当复杂，目前已经查明的物质有近 500 种。煤焦油精馏后得到轻油(<170 ℃)、酚油(170～210 ℃)、萘油(210～230 ℃)、洗油(230～300 ℃)、蒽油(300～365 ℃)等馏分和沥青。萘油占煤焦油总量的 9%～13%，其中含萘 78%～84%。萘油冷却结晶后得到萘。蒽油占煤焦油的 20%～24%，其中含蒽 18%～30%，从蒽油中提取、精制后可得到纯蒽。从煤焦油中还可以分离得到菲和其他许多有机化工原料。

任务训练 4　2-硝基-1,3-苯二酚的制备

任务工单 4

工作任务		2-硝基-1,3-苯二酚的制备					
姓名		班级		学号		日期	

学习目标

1. 知识目标

(1) 通过查找资料，了解反应物的物性参数；

(2) 懂得水蒸气蒸馏、减压过滤的基本原理；

(3) 掌握芳环定位规律和活性位置保护的应用。

2. 能力目标

(1) 掌握 2-硝基-1,3-苯二酚的制备方法；

(2) 掌握水蒸气蒸馏、减压过滤的操作技术。

3. 素养目标

(1) 会查找资料；

(2) 学会规范操作，树立安全意识；

(3) 具有严肃认真的学习态度及认真仔细的工作态度。

学习要求

1. 组长组织组员召开小组会议，领会学习目标，进行任务分工；

2. 结合所学的有机化学理论知识讨论理解实验原理；

3. 讨论实验安全事项。

任务分组

角色	姓名	学号	分工
组长			
组员 1			
组员 2			
组员 3			

任务落实

动画：水蒸气蒸馏

1. 资料查询、收集与整理。通过查阅资料，填写表 4-3。

表 4-3　试剂及产品的基本物性参数

名称	摩尔质量 $g\cdot mol^{-1}$	熔点 ℃	沸点 ℃	密度 $g\cdot cm^{-3}$	水溶性	投料量		理论产量
						质量(体积) g(mL)	物质的量 mol	
苯二酚								—
浓硝酸								—
浓硫酸								—
尿素			—					—
2-硝基-1,3-苯二酚								—

2. 领会实验原理和仪器。

(1) 实验原理

(2) 材料清单

3. 实验方案设计。

(1) 实验装置绘制

(2) 方框流程图

操作 1 → 操作 2 → 操作 3 → 操作 4 → ……

4. 完成实验报告。

(1) 实验现象记录

(2) 实验结果记录

（3）实验结果讨论

任务评价

1. 产品外观

2-硝基-1,3-苯二酚为橘红色片状结晶。

2. 产品产量

称量并计算回收率。计算产率并填写产品质量及其评价表，如表 4-4 所示。必要时，可以测定产品的熔点，应为 84～85 ℃。

表 4-4　产品质量及其评价表

产品外观	实际产量/g	理论产量/g	产率/%

问题探究

1. 产率(10%左右)低于文献资料(30%～35%)，为什么？

2. 为什么不能直接硝化，而要先磺化？

3. 根据水蒸气蒸馏原理，判断什么情况下用水蒸气蒸馏提纯或分离有机化合物？水蒸气蒸馏的条件是什么？

【知识连线】

1. 实验原理

酚羟基是较强的邻对位定位基，也是较强的致活基团。若用间苯二酚直接硝化，则由于反应太剧烈，不易控制；另外，由于空间效应，硝基会优先进入 4、6 位，很难进入 2 位。本任务利用磺酸基的强吸电子性和磺化反应的可逆性，先磺化，在 4、6 位引入磺酸基，既降低了芳环的活性，又占据了活性位置。再硝化时，受定位规律的支配，硝基只能进入 2 位，最后进行水蒸气蒸馏，既把磺酸基水解掉，又同时把产物随水一起蒸出来。本反应中磺酸基起到了占位、定位和钝化的作用。

HO　OH $\xrightarrow[<65\ ℃]{2H_2SO_4}$ HO　OH / HO_3S　SO_3H $\xrightarrow[<30\ ℃]{HNO_3,H_2SO_4}$ NO_2 / HO　OH / HO_3S　SO_3H $\xrightarrow[100\ ℃]{2H_2O}$ NO_2 / HO　OH

2. 水蒸气蒸馏

水蒸气蒸馏是分离和纯化有机化合物的常用方法之一，尤其适用于反应产物是黏稠状或树脂状的体系，用一般的蒸馏、萃取、结晶等方法不易纯化的情况。

根据道尔顿分压定律，当混合物中各组合的蒸气分压之和等于外界大气压时，混合物就开始沸腾。如果只有水和产物两种组分，则 $p_0=p_a+p_b$，而混合物中两种组分的蒸气分压之比又等于馏出液中两种物质的物质的量之比。

$$\frac{p_a}{p_b}=\frac{n_a}{n_b}=\frac{m_a/M_a}{m_b/M_b}$$

由此推导得出：

$$\frac{m_a}{m_b}=\frac{M_a\ p_a}{M_b\ p_b}$$

可见，两种物质在馏出液中的相对质量与它们的蒸气分压和摩尔质量的乘积成正比。即蒸气分压越高，被蒸出的量就越多。当蒸气分压小到一定程度，被蒸出的量就很少了。因此，要进行水蒸气蒸馏的物质，必须满足三个条件：

(1) 被蒸馏的产物在 100 ℃时，必须有足够的蒸气压，通常＞1.33 kPa。

(2) 与水长时间共煮而不分解或不发生反应。

(3) 不溶或几乎不溶于水，便于最后的分离。

3. 减压过滤

减压过滤也称抽滤或吸滤，此方法过滤速度快，沉淀抽得较干，适合于大量溶液与沉淀的分离，但不宜过滤颗粒太小的沉淀和胶体沉淀。因颗粒太小的沉淀易堵塞滤纸或滤板孔，而胶体沉淀易透滤。

(1) 减压过滤装置　减压过滤装置如图 4-4 所示，它由吸滤瓶、过滤器、安全瓶和减压系统四部分组成。

① 过滤器和吸滤瓶。过滤器为布氏漏斗或玻璃砂芯滤器。布氏漏斗是瓷质的，耐腐蚀、耐高温，底部有很多小孔，使用时需衬滤纸或滤膜，且必须装在橡胶塞上，橡胶塞塞进吸滤瓶的部分一般不超过橡胶塞高度的 1/2。玻璃砂芯滤器常用于过滤烘干后需要称量的沉淀，不适用于碱性溶液，因为碱会与玻璃作用而堵塞砂芯的微孔。吸滤瓶用于盛接滤液。

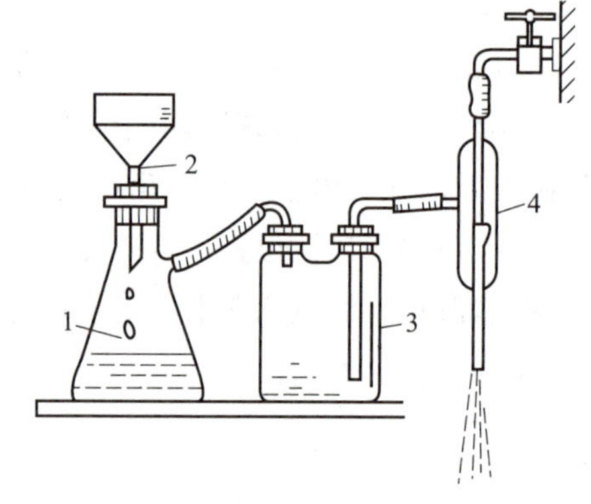

1—吸滤瓶；2—过滤器；3—安全瓶；4—减压系统

图 4-4　减压过滤装置

② 安全瓶。安全瓶安装在水抽气泵与吸滤瓶之间，防止在关闭泵后，压力的改变引起自来水倒吸入吸滤瓶中，沾污滤液。

③ 减压系统。一般为水抽气泵（简称水泵）或油泵，水泵一般安装在实验室的自来水龙头上。当水泵（或油泵）将空气抽走时，使吸滤瓶中形成负压，造成布氏漏斗的液面与吸滤瓶内具有一定的压力差，使滤液快速滤过。

（2）减压过滤的操作方法

① 按图 4-4 安装好过滤装置。注意将布氏漏斗插入吸滤瓶时，漏斗下端的斜面要对着吸滤瓶侧面的支管，以便吸滤。

② 将滤纸剪成较布氏漏斗内径略小的圆形，以全部覆盖漏斗小孔为准。把滤纸放入布氏漏斗内，用少量蒸馏水湿润滤纸，微开与水泵相连的水龙头，滤纸便吸紧在漏斗的底部。

③ 缓慢将水龙头开大，然后进行过滤。过滤时，也可采用倾注法，即先将上层清液过滤后再转移沉淀。抽滤过程要注意：溶液加入量不得超过漏斗总容量的 2/3；吸滤瓶中的滤液要在其支管以下，否则滤液将被水泵抽出；不得突然关闭水泵，如欲停止抽滤，应先将吸滤瓶支管上的橡胶管拔下，再关闭水泵，否则水将倒灌入安全瓶中。

④ 洗涤沉淀时，先拔下吸滤瓶上的橡胶管，关掉水龙头，加入洗涤液湿润沉淀，再微开水龙头接上橡胶管，让洗涤液缓缓透过沉淀。最后开大水龙头抽吸干燥。重复上述操作，直至达到要求为止。若滤饼过实，则可加溶剂至刚好覆盖滤饼，用玻璃棒搅松晶体（不要把滤纸捅破），使晶体湿润。为了更好地抽干漏斗上的沉淀，可用清洁的平顶玻璃塞在布氏漏斗上挤压晶体，再抽气把溶剂抽干，重复多次，即可将沉淀洗涤干净。

⑤ 过滤结束后，应先将吸滤瓶上的橡胶管拔下，关闭水龙头，再取下漏斗倒扣在清洁的滤纸或表面皿上，轻轻敲打漏斗边缘，或用洗耳球吹漏斗下口，使滤饼脱离漏斗而又倾在滤纸或表面皿上。

⑥ 将滤液从吸滤瓶的上口倒入洁净的容器中，不可从侧面的支管倒出，以免污染滤液。

4. 仪器设备与装置

制备 2-硝基-1,3-苯二酚的装置如图 4-5 所示。

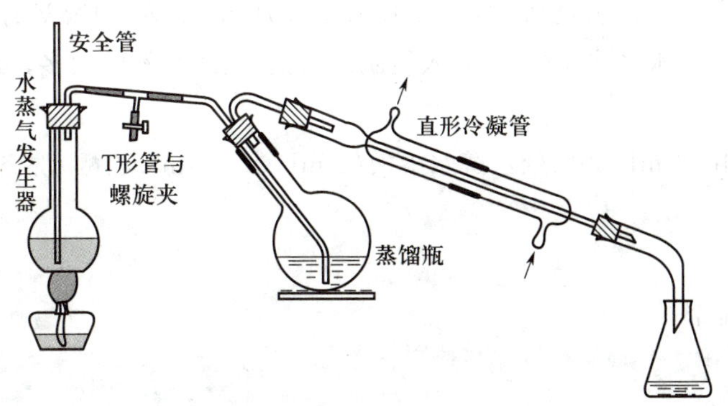

图 4-5　2-硝基-1,3-苯二酚制备装置

5. 药品试剂

间苯二酚、尿素、浓硫酸（98%）、浓硝酸。

6. 实验流程

2-硝基-1,3-苯二酚制备流程如图 4-6 所示。

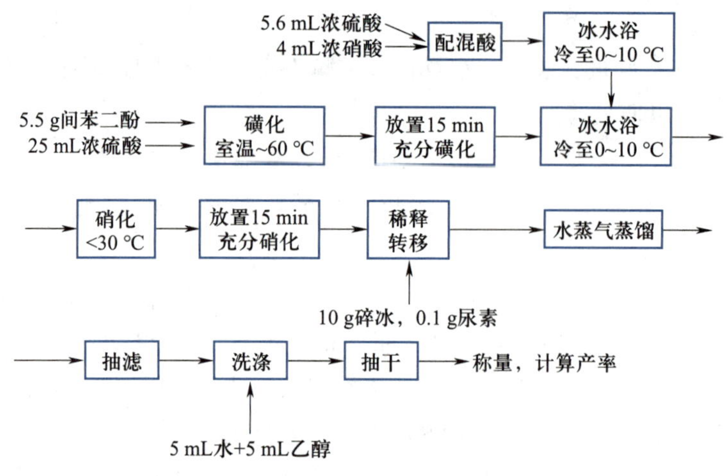

图 4-6　2-硝基-1,3-苯二酚制备流程

7. 实验注意事项

(1) 本实验一定注意先磺化，后硝化。否则会剧烈反应，甚至产生事故。

(2) 间苯二酚很硬，要充分研碎，否则，磺化只能在颗粒表面进行，磺化不完全。

(3) 酚的磺化在室温就可进行，如果反应太慢，10 min 不变白，可用 60 ℃的水温热，以加速反应。

(4) 硝化反应比较快，因此硝化前，磺化混合物要先在冰水浴中冷却，混酸也要冷却，最好在 10 ℃以下；硝化时，也要在冷却下，边搅拌边慢慢滴加混酸，否则，反应物易被氧化而变成灰色或黑色。

(5) 水蒸气蒸馏时，冷凝水要控制得很小，一滴一滴地滴，否则产物凝结于冷凝管管壁的上端，会造成堵塞。

(6) 反应液转入长颈烧瓶时，应顺着玻璃棒加入，加入 10 g 碎冰稀释，温度不能超过 50 ℃。再用 5 mL 冰水洗涤烧杯，并入烧瓶。切记，加冰水不能太多，否则，水蒸气蒸馏时，会蒸不出产品。

(7) 晶体用 10 mL 50%的乙醇水溶液(5 mL 水+5 mL 乙醇)洗涤，不要太多，否则会损失产品。

【素质拓展】

肉桂酸的制备。

本模块小结

本模块介绍了芳香烃的基本知识，了解和掌握这些知识对后续课程的学习至关重要。

1. 芳香烃的分类与命名

苯系芳香烃一般是指含有苯环的一大类碳氢化合物。根据结构的不同苯系芳香烃可分为单环芳香烃、多环芳香烃和稠环芳香烃。

简单的一元取代苯是以苯作为母体，烷基作取代基来命名的，称为某烃基苯。当苯环上连有不饱和烃基或复杂烷基，或烃链上连有多个苯环时，一般把苯作为取代基来命名。

2. 苯的结构

按照杂化轨道理论，苯分子中 6 个碳原子组成一个正六边形，苯分子 6 个碳原子和 6 个氢原子在同一平面上。此外，每个碳原子有一个剩余的 p 轨道，每两个相邻的 p 轨道相互重叠，形成一个包括 6 个碳原子和 6 个 π 电子在内的共轭大 π 键。

3. 芳香烃的性质

(1) 物理性质

苯系芳香烃一般为无色有芳香气味的液体，不溶于水，相对密度为 0.86～0.93，是良好的有机溶剂，苯系芳香烃具有一定的毒性，苯系芳香烃的沸点随相对分子质量的升高而升高，其熔点除与相对分子质量有关外，还与其结构有关。

(2) 化学性质

① 苯环上的亲电取代反应

卤化反应 $C_6H_6 + Cl_2 \xrightarrow[\text{或 Fe}]{FeCl_3} C_6H_5Cl + HCl$

硝化反应 $C_6H_6 + HNO_3 \xrightarrow[50\sim60\ ℃]{H_2SO_4} C_6H_5NO_2 + H_2O$

磺化反应 $C_6H_6 + H_2SO_4 \xrightarrow{70\sim80\ ℃} C_6H_5SO_3H + H_2O$

弗-克烷基化反应 $C_6H_6 + CH_3CH_2Cl \xrightarrow{AlCl_3} C_6H_5CH_2CH_3 + HCl$

弗-克酰基化反应 $C_6H_6 + Cl-\overset{\overset{O}{\|}}{C}-CH_3 \xrightarrow{AlCl_3} C_6H_5-\overset{\overset{O}{\|}}{C}-CH_3 + HCl$

② 加成反应

加氢反应 $C_6H_6 + 3H_2 \xrightarrow[50\sim60\ ℃,2.5\ MPa]{\text{雷尼镍}} C_6H_{12}$

加氯反应 苯 $+ 3Cl_2 \xrightarrow[50\ ^\circ C,2.5\ MPa]{日光或紫外线}$ $C_6H_6Cl_6$

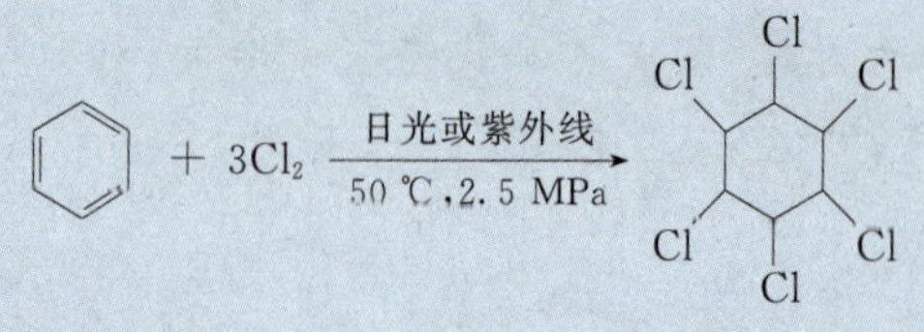

六氯环己烷

③ 氧化反应

苯环氧化 苯 $+ O_2 \xrightarrow[\triangle]{V_2O_5}$（400～500 ℃） 顺丁烯二酸酐（CH—C(=O)—O—C(=O)—CH，CH=CH）

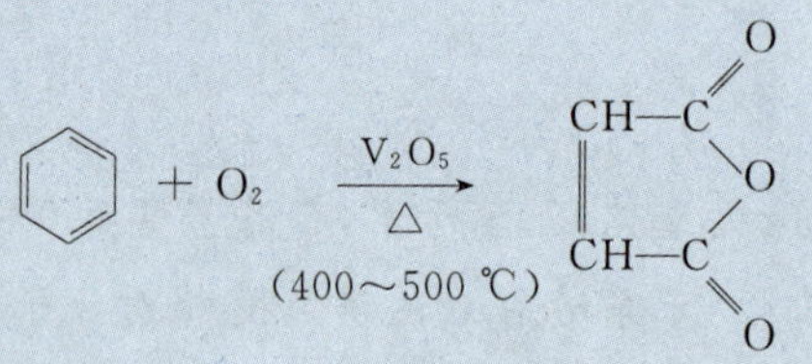

顺丁烯二酸酐

侧链氧化 甲苯（$C_6H_5CH_3$） $\xrightarrow[H^+]{KMnO_4}$ 苯甲酸（C_6H_5COOH）

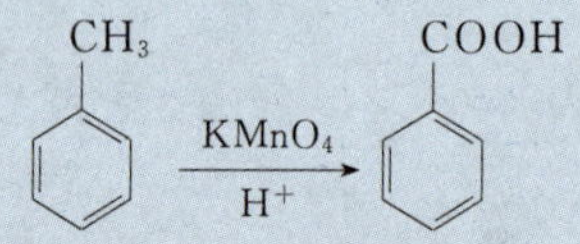

4. 苯环上亲电取代反应的定位规律

一元取代苯的定位规律：定位基包括邻对位定位基和间位定位基。

二元取代苯的定位规律：苯环上已有两个取代基时，第三个取代基进入苯环的位置主要取决于原来两个取代基的定位效应。

定位规律在合成上的应用：预测主要产物；选择合理的合成路线。

5. 稠环芳烃

萘由两个苯环稠合而成，整个分子是平面结构。萘的亲电取代活性大于苯，反应易发生在 α 位，也易发生氧化和还原反应。

其他稠环芳烃：蒽和菲，它们都是由三个苯环稠合而成的稠环芳烃。

6. 芳香烃的来源

芳香烃主要来源于石油加工和煤加工。

7. 任务训练：2-硝基-1,3-苯二酚的制备

间苯二酚先磺化再硝化最后水解，制取 2-硝基-1,3-苯二酚。

本模块思维导图

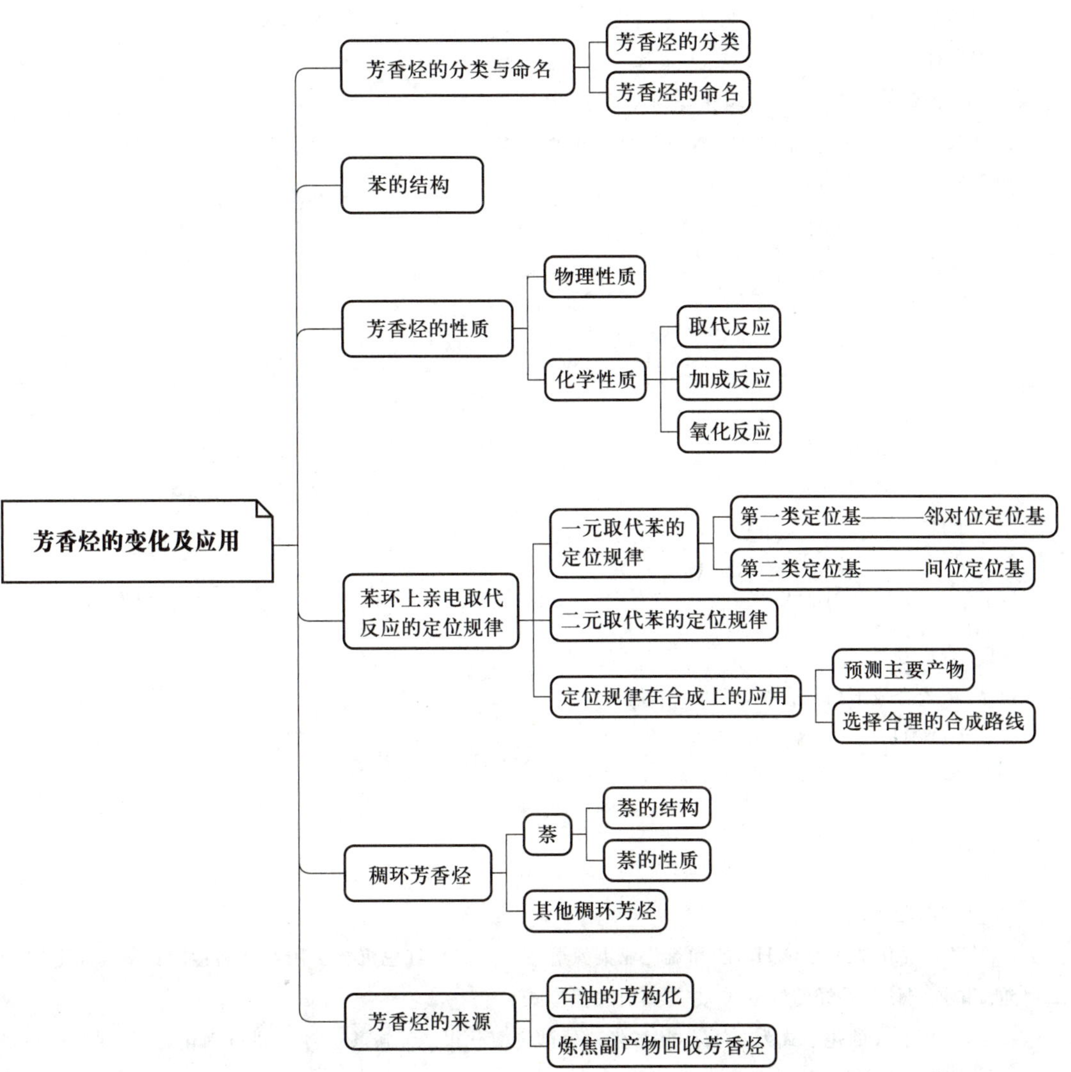

习题与测试

一、命名下列化合物

1. （苯环上连 CH_2CH_3）

2. （苯环上连 SO_3H，间位连 O_2N）

3. $CH_3CH{=}CHCHCH_3$（CH 上连苯环）

4. （苯环上连 CH_3，对位连 CH_2CH_3）

5. $C_6H_5-CH(CH_3)-C_6H_5$　　6. 1-甲基萘（CH_3）

二、写出下列化合物的构造式

1. 对甲基苯磺酸　　2. 2-苯基戊烷　　3. 间二硝基苯

4. 对甲环己基苯　　5. 1-苯基-1,3-丁二烯

三、用化学方法区别下列各组化合物

1. 乙苯,苯乙烯,环己烷　　2. 苯,环戊烯,环戊二烯

四、完成下列反应方程式

1. $C_6H_6 \xrightarrow{?} C_6H_5CH_3 \xrightarrow{?} p\text{-}CH_3C_6H_4SO_3H \xrightarrow{?} C_6H_5CH_3$

2. $C_6H_5CH_3 \xrightarrow[\text{浓 } H_2SO_4]{\text{浓 } HNO_3}$? +?

3. $C_6H_5CH_2Cl \xrightarrow{?} C_6H_5-CH_2-C_6H_5$

4. $C_6H_5CH_3 + CH_3-\overset{O}{\overset{\|}{C}}-Cl \xrightarrow{AlCl_3}$?

5. $C_6H_{11}-C_6H_4-\overset{O}{\overset{\|}{C}}-C_6H_5 \xrightarrow[\text{浓 } H_2SO_4]{\text{浓 } HNO_3}$?

*五、合成题

由苯、甲苯合成下列化合物,无机试剂任选。

1. 间溴苯甲酸（COOH, Br）　　2. 对（三氯甲基）苯磺酸（CCl_3, SO_3H）　　3. 2,6-二硝基苯甲酸（NO_2, COOH, NO_2）　　4. 间硝基甲苯（CH_3, NO_2）

*六、推断题

1. 某芳香烃化学式为 C_9H_8,能和氯化亚铜氨溶液反应产生红色沉淀。用酸性高锰酸钾氧化得到对苯二甲酸。试推测该芳香烃的构造式,并写出有关反应式。

2. 某芳香烃 A 的化学式为 C_9H_{12},用酸性高锰酸钾氧化得二元羧酸。将 A 进行硝化,只得到两种一硝基产物。推测 A 的结构,并写出有关反应式。

模块五

烃含卤衍生物(卤代烃)的变化及应用

学习目标

1. 会给卤代烃进行分类和命名;
2. 懂卤代烃的化学性质及札依采夫规则;
3. 掌握卤代烃反应规律;
4. 会卤代烷的制备及鉴定;
5. 能进行1-溴丁烷的制备;
6. 掌握利用蒸馏、洗涤等方法精制固体产品的操作技术。

问题引入

冰箱、空调的制冷剂是氟利昂,图5-1是空调制冷效果变差后添加氟利昂的过程。

日常使用的电冰箱制冷剂氟利昂-12(F-12)及空调器制冷剂氟利昂-22(F-22)都是含氯卤代烃,是臭氧层破坏的元凶,它是20世纪20年代合成的,其化学性质稳定,不具有可燃性和毒性,被当作制冷剂、发泡剂和清洗剂,广泛用于家用电器、泡沫塑料、日用化学品、汽车、消防器材等领域。氟利昂在一定的气象条件下,会在强烈紫外线的作用下被分解,释放出的氯原子会同臭氧发生连锁反应,不断破坏臭氧分子。科学家估计一个氯原子可以破坏数万个臭氧分子,因此,我国已全面禁止使用氟利昂。

图5-1 空调添加制冷剂氟利昂

卤代烃是化学工业上常用的重要原料,它有哪些性质呢? 卤代烃在医药、农药、油漆上有哪些广泛应用? 无氟冰箱的制冷剂又是什么?

小贴士

氟利昂是多种氟氯代甲烷和氟氯代乙烷的总称,是大气污染物,其污染会持续很多年(甚至上百年)。

主题 1　卤代烃的分类与命名

烃含卤衍生物是烃分子中的氢原子被卤素原子取代后的化合物,简称卤代烃。卤代烃的通式为(Ar)R−X,X 可看作卤代烃的官能团。

一、卤代烃的分类

交流与讨论

试着将下列卤代烃分类及命名。

1. $CH_3-\underset{\displaystyle CH_3}{\underset{|}{CH}}-CH_2-CH_2Cl$

2. $\overset{CH_3}{}\diagdown C{=}C \diagup\overset{H}{}$ ，左侧另一取代基为 H，右侧另一取代基为 $\underset{\displaystyle CH_3}{\underset{|}{CH}}CH_2Br$

3. $C_6H_5-CH_2\underset{\displaystyle CH_3}{\underset{|}{CH}}CH_2\underset{\displaystyle I}{\underset{|}{CH}}CH_3$

4. 苯环对位分别连有 CH_3 和 Cl

卤代烃具有多种分类方法。

1. 根据与卤原子相连的烃基结构不同进行分类

卤代烃
- 脂肪族卤代烃
  - 饱和卤代烃:$CH_3CH_2CH_2I$　(1-碘丙烷)
  - 不饱和卤代烃:$CH_3CH{=}CHCH_2I$　(1-碘-2-丁烯)
- 芳香族卤代烃:C_6H_5-Br (溴苯)

2. 根据与卤原子相连的碳原子种类不同进行分类

卤代烃
- 伯卤代烃（1°卤代烃，1°R—X）：$CH_3CH_2CH_2CH_2X$（1-卤代丁烷）
- 仲卤代烃（2°卤代烃，2°R—X）：$CH_3CH_2CH(X)CH_3$（2-卤代丁烷）
- 叔卤代烃（3°卤代烃，3°R—X）：$CH_3CH_2C(CH_3)(X)CH_3$（2-甲基-2-卤代丁烷）

3. 根据所含卤原子的数目分类

根据所含卤原子的数目可将卤代烃分为一卤代烃、二卤代烃和多卤代烃。例如：

卤代烃
- 一卤代烃：CH_3Cl（一氯甲烷）
- 二卤代烃：CH_2BrCH_2Br（1，2-二溴乙烷）
- 多卤代烃：$CHCl_2CHCl_2$（1，1，2，2-四氯乙烷）

4. 根据含有卤原子的种类分类

根据含有卤原子的种类不同，可将卤代烃分为氟代烃、氯代烃、溴代烃和碘代烃。

二、卤代烃的命名

卤代烃的命名与烷烃、烯烃等有机化合物一样，也有普通命名法和系统命名法，简单的卤代烃通常采用普通命名法，比较复杂的卤代烃则采用系统命名法。

1. 普通命名法

普通命名法是按与卤原子相连的烃基来命名的，称为“某基卤”。例如：

$CH_3CH_2CH_2Br$	$CH_2{=}CHCH_2Cl$	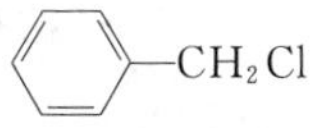 C_6H_5—CH_2Cl
正丙基溴	烯丙基氯	苄基氯

也可在母体烃名称前面加上“卤代”，称为“卤代某烃”，“代”字常省略。例如：

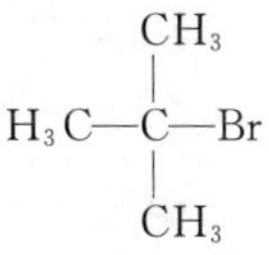 H_3C—$C(CH_3)_2$—Br	$CH_2{=}CHCl$	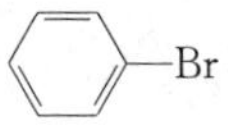 C_6H_5—Br
溴代叔丁烷	氯乙烯	溴苯

多卤代烃有沿用的特殊名称。例如：

CHX_3	$CHCl_3$	$CHBr_3$	CHI_3	CCl_4
卤仿	氯仿	溴仿	碘仿	四氯化碳

2. 系统命名法

比较复杂的卤代烃一般用系统命名法来命名，以烃为母体，卤原子为取代基。

(1) 脂肪族饱和卤代烃　选择连有卤原子的最长碳链为主链，按取代基及卤原子“最低系列”原则给主链碳原子编号，当出现卤原子与烷基的次位相同时，应给予烷基以较小的位次编号；不同卤原子的位次相同时，给予原子序数较小的卤原子以较小的编号。例如：

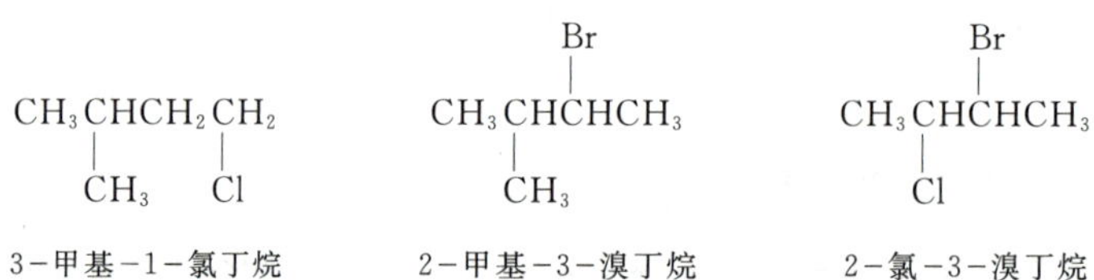

3-甲基-1-氯丁烷　　2-甲基-3-溴丁烷　　2-氯-3-溴丁烷

(2) 脂肪族不饱和卤代烃　选择含有不饱和键且连接卤原子的最长碳链为主链，并使不饱和键和卤原子有尽量小的编号。例如：

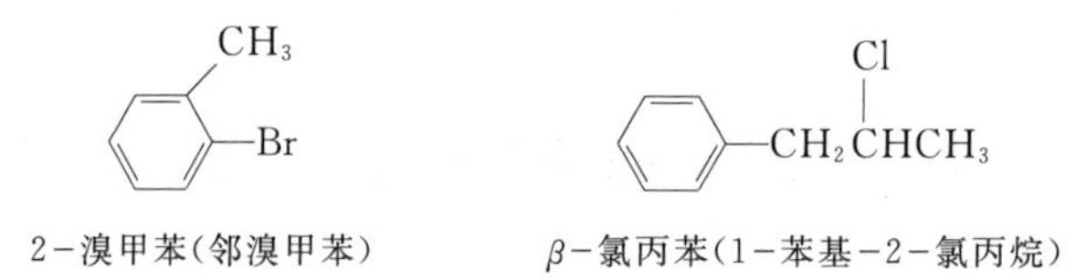

3-氯-1-丙炔　　4-溴-2-戊烯

(3) 芳香族卤代烃　一般以芳香烃作为母体，卤原子作为取代基。用“邻、间、对”或阿拉伯数字表示取代基的位次。当卤原子连在苯环侧链时，以烷烃为母体，卤原子和芳基作为取代基。例如：

2-溴甲苯(邻溴甲苯)　　β-氯丙苯(1-苯基-2-氯丙烷)

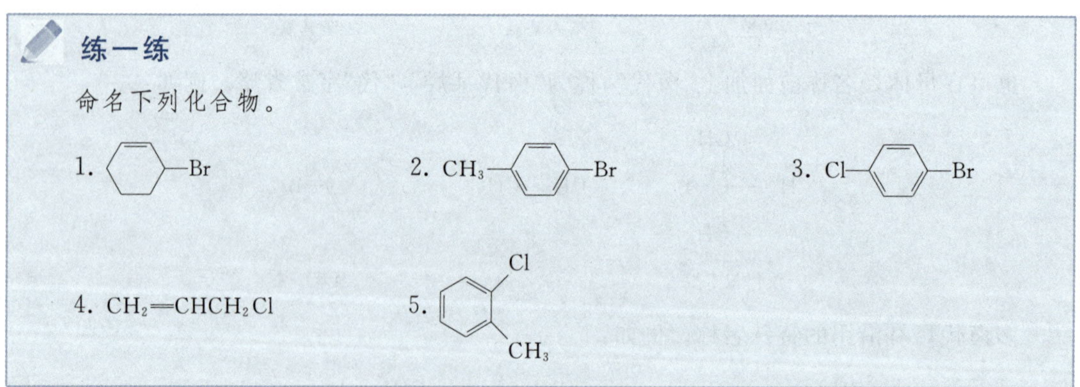

主题 2　卤代烃的性质

一、物理性质

交流与讨论

查表 5-1 归纳卤代烃的物理性质。

卤代烃的物理性质基本上与烃类似。在常温下，溴甲烷、氯甲烷、氯乙烷、氟代烷(4 个碳原子以下)为气体，其余为无色液体或固体。

纯净的卤代烷多数为无色。溴代烷和碘代烷对光较敏感，特别是碘代烷易受光、热的作用分解，产生游离碘而逐渐变为红棕色。卤代烷在铜丝上燃烧时能产生绿色火焰，可以作为鉴定有机化合物中是否有卤族元素的定性分析方法(氟代烃除外)。

一卤代烷有不愉快的气味，其蒸气有毒。氯乙烯对眼睛有刺激性，有毒，是一种致癌物(使用时应注意防护)。一卤代芳烃具有香味，但苄基卤则具有催泪性。

由于卤原子的引入，C—X 键具有较强的极性，使卤代分子间的引力增加，从而使卤代烃的沸点升高，相对密度增加，卤代烃的沸点比碳原子数相同的烷烃高。在烃基相同的卤代烃中，碘代烃的沸点最高，氟代烃的沸点最低。

一卤代烃的密度大于碳原子数相同的烷烃的密度，随着碳原子数的增加，这种差异逐渐减小。分子中卤原子增多，密度增大。一氯代烷的相对密度小于 1，一溴代烷、碘代烷及多卤代烷的相对密度均大于 1。在同系列中，相对密度随碳原子数的增加而降低，这是由于卤素在分子中所占的比例逐渐减少的缘故。

同分异构体中，支链卤代烃的沸点比直链卤代烃的低，且支链越多，沸点越低。烃基相同的卤代烷，沸点的规律为：碘代烷＞溴代烷＞氯代烷。卤代烷不溶于乙醇、乙醚等有机溶剂。某些卤代烷如 $CHCl_3$、CCl_4 等本身就是良好的溶剂。常见卤代烃的一些物理常数见表5-1。

表 5-1　常见卤代烃的一些物理常数

R—	氯化物		溴化物		碘化物	
	沸点/℃	相对密度(d_4^{20})	沸点/℃	相对密度(d_4^{20})	沸点/℃	相对密度(d_4^{20})
CH_3—	−24.2	0.916	3.5	1.676	42.4	2.279
CH_3CH_2—	12.3	0.898	38.4	1.460	72.3	1.936
$CH_3CH_2CH_2$—	46.6	0.891	71	1.354	102.5	1.749
$(CH_3)_2CH$—	35.7	0.862	59.4	1.314	89.5	1.703
$CH_3(CH_2)_3$—	78.5	0.886	101.6	1.276	130.5	1.615
$CH_3CH_2CH(CH_3)$—	68.3	0.873	91.2	1.259	120	1.592
$(CH_3)_2CHCH_2$—	68.9	0.875	91.5	1.264	120.4	1.605

续表

R—	氯化物		溴化物		碘化物	
	沸点/℃	相对密度(d_4^{20})	沸点/℃	相对密度(d_4^{20})	沸点/℃	相对密度(d_4^{20})
$(CH_3)_3C$—	52	0.842	73.3	1.221	100	1.545
$CH_3(CH_2)_4$—	108.2	0.880	129.6	1.220	150	1.520
H_2C═CH—	−13.9	0.911	16	1.493	56	2.037
H_2C═$CHCH_2$—	45	0.983	70	1.398	103	1.840
Ph—	132	1.106	156	1.495	188.5	1.832
Ph—CH_2—	179	1.102	201	1.438	93	1.734

二、化学性质

卤原子是卤代烃的官能团。由于卤原子的电负性比碳原子的大，C—X 键是一个极性共价键，因此，卤代烃的化学性质比较活泼，易发生取代反应、消除反应，也易与金属发生反应。在外界电场的影响下，C—X 键可以被极化，极化性强弱的顺序为：C—I>C—Br>C—Cl。可极化度越大，共用电子对就越松散，越易断裂发生反应。

1. 取代反应

交流与讨论

判断一下 $CH_3CH_2CH_2Cl$、$CH_3CH_2CH_2I$、$CH_3CH_2CH_2Br$ 三种卤代烷与硝酸银反应的快慢。

卤原子的电负性较强，C—X 键的共用电子对偏向于卤原子，使卤原子带有部分负电荷，碳原子带有部分正电荷。因而，α-碳原子易受到带负电荷的试剂(如 OH^-、OR^-、CN^-)或含有未共用电子对的试剂(如 NH_3)的进攻，C—X 键发生异裂，卤原子以负离子的形式离开。这种富电子的、碱性的和具有进攻碳“核”倾向的试剂称为**亲核试剂**，通常用 Nu^- 表示。由亲核试剂引起的取代反应称为**亲核取代反应**，常用 S_N 表示。亲核取代反应的通式为

$$\gt C^{\delta+}—X^{\delta-} + Nu^- \longrightarrow \gt C—Nu + X^-$$

常见的亲核取代反应如下：

视频：卤代烷与硝酸银-乙醇溶液的反应

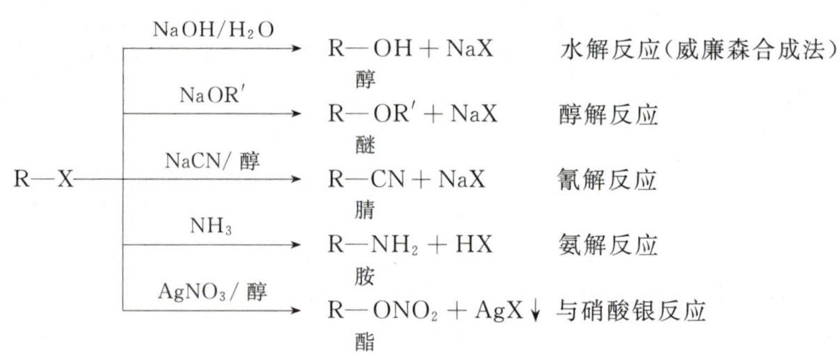

前四个反应可分别作为醇、醚、腈和胺的制备方法。例如：

$$C_6H_5-CH_2CH_2Cl \xrightarrow[H_2O]{NaOH} C_6H_5-CH_2CH_2OH + NaCl$$

$$H_3C-CH_2Cl + H_3C-CH_2ONa \longrightarrow H_3C-CH_2-O-CH_2-CH_3 + NaCl$$

$$H_3C-\underset{\displaystyle CH_3}{\underset{|}{C}}HCl + NaCN \xrightarrow{醇} H_3C-\underset{\displaystyle CH_3}{\underset{|}{C}}HCN + NaCl$$

$$H_3C-CH_2Cl + NH_3 \longrightarrow H_3C-CH_2-NH_2 + HCl$$

卤代烃与硝酸银作用生成卤化银沉淀，这是鉴别卤代烃的简便方法，根据生成 AgX 沉淀的速率和颜色来对卤代烷进行检验，卤代烷的活性次序：

叔卤代烷＞仲卤代烷＞伯卤代烷

RI＞RBr＞RCl

练一练

写出 $CH_3CH_2CH_2CH_2Br$ 与下列化合物反应的主要产物。

1. KOH/水　　2. 浓 KOH/醇，加热　　3. Mg/无水乙醚
4. NaCN　　5. $AgNO_3/C_2H_5OH$，加热　　6. NaI/丙酮

2. 消除反应

交流与讨论

2-溴-2,3-二甲基丁烷与氢氧化钠的醇溶液反应生成的主要产物是什么？

由于卤原子的电负性比较大，卤代烷中的 C—X 键的极性可以通过诱导效应影响到 β-碳原子，使 β-H 较活泼。当卤代烷与强碱（NaOH、KOH 等）的乙醇溶液共热时分子内消去一分子卤化氢形成烯烃。这种从分子内消去一个小分子，形成不饱和烃的反应称为**消除反应**，常用 E 表示。因为反应脱去的氢原子位于卤代烃的 β 位，所以这种反应又称为**β-消除反应**。

$$-\underset{H}{\overset{|}{\underset{|}{\overset{\beta}{C}}}}-\underset{X}{\overset{|}{\underset{|}{\overset{\alpha}{C}}}}- \longrightarrow \;\rangle C=C\langle\; + HX$$

例如：

$$CH_3\underset{\displaystyle Br}{\underset{|}{C}}HCH_3 \xrightarrow[KOH,加热]{C_2H_5OH} CH_3CH=CH_2 + KBr + H_2O$$

$$CH_3-\underset{\displaystyle Br}{\underset{|}{CH}}-\underset{\displaystyle Br}{\underset{|}{CH_2}} \xrightarrow[或 NaNH_2]{KOH/C_2H_5OH} CH_3C\equiv CH + KBr + H_2O$$

反应通常在强碱(如 NaOH、KOH、NaOR、$NaNH_2$ 等)及极性较小的溶剂(如乙醇)中进行。

卤代烃在发生消除反应时,如果只有一种 β-碳原子,则仅生成单一的产物。但如果卤代烃中存在两种或两种以上的 β-碳原子,发生消除反应生成烯烃时,就会产生不同的烯烃产物。

$$CH_3CH_2\underset{\underset{Br}{|}}{C}HCH_3 \xrightarrow[\text{乙醇}]{KOH} \underset{81\%}{CH_3CH{=}CHCH_3} + \underset{19\%}{CH_3CH_2CH{=}CH_2}$$

$$CH_3CH_2{-}\overset{\overset{CH_3}{|}}{\underset{\underset{Br}{|}}{C}}{-}CH_3 \xrightarrow[\triangle]{KOH,C_2H_5OH} \underset{71\%}{CH_3CH{=}C(CH_3)_2} + \underset{29\%}{CH_3CH_2{-}\overset{\overset{CH_3}{|}}{C}{=}CH_2}$$

大量实验证明,如果有两种或两种以上的 β-氢原子,在发生消除反应时,主要产物是脱去连有氢原子较少的 β-碳原子上的一个氢原子。这一经验规律称为**札依采夫**(Saytzeff)**规则**。

札依采夫规则也可表述为:卤代烷脱卤化氢时,主要生成双键碳原子上连有较多烷基,即较为稳定的烯烃。根据这一规则,可以判断各种卤代烷脱去卤化氢的难易程度:

叔卤代烷>仲卤代烷>伯卤代烷

卤代烷的水解和消除反应都是在碱性条件下进行的,当卤代烷水解时不可避免地会有消除产物生成,而当卤代烷消除时不可避免地会有水解产物生成,消除和水解两种反应相互竞争。实验证明,强极性溶剂有利于取代反应,弱极性溶剂有利于消除反应,所以卤代烷在碱性水溶液中主要是水解反应,在碱性醇溶液中主要是消除反应。

练一练

写出下列卤代烃发生消除反应的主要产物。

1. 2-溴-3-乙甲基戊烷　　2. 2-溴-3-甲基丁烷
3. 2-碘-1-甲基环己烷　　4. 2-溴己烷

3. 与金属镁作用

交流与讨论

设计氯丙烷合成丙烷的制备方案。

卤代烃能与一些金属直接反应,产物的结构特征是碳原子与金属原子直接结合,这类化合物称为**金属有机化合物**。

卤代烃与金属镁反应生成的有机镁化合物(烷基卤化镁)被称为**格氏试剂**(Grignard reagent)。格氏试剂是金属有机化合物中最重要的一类化合物,在有机合成中有非常重要的应用。格氏试剂是由卤代烷与金属镁在无水乙醚中反应得到的。

$$R{-}X \xrightarrow[\text{无水乙醚}]{Mg} R{-}Mg{-}X$$

生成格氏试剂的反应速率与卤代烷的结构及种类有关。

烃基相同、卤原子不同的卤代烃的反应速率为

碘代烷＞溴代烷＞氯代烷

卤原子相同、烃基不同的卤代烷的反应速率为

伯卤代烷＞仲卤代烷＞叔卤代烷

由于碘代烷价格昂贵，故在合成格氏试剂时，除甲基格氏试剂（因 CH_3Br 和 CH_3Cl 都是气体，使用不方便）外，常用反应活性适中的溴代烷。与卤素相连的烃基不同，反应难易有一定的差异。如烯丙基型、苄基型卤代烃反应很容易，而乙烯型卤代烃必须选择沸点更高的溶剂四氢呋喃（THF），以便反应在较高的温度下进行。

制备格氏试剂必须用无水乙醚，仪器应绝对干燥，反应最好在氮气保护下进行，以避免其与空气接触。这是因为格氏试剂容易被水分解，可与氧气及二氧化碳发生反应。

$$RMgX + CO_2 \longrightarrow R-\overset{\overset{\displaystyle O}{\|}}{C}-OMgX$$

$$R-MgX + HO-H \longrightarrow RH + HOMgX$$

$$2\ RMgX + O_2 \longrightarrow 2\ ROMgX$$

因格氏试剂中含有强极性的 C—Mg 共价键，碳原子带有部分电荷，所以它的性质非常活泼，是有机合成中重要的强亲核试剂。利用格氏试剂可以制备烷烃、醇、羧酸等许多有机化合物。

$$\overset{\delta-}{R}-\overset{\delta+}{Mg}-X \xrightarrow{\text{无水乙醚}} \begin{cases} \xrightarrow{H-OR} RH + Mg(OR)X \\ \xrightarrow{H-OH} RH + Mg(OH)X \\ \xrightarrow{H-NH_2} RH + Mg(NH_2)X \\ \xrightarrow{H-X} RH + MgX_2 \end{cases}$$

另外，卤代烃还能与金属锂作用生成**有机锂化合物**。例如：

$$CH_3CH_2CH_2CH_2Br + 2\ Li \xrightarrow[-10\ ℃]{\text{无水乙醚}} \underset{80\%\sim 90\%}{CH_3CH_2CH_2CH_2Li} + LiBr$$

有机锂化合物的制法和反应性能与格氏试剂极为相似，但有机锂化合物更为活泼。有机锂化合物在溶解性能上较格氏试剂好，可溶于乙醚、苯、石油醚、烷烃等多种非极性溶剂中，制备和反应时需要严格的无水、无氧的外部条件。

练一练

1. 下列化合物可否用来制备格氏试剂？为什么？

(1) $CH_3OCH_2CH_2Br$　　(2) $HOCH_2CH_2Br$　　(3) $CH{\equiv}CCH_2Cl$

2. 完成下列反应。

(1) $(CH_3)_3CBr+Mg \longrightarrow ?$

(2) $CH_3CH_2CH=CH_2 \xrightarrow{H_2O_2} ? \xrightarrow[\text{无水乙醚}]{Mg} ? \xrightarrow{H_2O} ? + ?$

主题 3　卤代烯烃与卤代芳烃

交流与讨论

卤代烯烃和卤代芳烃具有与卤代烷烃相似的性质，思考一下，不饱和键对卤原子的活性有何影响？

一、卤代烯烃与卤代芳烃的分类

根据卤原子和不饱和碳原子的相对位置，卤代烯烃和卤代芳烃可分为以下三种类型。

1. 乙烯基型和芳基型卤代烃

乙烯基型和芳基型卤代烃中卤原子与不饱和碳原子直接相连。例如：

$CH_2=CH-X$　　　C_6H_5-X

2. 烯丙基型和苄基型卤代烃

烯丙基型和苄基型卤代烃中卤原子与不饱和碳原子之间相隔一个饱和碳原子。例如：

$CH_2=CHCH_2-X$　　　$C_6H_5-CH_2-X$

3. 隔离型卤代烯烃和隔离型卤代芳烃

隔离型卤代烯烃和卤代芳烃中卤原子与不饱和碳原子之间相隔两个或两个以上饱和碳原子。例如：

$CH_2=CH(CH_2)_n-X$　　　$C_6H_5-(CH_2)_n-X$　$(n \geqslant 2)$

二、卤代烯烃或卤代芳烃中卤原子的活泼性

以上三种类型的卤代烯烃和卤代芳烃分子中都具有官能团，除具有烯烃或芳烃的通性外，由于卤原子对双键或芳环的影响及影响程度的不同，还表现出了各自的反应活性。

1. 乙烯基型和芳基型卤代烃

这类卤代烃的结构特点是卤原子直接与不饱和碳原子相连，分子中存在 p-π 共轭体系。例如，氯乙烯和氯苯分子中存在的 p-π 共轭体系，见图 5-2。

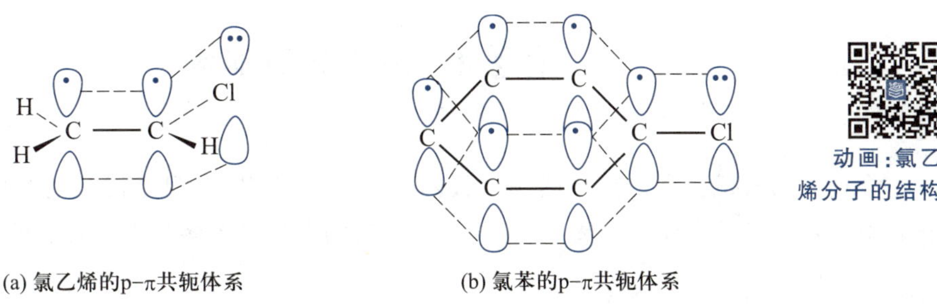

(a) 氯乙烯的p-π共轭体系　　(b) 氯苯的p-π共轭体系

动画：氯乙烯分子的结构

图 5-2　乙烯基型和芳基型卤代烃的 p-π 共轭体系

共轭效应使 C—Cl 键长缩短，键能增大，C—Cl 键难以断裂，卤原子的反应活性显著降低。因此乙烯基型和芳基型卤代烃中的卤原子的活性比相应的卤代烷弱，在通常情况下，它们不与 NaOH、C_2H_5ONa、NaCN 等亲核试剂发生取代反应，甚至与硝酸银的醇溶液共热也不生成卤化银沉淀。

另外，在乙烯基型卤代烃分子中，由于卤原子的诱导效应较强，C═C 键上的电子云密度有所下降，所以在进行亲电加成反应时的速率较乙烯慢。

2. 烯丙基型和苄基型卤代烃

烯丙基型卤代烃中的卤原子非常活泼，很容易发生亲核取代反应，一般比叔卤代烃中卤原子的活性还要高。在室温下即能与 NaOH、NaOR、NaCN、NH_3 及 $AgNO_3$ 的醇溶液等试剂发生反应。

烯丙基氯中氯原子的这种活泼性是由于失去 Cl^- 后，生成了稳定的烯丙基碳正离子。该碳正离子中带正电荷的碳原子是 sp^2 杂化的，它的空 p 轨道与 C═C 双键的 π 轨道形成缺电子共轭体系，使得正电荷不再集中在原来与氯相连的碳原子上，而是得到分散，如图 5-3 所示。从而降低了烯丙基碳正离子的能量，稳定性增强，越稳定的碳正离子越容易生成，这是烯丙基型卤代烃中氯原子比较活泼的原因。

$CH_2{=}CH{-}\overset{+}{C}H_2$

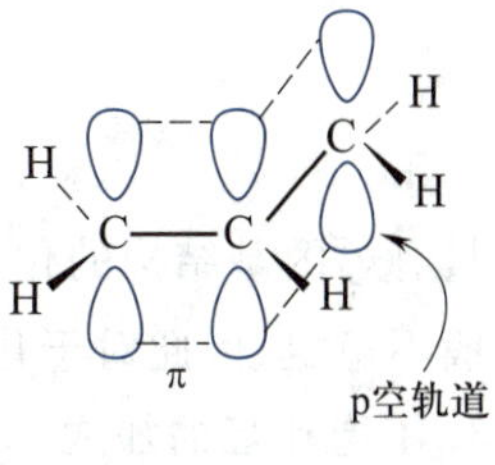

H　C　C　C　H　H　H　H　π　p空轨道

图 5-3　烯丙基碳正离子的 p-π 共轭体系

苄基型卤代烃中氯原子与烯丙基氯中的氯原子相似，也比较活泼。

3. 隔离型卤代烯烃和隔离型卤代芳烃

隔离型卤代烯烃和卤代芳烃分子中的卤原子与 C═C 双键或芳环相隔较远，彼此相互影响很小，化学性质与相应的烯烃或卤代烷的相似。它们在加热条件下可与硝酸银的醇溶液作用产生卤化银沉淀。

综上所述,三类不饱和卤代烃的亲核取代反应的活泼性依次可归纳如下:

$$\left.\begin{matrix}\text{烯丙基型卤代烃}\\\text{苄基型卤代烃}\end{matrix}\right\} > \left.\begin{matrix}\text{隔离型卤代烯烃}\\\text{隔离型卤代芳烃}\end{matrix}\right\} > \left.\begin{matrix}\text{乙烯基型卤代烃}\\\text{芳基型卤代烃}\end{matrix}\right\}$$

主题 4　卤代烃的制备

含卤素的有机化合物在自然界中天然存在的一般很少,现已得到的含卤素的天然有机化合物基本上是从海洋中分离得到的,日常使用的卤代烃大多是人工合成的。

交流与讨论

根据前面所学的知识,归纳卤代烃的制备方法。如何由苯与其他试剂合成 $C_6H_5-CH_2OCH_2CH_3$?

一、烃的卤代

1. 烷烃光照或加热直接卤代

烷烃在光照或加热条件下直接卤代常得到混合物,所以一般不宜用作制备反应。但调节原料比例和反应条件,可得到以一卤代烷为主的产物。工业上用这种方法制备氯甲烷和氯戊烷。

2. α-H 的取代

对于烯丙基型或苄甲基型化合物可直接卤化得到,反应条件不同产物也不同。

$$CH_3CH{=}CH_2 + Cl_2 \xrightarrow{<200\ ℃,\text{加成}} CH_3\underset{\underset{Cl}{|}}{CH}-\underset{\underset{Cl}{|}}{CH_2}$$

$$CH_3CH{=}CH_2 + Cl_2 \xrightarrow{>300\ ℃,\text{取代}} \underset{\underset{Cl}{|}}{CH_2}CH{=}CH_2$$

具有烯丙基结构的化合物在高温下发生 α-H 的自由基取代反应,但有机化合物在高温下一般不稳定,因此对于化工生产不利。

3. 不饱和烃的加成

烯烃和炔烃与卤化氢或卤素加成,可得到一卤代烃和多卤代烃。例如:

$$CH_3CH_2CH{=}CH_2 + HBr \xrightarrow{CH_3COOH} \underset{84\%}{CH_3CH_2\overset{\overset{Br}{|}}{CH}-CH_3}$$

$$C_6H_5-CH{=}CH_2 + HBr \longrightarrow \underset{90\%}{C_6H_5-\overset{\overset{Br}{|}}{CH}-CH_3}$$

4. 芳香烃的卤化

芳香烃在不同条件下与卤素（Cl_2 或 Br_2）作用，可以发生芳环上或侧链上的取代反应。例如：

$$C_6H_5-CH_3 + Cl_2 \xrightarrow{FeCl_3} o\text{-}ClC_6H_4-CH_3 + Cl-C_6H_4-CH_3\ (p)$$

$$C_6H_5-CH_2CH_3 + Cl_2 \xrightarrow{光} C_6H_5-CHClCH_3 + HCl$$

二、氯甲基化反应

氯甲基化反应是制备苄氯的重要方法，在有机合成中非常重要。

$$C_6H_6 + HCHO + HCl \longrightarrow C_6H_5-CH_2Cl + H_2O$$

苯环上有第一类取代基时，反应易进行；有第二类取代基和卤素时反应则难进行。

三、由醇制备卤代烃

醇与卤化氢反应是制备卤代烃最常用的方法之一（具体见模块六）。卤代烃可以看作是醇与卤化氢反应失水后形成的一类化合物，反应通式如下：

$$ROH + HX \rightleftharpoons RX + H_2O$$

这是一元卤代烷最重要、最常用的合成方法，常用的试剂为无水卤化氢、氢卤酸或溴化钠与硫酸的混合物，也可用三卤化磷、磷与卤素或五氯化磷。

$$CH_3CH_2CH_2CH_2OH \xrightarrow[H_2SO_4]{NaBr} CH_3CH_2CH_2CH_2Br$$

利用醇制备卤代烃的反应速率、反应程度与烃基结构有关。一般条件下，叔醇反应速率最快，仲醇次之，而伯醇反应速率最慢。

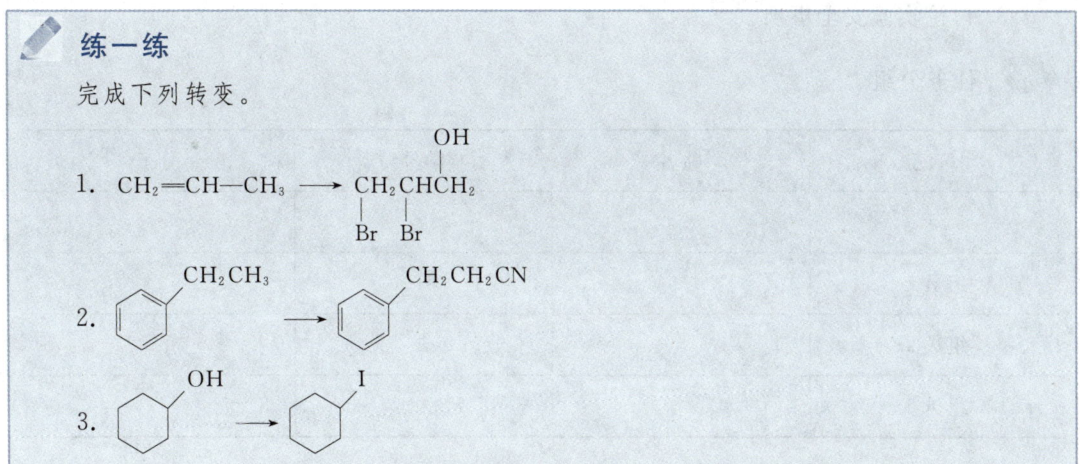

任务训练5　1-溴丁烷的制备

任务工单5

工作任务		由正丁醇制备1-溴丁烷					
姓名		班级		学号		日期	

学习目标

1. 知识目标

(1) 通过查找资料，了解反应物的物性参数；

(2) 掌握由醇制备溴代烃的原理及方法。

2. 能力目标

(1) 练习回流及有害气体吸收装置的安装与操作；

(2) 进一步练习液体产品的纯化方法——洗涤、干燥、蒸馏等操作；

(3) 能制备卤代烃。

3. 素养目标

(1) 会查找资料；

(2) 学会规范操作，树立安全意识；

(3) 具有严肃认真的学习态度及认真仔细的工作态度。

学习要求

1. 组长组织组员召开小组会议，领会学习目标，进行任务分工；

2. 结合所学的有机化学理论知识讨论理解实验原理；

3. 讨论实验安全事项。

任务分组

角色	姓名	学号	分工
组			
组员1			
组员2			
组员3			

任务落实

动画：1-溴丁烷的制备

1. 资料查询、收集与整理。通过查阅资料，填写表 5-2。

表 5-2　试剂及产品的基本物性参数

名称	摩尔质量 $g\cdot mol^{-1}$	熔点 ℃	沸点 ℃	密度 $g\cdot cm^{-3}$	水溶性	投料量		理论产量
						质量(体积) g(mL)	物质的量 mol	
正丁醇								—
1-溴丁烷						—	—	—
溴化钠				—		—		—
浓硫酸		—	—				—	

2. 领会实验原理和仪器。

(1) 实验原理

(2) 材料清单

3. 实验方案设计。

(1) 实验装置绘制

(2) 方框流程图

操作 1 → 操作 2 → 操作 3 → 操作 4 → ……

4. 完成实验报告。

(1) 实验现象记录

(2) 实验结果记录

(3) 实验结果讨论

任务评价

1. 产品外观

1-溴丁烷为无色或乳白色液体。

2. 产品产量

称量并计算回收率。计算产率并填写产品质量及其评价表，如表 5-3 所示。必要时，可以测定其熔点，应为 99～102 ℃。

表 5-3　产品质量及其评价表

产品外观	实际产量/g	理论产量/g	产率/%

问题探究

1. 溴丁烷制备实验为什么要用回流反应装置？
2. 溴丁烷制备实验为什么用球形冷凝管而不用直形冷凝管作回流冷凝管？
3. 溴丁烷制备实验采用 1∶1 的硫酸有什么好处？
4. 什么情况下可以使用气体吸收装置？怎样选择吸收剂？
5. 1-溴丁烷制备实验中，加入浓硫酸到粗产物中的目的是什么？
6. 在 1-溴丁烷制备实验中，硫酸浓度太高或太低会带来什么结果？

【知识连线】

1. 实验原理

主反应　$NaBr + H_2SO_4 \longrightarrow HBr + NaHSO_4$

$$C_4H_9OH + HBr \rightleftharpoons C_4H_9Br + H_2O$$

副反应　$C_4H_9OH \xrightarrow{H_2SO_4} C_2H_5CH{=}CH_2 + H_2O$

$$2C_4H_9OH \xrightarrow{H_2SO_4} C_4H_9OC_4H_9 + H_2O$$

$$2HBr + H_2SO_4 \longrightarrow Br_2 + SO_2 + 2H_2O$$

本实验主反应为可逆反应，为了提高产率，一方面采用 HBr 过量；另一方面使用 NaBr 和 H_2SO_4 代替 HBr，使 HBr 边生成边参与反应，这样可提高 HBr 的利用率，同时 H_2SO_4 还起到催化脱水的作用。反应中，为防止反应物正丁醇及产物 1-溴丁烷逸出反应体系，需采用回流装置。由于 HBr 有毒且 HBr 气体难以冷凝，为防止 HBr 逸出，污染环境，需安装气体吸收装置。回流后再进行粗蒸馏，一方面使生成的产品 1-溴丁烷分离出来，便于后面的分离提纯操作；另一方面，粗蒸馏过程可进一步使醇与 HBr 的反应趋于完全。

2. 仪器设备与装置

圆底烧瓶(100 mL)、球形冷凝管、布氏漏斗、减压过滤装置、温度计(200 ℃)、水浴锅、烧杯(100 mL、200 mL)、电热套、锥形瓶(100 mL)等。

制备 1-溴丁烷的反应装置如图 5-4 所示。

许多制备反应或精制操作(如重结晶)中,为防止加热过程中液体的挥发损失,确保产物产率,常常在反应烧瓶上竖直地安装冷凝管。反应过程中产生的蒸气经冷凝管冷却,又流回到原来的反应器中,这种连续不断地沸腾汽化与冷凝回流的过程叫回流。

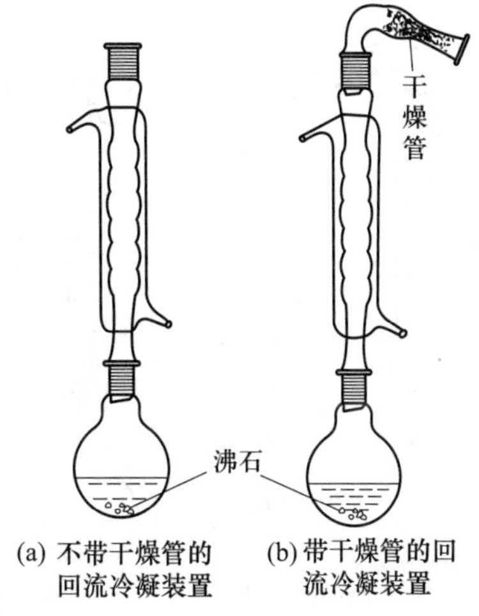

图 5-4　回流反应装置

(1) 回流装置　大多数有机化合物是在液相或固液混合相中,通过较长时间的沸腾才得以完成的,为了防止长时间的加热造成反应物料的蒸发损失,以及因物料蒸发导致火灾、爆炸及环境污染等事故,在有机化合物的制备过程中经常应用回流技术。回流是指在反应中令加热产生的蒸气冷却并使冷凝液流回反应系统的过程,能实现这一过程的装置称回流装置。

回流装置主要由烧瓶与回流冷凝管构成。反应混合物沸点高于 140 ℃时选用空气冷凝管;沸点低于 140 ℃时选用球形冷凝管;反应混合物中有毒性较大的原料或溶剂时,选用蛇形冷凝管。回流加热前应先加入沸石,如果有搅拌,可不加沸石。

图 5-4 为常见的回流反应装置,其中图 5-4 (a)是最简单的回流冷凝装置。如果反应物怕受潮,可以在冷凝管上端安装干燥管以防止空气进入,见图 5-4 (b)。干燥管中一般选用无水氯化钙干燥剂,干燥剂不能装得太紧,以免因其堵塞不通气而使整个装置成为封闭体系造成事故。如果反应放出有害气体,可在回流管上装配气体吸收装置,见图 5-5。吸收液可以根据放出气体的性质,选用酸液或碱液。在安装仪器时,应使整个装置与大气相通,以免发生倒吸现象。如果反应既有有害气体放出又要避免水汽进入,可以用图 5-6 所示装置。

(2) 回流装置的安装　以热源的高度为基准,在铁架台上安装好铁圈,放好石棉网和水浴(或油浴),用烧瓶夹夹住圆底烧瓶的颈部,垂直固定于铁架台上,然后按由下到上的顺序安装冷凝管等仪器。铁夹一般夹在冷凝管进水口偏上一些。所有仪器尽可能固定在同一个铁架台上。整套装置要求正确、严密、整齐和稳妥。

(3) 回流操作

加入物料:反应物及溶剂加入反应器后,同时加入几粒沸石,防止液体暴沸,然后再安装冷凝管等其他仪器。也可在装配完毕后由冷凝管上口加入液体物料。一般物料占反应器容积的 1/2 左右,最多不超过 2/3。

加热回流:检查装置的严密性后,先自下而上通入冷却水,然后开始加热。最初应缓缓加热,然后逐渐加热使液体沸腾或达到要求的反应温度。反应时间从第一滴回流液落入反应器中开始计算。

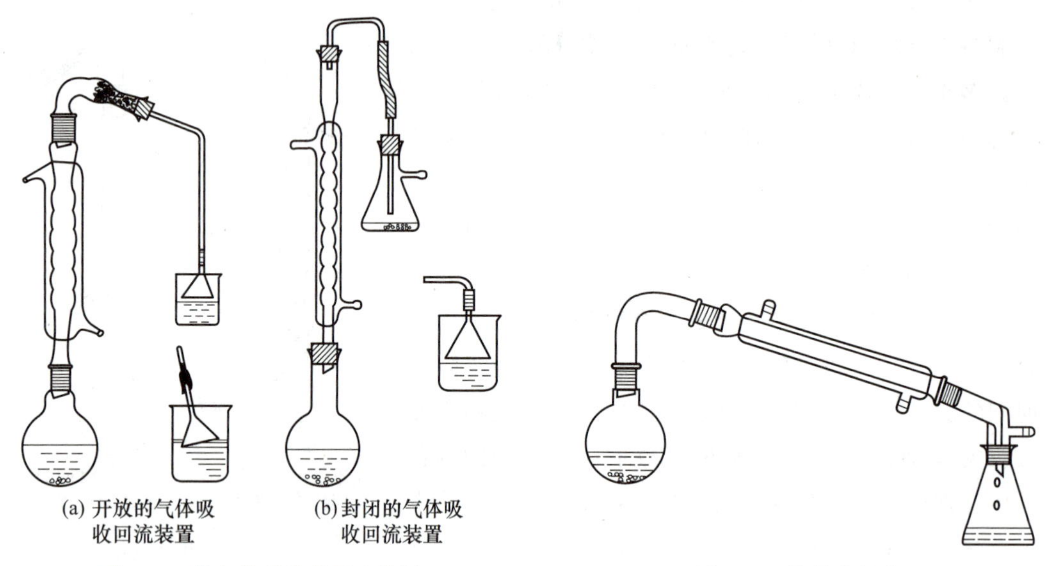

图 5-5　带气体吸收的回流装置

图 5-6　简易蒸馏装置

控制回流速度:通过调节冷却水流量及加热温度来控制回流速度,以蒸气浸润不超过球形冷凝管两个球为宜。

停止回流:停止回流,应先停止加热,待冷凝管中没有蒸气后再停冷却水,然后按由上而下的顺序拆除装置。

3. 药品试剂

正丁醇、溴化钠、浓硫酸。

4. 实验流程

实验操作流程参见图 5-7。

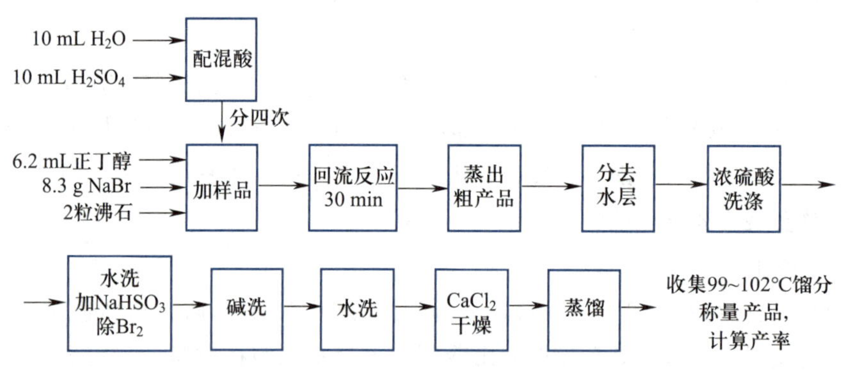

图 5-7　制备 1-溴丁烷的操作流程

【素质拓展】

溴苯的制备。

本模块小结

本模块介绍了卤代烃的分类、命名及性质，了解和掌握这些知识对有机化学及后续课程的学习至关重要。

烃分子中的氢原子被卤原子取代所得到的化合物称为卤代烃，简称卤烃。

1. 卤代烃的分类和命名

(1) 卤代烃主要分为脂肪族卤代烃和芳香族卤代烃；根据与卤原子相连的碳原子种类不同又分为伯卤代烃、仲卤代烃和叔卤代烃。

(2) 简单的卤代烃称为“某烃基卤”，复杂的卤代烃是以卤原子为取代基，烃为母体，按烃的系统命名原则命名的。

2. 卤代烃的化学性质

(1) 亲核取代反应

卤原子吸电子能力很强，因此与之直接相连的碳原子的电子云密度较低，易受亲核试剂的进攻，故卤代烃可与 $NaOH/H_2O$、RONa、NaCN/醇、NH_3、$AgNO_3$/醇等发生亲核取代反应。

$$R—X \begin{cases} \xrightarrow{NaOH/H_2O} R—OH + NaX \quad \text{醇} \\ \xrightarrow{NaOR'} R—OR' + NaX \quad \text{醚} \\ \xrightarrow{NaCN/\text{醇}} R—CN + NaX \quad \text{腈} \\ \xrightarrow{NH_3} R—NH_2 + HX \quad \text{胺} \\ \xrightarrow{AgNO_3/\text{醇}} R—ONO_2 + AgX\downarrow \quad \text{酯} \end{cases}$$

(2) 消除反应

卤代烃在强碱催化、高温时消除 HX，生成烯烃，且遵循札依采夫规则。

$$—\overset{\beta}{\underset{H}{C}}—\overset{\alpha}{\underset{X}{C}}— \longrightarrow \;>C=C<\; + HX$$

(3) 与金属镁作用

用无水乙醚作溶剂，卤代烃与镁发生反应，生成非常活泼的金属有机化合物——格氏试剂。

$$R—X \xrightarrow[\text{无水乙醚}]{Mg} R—Mg—X$$

3. 卤代烃的鉴别

利用不同卤代烃与 $AgNO_3$/醇溶液反应生成沉淀的颜色差异，可以区别不同卤素取代的卤代烃;利用不同卤代烃与 $AgNO_3$/醇溶液反应速率的差异,也可以区别不同类型的卤代烃。

不同卤代烃发生化学反应的活泼性次序为

(1) R—I>R—Br>R—Cl

(2) 烯丙基型卤代烃>叔卤代烷>仲卤代烷>伯卤代烷>乙烯型卤代烃

4. 卤代烃的制备

(1) 烃的卤代

① 烷烃光照或加热直接卤代

烷烃光照或加热直接卤代常得到混合物,所以一般不宜用作制备反应。但调节原料比例和反应条件,可得到以一卤代烷为主的产物。

② α-H 的取代

$$CH_3CH{=}CH_2 + Cl_2 \xrightarrow{>300\ ℃,取代} \underset{\displaystyle Cl}{CH_2}CH{=}CH_2$$

③ 不饱和烃的加成

$$CH_3CH_2CH{=}CH_2 + HBr \xrightarrow{CH_3COOH} CH_3CH_2\overset{\displaystyle Br}{CH}{-}CH_3$$

④ 芳烃的卤化

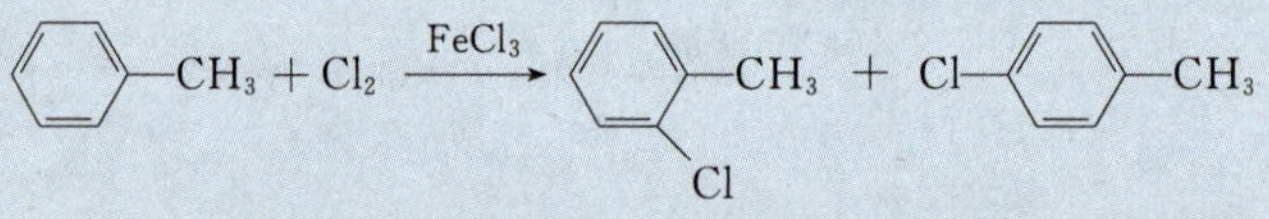

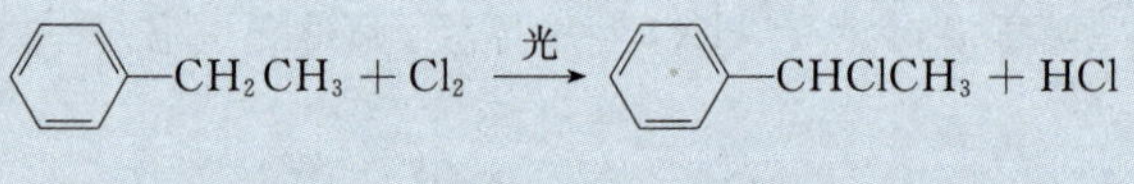

$$C_6H_5{-}CH_3 + Cl_2 \xrightarrow{FeCl_3} o\text{-}Cl{-}C_6H_4{-}CH_3 + Cl{-}C_6H_4{-}CH_3\ (p)$$

$$C_6H_5{-}CH_2CH_3 + Cl_2 \xrightarrow{光} C_6H_5{-}CHClCH_3 + HCl$$

(2) 氯甲基化反应

$$C_6H_6 + HCHO + HCl \longrightarrow C_6H_5{-}CH_2Cl + H_2O$$

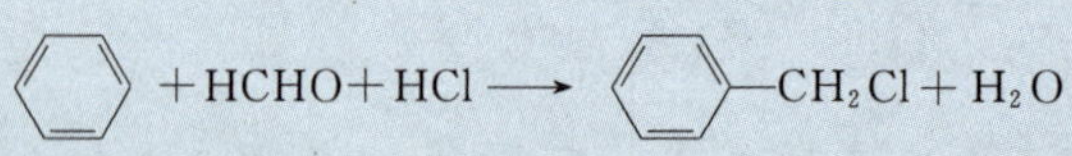

(3) 由醇制备卤代烃

$$ROH + HX \rightleftharpoons RX + H_2O$$

5. 任务训练:1-溴丁烷的制备

醇与卤化氢反应生成卤代烃。

本模块思维导图

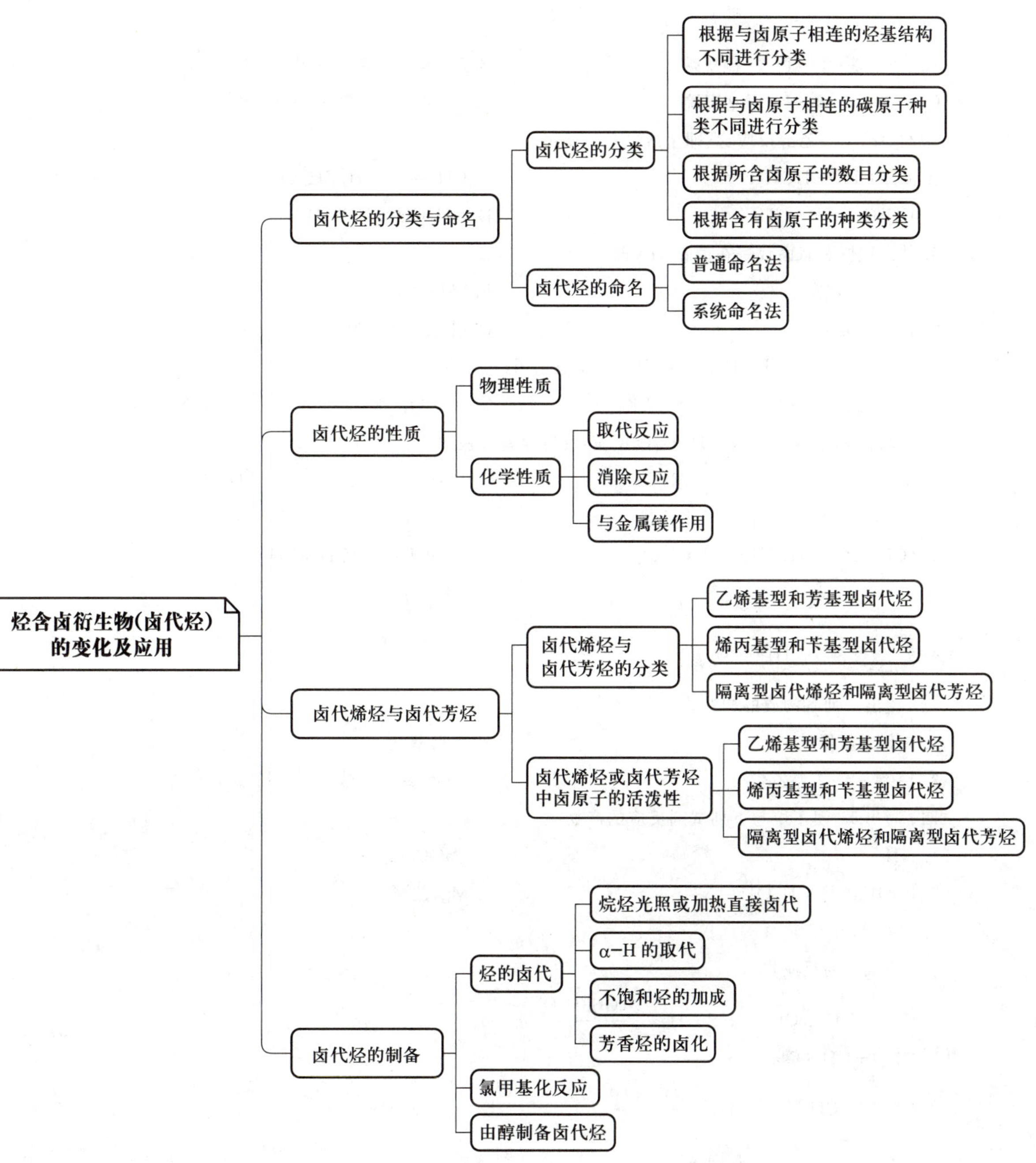
烃含卤衍生物(卤代烃)的变化及应用
卤代烃的分类与命名
卤代烃的分类
根据与卤原子相连的烃基结构不同进行分类
根据与卤原子相连的碳原子种类不同进行分类
根据所含卤原子的数目分类
根据含有卤原子的种类分类
卤代烃的命名
普通命名法
系统命名法
卤代烃的性质
物理性质
化学性质
取代反应
消除反应
与金属镁作用
卤代烯烃与卤代芳烃
卤代烯烃与卤代芳烃的分类
乙烯基型和芳基型卤代烃
烯丙基型和苄基型卤代烃
隔离型卤代烯烃和隔离型卤代芳烃
卤代烯烃或卤代芳烃中卤原子的活泼性
乙烯基型和芳基型卤代烃
烯丙基型和苄基型卤代烃
隔离型卤代烯烃和隔离型卤代芳烃
卤代烃的制备
烃的卤代
烷烃光照或加热直接卤代
α-H 的取代
不饱和烃的加成
芳香烃的卤化
氯甲基化反应
由醇制备卤代烃

习题与测试

一、选择题

1. $CH_3\overset{I}{\overset{|}{C}}HCH_2\underset{Cl}{\underset{|}{C}}H\overset{CH_3}{\overset{|}{C}}HCH_2CH_3$ 的正确名称是(　　)。

A. 3-甲基-4-氯-6-碘庚烷　　B. 2-碘-4-氯-5-甲基庚烷

C. 4-氯-6-碘-3-甲基庚烷　　D. 5-甲基-4-氯-2-碘庚烷

2. 与 $AgNO_3$/乙醇反应,立即生成白色沉淀的是(　　)。

A. $CH_3CH{=}CHCH_2Cl$　　B. $CH_2{=}CHCH_2CH_2Cl$

C. $CH_3CH_2CH{=}CHCl$　　D. $CH_3CH_2CHClCH_3$

3. 仲卤代烷和叔卤代烷在消除 HX 时,遵循(　　)。

A. 反马氏规则　　B. 马氏规则

C. 次序规则　　D. 札依采夫规则

4. 鉴别 $CH_3CH{=}CHCH_2Br$ 和$(CH_3)_3Br$ 应选用(　　)。

A. Br_2/氯仿　　B. Br_2/水　　C. $AgNO_3$/水　　D. $AgNO_3$/醇

5. 烃基相同时,RX 与 $NaOH/H_2O$ 反应,反应速率最快的是(　　)。

A. RF　　B. RCl　　C. RBr　　D. RI

二、用系统命名法命名下列化合物

1. $(CH_3)_2CHCH_2CHClCH(CH_3)_2$　　2. $CH_3CH{=}CHCHBrCH_3$

3. C_6H_5—$CH_2CHBrCH_3$　　4. $C_6H_4(CH_3)Br$(邻位)

三、给出下列各物质的构造式

1. 二氯二氟甲烷　　2. 环己基氯

3. 1-氯-2-苯基乙烷　　4. 3-甲基-2-氯-2-戊烯

四、写出 1-溴丁烷与下列试剂反应的产物

1. NH_3　　2. $NaOC_2H_5$

3. $NaOH,CH_3CH_2OH$　　4. Mg,乙醚

5. $NaOH,H_2O$

五、完成下列反应式

1. $CH_3CH_2CH(CH_3)CHBrCH_3 \xrightarrow{NaOH/H_2O} ?$

2. $CH_3I+CH_3ONa \longrightarrow ?$

3. $CH_3CH_2CH_2CHBrCH_3 \xrightarrow[\triangle]{KOH/醇} ?$

※4. Br $\xrightarrow[\triangle]{KOH/醇} ?$

※5. $C_2H_5Br+C_6H_5ONa \longrightarrow$?

六、用化学方法区分下列各组化合物

1. 氯苯和苄氯

2. 溴苯和1-苯基-2-溴乙烯

3. 2-氯丙烷和2-碘丙烷

※七、推断题

某卤代烃C_3H_7Cl(A)与KOH的醇溶液共热，生成C_3H_8(B)。B氧化后得到乙酸、二氧化碳和水，B与HCl作用得到A的同分异构体C。试写出A、B和C的构造式。

模块六

烃饱和含氧衍生物(醇、酚、醚)的变化及应用

学习目标

1. 知道醇、酚、醚的分类,会对它们进行命名;
2. 知道醇、酚、醚的物理性质,掌握醇、酚、醚的化学性质;
3. 知道醇、酚、醚结构与性质之间的关系;
4. 会鉴别醇、酚、醚,能制备醇、酚、醚;
5. 能进行回流、洗涤、干燥的操作。

问题导入

日常生活中有许多醇、酚、醚,如人们喝的酒中有乙醇,乙醇可以作燃料;木糖醇可以做成口香糖;医院中用的甲酚皂溶液是酚的溶液,有杀菌作用;甘油可以吸收空气中的水分,起到吸湿作用,在化妆品、皮革、烟草、食品及纺织品中用作吸湿剂;人体代谢中从蛋白质可得到邻苯二酚结构的物质,氧化得到黑色素,它是赋予皮肤、眼睛、头发以黑色的物质。

你知道醇、酚、醚在结构上有什么相同点,什么不同点吗?它们的物理性质和化学性质有什么差别?

烃的饱和含氧衍生物包括醇、酚、醚,它们的分子中由于氧原子连接的基团或原子不同,使得它们的化学性质有很大区别。

主题 1 醇

一、醇的分类和异构体

交流与讨论

醇是人类认识较早的物质，你知道生活中接触的物质如酒精、甘油、木糖醇属于醇分类中的哪一类吗？用系统命名法如何命名它们？

醇中羟基(—OH)为其官能团，饱和一元醇的通式为 $C_nH_{2n+1}OH$。

1. 按羟基所连的烃基不同分类

根据羟基所连的烃基不同，醇可分为脂肪醇、脂环醇、芳香醇。根据脂肪烃基是否饱和又将醇分为饱和醇和不饱和醇。例如：

$CH_3CH_2CH_2OH$ 丙醇（饱和醇）；$CH_2{=}CHCH_2OH$ 烯丙醇（不饱和醇）——脂肪醇

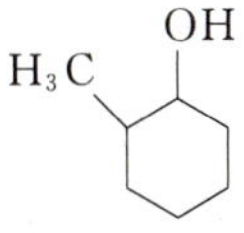

2-甲基环己醇（饱和醇）；2-环己烯醇（不饱和醇）——脂环醇

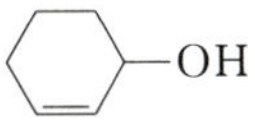

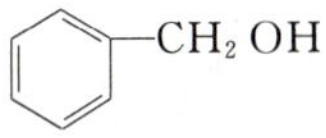

苯甲醇（$C_6H_5CH_2OH$）——芳香醇

2. 按羟基所连碳原子的种类不同分类

按羟基所连碳原子的种类不同醇，可分为伯醇、仲醇、叔醇。

醇：
- 伯醇 $CH_3CH_2CH_2CH_2OH$ （丁醇）
- 仲醇 $CH_3CH(OH)CH_3$ （异丙醇）
- 叔醇 $(CH_3)_3COH$ （叔丁醇）

3. 按羟基的数目分类

按羟基的数目不同，醇可分为一元醇、二元醇、多元醇。

醇：
- 一元醇 CH_3CH_2OH （乙醇）
- 二元醇 $HOCH_2CH_2OH$ （乙二醇）
- 多元醇 $CH_2(OH){-}CH(OH){-}CH_2(OH)$ （丙三醇）

饱和一元醇的构造异构包括：碳链异构及官能团位置异构。例如：

$CH_3CH_2CH_2CH_2OH$　正丁醇

$CH_3CH(OH)CH_2CH_3$　仲丁醇

$CH_3—CH(CH_3)—CH_2OH$　异丁醇

$(CH_3)_3C—OH$　叔丁醇

二、醇的命名

1. 普通命名法

简单醇常采用普通命名法，即在相应的烃基名称后加一个“醇”字。例如：

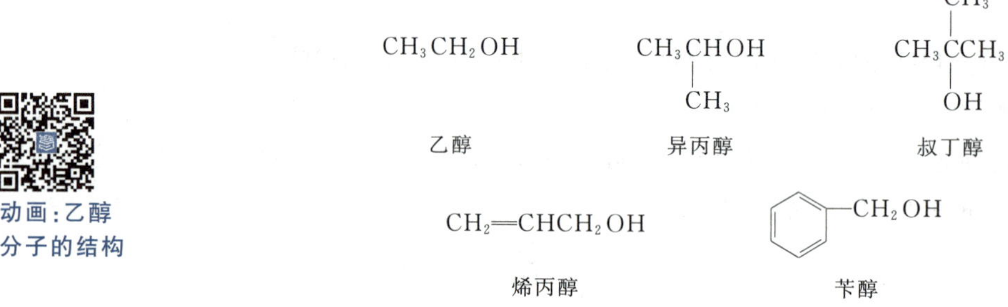

2. 俗名

一些醇根据来源有俗名。例如：

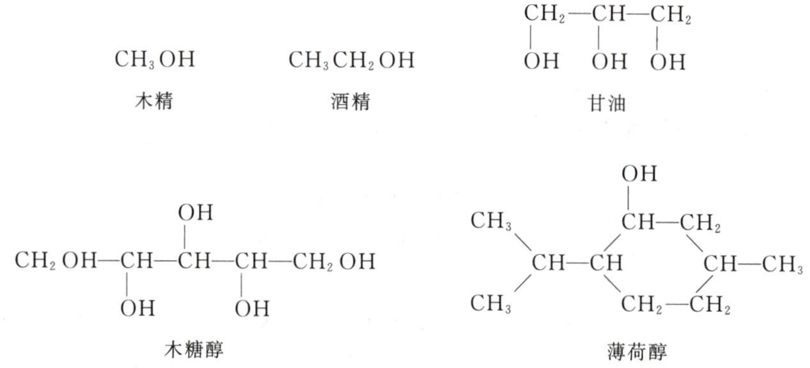

3. 系统命名法

选取含有羟基的最长碳链为主链，从离羟基近的一端开始给碳原子编号，书写时，把取代基的位次、名称、羟基的位次写在“某醇”的前面。

$\overset{5}{C}H_3—\overset{4}{C}H(CH_3)\overset{3}{C}H(CH_3)\overset{2}{C}H(OH)\overset{1}{C}H_3$

3,4-二甲基-2-戊醇

$CH_3CH(OH)CH_2CH_2C(CH_3)_2CH_3$

5,5-二甲基-2-己醇

$H_3C—CH(OH)—CH(Cl)—CH(CH_3)—CH_3$

4-甲基-3-氯-2-戊醇

不饱和醇的命名应选择同时含有羟基和不饱和键的最长碳链作为主链，编号从羟基一端开始，称为某烯醇或某炔醇。例如：

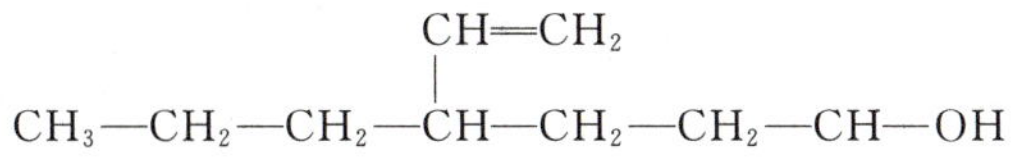

$$\begin{array}{c} \qquad\qquad\qquad\quad CH{=}CH_2 \\ \qquad\qquad\qquad\quad | \\ CH_3{-}CH_2{-}CH_2{-}CH{-}CH_2{-}CH_2{-}CH{-}OH \end{array}$$

4-丙基-5-己烯-1-醇

脂环醇的命名则从连有羟基的环碳原子开始编号。例如：

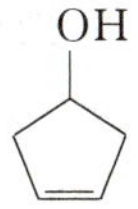

3-环戊烯醇

多元醇命名时，选含羟基数目尽可能多的最长碳链为主链，除要写明分子所含羟基的数目外，还要标明每个羟基的位次。

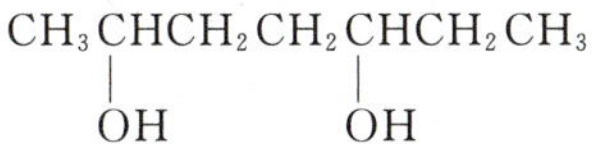

$$\begin{array}{c} CH_3CHCH_2CH_2CHCH_2CH_3 \\ \quad | \qquad\qquad | \\ \quad OH \qquad\quad OH \end{array}$$

2,5-庚二醇

$$\begin{array}{c} \quad H_3C\ \ CH_3 \\ \quad\ |\quad\ \ | \\ CH_3{-}C{-}C{-}CH_3 \\ \quad\ |\quad\ \ | \\ \quad OH\ OH \end{array}$$

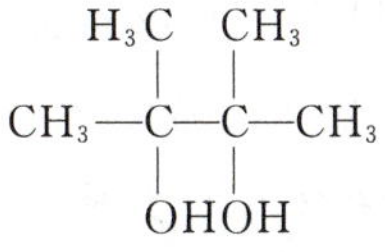

2,3-二甲基-2,3-丁二醇

芳香醇命名时，常常把芳环作为取代基。

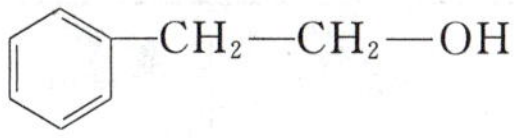

$C_6H_5{-}CH_2{-}CH_2{-}OH$

2-苯基乙醇

练一练

1. 写出下列化合物的构造式。

(1) 2-乙基-1-己醇　(2) 3-甲基-2-戊烯-1-醇　(3) 苄醇　(4) 异戊醇

2. 用系统命名法命名下列化合物。

(1) 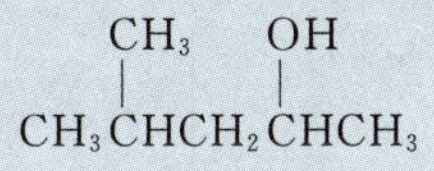 $\begin{array}{c} CH_3\quad OH \\ |\qquad\ | \\ CH_3CHCH_2CHCH_3 \end{array}$　(2) $(CH_3)_3COH$　(3) 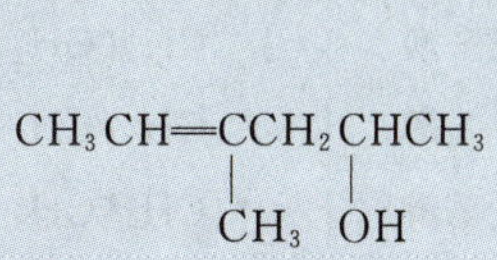 $\begin{array}{c} CH_3CH{=}CCH_2CHCH_3 \\ \qquad\quad |\qquad\ \ | \\ \qquad\quad CH_3\quad OH \end{array}$

(4) 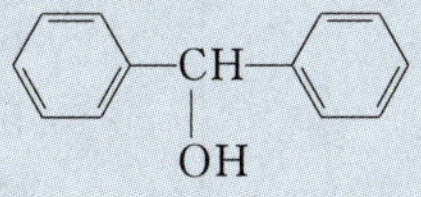 $\begin{array}{c} C_6H_5{-}CH{-}C_6H_5 \\ | \\ OH \end{array}$　(5) $\begin{array}{c} CH_3{-}CH{-}CH_2{-}CH_3 \\ | \\ CH_2{-}CH_2{-}OH \end{array}$　(6) 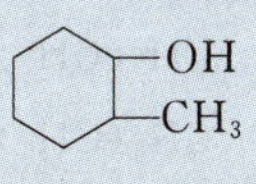 环己烷（1-OH，2-CH_3）

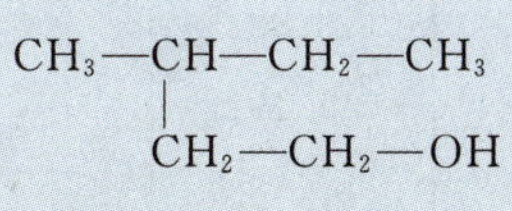

三、醇的性质

1. 醇的物理性质

交流与讨论

某实验室中需要使用绝对无水乙醇，现有一实验员拟利用乙醇与水的沸点的差别，用蒸馏的方法制备绝对无水乙醇。这种方法可行吗？

饱和一元醇中，十二个碳原子以下的醇为液体，十二个碳原子及以上的醇为蜡状固体。甲醇、乙醇、丙醇带有酒味，丁醇开始到十一醇具有难闻的气味。二元醇和多元醇具有甜味，故乙二醇又叫甘醇，丙三醇俗称甘油。

小贴士

低级醇可以与 $MgCl_2$，$CaCl_2$ 等发生络合，形成类似结晶水的化合物，如 $MgCl_2 \cdot CH_3OH$、$CaCl_2 \cdot 4CH_3CH_2OH$ 等，这种络合物叫结晶醇，溶于水而不溶于有机溶剂。因此不能用无水 $CaCl_2$ 作为干燥剂来除去醇中的水，但可用来除去合成产物中的少量醇类杂质，例如除去乙醚中含有的少量乙醇。

表 6-1 列出了一些常用醇的物理常数。

表 6-1　一些常用醇的物理常数

名称	结构式	熔点/℃	沸点/℃	相对密度(d_4^{20})	溶解度/g·(100 g 水)$^{-1}$
甲醇	CH_3OH	−97	64.5	0.793	∞
乙醇	CH_3CH_2OH	−115	78.3	0.789	∞
正丙醇	$CH_3(CH_2)_2OH$	−126	97.2	0.804	∞
正丁醇	$CH_3(CH_2)_3OH$	−90	118	0.810	7.9
正戊醇	$CH_3(CH_2)_4OH$	−78.5	138	0.817	2.3
正己醇	$CH_3(CH_2)_5OH$	−52	156.5	0.819	0.6
正庚醇	$CH_3(CH_2)_6OH$	−34	176	0.822	0.2
正辛醇	$CH_3(CH_2)_7OH$	−15	195	0.825	0.05
正壬醇	$CH_3(CH_2)_8OH$	−5	214	0.827	不溶
正癸醇	$CH_3(CH_2)_9OH$	6	228	0.829	不溶
正十二醇	$CH_3(CH_2)_{11}OH$	24	259		不溶
正十四醇	$CH_3(CH_2)_{13}OH$	38			不溶
正十六醇	$CH_3(CH_2)_{15}OH$	49			不溶
正十八醇	$CH_3(CH_2)_{17}OH$	58.5			不溶

练一练

1. 根据表 6-1 的数据，画出直链饱和一元醇的沸点曲线（横坐标为相对分子质量，纵坐标为沸点）。低级醇的沸点与相对分子质量相近的烷烃和卤代烃比较，可得出什么结论？请分析一下原因。

2. 醇的溶解度有何变化规律？请分析一下原因。

3. 丁烷与丙醇相对分子质量接近，它们的沸点却不同，请问哪一种物质的沸点高？为什么？

4. 不用查表，你能把下列化合物按沸点由低到高的顺序排列起来吗？

2,2-二甲基丙烷、正丁醇、2-甲基丁烷、异丁醇、正戊烷、1-戊醇

2. 醇的化学性质

醇分子中的 C—O 键和 O—H 键都是较强极性键，它们对醇的性质起着决定性的作用。此外由于羟基的影响使 α-、β-碳原子上的氢原子也具有一定的活性，因此醇的化学反应主要发生在下列几个部位。

β　α　②　①
—C—C—O—H
③

① O—H 键断裂，氢原子被取代
② C—O 键断裂，羟基被取代
③ α-H 和 β-H 参加反应

（1）醇的酸性

交流与讨论

某化工厂生产中常用不含水的苯作为溶剂，一般是在使用前用金属钠除掉苯中少量的水分。一次某工人不小心将甲苯投入已加入 10 kg 左右金属钠的反应釜中。由于甲苯中含水量很少，金属钠不能被完全消耗掉，在反应釜四壁残留有大量粉末状的金属钠。粉末金属钠的活性极高，遇水即发生剧烈反应，危险性极大。你能设计一个完全有效排除险情的方案吗？

醇与水相似，醇羟基中的氢可被活泼的金属单质置换，放出氢气并生成醇的金属化合物，后者是一类重要的有机化合物，它们不但是用途广泛的试剂或催化剂，有的还可用于超细材料的制取。

$$2\ ROH + 2Na \longrightarrow 2\ RONa + H_2\uparrow$$

$$2\ CH_3CH_2OH + 2\ Na \longrightarrow 2\ CH_3CH_2ONa + H_2\uparrow$$

醇与金属钠的反应不如水与钠的反应剧烈，表明醇的酸性比水弱。醇的一般酸性强弱次序如下：

$$CH_3OH > 1^\circ ROH > 2^\circ ROH > 3^\circ ROH$$

多元醇及有较强吸电子基连在 α－C 上的醇酸性更强。

醇钠是一种化学性质活泼的白色固体，其碱性很强，不稳定，遇水迅速水解成醇和氢氧化钠，所以滴入酚酞试液后，溶液显红色。

其他活泼金属(K、Mg、Al)在高温下也可与醇作用生成醇的金属化合物和氢气。

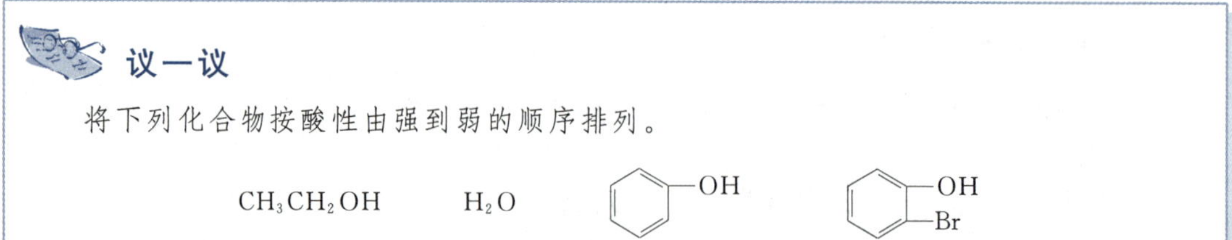

(2) 羟基被卤原子取代的反应

交流与讨论

如何鉴别丁醇、2－丁醇、2－甲基－2－丙醇？

① 与氢卤酸的反应。醇与氢卤酸反应得到卤代烃和水。

视频：乙醇的溴代反应

$$ROH + HX \rightleftharpoons RX + H_2O \qquad (X=Cl、Br、I)$$

反应速率取决于酸的性质和醇的结构，实验研究发现，氢卤酸的反应活性为

$$HI > HBr > HCl \qquad (HF\text{ 通常不起反应})$$

醇的活性为

烯丙醇、苄醇＞3°R—OH＞2°R—OH＞1°R—OH

$$H_3C-\underset{CH_3}{\overset{CH_3}{\underset{|}{\overset{|}{C}}}}-OH + HCl \xrightarrow[\text{室温}]{ZnCl_2} H_3C-\underset{CH_3}{\overset{CH_3}{\underset{|}{\overset{|}{C}}}}-Cl + H_2O \qquad (\text{立即混浊})$$

$$CH_3CH_2\underset{\underset{CH_3}{|}}{C}HOH + HCl \xrightarrow[\text{室温}]{ZnCl_2} CH_3CH_2\underset{\underset{CH_3}{|}}{C}HCl + H_2O \qquad (\text{几分钟后成混浊})$$

$$CH_3CH_2CH_2CH_2OH + HCl \xrightarrow[\text{室温}]{ZnCl_2} \qquad (\text{几小时也不见混浊})$$

不多于六个碳原子的醇，可以用卢卡斯(Lucas)试剂来检验醇的级别。**卢卡斯试剂**是浓盐酸与无水氯化锌的混合物。当被检验的醇与之作用时，生成的氯代烷由于不溶于卢卡斯试剂，导致反应体系出现混浊和分层的现象。在室温下叔醇或烯丙醇与卢卡斯试剂立即反应出现混浊现象；仲醇与卢卡斯试剂作用数分钟后可出现混浊现象；而伯醇与卢卡斯试剂的反应加热下才渐渐有混浊现象出现。

小贴士

必须注意：

1. 烯丙醇、苄醇虽然是伯醇，但是性质活泼，在室温也能与卢卡斯试剂迅速反应分层；
2. 六个碳原子以上的醇，因为能溶于水，故不能用卢卡斯试剂鉴别。

练一练

把下列化合物与 HX 反应的速率按由慢到快的顺序排列。

$CH_3CH_2CH_2OH$　　$CH_2{=}CHCH_2OH$　　$CH_3CH(OH)CH_2CH_2CH_3$　　$CH_3C(CH_3)(OH)CH_2CH_3$

② 与无机酰氯、亚硫酰氯反应。醇与三卤化磷、亚硫酰氯反应生成相应的卤代烷，收率好，副产物少，条件温和，此法是将伯醇、仲醇转变为卤代烷的非常好的方法。例如：

$$CH_3CH_2CH_2OH \xrightarrow[85\sim90\ ℃]{P+I_2(PI_3)} CH_3CH_2CH_2I$$

此法不适合制备氯代烷，因为三氯化磷与醇反应有副产物亚磷酸酯[$P(OR)_3$]生成，使氯代烷产率较低。常用二氯亚砜来制备氯代烷，例如：

$$CH_3CH_2CH_2CH_2OH+SOCl_2 \xrightarrow{\triangle} CH_3CH_2CH_2CH_2Cl+SO_2\uparrow+HCl\uparrow$$

交流与讨论

实验室中为什么不能用丁醇与三溴化磷反应制备正溴丁烷？

(3) 氧化反应

交流与讨论

检查司机酒后驾车使用的是“呼吸分析仪”。驾车人呼出的气体经过呼吸分析仪，根据颜色的变化，便可判断司机是否喝酒。你知道它的反应原理吗？

小贴士

呼吸分析仪内装有 CrO_3 晶体粉末，当司机对准分析仪呼吸时，分析仪中反应的变化通过电子传感元件转换成电信号，如果酒精含量超标，分析仪上的蜂鸣器就会发出声响。

由于羟基的影响，醇的 α－氢原子比较活泼，容易被氧化。伯醇被氧化剂(如 $K_2Cr_2O_7$、$KMnO_4$、浓 HNO_3 等)氧化时，先是生成醛，然后进一步被氧化，生成羧酸。例如：

$$3C_2H_5OH + 2K_2Cr_2O_7 + 8H_2SO_4 \longrightarrow 3CH_3COOH + 2Cr_2(SO_4)_3 + 2K_2SO_4 + 11H_2O$$

在此反应中溶液由橙红色转变为绿色，可用来鉴别醇。

视频：乙醇催化脱氢

仲醇由于 α－C 上只有一个氢原子，所以它被氧化的产物为酮。例如：

$$\underset{\displaystyle OH}{CH_3CH_2\overset{}{C}HCH_3} \xrightarrow{K_2Cr_2O_7 + H_2SO_4} CH_3CH_2\underset{\displaystyle \| \atop O}{C}CH_3$$

叔醇的 α－C 上没有氢原子，上述条件下不能被氧化。在强烈氧化条件下，碳碳键断裂生成小分子的氧化物，无实用价值。

用催化脱氢的方法也可将醇氧化。在 Cu、Ag 等金属催化作用下，醇经高温可失去两个氢原子而生成相应的醛和酮，此法可用于工业生产。例如：

$$CH_3CH_2OH \xrightleftharpoons{Ag\text{或}Cu, 550\ ℃} CH_3CHO + H_2$$

$$CH_3\underset{\displaystyle | \atop OH}{C}HCH_3 \xrightleftharpoons{ZnO, 380\ ℃} CH_3\overset{\displaystyle O \atop \|}{C}CH_3 + H_2$$

(4) 脱水反应　醇与浓硫酸共热发生脱水反应，产物随反应条件及醇的类型而异。在较高温度下，主要发生分子内脱水生成烯烃的反应(消除反应)；而在较低温度下，则发生分子间脱水生成醚的反应。

$$CH_3CH_2OH \xrightarrow[170\ ℃]{\text{浓}H_2SO_4} CH_2{=\!=}CH_2 + H_2O \qquad \text{(分子内脱水)}$$

此反应服从札依采夫规则。

动画：乙醇的分子间脱水反应

$$2\,CH_3CH_2OH \xrightarrow[140\ ℃]{\text{浓}H_2SO_4} CH_3CH_2OCH_2CH_3 + H_2O \qquad \text{(分子间脱水)}$$

脱水的难易程度是

$$3°R—OH > 2°R—OH > 1°R—OH$$

醇的脱水反应表明，发生化学反应虽然是由分子的内因决定的，但是在某些情况下，外因可以起决定性作用，例如，同样的反应物，在不同条件下，可以得到不同的反应产物。因此，无论是在实验室还是在工业生产中，严格控制反应条件，对于提高主产物的产率，意义十分重大。

(5) 酯化反应

① 硫酸酯的生成。醇与硫酸在不太高的温度下作用得到硫酸氢酯。例如：

$$CH_3OH + HOSO_2OH \longrightarrow \underset{\text{硫酸氢甲酯}}{CH_3OSO_2OH} + H_2O$$

$$CH_3OH + CH_3OSO_2OH \longrightarrow \underset{\text{硫酸二甲酯}}{CH_3OSO_2OCH_3} + H_2O$$

硫酸二甲酯为无色液体，是常用的甲基化试剂，有剧毒，使用时需注意安全。

② 硝酸酯的生成。醇与硝酸、亚硝酸作用生成相应的酯。例如：

$$ROH + HONO_2 \longrightarrow \underset{\text{硝酸酯}}{RONO_2} + H_2O$$

$$\underset{\substack{|\\CH_3}}{CH_3CH}CH_2CH_2OH + HONO \longrightarrow \underset{\text{亚硝酸异戊酯}}{\underset{\substack{|\\CH_3}}{CH_3CH}CH_2CH_2ONO} + H_2O$$

小贴士

亚硝酸异戊酯是最早应用于临床的抗心绞痛药，由于其作用时间短，副作用大，现已很少使用。目前能缓解心绞痛的药物有三硝酸甘油酯和硝酸异山梨酯等。

甘油与浓硝酸及浓硫酸作用得到硝化甘油。硝化甘油进行加热或撞击，即猛烈分解，瞬间产生大量气体而引起爆炸，因此硝化甘油可以用作炸药。硝化甘油有扩张冠状动脉的作用，在医药上用来治疗心绞痛。

$$\begin{matrix} CH_2OH \\ | \\ CHOH \\ | \\ CH_2OH \end{matrix} + HONO_2 \xrightarrow{H_2SO_4} \begin{matrix} CH_2ONO_2 \\ | \\ CHONO_2 \\ | \\ CH_2ONO_2 \end{matrix} \xrightarrow{\triangle} \frac{3}{2}N_2 + 3CO_2 + \frac{5}{2}H_2O + \frac{1}{4}O_2$$

醇与有机酸反应见模块八。例如：

$$CH_3COOH + C_2H_5OH \underset{140\ ℃}{\overset{H_2SO_4}{\rightleftharpoons}} CH_3COOC_2H_5 + H_2O$$

练一练

写出 2-丁醇与下列试剂反应得到的主要产物。

1. PBr_3　　2. PCl_5　　3. $SOCl_2$　　4. Na

5. HBr　　6. Cu(加热)　　7. $K_2Cr_2O_7 + H_2SO_4$　　8. 浓硫酸，170 ℃

四、醇的制法

交流与讨论

归纳一下醇有哪些制法？请设计三苯甲醇的制备方案。

1. 酸催化烯烃水合

工业上以烯烃为原料，通过直接或间接水合法可制备低级醇。除了乙烯水合可制得伯醇(乙醇)以外，其他烯烃水合的产物是仲醇或叔醇。例如：

$$CH_2{=\!=}CH_2+H_2O \xrightarrow[\text{约 300℃，约 7 MPa}]{\text{磷酸－硅藻土}} CH_3CH_2OH$$

$$CH_3CH{=\!=}CH_2+H_2O \xrightarrow[\text{约 250℃，4 MPa}]{\text{磷酸－硅藻土}} \underset{\displaystyle OH}{CH_3\overset{}{C}HCH_3}$$

2. 卤代烃水解

$$R{-}X+H_2O \xrightarrow{OH^-} R{-}OH+HX$$

伯卤代烃和仲卤代烃水解时常需要用到碱溶液，叔卤代烃用水就可以直接水解。水解的主要副反应是消除反应，尤其是叔卤代烃更易发生消除反应。此法应用范围有限，只有在相应的卤代烃容易得到时才有制备意义。例如，从烯丙基氯或苄氯合成烯丙醇或苄醇。

$$CH_2{=}CH{-}CH_2Cl+H_2O \xrightarrow{Na_2CO_3} CH_2{=}CH{-}CH_2OH+HCl$$

$$C_6H_5{-}CH_2Cl+H_2O \xrightarrow[105\ ℃]{12\%Na_2CO_3} C_6H_5{-}CH_2OH+HCl$$

3. 醛、酮、羧酸、酯还原法(具体见模块七、八)

醛、酮还原成相应的伯醇和仲醇，羧酸、酯还原为伯醇。例如：

$$-\overset{|}{C}{=}O \xrightarrow{[H]} -\overset{|}{C}H{-}OH$$

$$-\overset{\overset{\displaystyle O}{\|}}{C}{-}OR \xrightarrow{[H]} -CH_2OH+ROH$$

还原可采用催化加氢法，Ni、Pt、Pd 和 Cu－Cr 氧化物是常用的催化剂；也可采用化学还原剂还原，硼氢化钠、氢化铝锂是实验室中常用的还原剂。

4. 格氏试剂合成

使用不同的醛或酮与格氏试剂反应可制备伯醇、仲醇或叔醇(具体见模块七)。例如：

$$-\overset{|}{C}{=}O+RMgX \xrightarrow{\text{干醚}} \xrightarrow{H_2O} -\underset{\displaystyle R}{\overset{|}{\underset{|}{C}}}{-}OH$$

酯与格氏试剂反应可制备叔醇和仲醇(具体见模块八)。例如:

$$-\overset{\overset{\displaystyle O}{\|}}{C}-OR+2R'MgX\xrightarrow{干醚}\xrightarrow{H_2O}-\underset{\underset{\displaystyle R'}{|}}{\overset{\overset{\displaystyle R'}{|}}{C}}-OH+ROH$$

五、重要的醇

丙三醇俗名甘油,是无色无臭有甜味的黏稠液体,沸点 290 ℃,相对密度 1.261,可与水混溶,也能溶于乙醇,但不溶于乙醚、氯仿等溶剂。甘油吸湿性强,能吸收空气中的水分。

丙三醇以酯的形式广泛地存在于自然界中,油脂的主要成分是丙三醇的高级脂肪酸酯。丙三醇最初是油脂水解制肥皂时的副产物。近代工业中以丙烯为原料合成。

$$CH_3-CH=CH_2\xrightarrow[500℃]{Cl_2}ClCH_2-CH=CH_2\xrightarrow[25\sim35℃]{Cl_2,H_2O}\left\{\begin{array}{l}\underset{Cl}{CH_2}-\underset{OH}{CH}-\underset{Cl}{CH_2}\\ \underset{Cl}{CH_2}-\underset{Cl}{CH}-\underset{OH}{CH_2}\end{array}\right\}\longrightarrow$$

$$\xrightarrow[\triangle,-HCl]{20\%NaOH}\underset{Cl}{CH_2}-\underbrace{CH-CH_2}_{O}\xrightarrow[H_2O,\triangle]{10\%NaOH}\underset{OH}{CH_2}-\underset{OH}{CH}-\underset{OH}{CH_2}$$

甘油是重要的有机原料,广泛用于军工、化工和食品工业中。它可用于生产多种类型的树脂,如醇酸树脂及甘油环氧树脂等。它有强吸湿性,常用于印刷工业、烟草工业。在医药工业上用作软膏调配剂及皮肤润滑剂。它也是制备硝化甘油炸药的原料。

主题 2 酚

一、酚的分类

交流与讨论

什么是酚?它的官能团是什么?通式怎么表示?最简单的酚是什么物质?

羟基直接连在芳环上的化合物称为酚,其通式为 Ar—OH。按照芳环所连羟基的数目不同,可将酚分为一元酚、二元酚、三元酚等,二元酚以上的酚叫**多元酚**。

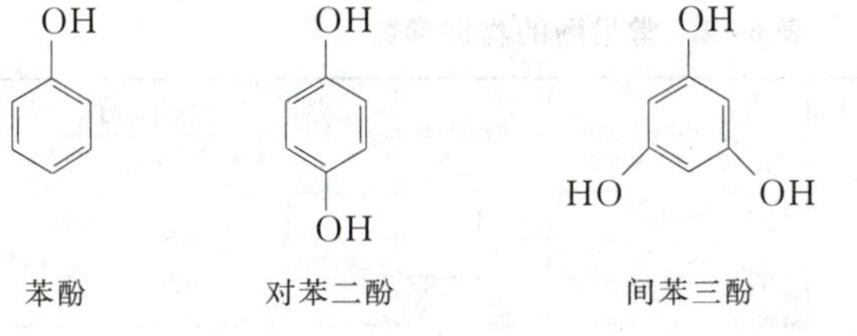

动画:苯酚分子的结构

二、酚的命名

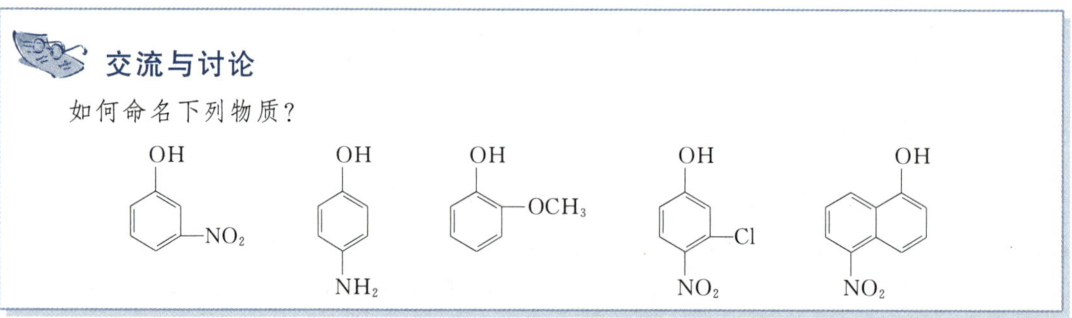

交流与讨论

如何命名下列物质？

将羟基及与其相连的芳环作为母体称某酚。其他基团作为取代基，编号从与羟基相连的碳原子开始。若遇到芳环中含有—COOH，—SO_3H，—CO—等官能团，则把酚羟基作为取代基。例如：

邻甲苯酚（2-甲基苯酚）　3-硝基苯酚　间苯二酚（1,3-苯二酚）　水杨酸（2-羟基苯甲酸）　6-羟基-2-萘磺酸

三、酚的性质

1. 酚的物理性质

交流与讨论

甲苯酚又叫甲酚，存在于煤焦油中，通常为邻、间、对三种异构体的混合物，俗称煤酚。煤酚皂溶液是47%～53%的煤酚肥皂水溶液，曾在医药上用作消毒剂。你知道为什么煤酚皂溶液可以杀菌吗？

除少数烷基酚为高沸点液体外，酚多数为固体，纯酚一般没有颜色，在空气中易被氧气氧化后带红色，甚至褐色。酚能溶于乙醇、乙醚及苯等有机溶剂，在水中的溶解度不大，但随着酚中羟基的增多，其水溶性增大。常见酚的物理常数见表6-2。

表6-2　常见酚的物理常数

名称	熔点/℃	沸点/℃	折射率(n_D^{20})	溶解度/g·(100 g 水)$^{-1}$(25 ℃)	pK_a
苯酚	43	181	1.550 9^{21}	9.3	9.89
邻甲苯酚	30	191	1.536 1	2.5	10.20

续表

名称	熔点/℃	沸点/℃	折射率(n_D^{20})	溶解度/g·(100 g 水)$^{-1}$(25 ℃)	pK_a
间甲苯酚	11	201	1.543 8	2.3	10.17
对甲苯酚	35.5	201	1.531 2	2.6	10.01
邻硝基苯酚	44.5	214	1.572 3^{50}	0.2	7.23
间硝基苯酚	96	194(9333 Pa)		1.4	8.40
对硝基苯酚	114	279(分解升华)		1.6	7.15
2,4-二硝基苯酚	113			0.56	4.0
2,4,6-三硝基苯酚	122			1.4	0.71
邻苯二酚	105	245	1.604	45.1	9.48
间苯二酚	110	281		123	9.44
对苯二酚	170	286		8	9.96
1,2,3-苯三酚	133	309	1.561^{134}	62	7.0
α-萘酚	94	279	1.662 4^{99}	难溶于水	9.31
β-萘酚	123	286		0.1	9.55

酚是毒性很大的物质。苯酚可使蛋白质变性,有杀菌效力,曾用作消毒剂和防腐剂。苯酚有毒,可通过皮肤吸收进入人体引起中毒,现已不用作消毒剂。饮用水中即使含有微量的酚也会有一股难闻的特异气味。因此,为了保护人体健康,防止环境污染,防止自然生态被破坏,对含酚的污水,国家严格控制其含量,化工系统和炼焦工业的含酚废水在排放前,必须加以处理。

酚的杀菌能力随羟基数目的增加而增加,苯酚经烷基化或经吸电子基团取代后杀菌能力会增强。

酚可以发生缔合,结构不同决定了其可发生分子间缔合还是分子内缔合。例如:

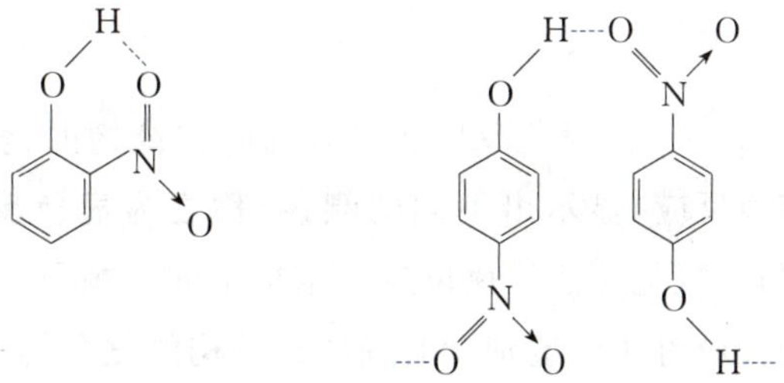

邻硝基苯酚可以发生分子内缔合,即形成分子内氢键;对硝基苯酚可以发生分子间缔合,即形成分子间氢键。邻硝基苯酚发生了分子内缔合,降低了分子间缔合的能力,其沸点比对硝基苯酚低,因此可用蒸馏的方法把二者分开。

2. 酚的化学性质

酚羟基由于氧原子上的未共用电子对参与了苯环的共轭,受到苯环的影响,在性质上与醇羟基有明显的差别,而苯环由于受到羟基的活化,比相应的芳香烃更容易发生亲电取代反应。

(1) 酚羟基的反应

交流与讨论

酚和醇都含有羟基,比较一下酚与醇的酸性哪种更强?如果在制备环己醇时有少量苯酚杂质,你能设计一个简便方案除去杂质吗?

① 酸碱反应。酚比醇的酸性大,这是因为酚中的氧的给电子作用,使得电子向苯环转移,氧氢之间的电子云密度降低,氢氧键减弱,易于断裂,显示出酸性。醇在一般情况下不与 NaOH 起反应,酚可以与 NaOH 反应生成酚钠,故酚可以溶于氢氧化钠溶液中。

视频:苯酚的弱酸性

酚的酸性比碳酸的酸性弱,向酚钠溶液中通入二氧化碳,酚又可以游离出来。利用此反应可以把酚同其他有机化合物分离。

$$C_6H_5ONa + CO_2 + H_2O \longrightarrow C_6H_5OH + NaHCO_3$$

苯酚俗称**石炭酸**,一般不能使常见酸碱指示剂改变颜色。

当酚的芳环上连有给电子基时,由于增加了酚羟基氧原子的电子云密度,使氢原子不易解离,其酸性比苯酚弱,取代基的给电子能力越强酸性越弱;反之,当酚的芳环上连有吸电子基时,由于降低了酚羟基氧原子的电子云密度,使氢原子易于解离,其酸性比苯酚强,取代基吸电子能力越强,其酸性越强。酚羟基邻对位上的吸电子基越多,苯酚的酸性越强。例如:

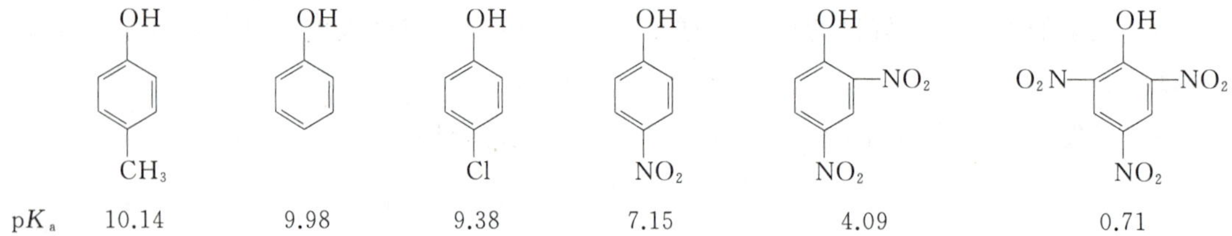

视频:苯酚的显色反应

② 与 $FeCl_3$ 的显色反应。具有烯醇式结构的化合物大多数能与三氯化铁的水溶液反应,显示出不同的颜色,称之为**显色反应**,酚中具有烯醇式结构,可以与三氯化铁起显色反应。结构不同的酚所显颜色不同,如表 6-3 所示。显色反应可用于鉴别含有烯醇式结构的化合物。

$$6\,C_6H_5OH + FeCl_3 \longrightarrow [Fe(OC_6H_5)_6]^{3-} + 6H^+ + 3Cl^-$$

交流与讨论

如何用化学方法鉴别下列各组化合物。

1. 苯与苯酚　　2. 环己醇与对甲苯酚　　3. 1-氯己烷与对氯苯酚

表 6-3 不同的酚和三氯化铁产生的颜色

化合物	显示的颜色	化合物	显示的颜色
苯酚	紫	间苯二酚	紫
邻甲苯酚	蓝	对苯二酚	暗绿色结晶
间甲苯酚	蓝	1,2,3-苯三酚	淡棕红色
对甲苯酚	蓝	1,3,5-苯三酚	紫色沉淀
邻苯二酚	绿	α-萘酚	紫色沉淀

③ 成醚反应。酚与醇相似，也可以生成醚。但酚一般不能用分子间脱水制备醚，通常由酚钠与卤代烷或硫酸二甲酯作用而得。

$$C_6H_5ONa + CH_3I \xrightarrow{NaOH} C_6H_5OCH_3 + NaI$$

$$\text{2,4-}Cl_2C_6H_3OH + Cl\text{-}C_6H_4\text{-}NO_2 \xrightarrow[\triangle]{NaOH} \text{2,4-}Cl_2C_6H_3\text{-}O\text{-}C_6H_4\text{-}NO_2 + NaCl$$

酚醚的化学性质较稳定，不易被氧化，除二苯基醚外，芳基烷基醚与氢碘酸作用可得到原来的酚。

$$C_6H_5OCH_3 + HI \longrightarrow C_6H_5OH + CH_3I$$

此方法在有机合成上常用来**保护酚羟基**。

④ 酯的生成。醇易与羧酸反应生成酯，但酚不能直接和羧酸反应生成酯，需与酸酐或酰卤作用生成酚酯。例如：

$$\underset{\text{水杨酸}}{o\text{-}HOOC\text{-}C_6H_4\text{-}OH} + (CH_3CO)_2O \xrightarrow[\triangle]{H_3PO_4} \underset{\text{乙酰水杨酸（阿司匹林）}}{o\text{-}HOOC\text{-}C_6H_4\text{-}O\text{-}\overset{O}{\overset{\|}{C}}\text{-}CH_3} + CH_3COOH$$

此反应在医药上常用于制备阿司匹林，它是一种常用的解热镇痛药。

(2) 芳环上的反应

酚中由于羟基的给电子作用，使得芳环上电子云密度增大，芳环的活性增大，容易发生亲电取代反应，如卤代、硝化、磺化反应等。

① 卤化。苯酚与溴水反应非常快，室温下立刻反应得到三溴苯酚白色沉淀，反应非常灵敏，现象明显，10×10^{-6} 的苯酚溶液也可以检出，此反应可用于**苯酚的定性鉴别和定量测定**。

$$C_6H_5OH + 3Br_2 \longrightarrow \text{2,4,6-}Br_3C_6H_2OH\downarrow + 3HBr$$

视频：苯酚的溴代反应

② 硝化。室温下，苯酚即可与稀硝酸发生硝化反应，得到邻硝基苯酚和对硝基苯酚的混合物。

$$\text{C}_6\text{H}_5\text{OH} + HNO_3 \longrightarrow o\text{-}HO\text{-}C_6H_4\text{-}NO_2 + p\text{-}HO\text{-}C_6H_4\text{-}NO_2$$

苯酚与浓硝酸作用，可得到 2,4,6-三硝基苯酚，苦味，俗名**苦味酸**，它是黄色晶体，可溶于热水、乙醇和乙醚，极易爆炸，故也是一种烈性炸药。在分析上它可用作生物碱的沉淀剂。当皮肤轻微烫伤时，涂以苦味酸的饱和水溶液，有一定的治疗效果。

$$C_6H_5OH + 浓\ HNO_3 \xrightarrow{浓\ H_2SO_4} 2,4,6\text{-}(O_2N)_3C_6H_2OH$$

③ 磺化。室温下苯酚与浓硫酸作用，发生磺化反应，得到邻位产物，升高温度主要得到对位产物。

$$C_6H_5OH + 浓\ H_2SO_4 \xrightarrow{室温} o\text{-}HO\text{-}C_6H_4\text{-}SO_3H$$

$$C_6H_5OH + 浓\ H_2SO_4 \xrightarrow{100\ ℃} HO\text{-}C_6H_4\text{-}SO_3H\ (对位)$$

④ 弗里德-克拉夫茨反应。酚容易进行**弗里德-克拉夫茨**反应，产物以对位产物为主。如果对位有取代基时，则生成邻位产物。烷基化试剂常常是烯烃或醇，由浓硫酸、磷酸或酸性离子交换树脂作为催化剂。例如：

$$C_6H_5OH + CH_3CH{=}CH_2 \xrightarrow{浓\ H_2SO_4} o\text{-}HO\text{-}C_6H_4\text{-}CH(CH_3)_2 + p\text{-}HO\text{-}C_6H_4\text{-}CH(CH_3)_2$$

(3) 氧化反应　酚的活性高，易被氧化，空气也能使之氧化，苯酚与重铬酸钾及硫酸作用，生成对苯醌。

$$C_6H_5OH \xrightarrow{K_2Cr_2O_7 + 浓\ H_2SO_4} O{=}C_6H_4{=}O\ (对苯醌)$$

多元酚更易被氧化，就是说它的还原能力很强。例如，对苯二酚能将感光后的 AgBr 还原为金属银，所以可作为照相的显影剂。

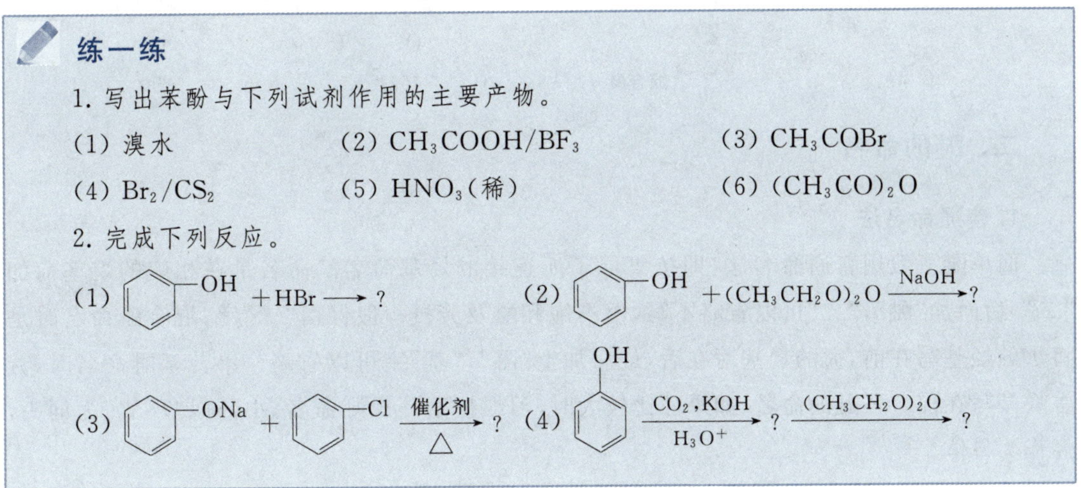

练一练

1. 写出苯酚与下列试剂作用的主要产物。

(1) 溴水　(2) CH_3COOH/BF_3　(3) CH_3COBr

(4) Br_2/CS_2　(5) HNO_3(稀)　(6) $(CH_3CO)_2O$

2. 完成下列反应。

四、酚的制法

酚的制备方法有苯磺酸钠碱熔法、卤苯水解法和异丙苯氧化法等，详见模块十二“酚的制备与合成”。

主题 3　醚

醚的通式为 R—O—R′、R—O—Ar、Ar—O—Ar，醚可以看作是水分子中的两个氢原子被烃基取代后所得到的化合物。醚键(C—O—C)是醚类化合物的官能团，醚与同碳原子数的醇是同分异构体。

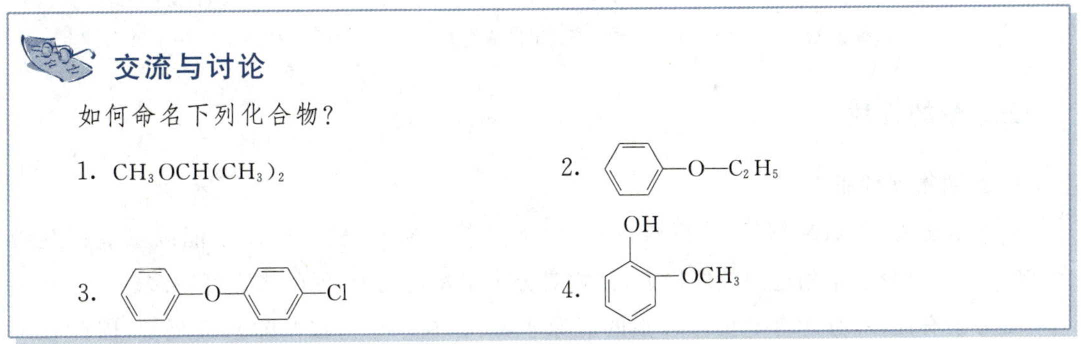

交流与讨论

如何命名下列化合物？

1. $CH_3OCH(CH_3)_2$

一、醚的分类

醚分子中两个烃基相同的叫**简单醚**，两个烃基不同的叫**混合醚**，烃基与氧原子连成环状结构的叫**环醚**,醚的一个烃基或两个烃基是芳基的叫**芳醚**。

$CH_3CH_2OCH_2CH_3$　简单醚

$CH_3OCH_2CH_3$　混合醚

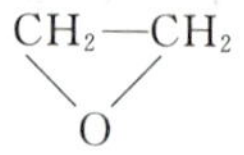

$CH_2—CH_2$(通过O成环)　环醚

$C_6H_5—OCH_3$　芳醚

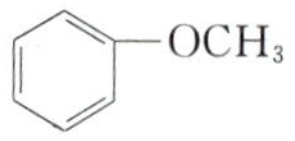

二、醚的命名

1. 普通命名法

简单醚一般用普通命名法,即按氧原子所连接的烃基命名。命名是在相应的烷基前加"二",后面加"醚","二"可以省略不写,但不饱和醚及芳醚一般保留"二"字;混合醚命名时是将小的烃基写在前,大的烃基写在后,最后加上"醚","基"字可以省略。单芳基醚命名时,芳香烃基写在前。环醚的命名,如果环比较大时,习惯按杂环规则命名,小环以"环氧"为词头,烃作为母体。

$CH_3CH_2OCH_2CH_3$　乙醚

$CH_3OCH_2CH_3$　甲乙醚

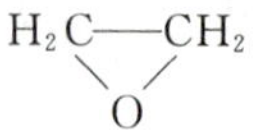

$H_2C—CH_2$(通过O成环)　环氧乙烷

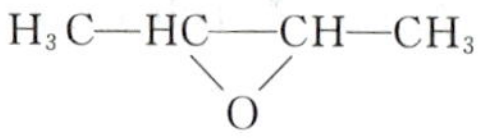

$H_3C—HC—CH—CH_3$(HC与CH通过O成环)　2,3-环氧丁烷

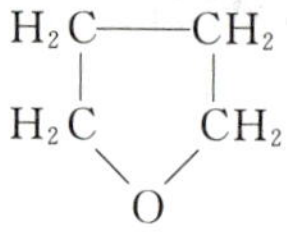

$H_2C—CH_2$、H_2C、CH_2(五元环,含O)　四氢呋喃

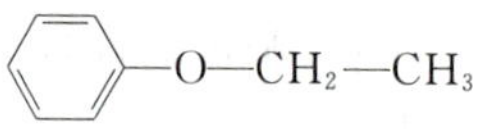

$C_6H_5—O—CH_2—CH_3$　苯乙醚

2. 系统命名法

复杂的醚采用系统命名法,命名时选择最长碳链作为主链,含氧的较小碳链作为取代基,称为烷氧基。

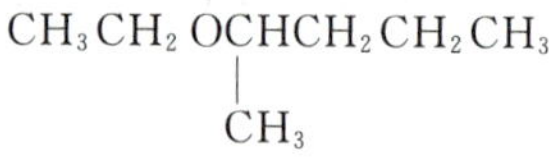

$CH_3CH_2OCH(CH_3)CH_2CH_2CH_3$　2-乙氧基戊烷

$CH_3OCH_2CH_2OCH_3$　1,2-二甲氧基乙烷

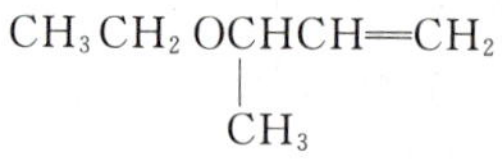

$CH_3CH_2OCH(CH_3)CH=CH_2$　3-乙氧基-1-丁烯

三、醚的性质

1. 醚的物理性质

大多数醚为无色、易挥发、易燃烧的液体(尤其是乙醚)。醚分子间不能以氢键相互缔合,沸点与相对分子量相近的烷烃接近,比相对分子量相近的醇、酚的沸点低得多。

醚分子有极性,且含有电负性较强的氧原子,所以在水中可以与水形成氢键,因此在水中有一定的溶解度,溶解度比烷烃的大。

醚能溶解许多有机化合物,并且活性非常低,是良好的有机溶剂。一些醚的物理常数见表6-4。

表 6-4 一些醚的物理常数

名称	熔点/℃	沸点/℃	相对密度(d_4^{20})	折射率(n_D^{20})
甲 醚	−141.5	−24.9	0.661	—
乙 醚	−116.2	34.5	0.713 7	1.352 6
丙 醚	−112	90.5	0.736	1.380 9
异丙醚	−85.89	68.7	0.724 1	1.367 9
丁 醚	−95.3	142.4	0.768 9	1.399 2
乙烯基乙醚	−115.3	35.5	0.763 0	1.377 4
二乙烯基醚	−101	28	0.773	1.398 9
苯甲醚	−37.5	155	0.996 1	1.517 9
二苯醚	26.84	257.9	1.074 8	$1.578\ 7^{25}$
环氧乙烷	−110	10.73(101 325Pa)	$0.882\ 4^{10}$	$1.359\ 7^{7}$
1,2-环氧丙烷	−104	33.9	0.859 0	1.305 7
1,4-环氧丁烷	−65	66	0.889 2	1.405 0
1,4-二氧六环	11.8	101(99 992Pa)	1.033 7	1.422 4

2. 醚的化学性质

交流与讨论

有两瓶失去了标签的试剂，可能是正丁醇与乙醚，请鉴别并贴上正确的标签。

醚相当稳定，不易进行一般的化学反应，对碱、氧化剂、还原剂都很稳定。由于C—O键为极性键，在一定的条件下，醚也能发生反应。

（1）生成鎓盐　醚中氧原子有未共用电子对，可以接受强酸提供的质子生成鎓盐正离子，并溶于强酸中，鎓盐是不稳定的强酸弱碱盐，将其置于冰水中便可分解释放出醚，可用此性质**分离和鉴别醚**。

$$ROR + HCl \longrightarrow [R\text{—}\underset{\substack{|\\H}}{O}\text{—}R]^+ Cl^-$$

（2）醚键的断裂　醚键相当稳定，一般不发生化学反应，但与浓盐酸、浓氢溴酸，以及氢碘酸均可反应，碳氧键断裂。

盐酸、氢溴酸与醚的反应需要较高的反应温度和浓度。氢碘酸的反应活性高，反应产物为醇和卤代烃，如果氢碘酸过量，则生成的醇继续反应生成相应的卤代烃。

碳氧键断裂的顺序为：三级烷基＞二级烷基＞一级烷基＞芳香烃基。

$$CH_3OCH_3 \xrightarrow[\text{过量}]{HI} CH_3OH + CH_3I$$

$$CH_3OH \xrightarrow{HI} CH_3I$$

动画:苯甲醚与碘化氢的反应

对芳基烷基混合醚来说,与氢碘酸共热发生醚键断裂,生成酚和碘代烷(叔丁基除外)。例如:

$$C_6H_5—O—CH_3 \xrightarrow{HI} C_6H_5OH + H_3C—I$$

$$C_{10}H_7—\ddot{O}C_2H_5 \xrightarrow[H_3PO_4,\triangle]{KI} C_{10}H_7—\ddot{O}H + CH_3CH_2I$$

(3) 醚的氧化　醚中如果与氧原子相连的碳原子上有氢原子,由于氧原子的影响,此类氢易氧化,形成过氧化物。例如:

$$CH_3CH_2OCH_2CH_3 \xrightarrow{O_2} CH_3\underset{\underset{OOH}{|}}{C}HOCH_2CH_3$$

小贴士

过氧化醚受热或振动,会引起剧烈爆炸。因此在蒸馏醚之前,一定要检查是否含有过氧化物。检查方法是,取少量醚,加入碘化钾的乙酸溶液,如果有过氧化物,则会有碘游离出来,加入淀粉溶液,则溶液变为蓝色。或者加入 $FeSO_4$ 和 KSCN 的混合液,如有过氧化物,则 Fe^{2+} 被氧化成 Fe^{3+},然后与 KSCN 作用生成血红色的 $[Fe(SCN)_6]^{3-}$ 配离子。储存过久含有过氧化物的醚一定要用硫酸亚铁-硫酸水溶液洗涤或用亚硫酸钠等还原剂处理后方能蒸馏。为避免过氧化物生成,储存时可在醚中加入少许金属钠。

四、醚的制法

交流与讨论

合成甲基叔丁基醚,你认为下列三种路线哪种最合理?为什么?

(1) $(CH_3)_3COH$ 与 CH_3OH 共热;(2) CH_3Br 与 $(CH_3)_3CONa$ 共热;(3) $(CH_3)_3CBr$ 与 CH_3ONa 共热。

1. 醇分子间脱水

在酸(如浓硫酸、芳磺酸或三氟化硼)催化下,醇分子间脱水生成醚。

$$R—OH + HO—R \xrightarrow[\triangle]{浓 H_2SO_4} R—O—R + H_2O$$

这是制备低级简单醚的方法,如乙醚、正丁醚。这种方法只限于伯醇和含活泼羟基的醇,例如,苯甲醇只需与稀酸共热即脱水生成二苄醚。

2. 威廉森合成法

醇钠或酚钠与卤代烃反应生成醚是制备醚的一种重要方法，称为**威廉森**（Williamson）**合成法**。

$$R—O^- Na^+ + R'—X \xrightarrow{S_N} R—O—R' + NaX$$

$$Ar—O^- Na^+ + R'—X \xrightarrow{S_N} Ar—O—R' + NaX$$

例如：

$$CH_3CH_2CH_2CH_2Br + CH_3CH_2ONa \xrightarrow{C_2H_5OH\ 中回流} CH_3CH_2CH_2CH_2OCH_2CH_3 + NaBr$$

威廉森合成法既可用于合成简单醚，又可用于合成混合醚。可是，由于 RO^- 或 ArO^- 既是亲核试剂，又是强碱，因此在进行亲核取代生成醚的同时常伴随消除反应生成烯烃。如果选用叔卤代烃作为合成醚的原料，在强碱作用下几乎都是消除产物，因此，在合成甲基叔丁基醚时应选择(1)路线，而不能选择(2)路线。

$$(CH_3)_3CO^- Na^+ + CH_3—I \xrightarrow{S_N2} (CH_3)_3COCH_3 + NaI \quad (1)$$

$$(CH_3)_3CBr + CH_3O^- Na^+ \xrightarrow{E2} CH_2{=}C(CH_3)—CH_3 + CH_3OH + NaBr \quad (2)$$

由于卤代芳烃中卤原子不活泼，因此在制备芳基烷基醚时宜采用酚钠，不宜采用醇钠。例如：

$$C_6H_5—O^- Na^+ + CH_3—I \xrightarrow{25℃} C_6H_5—OCH_3 + NaI$$

$$\text{2,4-}Cl_2C_6H_3—O^- Na^+ + ClCH_2—COONa \longrightarrow \text{2,4-}Cl_2C_6H_3—OCH_2COONa + NaCl$$

3. 不饱和烃与醇的反应

在强酸（如硫酸）或强酸性阳离子交换树脂等的催化下，烯烃可与醇发生反应生成醚。例如：

$$(CH_3)_2C{=}CH_2 + CH_3OH \xrightarrow[40\sim50\ ℃,\ 1\sim1.5\ MPa]{强酸性阳离子交换树脂} (CH_3)_3C—OCH_3 \quad (98\%)$$

这是甲基叔丁基醚的工业制法，它是无铅汽油添加剂，可以提高汽油的辛烷值。

练一练

用威廉森合成法制备下列混合醚。

1. 乙基叔丁基醚　　2. 苯基乙基醚

五、重要的醚

环氧乙烷为无色液体，能溶于水、乙醇、乙醚，环氧乙烷为三元环，非常活泼。在酸性、碱性条件下易与含活泼氢的试剂发生反应，断裂 C—O 键，从而开环。

$$H_2C\text{—}CH_2\text{(环氧乙烷)}\begin{cases}\xrightarrow{H_2O} HO\text{—}CH_2CH_2\text{—}OH \quad (\text{乙二醇})\\ \xrightarrow[H^+]{ROH} ROCH_2CH_2OH \quad (\text{乙二醇醚})\\ \xrightarrow{HX} HO\text{—}CH_2CH_2\text{—}X\\ \xrightarrow{HNH_2} HO\text{—}CH_2CH_2\text{—}NH_2 \quad (\text{2-氨基乙醇})\\ \xrightarrow{HCN} HO\text{—}CH_2CH_2\text{—}CN\\ \xrightarrow{RMgX} R\text{—}CH_2CH_2\text{—}OMgX \xrightarrow[H^+]{H_2O} R\text{—}CH_2CH_2\text{—}OH+Mg(OH)_2\end{cases}$$

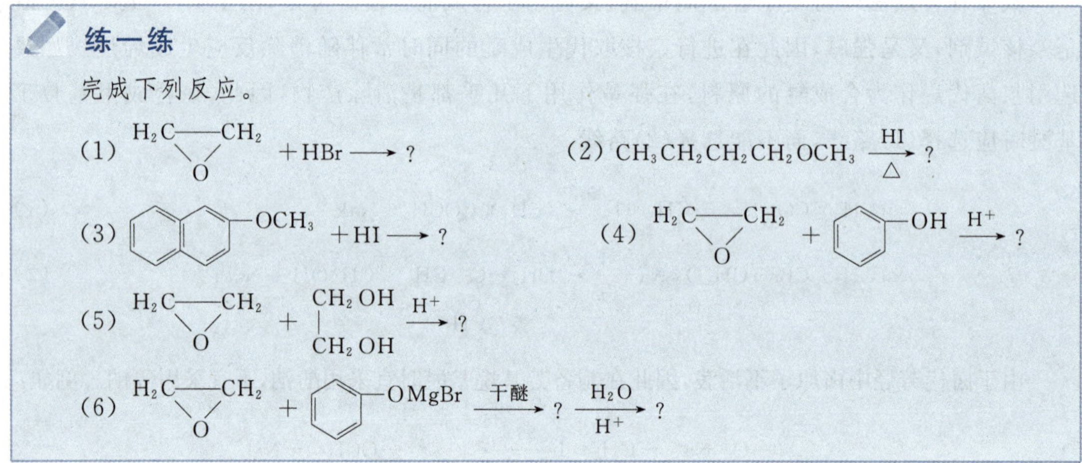

练一练

完成下列反应。

(1) 环氧乙烷 $+HBr \longrightarrow ?$

(2) $CH_3CH_2CH_2CH_2OCH_3 \xrightarrow[\triangle]{HI} ?$

(3) β-萘甲醚($C_{10}H_7$—OCH_3) $+HI \longrightarrow ?$

(4) 环氧乙烷 $+$ 苯酚(C_6H_5—OH) $\xrightarrow{H^+} ?$

(5) 环氧乙烷 $+$ $\begin{matrix}CH_2OH\\ |\\ CH_2OH\end{matrix}$ $\xrightarrow{H^+} ?$

(6) 环氧乙烷 $+$ C_6H_5—OMgBr $\xrightarrow{\text{干醚}} ? \xrightarrow[H^+]{H_2O} ?$

任务训练 6　β-萘乙醚的制备

任务工单 6

工作任务	β-萘乙醚的制备						
姓名		班级		学号		日期	

学习目标

1. 知识目标

(1) 通过查找资料，了解反应物的物性参数；

(2) 懂得威廉森合成法制备混合醚的原理和方法。

2. 能力目标

(1) 掌握回流操作技术；

(2) 能用重结晶法提纯固态有机化合物。

3. 素养目标

(1) 会查找资料；

(2) 学会规范操作，树立安全意识；

(3) 具有严肃认真的学习态度及认真仔细的工作态度。

学习要求

1. 组长组织组员召开小组会议，领会学习目标，进行任务分工；
2. 结合所学的有机化学理论知识讨论理解实验原理；
3. 讨论实验安全事项。

任务分组

角色	姓名	学号	分工
组长			
组员 1			
组员 2			
组员 3			

任务落实

1. 资料查询、收集与整理。通过查阅资料，填写表 6-5。

表 6-5 试剂及产品的基本物性参数

名称	摩尔质量/($g \cdot mol^{-1}$)	熔点/℃	沸点/℃	密度/($g \cdot cm^{-3}$)	水溶性
β-萘酚					
β-萘乙醚					
溴乙烷					

2. 领会实验原理和仪器。

(1) 实验原理

(2) 材料清单

3. 实验方案设计。

(1) 实验装置绘制

(2) 方框流程图

操作 1 → 操作 2 → 操作 3 → 操作 4 → ……

4. 完成实验报告。

(1) 实验现象记录

(2) 实验结果记录

(3) 实验结果讨论

任务评价

1. 产品外观

无色片状晶体。

2. 产品产量

称量并计算产率，填写产品质量及其评价表，如表 6-6 所示。

表 6-6 产品质量及其评价表

产品外观	产率/%

问题探究

1. 制备 β-萘乙醚时，为什么不用 β-溴萘和乙醇作为原料？

2. 反应结束后，为什么要把大部分的乙醇蒸出？如果将反应混合物直接倒入水中而不先蒸出乙醇，对实验结果会有何影响？

【知识连线】

1. 实验原理

主反应：

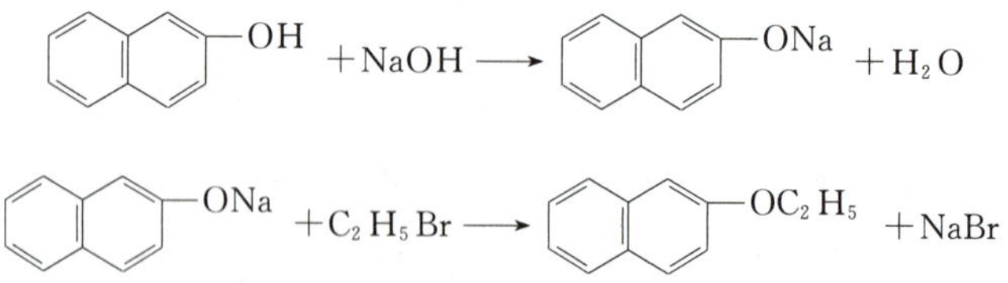
OH
+NaOH
ONa
+H₂O
ONa
+C₂H₅Br
OC₂H₅
+NaBr

副反应：

$$C_2H_5Br + NaOH \longrightarrow C_2H_5OH + NaBr$$

2. 仪器设备与装置

50 mL 圆底烧瓶、烧杯、冷凝管、加热源。普通回流装置如图 6-1 所示。

3. 药品试剂

氢氧化钠、无水乙醇、β-萘酚、溴乙烷、95%乙醇。

4. 实验流程

实验关键步骤:组装仪器→加料→加热回流→抽滤→计算产率。

在 50 mL 圆底烧瓶中,加入 1 g 氢氧化钠与 20 mL 无水乙醇,然后加入 3.2 g β-萘酚,待溶解后慢慢加入 1.9 mL 溴乙烷,加入沸石 2～3 粒,装上回流冷凝管,在热源上加热回流 5 h(图 6-1)。停止加热,装置改为蒸馏装置,蒸出并回收大部分乙醇。将圆底烧瓶内残留物趁热倾入盛有 40 mL 碎冰的烧杯中,并充分搅拌。抽滤收集固体,用约 20 mL 冷水分两次洗涤固体,抽滤得粗产物。用 95%乙醇重结晶,并用活性炭脱色,得产品。晾干或置于干燥器中干燥,称量并计算产率。β-萘酚的制备流程如图 6-2 所示。

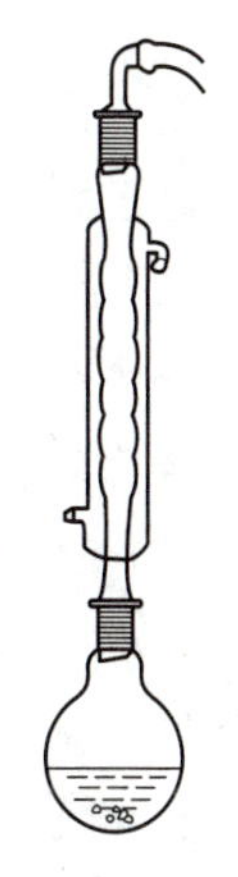

图 6-1 普通回流装置

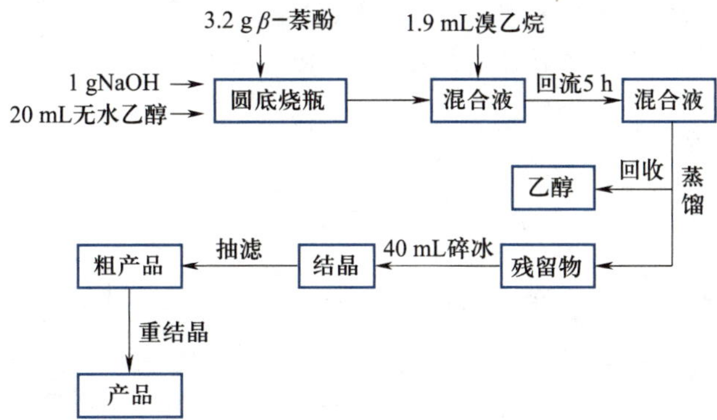

图 6-2 制备 β-萘酚流程

5. 实验注意事项

(1) 氢氧化钠有强腐蚀性,若沾到皮肤上,应立即用水冲洗;β-萘酚有毒,量取时要小心,若触及皮肤,应立即用肥皂清洗。

(2) 回流速度不宜太快,一般控制在 1 滴·s^{-1},以免溴乙烷逸出。

(3) 可用少量回收的乙醇将烧瓶洗涤 1 次,洗涤液一并倒入盛有冰水的烧杯中。

【素质拓展】

正丁醚的制备。

三苯甲醇的制备。

甲基叔丁基醚的制备。

本模块小结

1. 命名

(1) 醇

普通命名法　在醇分子中烃基的名称后面加上“醇”字。

系统命名法 选择含有羟基的最长碳链为主链,从靠近羟基的一端开始编号,根据主链碳原子数叫作“某醇”,再把取代基的位次和名称及羟基的位次放在醇的名称前面。

(2) 酚

酚的命名是在芳环(苯、萘等)名称后面加上酚字,若芳环上有取代基,将取代基的位次和名称写在前面。

(3) 醚

结构简单的醚采用普通命名法,即按氧原子所连接的烃基命名。结构复杂的醚当作烃的烷氧衍生物命名,即以复杂的烃基为母体,简单的烃基与氧组成的烷氧基作为取代基。

2. 化学性质

(1) 醇

① 醇的酸性

$$2\,ROH + 2\,Na \longrightarrow 2\,RONa + H_2\uparrow$$

② 羟基的卤代反应

$$ROH + HX \rightleftharpoons RX + H_2O$$

Ⅰ. 与氢卤酸反应,可鉴别伯、仲、叔醇。

Ⅱ. 与无机酰卤反应:生成卤代烃。

③ 氧化反应

伯醇氧化生成醛,继续氧化生成羧酸;仲醇氧化生成酮;叔醇不被氧化。常用的氧化剂为高锰酸钾或重铬酸钾的硫酸溶液。

$$RCH_2OH \xrightarrow{[O]} RCHO \xrightarrow{[O]} RCOOH$$

$$R\!-\!\underset{\displaystyle OH}{\underset{|}{CH}}\!-\!R' \xrightarrow{[O]} R\!-\!\underset{\displaystyle O}{\underset{\|}{C}}\!-\!R'$$

④ 脱水反应

分子内脱水:生成烯烃,消除取向遵循札依采夫规则。强酸性条件,加热(较高温度)。

$$RCH_2CH_2OH \xrightarrow[170\ ℃]{浓\ H_2SO_4} RCH{=}CH_2 + H_2O$$

分子间脱水:生成醚,强酸性条件,加热(较低温度)。

$$2\,ROH \xrightarrow[140\ ℃]{浓\ H_2SO_4} ROR + H_2O$$

⑤ 酯化反应

$$CH_3OH + HOSO_2OH \longrightarrow CH_3OSO_2OH + H_2O$$

$$ROH + HONO_2 \longrightarrow RONO_2 + H_2O$$

（2）酚

① 酚羟基的反应。

Ⅰ. 酸碱反应。酚的酸性大于醇，小于碳酸。

$$C_6H_5-OH + NaOH \longrightarrow C_6H_5-ONa \xrightarrow{CO_2} C_6H_5-OH$$

Ⅱ. 与三氯化铁反应。能够产生颜色，可用来鉴别酚。

$$6\,C_6H_5-OH + FeCl_3 \rightleftharpoons 6H^+ + 3Cl^- + [Fe(OC_6H_5)_6]^{3-}$$

Ⅲ. 生成酚醚。与卤代烃或与硫酸二甲酯、硫酸二乙酯在碱性条件下反应生成醚。

Ⅳ. 酯的生成。与酸酐或酰卤反应生成酚酯。

$$o\text{-}HOOC-C_6H_4-OH + (CH_3CO)_2O \xrightarrow{H_3PO_4} o\text{-}HOOC-C_6H_4-O-\overset{O}{\overset{\|}{C}}-CH_3 + CH_3COOH$$

② 芳环上的反应。

Ⅰ. 卤化。容易进行，室温下与溴水反应生成2,4,6-三溴苯酚，可用于鉴别苯酚。

$$C_6H_5-OH + 3\,Br_2 \longrightarrow 2,4,6\text{-}Br_3C_6H_2OH \downarrow + 3\,HBr$$

Ⅱ. 硝化。容易进行，室温下与稀硝酸反应生成邻、对位产物。

$$C_6H_5OH + HNO_3 \longrightarrow o\text{-}O_2N-C_6H_4-OH + p\text{-}O_2N-C_6H_4-OH$$

Ⅲ. 磺化。室温下与浓硫酸反应生成邻位产物，加热生成对位产物。

$$C_6H_5OH \xrightarrow{浓\ H_2SO_4} \begin{cases} \xrightarrow{室温} o\text{-}HO-C_6H_4-SO_3H \\ \xrightarrow{100\ ℃} p\text{-}HO-C_6H_4-SO_3H \end{cases}$$

Ⅳ. 弗里德-克拉夫茨反应。

$$\text{C}_6\text{H}_5\text{OH} + CH_3CH{=}CH_2 \xrightarrow{\text{浓 } H_2SO_4} o\text{-}(CH(CH_3)_2)C_6H_4OH + p\text{-}(CH(CH_3)_2)C_6H_4OH$$

③ 氧化反应。

苯酚氧化生成对苯醌。

$$\text{C}_6\text{H}_5\text{OH} \xrightarrow[H_2SO_4]{K_2Cr_2O_7} O{=}C_6H_4{=}O \xrightarrow{SO_2,H_2O} HO\text{-}C_6H_4\text{-}OH$$

(3) 醚

① 溶于硫酸、盐酸生成𬭩盐。

② 与氢碘酸共热醚键断裂:脂肪族醚生成碘代烷和醇,一般是较小的烃基生成碘代烷;芳基烷基醚生成酚和碘代烷;二苯醚不发生断裂。

$$CH_3OCH_2CH_3 + HI \rightleftharpoons [CH_3\overset{H}{O}CH_2CH_3]^+ I^- \xrightarrow{\triangle} CH_3CH_2OH + CH_3I$$

③ 与空气长时间接触生成过氧化物。注意过氧化物受热或碰撞会发生爆炸,蒸馏醚类化合物时,千万不要蒸干,以防过氧化物爆炸发生危险。

3. 鉴别

(1) 醇

① 用金属钠与醇反应,有气泡产生。此法适用于鉴别六个碳原子以下的醇。注意排除水、酸、末端炔烃及低级醛、酮中活泼氢的干扰。

② 用卢卡斯试剂鉴别伯、仲、叔醇。在伯、仲、叔醇的试管中分别加入卢卡斯试剂,很快变混浊的是伯醇,放置后变混浊的是仲醇,加热才变混浊的是叔醇,此法适于鉴别六个碳原子以下的醇。

(2) 酚

① 三氯化铁显色,鉴别酚类化合物。

② 加溴水,生成白色沉淀,鉴别苯酚。

4. 制法

(1) 醇

$$RCH{=}CH_2 + H_2O \xrightarrow{H^+} RCH(OH)CH_3$$

$$RX + H_2O \xrightarrow{OH^-} ROH + HX$$

$$RCHO \xrightarrow[\text{或 } NaBH_4\text{(或 } LiAlH_4\text{)}]{H_2, Ni} ROH$$

$$RCOOH \xrightarrow[(2)\ H_2O]{(1)\ LiAlH_4\text{, 乙醚}} RCH_2OH$$

$$HCHO + RMgX \xrightarrow{\text{干醚}} \xrightarrow{H_2O} RCH_2OH$$

$$CH_3CHO + RMgX \xrightarrow{\text{干醚}} \xrightarrow{H_2O} RCH(OH)CH_3$$

$$CH_3COCH_3 + RMgBr \xrightarrow{\text{干醚}} \xrightarrow{H_2O} R-C(CH_3)(OH)-CH_3$$

(2) 酚

$$C_6H_6 + CH_3CH{=}CH_2 \xrightarrow{\text{无水 } AlCl_3} C_6H_5-CH(CH_3)_2 \xrightarrow[0.4\sim0.6\ MPa]{O_2,\ 90\sim120\ ℃}$$

$$C_6H_5-C(CH_3)_2-OOH \xrightarrow[60\ ℃]{70\%\ H_2SO_4} C_6H_5-OH + CH_3COCH_3$$

$$\text{邻-}Cl-C_6H_4-NO_2 \xrightarrow[\triangle]{OH^-} \text{邻-}NaO-C_6H_4-NO_2 \xrightarrow{H^+} \text{邻-}HO-C_6H_4-NO_2$$

$$C_6H_5-SO_3Na + NaOH \xrightarrow[\text{碱熔}]{300\sim350\ ℃} C_6H_5-ONa \xrightarrow{H^+} C_6H_5-OH$$

(3) 醚

$$2ROH \xrightarrow[\triangle]{H_2SO_4} ROR + H_2O$$

$$R'X + RONa \xrightarrow[\triangle]{} R'OR + NaX$$

$$(CH_3)_2C{=}CH_2 + CH_3OH \xrightarrow[40\sim50\ ℃,\ 1\sim1.5\ MPa]{\text{强酸性阳离子交换树脂}} (CH_3)_3C-OCH_3\ (98\%)$$

5. 任务训练：β-萘乙醚的制备

威廉森法制备β-萘乙醚。

本模块思维导图

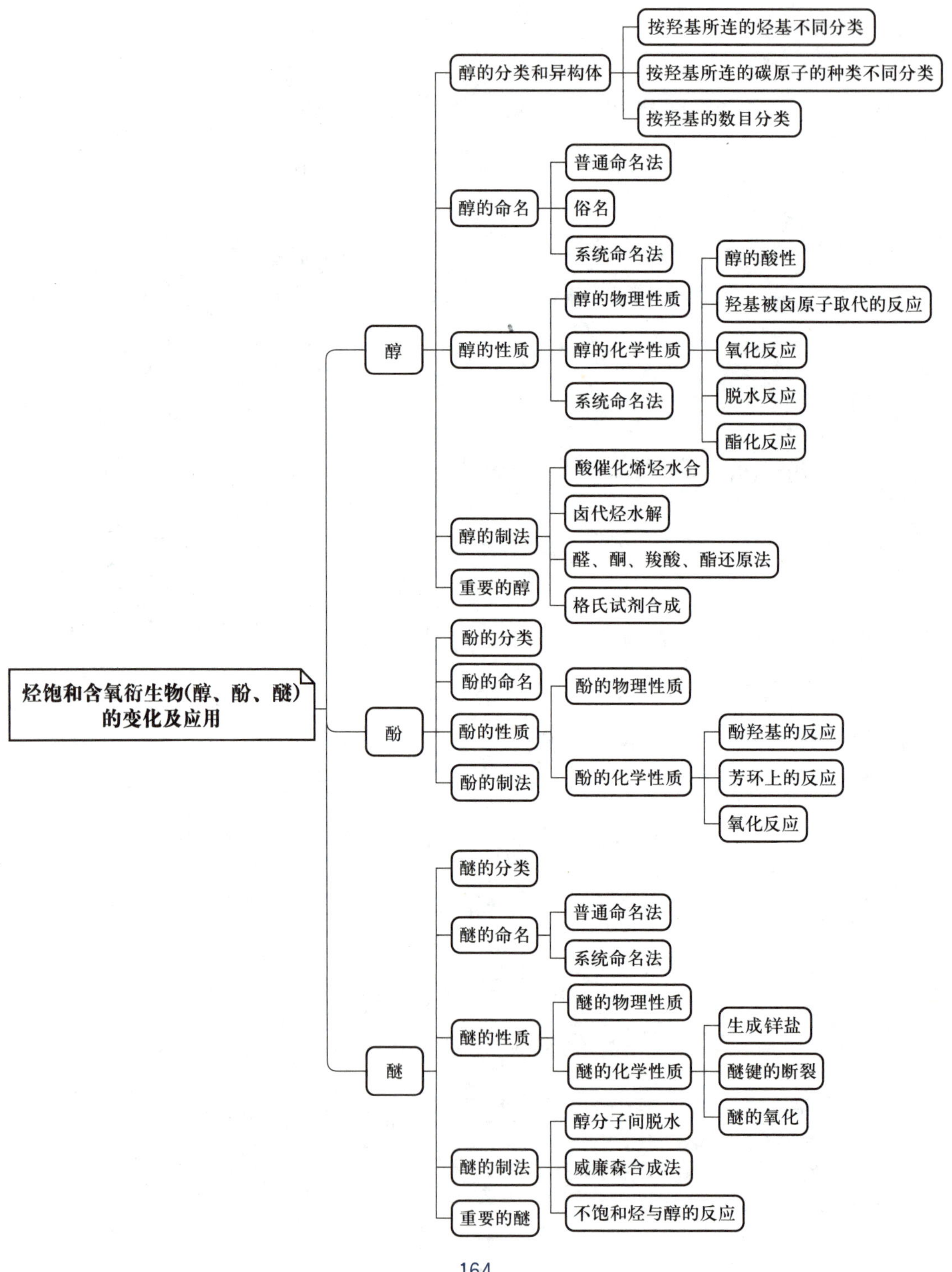
烃饱和含氧衍生物(醇、酚、醚)的变化及应用
醇
醇的分类和异构体
按羟基所连的烃基不同分类
按羟基所连的碳原子的种类不同分类
按羟基的数目分类
醇的命名
普通命名法
俗名
系统命名法
醇的性质
醇的物理性质
醇的化学性质
系统命名法
醇的酸性
羟基被卤原子取代的反应
氧化反应
脱水反应
酯化反应
醇的制法
酸催化烯烃水合
卤代烃水解
醛、酮、羧酸、酯还原法
格氏试剂合成
重要的醇
酚
酚的分类
酚的命名
酚的性质
酚的物理性质
酚的化学性质
酚羟基的反应
芳环上的反应
氧化反应
酚的制法
醚
醚的分类
醚的命名
普通命名法
系统命名法
醚的性质
醚的物理性质
醚的化学性质
生成锌盐
醚键的断裂
醚的氧化
醚的制法
醇分子间脱水
威廉森合成法
不饱和烃与醇的反应
重要的醚

习题与测试

一、命名下列化合物

1. $(CH_3CH_2)_3COH$

2. $(CH_3)_2CHCH_2CH(OH)CH_3$

3. 环己烯-OH（结构式）

4. $HOCH_2CH_2CH_2OH$

5. 苯环上OH、$CH(CH_3)_2$、CH_3（结构式）

※6. 苯基-CH—CH_2（环氧，O）（结构式）

7. 苯环上CH_3、O_2N、NO_2、OH（结构式）

※8. $CH_2=C(CH_3)-CH_2CH_2OH$

※9. 苯基-OC_2H_5

10. 苯环上OH、OCH_3（邻位）（结构式）

二、写出下列各化合物的构造式

1. 3-甲基-1,4-戊二醇

2. 2-甲基-2-丙醇

3. 间甲苯酚

※4. 乙烯基正丁基醚

三、完成下列反应方程式

1. $CH_3CH_2CH_2OH + H_2SO_4 \xrightarrow{140\ ℃} ?$

2. $CH_3CH_2OCH(CH_3)CH_3 + HI(过量) \longrightarrow ?$

3. $CH_3CH_2OH \rightarrow$
$\xrightarrow{?} ? \xrightarrow[200\sim300\ ℃]{O_2,Ag} H_2C—CH_2$（环氧，O）
$\xrightarrow{?} ? \xrightarrow[干醚]{Mg} CH_3CH_2MgBr$
$\rightarrow ? \xrightarrow[H^+]{H_2} ?$

4. 对甲基苯酚 $\xrightarrow{溴水} ?$

5. $CH_3CH(OH)CH(CH_3)CH_3 \xrightarrow[\triangle]{浓硫酸} ? \xrightarrow[\triangle]{HBr} ?$

※6. 苯基-$CH_2OH \xrightarrow{PBr_3} ? \xrightarrow{Mg,干醚} ? \xrightarrow{H_2C—CH_2（环氧，O）} ? \xrightarrow{H_2O} ?$

※7. 苯基-$OH \xrightarrow{NaOH} ? \xrightarrow{CO_2+H_2O} ? \xrightarrow{溴水} C$

四、将下列各组化合物按酸性由强至弱顺序排列

1. Cl_2CHCH_2OH $ClCH_2CH_2OH$ CH_3CH_2OH Cl_3CCH_2OH F_3CCH_2OH

2. OH / CH_3　　OH / Cl　　OH / NO_2　　OH / NO_2 / NO_2

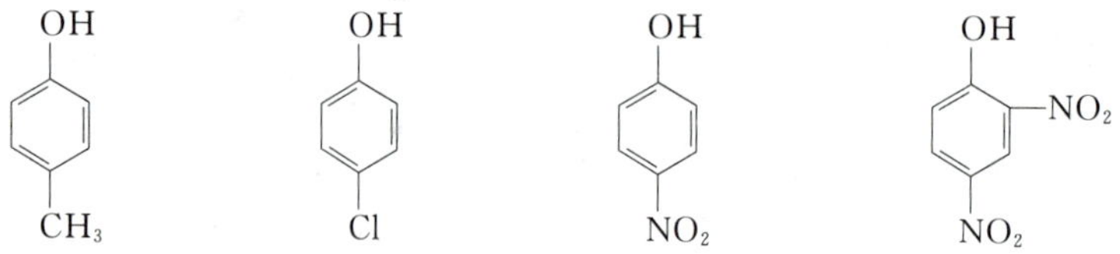

五、以正丁醇为原料合成下列化合物

1. 1-丁烯　　2. 1,2-二溴丁烷　　3. 2-丁醇

4. 正丁酸　　5. 2-丁酮

六、邻甲苯酚和下列试剂有无反应(若有,写出其主要产物)

1. Br_2,H_2O　　2. HBr,△　　3. 98% H_2SO_4,25 ℃　　4. 冷稀 HNO_3

七、用化学方法鉴别下列各组化合物

1. 苯甲醚和苯甲醇

2. 己烷、丁醇、苯酚、丁醚

3. 苯酚、2,4,6-三硝基苯酚和 2,4,6-三甲基苯酚

4. 苯甲醚、苯酚和 1-苯基乙醇

八、推断

1. 某醇 $C_5H_{11}OH$ 氧化后得到一种酮,该醇脱水后得一种烃,此烃氧化后可生成另一种酮与一种羧酸,试推断该醇的构造式。

2. 由化合物 A($C_6H_{13}Br$)所制得的格氏试剂与丙酮作用可制得 2,4-二甲基-3-乙基-2-戊醇。A 能发生消除反应生成两种互为异构体的产物 B 和 C。B 经酸性高锰酸钾氧化,得到碳原子数相同的酸 D 和酮 E。试写出 A→E 的结构式及各步反应方程式。

※3. 某化合物 A 的化学式为 $C_6H_{14}O$,它不与钠反应,与氢碘酸反应生成一分子碘代烷 B 和一分子醇 C,C 与卢卡斯试剂立即发生反应,在加热并有浓 H_2SO_4 存在下,脱水只生成一种烯烃 D,写出 A、B、C、D 的构造式及各步反应方程式。

※4. 两种芳香族含氧化合物 A、B,化学式均为 C_7H_8O,A 可与 Na 作用,而 B 不能。A 与浓 HI 反应生成 C(C_7H_7I),B 用浓 HI 处理生成 D(C_6H_6O),D 遇溴水迅速产生白色沉淀,写出 A、B、C、D 的构造式及各步反应方程式。

模块七

烃不饱和含氧衍生物(醛、酮)的变化及应用

学习目标

1. 会给醛、酮命名;
2. 了解醛、酮的物理性质;
3. 掌握醛、酮的化学性质;
4. 掌握醛、酮的重要制法;
5. 能将醛、酮的反应应用于分离、提纯、有机化合物的合成和有机分析中;
6. 能进行肉桂醛的合成。
7. 学会使用归纳、总结、联系的科学方法发现规律,认识本质,分析问题。

问题引入

人若长时间待在新装修的家和办公室中,可能会觉得眼睛或喉咙不舒服,出现打喷嚏、咳嗽等症状,这是因为装修和制造家具所使用的人造板中含有大量的以甲醛为原料制造的胶黏剂,甲醛是室内空气中的主要污染物,《室内空气质量标准》(GB/T 18883—2022)规定其释放量不得超过0.08 $mg \cdot m^{-3}$,它已经被世界卫生组织确定为致癌和致畸形物质,是公认的变态反应源,也是潜在的强致突变物之一。长期接触低剂量甲醛可引起慢性呼吸道疾病,引起鼻咽癌、结肠癌、脑瘤、白血病、细胞核的基因突变,抑制DNA损伤的修复、引起新生儿染色体异常等。又比如在日常生活中我们都会有这样的疑问,为什么有的人喝酒“千杯不醉”,而有的人喝一点酒后就面红耳赤?这是因为后者体内缺少乙醛脱氢酶,饮酒后就会引起体内乙醛积累,导致血管扩张而脸红。

上述所谈到的甲醛、乙醛及图7-1、图7-2、图7-3所示兰花中的香草醛、杏仁中的苯甲醛、竹叶中的碳苷黄酮都属于醛、酮类有机化合物。醛、酮在自然界中广泛存在，并与人类的生产、生活密切相关。那么，醛、酮结构及性能上有何特点，使得它们在药物研发、香料生产上有着特殊重要的作用，成为重要的工业原料呢？本模块就让我们一起走进醛、酮的世界，探讨醛、酮具有丰富反应活性的奥秘。

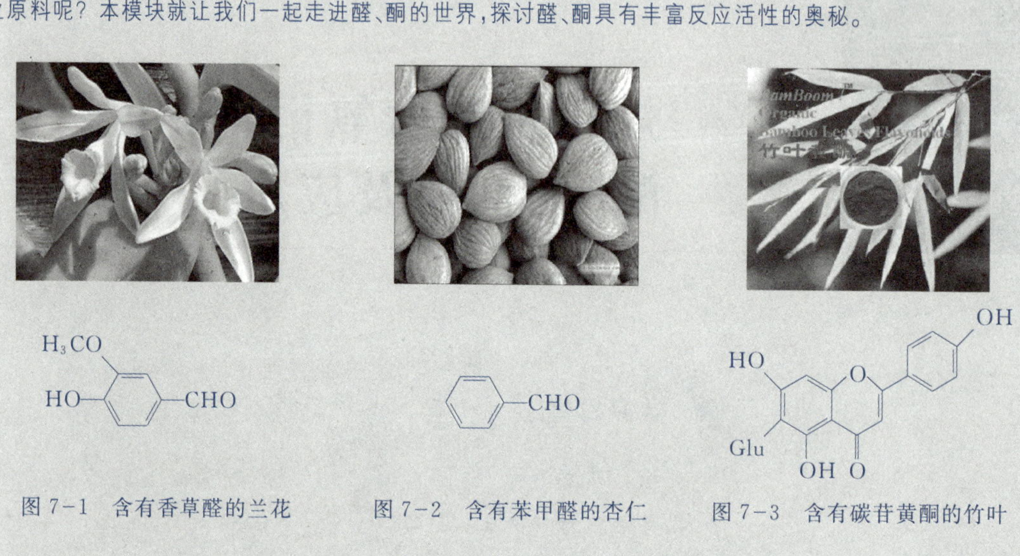

图7-1　含有香草醛的兰花　　图7-2　含有苯甲醛的杏仁　　图7-3　含有碳苷黄酮的竹叶

小知识

竹叶黄酮是从竹叶中提取出来的具有生理活性的生物黄酮，具有优良的抗自由基、抗氧化、抗衰老、抗疲劳、降血脂、预防心脑血管疾病、保护肝、抗癌症、美化肌肤等功效。

主题1　醛、酮的分类与命名

醛和酮属于烃的不饱和含氧衍生物。

醛、酮分子中含有相同的基团——羰基$\left(\begin{matrix}O\\ \|\\ -C-\end{matrix}\right)$，统称为羰基化合物。羰基碳原子分别与氢原子和烃基相连接的化合物，称为醛，可用通式RCHO表示；羰基碳原子分别和两个烃基相连接的化合物，称为酮，可用通式RCO—R′表示。

一、醛、酮的分类

1. 根据烃基结构的不同分类

根据烃基(R—)结构的不同，醛、酮可分为脂肪醛、酮，芳香醛、酮及脂环酮等。

2. 根据烃基的饱和与否分类

根据烃基的饱和与否，脂肪醛、酮可分为饱和醛、酮与不饱和醛、酮。

3. 根据羰基的数目分类

根据羰基(C═O)的数目，它们又可分为一元醛、酮与多元醛、酮。

在一元酮(RCOR′)中，两个烃基相同(R=R′)的称**简单酮**，相异(R≠R′)的称**混合酮**。

二、醛、酮的命名

交流与讨论

试着写出乙醛、环己酮、苯甲醛、2-甲基-3-丁烯醛、丁二醛的结构简式，它们在结构上有何异同点？

1. 普通命名法

普通命名法适合于简单的醛、酮。

(1) 醛　醛的普通命名法与伯醇相似，命名为“取代基＋某醛”。从醛基相邻的碳原子开始称 $\alpha,\beta,\gamma,\delta,\cdots$。例如：

CH_3CH_2CHO　　$CH_2{=}CHCHO$　　$BrCH_2CH_2CH_2CHO$

丙醛　　丙烯醛　　γ-溴丁醛

(2) 酮　看作甲酮的衍生物，命名为“烃基＋烃基＋(甲)酮”。脂肪混合酮命名时，要把“次序规则”中较优的烃基写在后面；但芳基和脂基的混合酮却要把芳基写在前面。例如：

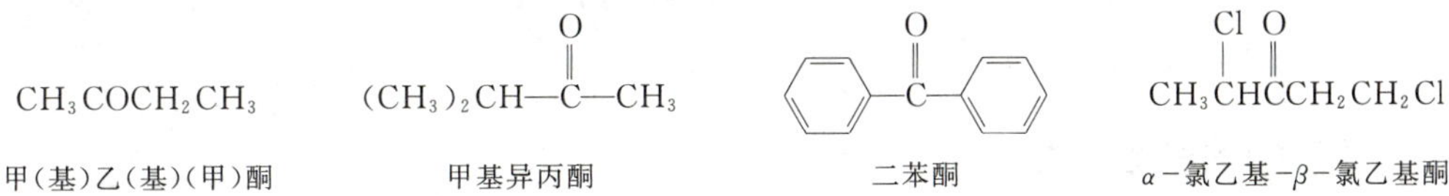

甲(基)乙(基)(甲)酮　　甲基异丙酮　　二苯酮　　α-氯乙基-β-氯乙基酮

(3) 芳香酮　芳香酮可命名为“酰基＋苯”，如乙酰苯(苯乙酮)。例如：

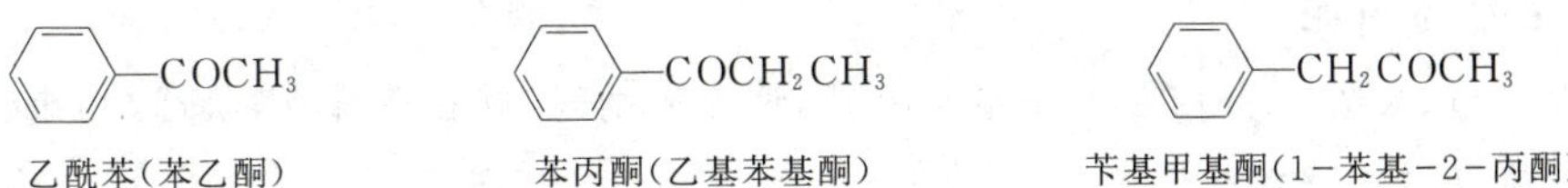

乙酰苯(苯乙酮)　　苯丙酮(乙基苯基酮)　　苄基甲基酮(1-苯基-2-丙酮)

2. 系统命名法

选择含羰基的最长碳链为主链；从近羰基的一端开始编号，醛基总在链端；取代基位次数目和名称写于醛、酮母体名称之前。此外，还要在酮名称前面标明羰基的位次。命名为“取代基＋某醛”或“取代基＋n-某酮”。例如，

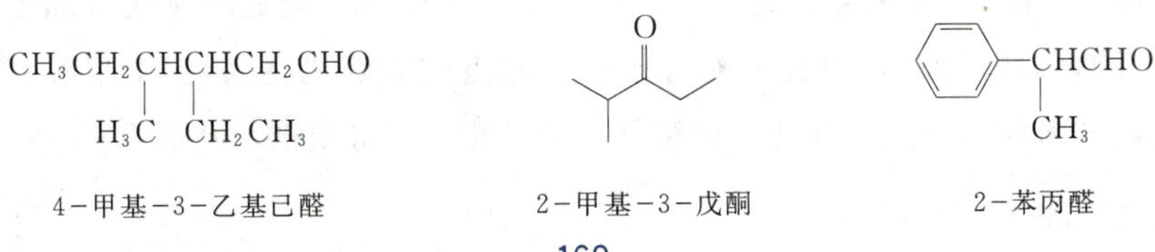

4-甲基-3-乙基己醛　　2-甲基-3-戊酮　　2-苯丙醛

不饱和醛、酮命名时，应选择同时含有羰基和不饱和键的最长碳链作为主链，主链编号仍从靠近羰基的一端开始，称某烯醛或某烯酮。例如：

$CH_3CH{=}CHCHO$　　2-丁烯醛

$CH_3\overset{\overset{\large O}{\|}}{C}CH_2CH{=}CH_2$　　4-戊烯-2-酮

—$CH{=}CHCHO$　　3-苯基丙烯醛

二元醛、酮命名时，称某二醛或某二酮；当酮羰基和醛羰基共存时，酮羰基称羰基、酰基或氧代，醛羰基称甲酰基。例如：

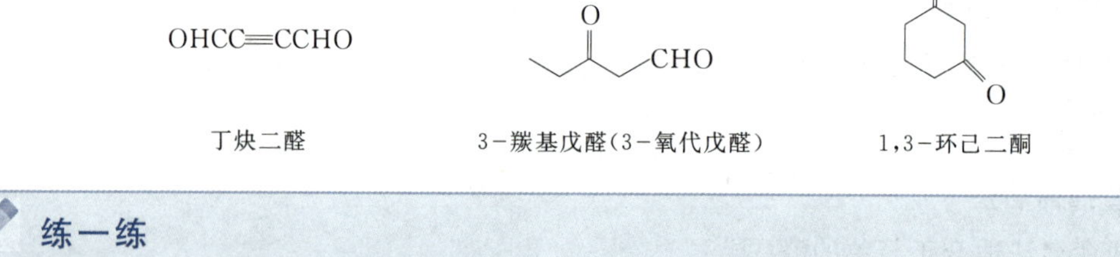

丁炔二醛　　3-羰基戊醛(3-氧代戊醛)　　1,3-环己二酮

练一练

命名下列化合物或写出其结构简式

1. $CH_3COCHCOCH_3$（CH 上连 $CH_2CH{=}CH_2$）　2. —$CH_2COCH_2CH_3$　3. —CH_2CO—

4. 3-甲基-2-乙基戊醛　5. 3-戊烯-2-酮　6. 3-甲基环己酮

主题 2　醛、酮的性质

一、醛、酮的物理性质

交流与讨论

查表 7-1、表 7-2 并结合羰基结构特征，试着归纳醛、酮在熔沸点、状态、气味、溶解度等物理性质方面的特点和规律。

常温下，甲醛为气体，其他十二个碳原子以下的低级醛、酮都为液体，高级醛、酮为固体。低级醛具有强烈刺激性气味，低级酮具有令人愉快的气味，中级醛具有花果香味，含 8～13 个碳原子的醛常用于香料工业中。

羰基是极性基团，偶极矩通常为$(7.7\sim9.3)\times10^{-30}$ C·m。羰基的极性增加了醛、酮分子间的吸引力，因此，醛、酮的沸点比相对分子质量相近的烷烃或醚高，但由于醛、酮本身彼此间不能形成氢键缔合，因此，沸点又比相对分子质量相近的醇要低。从表 7-1 中可以看出上述规律。

表 7-1　相对分子质量相近的烷、醚、醛、酮、醇的沸点

化合物名称	正丁烷	甲乙醚	丙醛	丙酮	正丙醇
化学式	$CH_3CH_2CH_2CH_3$	$CH_3OCH_2CH_3$	CH_3CH_2CHO	CH_3COCH_3	$CH_3CH_2CH_2OH$
相对分子质量	58	60	58	58	60
沸点/℃	0	10.8	48.8	56.1	97.4

由于醛、酮的羰基氧原子能与水分子中的氢原子形成氢键，所以低级醛、酮能溶于水，其他醛、酮的水溶性随相对分子质量的增大而减小，高级醛、酮微溶或不溶于水，而溶于一般的有机溶剂。脂肪族醛、酮的相对密度小于 1，芳香族醛、酮的相对密度大于 1。

一些重要醛、酮的物理常数见表 7-2。

表 7-2　一些重要醛、酮的物理常数

化合物	熔点/℃	沸点/℃	相对密度(d_4^{20})	溶解度/[g·(100 g 水)$^{-1}$]
甲醛	−92	−19.5	0.815	55
乙醛	−123	21	0.781	溶(∞)
丙醛	−80	48.8	0.807	20
丁醛	−97	74.7	0.817	4
乙二醛	15	50.4	1.14	溶(∞)
丙烯醛	−87.5	53	0.841	20
苯甲醛	−26	179	1.046	0.33
丙酮	−95	56.1	0.792	溶(∞)
丁酮	−86	79.6	0.805	35.3
2-戊酮	−77.8	102	0.812	微溶
3-戊酮	−42	102	0.814	4.7
环己酮	−16.4	156	0.942	微溶
丁二酮	−2.4	88	0.980	25
2,4-戊二酮	−23	138	0.792	溶
苯乙酮	19.7	202	1.026	微溶
二苯甲酮	48	306	1.098	不溶

二、醛、酮的化学性质

醛、酮的化学性质主要由官能团羰基决定。由于羰基中的氧原子具有较大的容纳负电荷的能力,带有部分正电荷的碳原子比带有部分负电荷的氧原子活性大,因此,羰基易受亲核试剂进攻发生亲核加成反应;受羰基影响,α－H 具有活性;醛基氢具有活性,易被氧化。

因此,醛、酮主要发生以下三种类型的化学反应(见图 7-4):羰基的亲核加成反应,醛、酮的氧化还原反应和 α－H 的反应。

1. 亲核加成反应

亲核试剂进攻缺电子的羰基碳原子,形成四面体的加成产物。反应可在酸或碱的条件下进行。

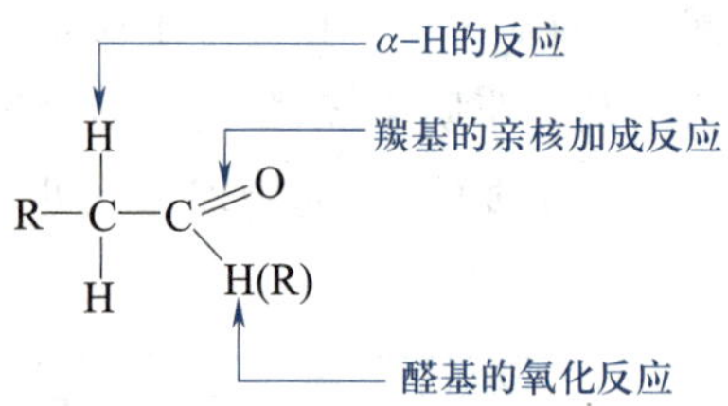

图 7-4 醛、酮的主要化学反应

亲核试剂有很多种,例如,含碳的亲核试剂格氏试剂(RMgX)、氢氰酸(HCN)、炔化物;含氧的亲核试剂水和醇;含氮的亲核试剂氨及其衍生物;含硫的亲核试剂 $NaHSO_3$ 等。现分别进行讨论。

(1) 与含碳亲核试剂的加成

交流与讨论

根据亲核加成反应的特点,思考在有机合成过程中如要实现碳链的增长,可能会采取哪些方法?

① 与格氏试剂的加成。格氏试剂 RMgX 的碳原子带部分负电荷,具有强亲核性,与醛、酮的羰基碳原子发生加成反应,加成产物经水解可以制备不同种类的醇。格氏试剂与甲醛加成生成一级醇,与其他醛加成生成二级醇,与酮加成则生成三级醇。

$$\mathrm{{>}C{=}O + R{-}MgX \longrightarrow {-}\overset{\displaystyle OMgX}{\underset{\displaystyle R}{C}}{-} \xrightarrow{H_2O} {-}\overset{\displaystyle OH}{\underset{\displaystyle R}{C}}{-}}$$

$$\mathrm{CH_2O \xrightarrow{RMgX} \xrightarrow{H_2O} R{-}CH_2{-}OH} \qquad 1°醇$$

$$\mathrm{R'CHO \xrightarrow{RMgX} \xrightarrow{H_2O} R'{-}\overset{\displaystyle OH}{CH}{-}R} \qquad 2°醇$$

$$\mathrm{R'{-}\overset{\displaystyle O}{\overset{\|}{C}}{-}R'' \xrightarrow{RMgX} \xrightarrow{H_2O} R'{-}\overset{\displaystyle OH}{\underset{\displaystyle R''}{C}}{-}R} \qquad 3°醇$$

$$\left.\begin{array}{ll}\text{甲醛} & H-\overset{O}{\overset{\|}{C}}-H \\ \text{醛} & R-\overset{O}{\overset{\|}{C}}-H \\ \text{酮} & R-\overset{O}{\overset{\|}{C}}-R\end{array}\right\} \xrightarrow[2)\ H_3O^+]{1)\ R'-MgX} \left\{\begin{array}{ll}R'-\overset{OH}{\overset{|}{C}H}-H & \text{伯醇} \\ R-\overset{OH}{\overset{|}{C}H}-R' & \text{仲醇} \\ R-\underset{R'}{\underset{|}{\overset{OH}{\overset{|}{C}}}}-R & \text{叔醇}\end{array}\right.$$

但酮的加成反应仅限于烃基不太大的酮和格氏试剂，即空间位阻不很突出。否则得不到正常的加成产物。如下列反应，随着格氏试剂上烃基的空间位阻增大，正常加成产物的产率降为 0%。

$$(CH_3)_2CH\overset{O}{\overset{\|}{C}}CH(CH_3)_2 + RMgX \longrightarrow (CH_3)_2CH\underset{R}{\underset{|}{\overset{OH}{\overset{|}{C}}}}CH(CH_3)_2$$

R=	C_2H_5-	$CH_3CH_2CH_2-$	$(CH_3)_2CH$
加成产物的产率	80%	30%	0%

由此可见，只要选择立体阻碍不是太大的酮和格氏试剂为原料，除甲醇外，几乎任何醇都可以通过醛、酮和格氏试剂的亲核加成反应来制取。

② 与 HCN 的加成。氰基负离子的碳原子可作为亲核原子与醛或酮羰基发生亲核加成，生成 α-羟基腈。反应在碱性条件下进行时，可加大氢氰酸的解离度，增大 CN^- 浓度，加快反应速率。α-羟基腈比原料醛、酮增加了一个碳原子，这个反应可以使碳链增长。由于氢氰酸有剧毒，又易挥发（沸点 26 ℃），为了安全起见，可以将醛或酮与氰化钠或氰化钾（不易挥发，易控制）混合，然后慢慢加入硫酸，使生成的氢氰酸立即与醛、酮发生反应。即使这样，实验仍需在通风橱中进行。

$$\overset{O}{\overset{\|}{C}}\!\!\diagup\diagdown \xrightarrow[\text{或 } NaCN/H_2SO_4\text{（滴入）}]{HCN/NaOH\text{（微量）}} -\overset{OH}{\overset{|}{\underset{|}{C}}}-CN$$

动画：丙酮与氢氰酸的反应

生成的 α-羟基腈可进一步发生水解、还原或脱水，水解后得到 α-羟基酸，α-羟基酸可进一步失水变成 α,β-不饱和酸。如甲基丙烯酸的制备：

$$\begin{matrix}CH_3 \\ CH_3\end{matrix}\!\!>C=O \underset{H^+}{\overset{HCN/OH^-}{\rightleftharpoons}} CH_3-\underset{CN}{\underset{|}{\overset{CH_3}{\overset{|}{C}}}}-OH \left\{\begin{array}{l}\xrightarrow{-H_2O} CH_2=\overset{CH_3}{\overset{|}{C}}CN \\ \xrightarrow{H_3O^+} (CH_3)_2C\begin{matrix}OH\\COOH\end{matrix} \longrightarrow CH_2=\underset{CH_3}{\underset{|}{C}}COOH \\ \xrightarrow{[H]} (CH_3)_2C\begin{matrix}OH\\CH_2NH_2\end{matrix}\end{array}\right.$$

若α-羟基腈和甲醇在硫酸作用下反应，即同时发生失水及酯化作用，生成一种重要的合成高分子有机玻璃的烯类单体——甲基丙烯酸甲酯。

$$(CH_3)_2C{=}O \xrightarrow[NaOH]{HCN} CH_3-\underset{CN}{\overset{CH_3}{C}}-OH \xrightarrow[H_2SO_4]{CH_3OH} CH_2{=}\underset{CH_3}{C}COOCH_3$$

78%　　　　90%

小知识

甲基丙烯酸甲酯是聚甲基丙烯酸甲酯(有机玻璃)的单体，可用于制造有机玻璃、润滑油添加剂、塑料、涂料、黏合剂、树脂、纺织印染助剂、皮革处理剂和绝缘灌注材料等。

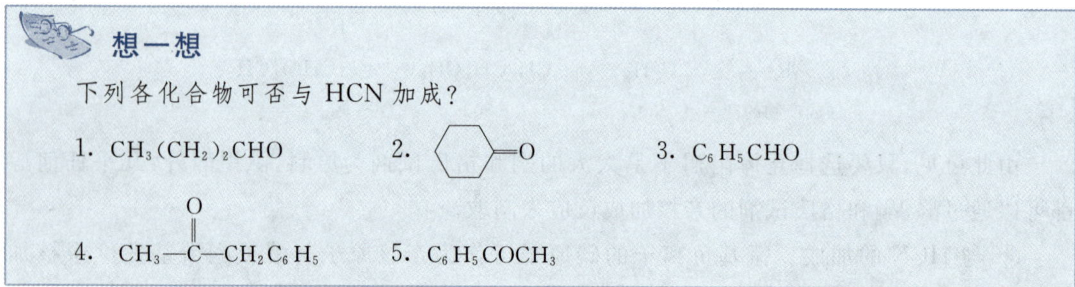

想一想

下列各化合物可否与 HCN 加成？

1. $CH_3(CH_2)_2CHO$　　2. 环己酮(环己烷=O)　　3. C_6H_5CHO

4. $CH_3-\overset{O}{\overset{\|}{C}}-CH_2C_6H_5$　　5. $C_6H_5COCH_3$

③ 与炔化物的加成。金属炔化物($R-C{\equiv}C^- \ M^+$)是一种很强的碳亲核试剂，它可以和羰基化合物发生加成反应，常用的炔化物有炔化锂、炔化钾、炔化钠等。例如，乙炔化钠和环戊酮加成，然后水解，则在羰基碳原子上引入一个 $CH{\equiv}C-$ 基团。

$$\text{环戊酮} + Na^+ \ ^-C{\equiv}CH \longrightarrow \text{1-}(O^- Na^+)\text{-1-}(C{\equiv}CH)\text{环戊烷} \xrightarrow{H_2O} \text{1-}(OH)\text{-1-}(C{\equiv}CH)\text{环戊烷}$$

1-乙炔基环戊醇

醛、酮与炔化物的加成反应对工业生产具有重要意义，如1,3-丁二烯、异戊二烯等重要化合物的合成。

A:合成1,3-丁二烯的过程

$$CH{\equiv}CH \begin{cases} \xrightarrow{HCHO} HC{\equiv}CCH_2OH \\ \xrightarrow{2HCHO} HOCH_2C{\equiv}CCH_2OH \xrightarrow[\text{催化剂}]{H_2} \end{cases}$$

$$\longrightarrow HOCH_2CH_2CH_2CH_2OH \xrightarrow{-2H_2O} CH_2{=}CHCH{=}CH_2$$

B:合成异戊二烯的过程

$$(CH_3)_2C{=}O + KC{\equiv}CH \xrightarrow[(CH_3OCH_2CH_2)_2O]{KOH} (CH_3)_2C(OH)C{\equiv}CH \xrightarrow[Pd/C]{H_2} \xrightarrow[-H_2O]{Al_2O_3} CH_2{=}C(CH_3)CH{=}CH_2$$

议一议

分析醛、酮与格氏试剂、氢氰酸、金属炔化物三种含碳亲核试剂加成反应的特点，简单阐述其各自的工业应用价值。

（2）与含氧亲核试剂的加成

交流与讨论

查阅资料了解什么是维尼纶，维尼纶的用途有哪些？工业上如何合成维尼纶？

水和醇都是含氧亲核试剂，但它们亲核性弱，与羰基形成的水合物或半缩醛，在热力学上都是不稳定的，反应可逆。

① 与水加成。羰基与水加成形成偕二醇：

$$>C{=}O + H_2O \underset{}{\overset{H^+}{\rightleftharpoons}} -\overset{OH}{\underset{OH}{C}}-$$

$$H-\overset{O}{\overset{\|}{C}}-H \overset{H_2O}{\rightleftharpoons} H_2C(OH)_2 \quad 100\%$$

$$H_3C-\overset{O}{\overset{\|}{C}}-H \overset{H_2O}{\rightleftharpoons} CH_3CH(OH)_2 \quad 约58\%$$

$$H_3C-\overset{O}{\overset{\|}{C}}-CH_3 \overset{H_2O}{\rightleftharpoons} (CH_3)_2C(OH)_2 \quad 0\%$$

如上所示，生成物偕二醇的含量与羰基碳原子的亲电性有关，随着烷基（$-CH_3$ 为给电子基）的增多，空间位阻增大，羰基碳原子的水合物含量迅速降低。只有极个别的醛，在水溶液中可全部形成水合物，如甲醛。

② 与醇加成。醛（酮）在酸性催化剂对甲苯磺酸、干氯化氢等的作用下，可与两分子醇反应形成缩醛（酮），反应如下：

$$R-\overset{H}{\overset{|}{C}}{=}O \xrightarrow[R'OH]{干 HCl} R-\overset{H}{\overset{|}{C}}(OR')(OH) \xrightarrow[R'OH]{干 HCl} R-\overset{H}{\overset{|}{C}}(OR')(OR') + H_2O$$

与醛相比，酮形成半缩酮和缩酮要困难些，即便在酸催化下酮一般也不和一元醇反应，但可以和某些二元醇（如乙二醇）反应，生成环状缩酮。

$$C_6H_5CH_2\overset{O}{\overset{\|}{C}}CH_3 + HOCH_2CH_2OH \xrightarrow[苯]{对甲苯磺酸} C_6H_5CH_2\overset{O\quad O}{\overset{\diagdown\ \diagup}{C}}CH_3$$

分子内也能形成半缩醛、缩醛（酮）。例如：

$$HOCH_2CH_2\underset{|}{\overset{OH}{C}}HCHO \xrightleftharpoons{HCl} \text{(HO, OH 取代四氢呋喃环)} \xrightleftharpoons{CH_3OH} \text{(HO, OCH}_3\text{ 取代四氢呋喃环)}$$

缩醛与环状缩酮在稀酸中都能水解为原来的醛或酮；但对碱、氧化剂和还原剂却很稳定。根据这些特性，在有机合成中，利用**形成缩醛或环状缩酮来保护醛基和酮基**。例如，将 $CH_2{=}CHCHO$ 用氧化剂氧化成甘油醛的过程中，醛基就需要保护。

$$CH_2{=}CHCHO \xrightarrow[\text{干 HCl}]{C_2H_5OH} CH_2{=}CHCH(OC_2H_5)_2 \xrightarrow{\text{冷、稀 }KMnO_4}$$

$$HOCH_2\underset{OH}{\underset{|}{C}}HCH(OC_2H_5)_2 \xrightarrow{H_3O^+} HOCH_2\underset{OH}{\underset{|}{C}}HCHO$$

(3) 与含氮亲核试剂的加成

交流与讨论

如何采用简单的化学方法区分不同种类的醛、酮？

含氮亲核试剂如氨(NH_3)和取代氨($NH_2—Y$)都能和醛、酮的羰基发生亲核加成反应。反应是在酸催化下进行的，并且是可逆的。

总的反应式可表示为

$$\gt C{=}O + H_2N—Y \xrightleftharpoons{-H^+} \gt C{=}N—Y + H_2O$$

一些氨及其衍生物与羰基发生亲核加成的反应如下：

$$\gt C{=}O \xrightleftharpoons{NH_3} \left[\gt C\begin{matrix}OH\\NH_2\end{matrix}\right] \xrightleftharpoons{-H_2O} [\gt C{=}NH] \quad \text{亚胺，不稳定}$$

$$\gt C{=}O \xrightleftharpoons{NH_2R} \left[\gt C\begin{matrix}OH\\NHR\end{matrix}\right] \xrightleftharpoons{-H_2O} \gt C{=}NR \quad \text{席夫(Schiff)碱，芳基时稳定}$$

$$\gt C{=}O \xrightleftharpoons{HNR_2} \gt C\begin{matrix}OH\\NR_2\end{matrix} \xrightleftharpoons{-H_2O} \gt C{=}C—NR_2 \quad \text{烯胺，有机合成中间体}$$

$$\gt C{=}O \xrightarrow{NH_2OH} \left[\gt C\begin{matrix}OH\\NHOH\end{matrix}\right] \xrightarrow{-H_2O} \gt C{=}N—OH \quad \text{肟沉淀，有顺反异构}$$

$$\gt C{=}O \xrightarrow{NH_2NH_2} \gt C\begin{matrix}OH\\NHNH_2\end{matrix} \xrightarrow{-H_2O} \gt C{=}NNH_2 \quad \text{腙(苯腙)沉淀}$$

$$\gt C{=}O \xrightarrow{NH_2NHCONH_2} \gt C\begin{matrix}OH\\NHNHCONH_2\end{matrix} \xrightarrow{-H_2O} \gt C{=}NNHCONH_2 \quad \text{缩氨脲沉淀}$$

绝大多数醛、酮都可以与氨的衍生物反应生成产物肟、腙、苯腙、缩氨脲等，很容易结晶，并有一定的熔点，故可鉴别不同类型的醛、酮。

当醛或酮滴加到 2,4-二硝基苯肼溶液中时，即可得到 2,4-二硝基苯腙黄色晶体，反应灵敏，常用于醛、酮的定性分析，如图 7-5 所示。

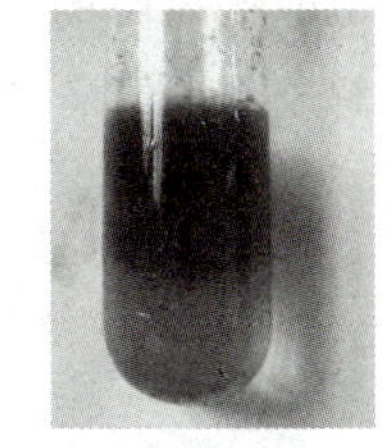

图 7-5　乙醛与 2,4-二硝基苯肼的反应

醛、酮与氨衍生物的反应是可逆的，缩合产物肟、腙等在稀酸或稀碱作用下，又可水解为原来的醛、酮，故可利用该反应分离提纯醛、酮。

（4）与含硫亲核试剂的加成

交流与讨论

如何采用简单的化学方法分离 2-戊酮和 3-戊酮的混合物？

① 与亚硫酸氢钠的加成。

$$\underset{\text{H(CH}_3\text{)}}{\overset{\text{R}}{\ }}\!\!>C{=}O + \underset{\text{(饱和)}}{NaHSO_3} \rightleftharpoons R(H/CH_3)C(ONa)(SO_3H) \rightleftharpoons \underset{\alpha\text{-羟基磺酸钠}}{R(H/CH_3)C(OH)(SO_3Na)}\downarrow\text{(白色)}$$

上述反应的产物 α-羟基磺酸钠不溶于饱和 $NaHSO_3$，析出白色沉淀，因此，可用于鉴别醛、甲基酮和小于 C_7 的环酮。

α-羟基磺酸钠可被酸、碱分解为原来的醛、酮，因此，可用于分离提纯醛、酮。例如：

$$RCH(OH)SO_3Na \xrightarrow[H_2O]{HCl} RCHO + NaCl + SO_2\uparrow + H_2O$$

$$RCH(OH)SO_3Na \xrightarrow[H_2O]{Na_2CO_3} RCHO + Na_2SO_3 + CO_2\uparrow + H_2O$$

α-羟基磺酸钠可以和 NaCN 反应生成羟基腈，是制备羟基腈最好的办法，因为可以避免使用剧毒的氢氰酸。例如：

$$R{-}\underset{}{\overset{OH}{\overset{|}{C}H}}{-}SO_3Na + NaCN \longrightarrow R{-}\overset{OH}{\overset{|}{C}H}{-}CN + Na_2SO_3$$

② 与硫醇加成。醛、酮与硫醇的加成与氧醇类似，生成缩硫醛、缩硫酮。乙二硫醇在室温下与醛、酮加成反应如下：

$$>C{=}O + \begin{matrix}HSCH_2\\|\\HSCH_2\end{matrix} \rightleftharpoons >C\begin{matrix}S{-}CH_2\\ \\S{-}CH_2\end{matrix}$$

硫醇比氧醇的亲核性强，与醛、酮易于发生加成反应，生成的缩硫醛、缩硫酮很稳定，很难分解成原来的醛、酮，因此不能用于保护羰基。

练一练

试着用所学的知识进行如下合成反应。

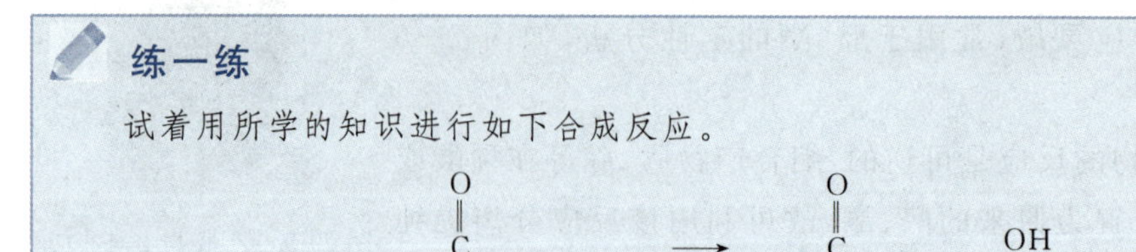

2. 氧化还原反应

交流与讨论

现有失去标签的三种物质，可能是苯甲醛、苯乙酮、1-苯基-2-丙酮，如何用简单的化学方法把它们一一鉴别出来？

(1) 醛、酮的氧化反应　醛羰基上的氢原子很容易被氧化成羧酸，常用铬酸、高锰酸钾、过氧酸、过氧化氢、氧化银、溴水等作为氧化物，甚至空气中的氧在室温时即可将其氧化为羧酸。而酮则不易被氧化。

利用醛、酮氧化性能的不同，很容易区别它们。常用的有两种碱性的弱氧化剂，即托伦(Tollen)试剂和费林(Fehling)试剂。它们都能把醛氧化成羧酸，却不能氧化酮。

视频：乙醛的银镜反应

托伦试剂(硝酸银的氨水溶液)的主要成分是银氨配离子$[Ag(NH_3)_2]^+$，它与醛的反应如下：

$$R-\overset{O}{\overset{\|}{C}}-H+2[Ag(NH_3)_2]^+ +2OH^- \xrightarrow{\triangle} R-\overset{O}{\overset{\|}{C}}-ONH_4+2Ag\downarrow+3NH_3\uparrow+H_2O$$

反应时，醛被氧化成酸，Ag^+则被还原为Ag，形成银镜附在试管上，因此这种反应又叫**银镜反应**，如图7-6所示。

费林试剂是碱性的铜配离子的溶液，硫酸铜溶液中的Cu^{2+}在碱性酒石酸钾钠中成为深蓝色的配离子。在反应时，Cu^{2+}被还原成红色的氧化亚铜沉淀，蓝色消失(如图7-7所示)，而醛则被氧化成酸。

$$R-\overset{O}{\overset{\|}{C}}-H+Cu^{2+}(\text{配离子}) \xrightarrow[\triangle]{NaOH} R-\overset{O}{\overset{\|}{C}}-ONa+Cu_2O\downarrow$$

C=C双键可被$KMnO_4$氧化，但不受托伦试剂或费林试剂的影响，因此，不饱和醛可被它们选择性地氧化为不饱和酸。例如：

$$CH_3-CH=CH-CHO \xrightarrow{Ag^+\text{或}Cu^{2+}} CH_3-CH=CH-COOH$$

图 7-6　托伦试剂和银镜现象

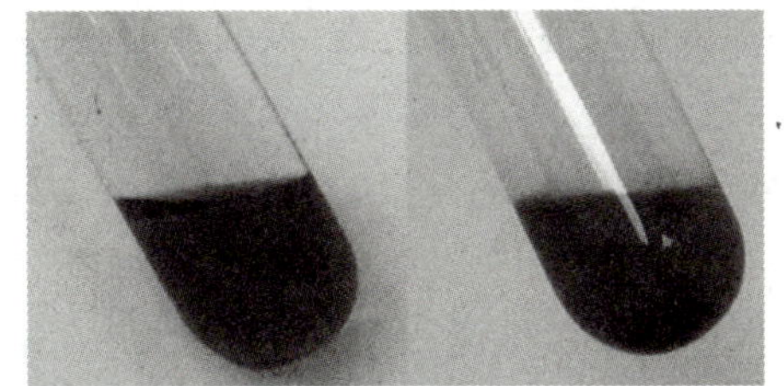
图 7-7　费林试剂和氧化亚铜沉淀

酮虽然不能被托伦试剂或费林试剂这样的弱氧化剂氧化，但与强氧化剂（如 $KMnO_4$ 酸性溶液或浓硝酸）作用，发生 C—C 键的断裂，得两分子的酸，断裂方式与酮的结构有关，一般羰基随较小的烷基走，称为**波波夫酮类氧化规则**。例如：

$$CH_3-\overset{\overset{\large O}{\|}}{C}-C_3H_7 \xrightarrow{[O]} CH_3COOH + CH_3CH_2COOH$$

（2）醛、酮的还原反应

① 催化氢化还原。与不饱和烃相似，醛、酮在 Pt、Pd、Ni 等催化剂作用下，很容易被还原成相应的一级醇或二级醇。

$$RCHO + H_2 \xrightarrow[0.3\ MPa,25\ ℃]{Pt(或\ Pd,Ni)} RCH_2OH$$

$$R\overset{\overset{\large O}{\|}}{C}R + H_2 \xrightarrow[0.3\ MPa,25\ ℃]{Pt(或\ Pd,Ni)} R\overset{\overset{\large OH}{|}}{C}HR$$

如果醛、酮分子中含有 C═C 双键、C≡C 三键、硝基、氰基等不饱和基团，则这些基团也能被还原。例如：

$$\underset{巴豆醛}{CH_3CH{=}CH{-}CHO} \xrightarrow[Ni]{H_2} CH_3CH_2CH_2CH_2OH$$

② 氢化金属化合物还原。也可以用氢化金属化合物还原醛、酮，常用的氢化金属化合物有 $LiAlH_4$ 及烷氧基氢化铝锂、$NaBH_4$ 等。$NaBH_4$ 是一种常用的络合金属氢化物还原剂，其活性小，反应选择性高，只能还原醛、酮为醇，不能还原碳碳双键、碳碳三键、羧酸和酯，反应可在水或醇溶液中进行，例如：

$$\xrightarrow[CH_3OH]{NaBH_4} \xrightarrow{H_2O}$$

③ 梅尔魏因-庞多夫-维尔来还原。异丙醇铝的异丙醇溶液可以将醛、酮还原成醇——梅尔魏因-庞多夫-维尔来（Meerwein-Ponndorf-Verley）还原反应的专一性高，只还原羰基

不还原碳碳双键、碳碳三键、羧酸和酯，甚于易被还原的硝基在该反应中也不发生变化。

$$\underset{H(R)}{\overset{R}{>}}C{=}O + CH_3{-}\underset{OH}{CH}{-}CH_3 \xrightleftharpoons{(i\text{-}PrO)_3Al} \underset{H(R)}{\overset{R}{>}}CH{-}OH + CH_3{-}\underset{O}{\overset{\|}{C}}{-}CH_3$$

④ 活泼金属还原。活泼金属如钠、铝、镁在酸、碱、水、醇等质子溶剂条件下，可顺利地将醛、酮还原为醇。例如：

$$\underset{R'}{\overset{R}{>}}C{=}O \xrightarrow{Na/C_2H_5OH} \underset{R'}{\overset{R}{>}}CH{-}OH$$

但在非质子溶剂中发生双分子还原偶联，生成二醇。例如：

$$2\ \underset{R'}{\overset{R}{>}}C{=}O \xrightarrow[C_6H_6]{Mg} \xrightarrow{H_3O^+} \underset{R'\ \ OH\ OH\ \ R'}{\overset{R\qquad\qquad R}{C{-}C}}$$

⑤ 克莱门森还原。醛、酮与锌汞齐、浓盐酸共热，羰基被还原为亚甲基——**克莱门森(Clemmensen)还原**。反应在酸性介质中进行，适合于对酸稳定，对碱敏感的醛、酮。

$$C_6H_5{-}\mathbf{C}({=}\mathbf{O}){-}CH_2CH_2CH_3 \xrightarrow[HCl,\triangle]{Zn\text{-}Hg} C_6H_5{-}\mathbf{CH_2}CH_2CH_2CH_3\quad 88\%$$

$$\text{3-}CH_3O\text{-4-}HO{-}C_6H_3{-}\overset{O}{\overset{\|}{C}}{-}H \xrightarrow[\text{回流}]{Zn\text{-}Hg,HCl} \text{3-}CH_3O\text{-4-}HO{-}C_6H_3{-}CH_3\quad 65\%$$

⑥ 沃尔夫-基希纳-黄鸣龙还原。醛、酮在碱性条件及高温、高压下与肼反应 50～100 h，羰基被还原为亚甲基——**沃尔夫-基希纳(Wolff-Kishner)还原**。反应在碱性介质中进行，适合对碱稳定的醛、酮。

$$\underset{R}{\overset{R'}{>}}\mathbf{C{=}O} \xrightarrow{H_2NNH_2} \underset{\text{腙}}{\underset{R}{\overset{R'}{>}}C{=}N{-}NH_2} \xrightarrow[200\ ℃]{C_2H_5ONa\text{ 或 }KOH} \underset{\text{烃}}{\underset{R}{\overset{R'}{>}}\mathbf{CH_2}} + N_2$$

我国化学家黄鸣龙(1946 年)改进了这种方法。将醛、酮，氢氧化钠，肼的水溶液和一种高沸点的水溶性溶剂(二缩乙二醇或三缩乙二醇)一起加热回流，先使醛、酮变成腙，然后将水和过量的肼蒸出，待温度达到腙开始分解的温度时(195～200 ℃)再回流 3～4 h 便可完成反应，称为**沃尔夫-基希纳-黄鸣龙还原**反应。

$$C_6H_5{-}\overset{\mathbf{O}}{\overset{\|}{\mathbf{C}}}{-}CH_2CH_3 \xrightarrow[\text{二缩乙二醇},\triangle]{H_2NNH_2,NaOH} C_6H_5{-}\mathbf{CH_2}{-}CH_2CH_3$$

想一想

比较克莱门森还原、沃尔夫－基希纳－黄鸣龙还原的异同点。

(3) 歧化反应　芳醛及不含 α－H 的脂肪醛与浓碱(50%)共热，发生自身氧化还原反应，即一分子醛被氧化为酸，另一分子醛被还原为醇，这叫**歧化反应**，称为**康尼扎罗**(Cannizzaro)**反应**。例如：

$$2\ HCHO + NaOH \xrightarrow{\triangle} CH_3OH + HCOONa$$

$$2\ PhCHO + NaOH \longrightarrow PhCH_2OH + PhCOONa$$

3. α－H 的反应

羰基邻近的碳原子叫 α－碳原子，它所连接的氢原子叫 α－氢原子，α－氢原子受羰基的极化和超共轭效应(羰基能使共轭碱的负电荷发生离域化)影响，具有一定的酸性($pK_a = 19 \sim 20$)，化学性质较活泼。

交流与讨论

根据 α－氢原子的特点，想一想具有怎样结构的醛、酮才能发生三卤代反应？

(1) 卤代反应　醛、酮在碱催化下，其 α－C 上的氢原子可以逐步地被卤素取代，生成 α－卤代醛、酮。

醛、酮在酸催化下进行氯代、溴代、碘代，可以得到一元卤代物。例如：

$$\text{(环己酮, C=O)} + Cl_2 \xrightarrow{H_2O} \text{(2-Cl 环己酮, C=O)} + HCl$$

醛、酮在碱催化下卤化反应很快，具有 $-\overset{\overset{\displaystyle O}{\|}}{C}-CH_3$ 构造的醛(乙醛)、酮(甲基酮)一般不易控制生成一元、二元卤代物，而是生成三卤代物。例如：

$$CH_3CHO + Cl_2 \xrightarrow{NaOH} Cl-\underset{\underset{\displaystyle Cl}{|}}{\overset{\overset{\displaystyle Cl}{|}}{C}}-CHO$$

三卤代物在碱性溶液中不稳定，会分解为卤仿[CHX_3，如碘仿(CHI_3)、氯仿($CHCl_3$)、溴仿($CHBr_3$)]，称为**卤仿反应**。乙醇和含有 $CH_3-\overset{\overset{\displaystyle OH}{|}}{C}H-$ 结构单元的醇可以被卤素的碱溶液(次卤酸钠溶液)氧化成相应的甲基醛、酮，因此这种醇也能发生卤仿反应。

碘仿反应如下：

$$RCH_2-\overset{\overset{\displaystyle O}{\|}}{C}-CH_3 + \underset{(\text{或 } NaOH+I_2)}{3\ NaOI} \longrightarrow RCH_2-\overset{\overset{\displaystyle O}{\|}}{C}-ONa + \underset{\text{碘仿}}{CHI_3}\downarrow(\text{黄})$$

$$CH_3CH_2OH \xrightarrow[NaOH]{I_2} CHI_3\downarrow + H-\overset{\overset{O}{\|}}{C}-ONa$$

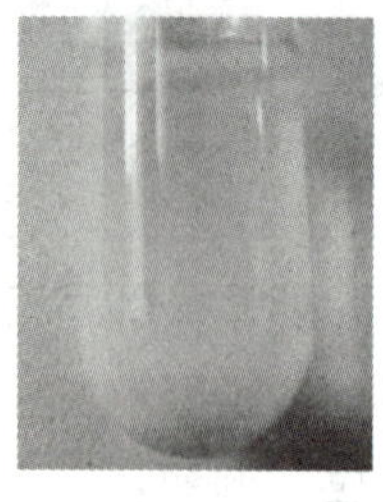
图 7-8　碘仿

碘仿(见图 7-8)是不溶于水的黄色晶体,熔点是 119 ℃,常利用碘仿反应来鉴定乙醛和甲基酮及含有 $CH_3-\overset{\overset{OH}{|}}{CH}-$ 结构单元的醇。

碘仿反应是缩短碳链的反应,也可以用来制备少一个碳原子的羧酸。如上述反应物经历卤仿反应后,得到的产物再进一步酸化即可制得。

想一想

如何运用自己所学知识来鉴别 2-戊醇、2-戊酮、3-戊酮?

视频:碘仿反应

(2) 羟醛缩合反应

① 羟醛缩合。在稀碱的作用下,两分子含 α-H 的醛发生分子间缩合生成 β-羟基醛的反应,称为**羟醛缩合反应**。生成的 β-羟基醛很容易失水生成 α,β-不饱和醛。例如,乙醛在稀碱(10%氢氧化钠溶液)催化下的反应表示如下:

动画:羟醛缩合反应

$$CH_3-\overset{\overset{O^{\delta-}}{\|}}{C^{\delta+}}-H + \overset{\overset{H}{|}}{CH_2}-CHO \xrightarrow{OH^-} CH_3-\overset{\overset{OH}{|}}{CH}-\overset{\overset{H}{|}}{CH}-CHO \xrightarrow{\triangle} CH_3-CH=CH-CHO + H_2O$$

β-羟基醛　　　　2-丁烯醛

② 羟酮缩合。在碱催化下,具有 α-H 的酮也可以发生羟酮缩合反应,只是酮比醛反应困难,产率很低,如果能把生成物及时分离出来,使平衡向右移动,可使反应更容易进行。

$$2\,CH_3-\overset{\overset{O}{\|}}{C}-CH_3 \xrightleftharpoons{Ba(OH)_2} \underset{70\%}{CH_3-\underset{\underset{CH_3}{|}}{\overset{\overset{OH}{|}}{C}}-CH_2-\overset{\overset{O}{\|}}{C}-CH_3} \xrightarrow[\text{蒸馏}]{I_2} CH_3-\underset{\underset{CH_3}{|}}{C}=CH-\overset{\overset{O}{\|}}{C}-CH_3 + H_2O$$

③ 交叉羟醛缩合。两种不同的醛、酮之间发生的羟醛缩合反应称为**交叉羟醛缩合反应**。两种都含有 α-H 的不同醛之间发生羟醛缩合生成四种产物,在有机合成中没有多大的实际意义。一种有 α-H 的醛或酮与另一种无 α-H 的醛或酮发生的交叉羟醛缩合,在合成上有实际意义。在实际操作时,把含有 α-H 的醛慢慢加入不含 α-H 的醛与碱的混合物中,则混合物中含 α-H 的醛浓度较低,发生自身羟醛缩合的概率很小,绝大部分变为碳负离子后,即与不含 α-H 的醛发生交叉羟醛缩合,进一步失水生成不饱和醛。反应如下:

$$C_6H_5CHO + CH_3CHO \xrightarrow{OH^-} C_6H_5CH(OH)CH_2CHO \xrightarrow[-H_2O]{\triangle} \underset{\text{肉桂醛}}{C_6H_5CH=CHCHO}\ \ 90\%$$

羟醛缩合产物与催化剂种类、反应物结构和反应温度有关。一般地，脂肪醛在碱催化下，低温下主要得羟基醛，高温下主要得不饱和醛；酸催化下，主要得不饱和醛。酮的活性低，其酸催化比碱催化更有效。

羟醛缩合广泛用于有机合成，可以得到碳链增长的产物，可以合成碳链增长的 α，β-不饱和醛、酮。

$$C_6H_5CHO + C_6H_5COCH_3 \xrightarrow[\triangle]{OH^-} C_6H_5-CH{=}CH-\overset{\overset{O}{\|}}{C}-C_6H_5$$

练一练

完成下列反应式。

1. $2CH_3CH_2CH_2CHO \xrightarrow[(2)\ \triangle]{(1)\ OH^-} ?$

2. $2CH_3-\overset{\overset{O}{\|}}{C}-CH_3 \xrightarrow[(2)\ \triangle]{(1)\ OH^-} ?$

3. 呋喃-2-基$-CHO + CH_3CHO \xrightarrow[(2)\ \triangle]{(1)\ OH^-} ?$

主题 3　醛、酮的实验室制备及工业生产

交流与讨论

根据前面所学知识，试着写出制备醛、酮的一些方法，指出这些方法的特点并进行归纳。

一、醛、酮的制备

醛、酮可由烯烃、炔烃、芳香烃、醇、羧酸及其衍生物为原料制备。

1. 醇的氧化或脱氢

伯醇脱氢或氧化生成醛，仲醇则生成酮，反应如下：

$$RCH_2OH \underset{[H]}{\overset{[O]}{\rightleftharpoons}} RCHO$$

$$\begin{matrix} R' \\ R \end{matrix}\!\!>CHOH \xrightarrow{[O]} \begin{matrix} R' \\ R \end{matrix}\!\!>C{=}O$$

工业上，在高温下将伯醇或仲醇的蒸气通过铜、银等催化剂，分别脱氧生成醛或酮，若同时通入空气，则氢被氧化成水，反应可进行到底——催化氧化脱氢。

常用的氧化剂有重铬酸钾、高锰酸钾和稀硫酸。反应时,需要把生成的醛从反应混合物中立即蒸馏出来,避免继续氧化。这种方法适用于制取沸点在 100 ℃以下的低级醛。由于酮不会进一步氧化,不需立即分离,故本法更适合制备酮。

2. 烃的氧化

烃的氧化往往不易控制在醛的阶段,在工业上常采用控制氧化法,使活泼的 α-H 氧化。烯烃经臭氧氧化、空气催化氧化制备醛或酮。例如:

$$\text{(CH}_3)_2\text{CHCH}_2\text{CH}_2\text{CH}_2\text{CH}{=}\text{CH}_2 \xrightarrow{O_3}\xrightarrow[H_2O]{Zn} (\text{CH}_3)_2\text{CHCH}_2\text{CH}_2\text{CH}_2\text{CHO} + \text{HCHO}$$

$$CH_3CH{=}CH_2 + O_2 \xrightarrow{CuCl_2-PdCl_2} CH_3-\overset{\overset{O}{\|}}{C}-CH_3$$

3. 炔烃水合

例如:

$$HC{\equiv}CH + H_2O \xrightarrow[H_2SO_4]{HgSO_4} CH_3CHO$$

$$\text{1-乙炔基环己醇} + H_2O \xrightarrow[H_2SO_4]{HgSO_4} \text{1-乙酰基环己醇 (C}_6\text{H}_{10}(\text{OH})-\overset{\overset{O}{\|}}{C}-CH_3)$$

4. 烷基苯氧化

与芳环相连的 α-碳原子上的氢原子受芳环影响易被氧化成芳醛、芳酮,工业上常用烷基苯氧化制得芳醛和芳酮。例如:

$$C_6H_5-CH_3 \xrightarrow[65\%\,H_2SO_4]{MnO_2} C_6H_5-CHO$$

$$C_6H_5-CH_2CH_3 + O_2 \xrightarrow[130\ ℃]{Mn(OAc)_2} C_6H_5-\overset{\overset{O}{\|}}{C}-CH_3$$

5. 弗里德-克拉夫茨酰基化反应

$$C_6H_6 + R-\overset{\overset{O}{\|}}{C}-Cl \xrightarrow{AlCl_3} C_6H_5-\overset{\overset{O}{\|}}{C}-R$$

$$C_6H_5-\overset{\overset{O}{\|}}{C}-Cl + C_6H_6 \xrightarrow{AlCl_3} C_6H_5-\overset{\overset{O}{\|}}{C}-C_6H_5$$

二、重要醛、酮的工业生产

1. 甲醛

工业上采用甲醇空气氧化法大规模生产甲醛。用甲醇蒸气和空气混合物为原料,在 600 ℃高温下,经银催化氧化脱氢,使甲醇转化为甲醛。

甲醛又名蚁醛，熔点 −92 ℃，沸点 −19.5 ℃，相对密度 1.067，无色气体，具有难闻的刺激性气味，易溶于水，是居室污染的主要气体之一，市售甲醛为含 8%～10% 甲醇的 40% 甲醛水溶液，俗称“福尔马林”，在医药、农业上用于消毒剂。气体甲醛常温下自动聚合成三聚甲醛，小心蒸发甲醛水溶液可形成白色固体多聚甲醛，当加热至 180～200 ℃时又可以解聚成甲醛，因此多聚甲醛是储存甲醛的最好形式。

甲醛是一种非常重要的化工原料，用于生产酚醛树脂、脲醛树脂、维尼纶、聚甲醛和三聚氰胺、各种药剂和染料等。甲醛与氨反应生成乌洛托品（六亚甲基四胺），乌洛托品工业上主要用作酚醛塑料的固化剂、氨基塑料的催化剂、橡胶硫化的促进剂，医药上用作利尿剂和尿道杀菌剂，与浓硝酸作用可以制取强烈的炸药。

2. 乙醛

工业上以乙烯为原料，经**瓦克**（Wacker）**氧化**（氯化钯和氯化铜的水溶液为催化剂）制备乙醛，反应收率很高，这是工业生产乙醛的最好方法。反应如下：

$$CH_2{=\!=}CH_2 \xrightarrow{O_2/CuCl_2-PdCl_2} CH_3CHO$$

乙醛为无色易流动液体，有辛辣刺激性气味，相对密度 0.783（18 ℃/4 ℃），熔点 −123.5 ℃，沸点 20.2 ℃，与水、氯仿、乙醚、乙醇混溶。对眼睛及皮肤有刺激作用，易燃，易挥发，爆炸极限 4.0%～57.0%（体积分数），厂房空气中乙醛最大允许质量浓度为 0.1 $mg \cdot L^{-1}$，易氧化，与碱作用发生复杂反应，在酸存在下聚合成三聚乙醛，又可在硫酸作用下加热解聚，乙醛沸点低，因此三聚乙醛是储存乙醛的一种形式。

乙醛是重要的合成原料，工业上主要用于生产醋酸、醋酐、醋酸乙酯、正丁醇、季戊四醇、三氯乙醛、合成树脂等。

3. 苯甲醛

工业上常用甲苯氧化、二氯代苯水解或苯甲酰化反应来制备苯甲醛。

苯甲醛为无色液体，有苦杏仁气味，相对密度 1.046，熔点 −26 ℃，沸点 179 ℃，微溶于水，与乙醇、乙醚、苯、氯仿混溶。性质不稳定，容易被氧化，生产过程中需加入抗氧剂；容易发生歧化反应和安息香缩合反应。例如：

$$2\,C_6H_5-CHO \xrightarrow{CN^-} C_6H_5-\overset{\overset{\displaystyle O}{\|}}{C}-\overset{\overset{\displaystyle OH}{|}}{C}H-C_6H_5$$

苯甲醛是一种重要的工业原料，主要用于制备月桂醇、月桂酸、苯乙醛、苯甲酸苄酯、香料等。

4. 丙酮

工业上一般采用丙烯水合－氧化、异丙苯氧化、丙烯催化氧化、淀粉发酵、木材干馏等方法来制备丙酮。

丙酮为无色液体，相对密度 0.789 8，熔点 −94.6 ℃，沸点 56.5 ℃，折射率 1.359，与水、乙醇、乙醚、氯仿、吡啶等混溶。

丙酮具有酮的典型性质，是重要的有机合成原料和溶剂，用来制造醋酸酐、双丙酮醇、氯仿、碘仿、环氧树脂、聚异戊二烯橡胶、甲基丙烯酸甲酯等，是很好的有机溶剂，能溶解许多树脂、油脂、涂料、炸药、胶片、化学纤维等。医药上用于各种维生素和激素生产过程中的萃取剂。糖尿病患者由于代谢障碍，血液及尿液中的丙酮含量较高。

任务训练 7　肉桂醛的合成

任务工单 7

工作任务		肉桂醛的合成					
姓名		班级		学号		日期	

学习目标

1. 知识目标

(1) 通过查找资料，了解反应物的物性参数；

(2) 懂得羟醛缩合的基本原理和反应条件。

2. 能力目标

(1) 会肉桂醛的合成；

(2) 会减压蒸馏操作。

3. 素养目标

(1) 会查找资料；

(2) 学会规范操作，树立安全意识；

(3) 具有严肃认真的学习态度及认真仔细的工作态度。

学习要求

1. 组长组织组员召开小组会议，领会学习目标，进行任务分工；

2. 结合所学的有机化学理论知识讨论理解实验原理；

3. 讨论实验安全事项。

任务分组

角色	姓名	学号	分工
组长			
组员 1			
组员 2			
组员 3			

任务落实

1. 资料查询、收集与整理。通过查阅资料，填写表 7-3。

表 7-3　试剂及产品的基本物性参数

名称	摩尔质量/$g \cdot mol^{-1}$	熔点/℃	沸点/℃	密度/$g \cdot cm^{-3}$	水溶性	投料量		理论产量
						质量(体积)/g(mL)	物质的量/mol	
苯甲醛								
乙醛								
氢氧化钠								
无水硫酸								
镁								
苯								
盐酸								

2. 领会实验原理和仪器。

(1) 实验原理

(2) 材料清单

3. 实验方案设计。

(1) 实验装置绘制

(2) 方框流程图

操作 1 → 操作 2 → 操作 3 → 操作 4 → ……

4. 完成实验报告。

(1) 实验现象记录

(2) 实验结果记录

(3) 实验结果讨论

任务评价

1. 产品外观

肉桂醛为浅黄色油状液体。

2. 产品产量

计算产率并填写产品质量及其评价表,如表 7-4 所示。

表 7-4　产品质量及其评价表

产品外观	实际产量/g	理论产量/g	产率/%

问题探究

1. 反应过程中为什么要加入 NaOH 溶液? 如果不加对实验有何影响?
2. 实验过程中副反应有哪些? 会产生哪些副产物?
3. 如何鉴定产物是否为肉桂醛?
4. 如何在反应过程中控制温度?

【知识连线】

1. 实验原理

$$C_6H_5\text{—}CHO + CH_3CHO \xrightarrow{\text{稀 NaOH}} C_6H_5\text{—}CH{=}CH\text{—}CHO + H_2O$$

苯甲醛　　乙醛　　肉桂醛　　水

本实验在碱存在下,通过羟醛缩合反应,将乙醛分子中的 α-氢原子加到苯甲醛的羰基氧原子上,其余部分则加到羰基碳原子上,进而脱水生产肉桂醛。

小贴士

肉桂醛(cinnamaldehyde)，通常称为桂醛，是一种醛类有机化合物，为黄色黏稠状液体，天然肉桂醛存在于斯里兰卡肉桂油、桂皮油、藿香油、风信子油和玫瑰油等精油中。无论是天然存在的还是人工合成的肉桂醛均为反式结构。其结构为

H

O

肉桂醛在医药卫生、食品工业和化学工业方面有着广泛的应用，如制备抗真菌药物、制作冰箱除味剂、制作口香糖等。特别是在制作香精和香料中，由于肉桂醛有良好的持香作用，在调香中可以作为配香原料使用，如调制栀子、素馨、铃兰、玫瑰香精等。图 7−9 为含肉桂醛的玫瑰精油。

图 7−9　含肉桂醛的玫瑰精油

合成肉桂醛的羟醛缩合反应是一个重要的有机化学反应，它在有机合成中有着广泛的应用。羟醛缩合反应是指含有活性 α−氢原子的化合物如醛、酮、羧酸和酯等，在催化剂的作用下与羰基化合物发生亲核加成，得到 α−羟基醛、酮或酸，或进一步脱水得到 α,β−不饱和醛、酮或酸酯的反应。

2. 仪器设备与装置

250 mL 广口圆底烧瓶、100 mL 分馏烧瓶、250 mL 分液漏斗、水浴装置、减压蒸馏装置。

注：减压蒸馏适用于沸点大于 150 ℃的高沸点有机化合物或在常压下易分解、氧化或聚合的有机化合物的提取。当系统压力下降时，液体的沸点也随之降低，则使得高沸点液体在较低的温度下被蒸馏出来。减压蒸馏的装置最为复杂，需要减压装置、安全瓶、冷阱、压力计及各种保护装置。减压蒸馏装置见图 7−10。

动画：减压蒸馏

3. 药品试剂

苯甲醛、乙醛、氢氧化钠溶液(1%)、无水硫酸镁、乙醚、乙醇(95%)。试剂均为分析纯。

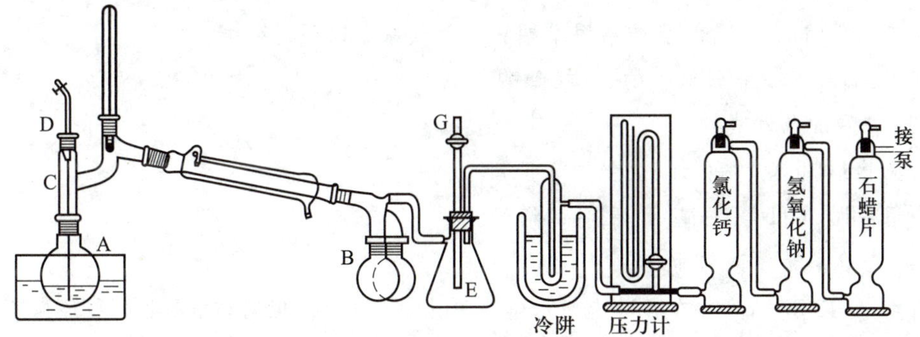

图 7−10　减压蒸馏装置

4. 实验流程

(1) 将 120 mL 1%NaOH 溶液、20 mL 乙醇溶液(95%)、5 g 苯甲醛、5 g 乙醛置于 250 mL 广口圆底烧瓶中，装上密封电动搅拌器，于 28 ℃下搅拌 5 h；

(2) 向反应物中加入 10 g 食盐，用 40 mL 乙醚分三次提取；

(3) 用煅烧过的无水硫酸镁干燥，并用水浴蒸去乙醚；

(4) 将残留物进行减压蒸馏，先蒸去苯甲醛(沸点 62 ℃/10 mmHg)，后蒸出肉桂醛(沸点 130 ℃/20 mmHg)。

5. 实验注意事项

(1) 反应温度应控制在 28 ℃为宜，温度过低反应速率较慢，反应不充分；温度较高，会促进副反应的发生，不利于主反应进行；

(2) NaOH 溶液的浓度不能太高，碱浓度过高时，由于反应体系中各类醛都对碱敏感，副反应增加，不利于主反应进行；

(3) 反应物苯甲醛、乙醛和产物肉桂醛都容易被氧化，因此，在反应过程中应采取有效的密封装置，控制空气中的氧进入反应体系。

动画：苯乙酮的制备

【素质拓展】

苯乙酮的制备。

本模块小结

本模块介绍了有机化合物醛、酮的命名、结构、性质、用途等，在分析醛、酮结构特点的基础上重点介绍了醛、酮的亲核加成、氧化还原和 α-H 的反应及醛、酮的制备。

1. 醛、酮的亲核加成反应

(1) 与格氏试剂的加成

反应条件：醛、立体阻碍不是太大的酮和格氏试剂。

应用：制备不同种类的醇(碳链增长)。

(2) 与氢氰酸的加成

反应条件：碱催化，醛、脂肪族甲基酮和 8 个碳原子以下的环酮。

应用：制备多一个 C 原子的 α-羟基酸。

(3) 与炔化物加成

反应物：炔化锂、炔化钾、炔化钠等。

应用：引入 CH≡C— 基团，制备二烯烃。

(4) 与含氧亲核试剂加成

特点：反应可逆，产物在稀酸中能水解为原来的醛或酮，但对碱、氧化剂和还原剂却很稳定。

应用：保护醛基和酮基。

(5) 与含氮亲核试剂加成

① 羰基化合物与伯胺加成产生席夫碱，产物不稳定，反应可逆。

② 与2,4-二硝基苯肼反应(羰基化试剂)生成2,4-二硝基苯腙(黄色固体)。

特点：可逆反应。

反应条件：酸催化下进行。

应用：醛、酮的定性分析。

③ 与氨的衍生物反应生成产物肟、腙、苯腙、缩氨脲等。

特点：产物很容易结晶，有一定的熔点；稀碱作用下，又可水解为原来的醛、酮。

应用：鉴别不同类型的醛、酮；分离提纯醛、酮。

(6) 与含硫亲核试剂加成

① 与亚硫酸氢钠加成。

产物：白色结晶物。

反应条件：醛(芳香醛、脂肪醛)、脂肪族甲基酮、8个碳原子以下的环酮。

应用：醛或甲基酮的分析；醛或甲基酮的纯化；鉴别醛、脂肪族甲基酮、8个碳原子以下的环酮。

② 与硫硫加成生成缩硫醛、缩硫酮，产物稳定。

2. 氧化还原反应

(1) 氧化反应

醛容易被氧化成羧酸，酮则难被氧化，因此利用弱氧化剂能氧化醛而不氧化酮的特性，可方便地鉴别醛与酮。例如：

硝酸银的氨溶液(即托伦试剂)与醛作用时，Ag^+被还原为Ag，形成银镜附在试管上，故称银镜反应。托伦试剂不氧化碳碳双键。

$$R-\overset{\overset{O}{\|}}{C}-H+2[Ag(NH_3)_2]^+ + 2OH^- \xrightarrow{\triangle} R-\overset{\overset{O}{\|}}{C}-ONH_4 + 2Ag\downarrow + 3NH_3\uparrow + H_2O$$

费林试剂(由硫酸铜与酒石酸钾钠的碱性溶液混合而成)与醛一起加热，Cu^{2+}被还原成砖红色的氧化亚铜沉淀析出。费林试剂不与芳香醛反应，故可用来鉴别脂肪醛与芳香醛。

$$R-\overset{\overset{O}{\|}}{C}-H+Cu^{2+}(\text{配离子}) \xrightarrow[\triangle]{NaOH} R-\overset{\overset{O}{\|}}{C}-ONa+Cu_2O\downarrow$$

常见的弱氧化剂

名称	托伦试剂	费林试剂
组成	$AgNO_3$的氨水溶液	$CuSO_4$、NaOH和酒石酸钾钠的混合液
现象	Ag↓(银镜)	Cu_2O↓(砖红)
适用范围	所有醛	脂肪醛

(2) 还原反应

① 催化氢化还原为醇。在 Pt、Pd、Ni 等催化剂作用下，还原成相应的一级醇或二级醇。分子中含有的碳碳双键、碳碳三键、硝基、氰基等不饱和基团也能被还原。

② 氢化金属化合物还原为醇。$NaBH_4$ 是一种常用的络合金属氢化物还原剂，其活性小，反应选择性高，只能还原醛、酮为醇，不能还原碳碳双键、碳碳三键、羧酸和酯。

③ 梅尔魏因-庞多夫-维尔来还原为醇。异丙醇铝的异丙醇溶液将醛、酮还原成醇，反应的专一性高，只还原羰基不还原碳碳双键、碳碳三键、羧酸和酯，对易被还原的硝基，反应中也不发生变化。

④ 活泼金属还原为醇。活泼金属如钠、铝、镁在酸、碱、水、醇等质子溶剂条件下，可将醛、酮还原为醇。

⑤ 克莱门森还原为亚甲基。与锌汞齐、浓盐酸共热，羰基被还原为亚甲基。反应在酸性介质中进行，适合于对酸稳定、对碱敏感的醛、酮。

⑥ 沃尔夫-基希纳-黄鸣龙还原。高温、高压下与肼反应，羰基被还原为亚甲基。碱性介质中进行，适合对碱稳定的醛、酮。

(3) 歧化反应

芳醛及不含 α-H 的脂肪醛与浓碱(50%)共热，发生自氧化还原反应，即一分子醛被氧化为酸，另一分子醛被还原为醇。

3. α-H 的反应

(1) 卤代反应

反应物：α-C 上有三个活泼氢原子的醛、酮，含有 $CH_3\text{—}\overset{\overset{\large OH}{|}}{C}H\text{—}$ 结构的醇。

反应条件：碱催化。

现象：淡黄色晶体，有特殊气味。

应用：合成少一个碳原子的羧酸；鉴别乙醛、甲基酮及含有 $CH_3\text{—}\overset{\overset{\large OH}{|}}{C}H\text{—}$ 结构的醇。

(2) 羟醛缩合反应

反应物：含有 α-H 的醛(酮较难)。

反应条件：稀碱。

应用：两分子相同的醛(或酮)加成，碳原子数成倍增加。

4. 制备

醛、酮可由烯烃、炔烃、芳烃、醇、羧酸及其衍生物为原料制备。主要使用的方法有：醇的氧化或脱氢、烃的氧化、炔烃水合、烷基苯氧化和酰化法等。

5. 任务训练：肉桂醛的合成

用苯甲醛和乙醛在催化剂作用下经过羟醛缩合反应后，再通过加热或用酸酐脱去一分子水生成肉桂醛。

本模块思维导图

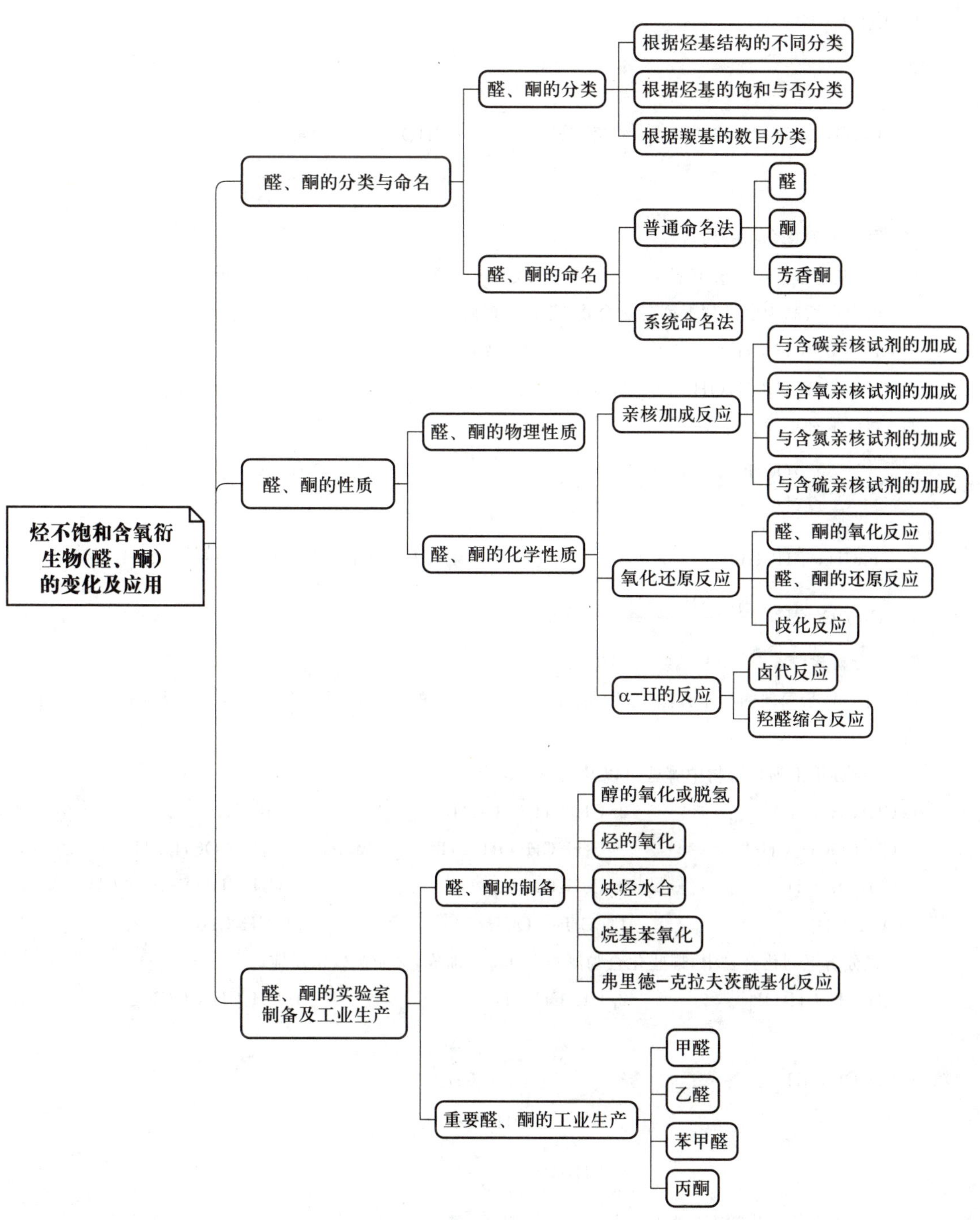
烃不饱和含氧衍生物(醛、酮)的变化及应用
醛、酮的分类与命名
醛、酮的分类
根据烃基结构的不同分类
根据烃基的饱和与否分类
根据羰基的数目分类
醛、酮的命名
普通命名法
醛
酮
芳香酮
系统命名法
醛、酮的性质
醛、酮的物理性质
醛、酮的化学性质
亲核加成反应
与含碳亲核试剂的加成
与含氧亲核试剂的加成
与含氮亲核试剂的加成
与含硫亲核试剂的加成
氧化还原反应
醛、酮的氧化反应
醛、酮的还原反应
歧化反应
α-H的反应
卤代反应
羟醛缩合反应
醛、酮的实验室制备及工业生产
醛、酮的制备
醇的氧化或脱氢
烃的氧化
炔烃水合
烷基苯氧化
弗里德-克拉夫茨酰基化反应
重要醛、酮的工业生产
甲醛
乙醛
苯甲醛
丙酮

习题与测试

一、用系统命名法命名下列化合物

1. $(CH_3)_2CHCHO$　　2. (苯环)—CH_2CHO　　3. (苯环)—$\overset{O}{\overset{\|}{C}}CH_2CH_3$

4. $(CH_3)_2CHCOCH_2CH_3$　　5. CH_3—(苯环)—CHO　　※6. (环己酮，4位 CH_3)

二、写出下列化合物的构造式

1. 2-甲基丁醛　　2. 环己醛　　3. 4-戊烯-2-酮　　4. 3-乙基-苯甲醛

三、以沸点增高为序排列下列各化合物,并说明理由

1. $CH_2{=}CHCH_2CHO$　　2. $CH_2{=}CHOCH{=}CH_2$

3. $CH_2{=}CHCH_2CH_2OH$　　4. CH_3CHO

四、完成下列反应方程式

1. O=(环己烷)<$\begin{matrix}OCH_3\\OCH_3\end{matrix}$ $\xrightarrow[\text{二缩乙二醇}]{H_2NNH_2,NaOH}$?　　2. (环己烷)=O $\xrightarrow{C_6H_5MgBr}$? $\xrightarrow{H_3^+O}$?

※3. $PhCH{=}CHCHO \xrightarrow{Ag_2O}$?　　4. $CH_2{=}CHCH_2CHO \xrightarrow{LiAlH_4}$?

※5. $C_6H_5COCH_3 \xrightarrow{NH_2NHCONH_2} \xrightarrow{\triangle}$?

※五、分析检测

试设计一种最简便的化学方法,帮助某工厂分析其排出的废水中是否含有醛类,是否含有甲醛。并说明理由。

※六、试分析下列化合物中哪些可以发生碘仿反应

1. CH_3CH_2CHO　　2. $CH_3CH_2CH_2OH$　　3. HCHO

4. $CH_3COCH_2CH_3$　　5. $C_6H_5CH(OH)CH_3$　　6. $C_6H_5COCH_2CH_3$

7. CH_3CH_2OH　　8. $C_6H_5CH_2OH$　　9. $CH_3CH(OH)CH_2CH_3$

10. CH_3OH　　11. $C_6H_5COCH_3$　　12. CH_3CHO

七、试分析下列化合物中,哪些化合物既可与 HCN 加成,又能起碘仿反应

1. $CH_3CH_2CH_2OH$　　2. CH_3CH_2CHO　　3. $CH_3CH_2COCH_3$

4. CH_3CH_2OH　　5. (苯环)—$\underset{OH}{\underset{|}{CH}}$—$CH_3$　　6. (苯环)—$\overset{O}{\overset{\|}{C}}$—$CH_3$

7. (环己烷)=O　　8. CH_3CHO

※八、试用简便的化学方法鉴别下列各组化合物

1. 甲醛、乙醛、2-丁酮　　2. 2-戊酮、3-戊酮、环己酮

3. 苯甲醛、苯乙酮、1-苯基-2-丙酮

4. 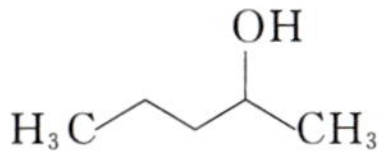 $H_3C-CH_2-CH_2-CH(OH)-CH_3$，$H_3C-CH_2-CH_2-CH_2-CH_2-OH$，$H_3C-CH_2-CH_2-CO-CH_3$，$H_3C-CH_2-CH_2-CH_2-CHO$

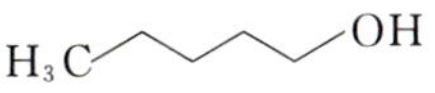

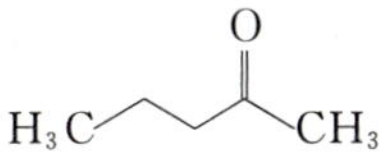

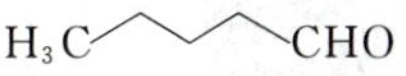

5. 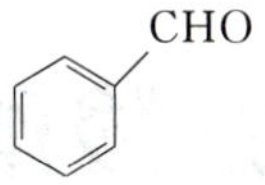 C_6H_5-CHO，$C_6H_5-CH_2Cl$，$C_6H_5-OCH_3$，C_6H_5-Cl

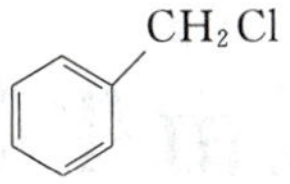

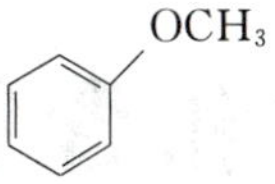

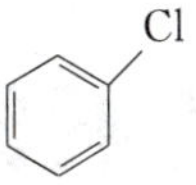

*九、由指定原料及必要的有机、无机试剂合成

1. 由乙醛合成 1,3-丁二烯　　2. 由环己酮合成己二醛

3. 由丙醛合成 $CH_3CH_2CH_2CH(CH_3)_2$　　4. 由乙醛合成 2,4-二甲基-1,3-二氧六环（结构式：六元环含两个O，H_3C 与 CH_3 分别连于两O间碳及相邻碳上）

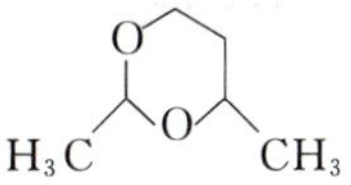

十、推断

1. 某未知化合物 A，与托伦试剂反应呈阳性，能形成银镜。A 与乙基溴化镁反应随即加稀酸得化合物 B，化学式为 $C_6H_{14}O$，B 经浓硫酸处理得化合物 C，化学式为 C_6H_{12}，C 使溴水褪色生成 2-甲基-2,3-二溴戊烷，试写出 A、B、C 的构造式。

2. 化合物 A、B 和 C 的化学式均为 C_3H_6O，其中 A 和 B 能与 2,4-二硝基苯肼作用生成黄色沉淀，试写出 A、B 和 C 的构造式。

*3. 化学式同为 $C_6H_{12}O$ 的化合物 A、B、C 和 D，其碳链不含支链。它们均不与溴的四氯化碳溶液作用；但 A、B 和 C 都可与 2,4-二硝基苯肼生成黄色沉淀；A 和 B 还可与 HCN 作用，A 与托伦试剂作用，有银镜生成，B 无此反应，但可与碘的氢氧化钠溶液作用生成黄色沉淀。D 不与上述试剂作用，但遇金属钠能放出氢气。试写出 A、B、C 和 D 的构造式。

模块八

烃不饱和含氧衍生物（羧酸及其衍生物）的变化及应用

学习目标

1. 会给羧酸及其衍生物和多官能团有机化合物命名；
2. 知道羧酸及其衍生物的物理性质；
3. 能应用羧酸及其衍生物的化学性质，解决有机化合物的合成中的相关问题；
4. 会进行羧酸及其衍生物的制备；
5. 能合作完成相关的合成任务。

问题引入

在一些食品配料表的食品添加剂一栏，我们经常可以看到的添加剂有柠檬酸、乳酸、苹果酸、山梨酸等，这些酸与我们以前学过的无机酸有什么不同？

在生活中，人们被蜜蜂、蚂蚁蜇了之后会感到肿痛，这是为什么？

为什么水果、鲜花会有特别的香味？

主题1　羧　　酸

羧酸属于烃的不饱和含氧衍生物，其分子中的羧基（—COOH）是它的官能团。

一、羧酸的分类及命名

交流与讨论

你知道按羧酸的分类，食品添加剂中的柠檬酸、乳酸、苹果酸、山梨酸属于哪一类吗？它们的化学式是什么？系统命名法又是如何命名它们的？

1. 羧酸的分类

羧酸按烃基的种类分为脂肪族羧酸（简称脂肪酸）和芳香族羧酸（简称芳香酸），按烃基是否饱和分为饱和羧酸和不饱和羧酸，按羧基数目分为一元羧酸、二元羧酸和多元羧酸。

小知识

脂肪酸分为饱和脂肪酸和不饱和脂肪酸，不饱和脂肪酸对人体非常重要，它可以调节血脂、清理血栓、调节免疫力、维护视网膜提高视力、补脑健脑等。

想一想

下列羧酸按羧酸的分类分别应该属于哪一类？

CH_3COOH　　C_6H_5COOH　　$CH_2{=}CHCOOH$　　$HOOCCH{=}CHCOOH$

2. 羧酸的命名

（1）俗名　脂肪族羧酸多采用俗名，俗名往往来源于该酸的天然来源。如蚁酸最初来自蚂蚁，醋酸来自食醋等。

$HCOOH$	CH_3COOH	$CH_3(CH_2)_{10}COOH$	$HOOCCOOH$	$HOOCCH_2COOH$
蚁酸	醋酸	月桂酸	草酸	胡萝卜酸

$H_3C{-}CH(OH){-}COOH$

乳酸

$HOOC{-}CH(OH){-}CH_2{-}COOH$

苹果酸

$HO{-}C(CH_2{-}COOH)_2{-}COOH$

柠檬酸

$CH_3{-}CH{=}CH{-}CH{=}CH{-}COOH$

山梨酸

（2）系统命名法

① 脂肪族羧酸。脂肪族羧酸的系统命名原则同前，选含羧基的最长碳链为主链，母体的名称用“酸”，取代基的位置可用阿拉伯数字或希腊字母 $\alpha,\beta,\gamma,\cdots$ 标出。对于不饱和酸，则选含有不饱和键和羧基的最长碳链为主链，称为某烯酸或某炔酸，并标明不饱和键的位次。例如：

$H_3C{-}CH(CH_3){-}CH_2{-}C(=O){-}OH$

3-甲基丁酸（β-甲基丁酸）

$H_3C{-}CH{=}CH{-}C(=O){-}OH$

2-丁烯酸（巴豆酸）

$o\text{-}HO{-}C_6H_4{-}C(=O){-}OH$

邻羟基苯甲酸

$C_{10}H_7{-}CH_2{-}C(=O){-}OH$

α-萘乙酸

动画:邻苯二甲酸分子的结构

对于二元酸,选择含有两个羧基碳原子在内的最长碳链为主链,根据主链碳原子的个数称为“某二酸”,芳香族二元酸须注明两个羧基的位置。

$H_3C-CH(3)-CH_2(2)-COOH(1)$，$H_2C(4)-CH_2(5)-COOH(6)$（C3 与 C4 相连）

3-甲基己二酸

邻苯二甲酸

$C_6H_5-CH_2(4)-CH(3)=CH(2)-COOH(1)$

4-苯基-2-丁烯酸

② 芳香族羧酸。芳香族羧酸的命名分两种情况。一种是羧基直接连在苯环上的芳香酸,命名时以苯甲酸为母体,其他基团为取代基;另一种是羧基连在苯环支链上的芳香酸,命名时将苯环作为取代基。

邻甲基苯甲酸　　$C_6H_5CH_2COOH$ 苯乙酸　　邻苯二甲酸　　$C_6H_5-CH=CH-COOH$ β-苯基丙烯酸(肉桂酸)

③ 多官能团化合物。多官能团化合物的命名是按照表 8-1 中的官能团的优先次序确定母体和取代基的。处于前面的官能团为优先基团,决定母体名称,其他官能团都作为取代基。

表 8-1　主要官能团的优先次序

类别	官能团	类别	官能团	类别	官能团
羧酸	—COOH	醛	—CHO	炔烃	$-C\equiv C-$
磺酸	$-SO_3H$	酮	$>C=O$	烯烃	$-CH=CH-$
酯	—COOR	醇	—OH	醚	—O—
酰卤	—COX	酚	—OH	烷烃	—R
酰胺	$-CONH_2$	硫醇	—SH	卤代烃	—X
腈	—CN	胺	$-NH_2$	硝基化合物	$-NO_2$

例如:

$CH_2(NH_2)-CH(CH_3)-CH(Cl)-CH_2-OH$

3-甲基-4-氨基-2-氯-1-丁醇

4-甲基-2-羟基-6-氯苯甲酸

羧酸分子中的羧基除去羟基后的基团($R-\overset{O}{\overset{\|}{C}}-$, $Ar-\overset{O}{\overset{\|}{C}}-$)按原来酸的名称称为某酰基;除去氢原子后的 $R-\overset{O}{\overset{\|}{C}}-O-$, $Ar-\overset{O}{\overset{\|}{C}}-O-$ 基团则称为某酰氧基。例如:

$CH_3-\overset{\overset{\large O}{\|}}{C}-$　乙酰基

$CH_3-\overset{\overset{\large O}{\|}}{C}-O-$　乙酰氧基

$C_6H_5-CH_2-\overset{\overset{\large O}{\|}}{C}-$　苯乙酰基

$C_6H_5-CH_2-\overset{\overset{\large O}{\|}}{C}-O-$　苯乙酰氧基

练一练

命名下列化合物或写出构造式。

1. $CH_3CH(CH_3)CH_2COOH$
2. $(CH_3)_2CHCH_2COOH$
3. $Cl-C_6H_4-COOH$
4. $CH_3CH_2CH(COOH)_2$
5. 苯甲酸
6. 草酸
7. 2-甲基-3-乙基戊酸
8. 2,6-二苯基庚二酸

二、羧酸的性质

1. 物理性质

交流与讨论

查表 8-2，试着归纳羧酸在熔沸点、状态、气味、溶解度等物理性质方面的特点和规律，你知道为什么吗？

直链饱和脂肪酸中，C_3 以下的酸为具有酸味的刺激性液体，$C_4 \sim C_9$ 的酸为有腐败气味的油状液体，C_{10} 以上的酸为蜡状固体物质。表 8-2 列出了一些羧酸的物理常数。

表 8-2　一些羧酸的物理常数

系统命名	俗名	沸点/℃	熔点/℃	pK_a	溶解度/$g\cdot(100\ g\ 水)^{-1}$
甲酸	蚁酸	100.7	8.4	3.77	易溶(∞)
乙酸	醋酸	118	16.6	4.76	易溶(∞)
丙酸	初油酸	141	−21	4.88	易溶(∞)
十二酸	月桂酸	225	44		不溶
十六酸	棕榈酸	390	63		不溶
乙二酸	草酸	157(升华)	189.5	pK_1 1.23　pK_2 4.19	溶(10)
丙二酸	胡萝卜酸	140	135.6	pK_1 2.83　pK_2 5.69	易溶(140)
丁二酸	琥珀酸	235 失水分解	188	pK_1 4.16　pK_2 5.16	微溶(6.8)
苯甲酸	安息香酸	100(升华)	122.4	4.19	微溶(0.34)

脂肪族二元酸与芳香族羧酸均为晶体。

直链饱和脂肪酸的沸点随相对分子质量增大而升高，熔点随碳原子数增加而呈锯齿状变化，含偶数碳原子酸的熔点比前、后两个相邻的奇数碳原子酸的熔点都高。

羧酸分子间能形成氢键，且比醇分子间的氢键更强些。氢键的强度足以使羧酸作为二缔合体存在，因此羧酸的沸点比相对分子质量相近的醇要高。

```
       O···H—O
      //       \
R—C           C—R
      \       //
       O—H···O
```

低级的羧酸易溶于水中，随着相对分子质量的升高，溶解度下降。羧酸也能与水形成较强的氢键，因此在水中的溶解度也比相对分子质量相近的醇更大。

芳香酸一般具有升华特性，有些能随水蒸气挥发，这些特性可用来分离、精制芳香酸。

想一想

比较一下丙酸与1-丁醇的沸点及溶解度。

2. 化学性质

羧基是羧酸的官能团，其化学反应主要发生在羧基上。从形式上看羧基是由羰基和羟基组成的，它在一定程度上反映了醛、酮、醇的某些性质，但不是羰基和羟基性质的简单加和，因此又与醛、酮中的羰基和醇中的羟基有显著差别，这是羰基与羟基相互影响的结果。羧酸的反应位置如图8-1所示。

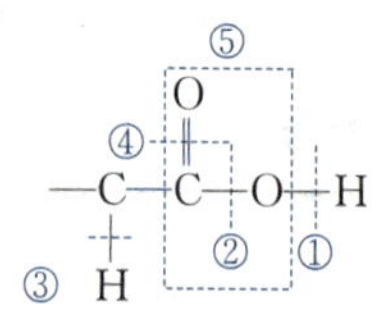

① 氢氧键断裂显酸性

② 羟基被取代生成羧酸衍生物

③ α-氢原子的取代反应

④ 碳氧双键的加氢还原反应

⑤ 脱羧反应

图8-1　羧酸的反应位置

(1) 酸性

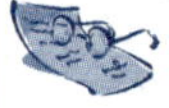

交流与讨论

苯酚中少量的苯甲酸，如何用简便合理的方法除去？

羧酸具有酸性，在水溶液中能解离出氢离子，羧酸酸性的大小常用解离常数 K_a 来表示，pK_a 越小，酸性越强，一般羧酸的 pK_a 为3.5～5。羧酸能与氢氧化钠溶液作用生成盐，也能分解碳酸氢盐和碳酸盐而放出二氧化碳，这个性质常用于鉴别、分离和精制羧酸。例如：

$$CH_3COOH + NaOH \longrightarrow CH_3COONa + H_2O$$

$$CH_3COOH + NaHCO_3 \longrightarrow CH_3COONa + CO_2\uparrow + H_2O$$

羧酸盐是离子化合物，钠、钾盐在水中溶解度较大。某些羧酸盐有抑制细菌生长的作用，在食品加工中作为防腐剂，常用的食品防腐剂有苯甲酸钠、乙酸钙和山梨酸钾等。

小贴士

羧酸在水中的溶解度小，而其钠、钾盐在水中溶解度大，因此在临床上将羧酸类物质制成钠盐或钾盐。例如，青霉素是一种有机酸，不溶于水，临床上制成钠盐或钾盐。青霉素的钠盐或钾盐为白色结晶粉末，注射前用灭菌注射水现配现用。

羧酸的酸性是如何变化的，受什么影响呢？一般来说，羧基与吸电子的基团相连时，由于吸电子诱导作用，羧基氧原子的电子云密度降低，从而增加了氢氧键的极性，氢原子易于解离而使其酸性增强。相反，羧基与给电子基团相连时，由于给电子诱导作用酸性减弱。各种羧酸的酸性强弱规律如下。

① 饱和一元羧酸中，甲酸的酸性最强。

② 饱和一元羧酸的烃基连有吸电子基团（如—X，$—NO_2$，—OH 等）时酸性增强，基团的电负性越大，酸性越强。连有给电子基团（$—CH_3$）时，酸性减弱。

酸性	FCH_2COOH >	$ClCH_2COOH$ >	$BrCH_2COOH$ >	ICH_2COOH >	CH_3COOH
pK_a	2.66	2.86	2.89	3.16	4.76

③ 基团数目对酸性也有影响。

酸性	Cl_3CCOOH >	$Cl_2CHCOOH$ >	$ClCH_2COOH$
pK_a	0.65	1.29	2.86

酸性	CH_3COOH >	CH_3CH_2COOH >	$(CH_3)_3CCOOH$
pK_a	4.76	4.87	5.05

④ 取代基的位置跟羧基越近，酸性越强。

酸性	$CH_3CH_2CH(Cl)COOH$ >	$CH_3CH(Cl)CH_2COOH$ >	$CH_2(Cl)CH_2CH_2COOH$ >	$CH_2(H)CH_2CH_2COOH$
pK_a	2.86	4.41	4.70	4.82

⑤ 低级的饱和二元羧酸的酸性比饱和一元羧酸的酸性强，特别是乙二酸。但二元酸的酸性随碳原子数的增加而逐渐减弱。

⑥ 羧基直接连于苯环上的芳香族羧酸比饱和一元羧酸的酸性强，但比甲酸弱。

	$HCOOH$	C_6H_5COOH	CH_3COOH	CH_3CH_2COOH
pK_a	3.77	4.19	4.76	4.88

常见基团的吸电子诱导效应（$-I$）的强弱次序是

$$—NO_2 > —SO_3H > —CN > —COOH > —F > —Cl > —Br > —I >$$
$$—C{\equiv}CH > —C_6H_5 > —CH{=}CH_2 > H$$

常见基团的给电子诱导效应(+I)的强弱次序是

$$(CH_3)_3C- > (CH_3)_2CH- > CH_3CH_2- > -CH_3 > H$$

特别指出的是,上述原子或基团的诱导效应大小次序,只有当它们与同一种原子相连时才是正确的,在不同的化合物中,它们诱导效应的强弱次序是不完全一致的。

练一练

1. 比较下列各组酸的酸性大小。

(1) CH_3COOH、$ClCH_2COOH$、$(CH_3)_3CCOOH$　　(2) 甲酸　乙酸　异丁酸　草酸

(3) 苯甲酸　间硝基苯甲酸　对硝基苯甲酸

2. 用简便合理的方法除去下列化合物中的少量杂质。

(1) 苯酚中少量的苯甲酸　　(2) 苯甲醇中少量的苯甲醛

(2) 羧基中羟基的取代反应

交流与讨论

由丙醇为原料怎样能合成丁酰氯?

$$R-\overset{\overset{O}{\|}}{C}-OH \longrightarrow \begin{cases} R-\overset{\overset{O}{\|}}{C}-Cl & \text{酰氯} \\ R-\overset{\overset{O}{\|}}{C}-O-\overset{\overset{O}{\|}}{C}-R' & \text{酸酐} \\ R-\overset{\overset{O}{\|}}{C}-OR' & \text{酯} \\ R-\overset{\overset{O}{\|}}{C}-NH_2 & \text{酰胺} \end{cases}$$

羧酸分子中的羟基被其他原子或基团取代,生成羧酸衍生物。

① 酰卤的生成。酰卤是酰基和卤原子直接相连的有机化合物。在有机合成中,最常见的酰卤是酰氯。羧酸和三氯化磷、五氯化磷及亚硫酰氯($SOCl_2$)作用都生成酰氯。

$$R-\underset{\underset{O}{\|}}{C}-OH + \begin{cases} PCl_3 \\ PCl_5 \\ SOCl_2 \end{cases} \xrightarrow{\text{回流}} R-\overset{\overset{O}{\|}}{C}-Cl + \begin{cases} H_3PO_3 \\ POCl_3 + HCl \\ SO_2 + HCl \end{cases}$$

制备时把羧酸加到亚硫酰氯中,副产物 SO_2 和 HCl 都是气体,容易与酰氯分离,所得的酰氯纯度好、产率高,但要进行气体 SO_2、HCl 的回收或吸收,否则会造成环境污染。

② 酸酐的生成。羧酸(除甲酸外)在脱水剂如五氧化二磷的作用下加热，两分子羧酸失去一分子水形成酸酐。例如：

$$H_3C-\overset{\overset{O}{\|}}{C}-OH + H_3C-\overset{\overset{O}{\|}}{C}-OH \xrightarrow[\triangle]{P_2O_5} \left(H_3C-\overset{\overset{O}{\|}}{C}\right)_2O + H_2O$$

乙酸酐(乙酐)

乙酸酐能迅速地与水反应，且与水反应生成的沸点较低的乙酸可通过分馏除去，因此常用乙酸酐作为制备其他酸酐时的脱水剂。例如：

$$2\,C_6H_5-COOH + (CH_3CO)_2O \longrightarrow C_6H_5-\overset{\overset{O}{\|}}{C}-O-\overset{\overset{O}{\|}}{C}-C_6H_5 + 2CH_3COOH$$

(熔点 122.4℃)　(沸点 140℃)　(熔点 42℃，沸点 360℃)　(沸点 118℃)(蒸出)

两个羧基相隔 2～3 个碳原子的二元酸，不需要任何脱水剂，加热就能脱水生成五元或六元环酐。例如：

$$\text{HC(COOH)=CH(COOH)} \xrightarrow{150℃} \text{顺丁烯二酸酐} + H_2O \quad (95\%)$$

$$C_6H_4(COOH)_2 \xrightarrow{230℃} C_6H_4(CO)_2O + H_2O$$

③ 酯的生成。

交流与讨论

为什么在炒菜时加入酒和醋以后，菜的味道特别香？

在浓硫酸催化和加热的条件下，羧酸和醇发生酯化反应，生成有机酸酯，这是制备酯最重要的方法。

$$R-\overset{\overset{O}{\|}}{C}-OH + HO-R' \underset{\triangle}{\overset{浓 H_2SO_4}{\rightleftharpoons}} R-\overset{\overset{O}{\|}}{C}-O-R' + H_2O$$

议一议

酯化反应是可逆的，为了提高酯的产率，通常可以采用什么方法？

答：可加过量的酸或醇，多数情况下是加过量的醇，它既作试剂又作溶剂。或者从反应体系中蒸出沸点较低的酯或水（或加入苯，通过蒸出苯－水恒沸混合物将水带出）。

④ 酰胺的形成。

交流与讨论

聚酰胺是美国杜邦公司最先开发用于纤维的树脂，你知道它有哪些品种吗？最新开发的品种是什么？查找资料了解它们的性能。（图 8-2 为聚酰胺颗粒。）

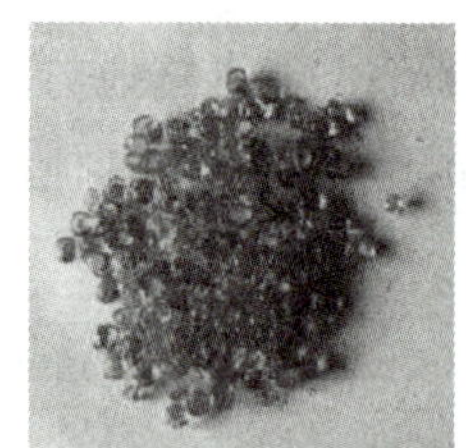

图 8-2　聚酰胺

小知识

聚酰胺（PA，俗称尼龙）是历史悠久、用途广泛的通用工程塑料。聚酰胺的合成奠定了合成纤维工业的基础，聚酰胺的出现使纺织品的面貌焕然一新。用这种纤维织成的聚酰胺丝袜既透明又比普通丝袜耐穿，1939 年 10 月 24 日杜邦（DuPont）在总部所在地公开销售聚酰胺丝长袜时引起轰动，被视为珍奇之物争相抢购，混乱的局面迫使治安机关出动警察来维持秩序。人们曾用“像蛛丝一样细，像钢丝一样强，像绢丝一样美”的词句来赞誉这种纤维。

羧酸与氨作用，生成羧酸的铵盐。加热羧酸铵盐，失去一分子水形成酰胺。例如：

$$H_3C-C(=O)-OH + NH_3 \longrightarrow H_3C-\overset{\overset{O}{\|}}{C}-ONH_4 \xrightarrow{100\ ^\circ C} H_3C-C(=O)-NH_2 + H_2O$$

这类反应在工业上用于聚酰胺的制备。例如：

$$n\ HO-\overset{\overset{O}{\|}}{C}(CH_2)_4\overset{\overset{O}{\|}}{C}-OH + nH_2N(CH_2)_6NH_2 \xrightleftharpoons{ROH\ 溶液}$$

$$n\ \overset{-}{O}-\overset{\overset{O}{\|}}{C}(CH_2)_4\overset{\overset{O}{\|}}{C}-\overset{-}{O}\ \ H_3\overset{+}{N}(CH_2)_6\overset{+}{N}H_3 \xrightarrow[1\ MPa,\ -nH_2O]{\sim 270^\circ C}$$

$$HO-\overset{O}{\overset{\|}{C}}(CH_2)_4\overset{O}{\overset{\|}{C}}\!\!\left[\!HN(CH_2)_6NH-\overset{O}{\overset{\|}{C}}(CH_2)_4\overset{O}{\overset{\|}{C}}\right]_{n-1}NH(CH_2)_6NH_2$$

聚己二酰己二胺

聚己二酰己二胺树脂经熔融抽丝制成聚酰胺－66（尼龙－66）纤维，其强度大，不腐烂，耐磨，宜制衣、袜、渔网等。定向抽成的丝强度更大，可制尼龙防弹衣。

（3）羧基的还原反应　羧酸是有机化合物最高的氧化产物，因此除甲酸外，一般不再进一步氧化。羧基也不易被还原（如不被 $NaBH_4$ 还原），实验室常用强还原剂 $LiAlH_4$ 将羧基还原成醇羟基。例如：

$$\text{羧酸}+LiAlH_4 \xrightarrow[\text{水}]{\text{干醚}} \text{伯醇}$$

$$(CH_3)_3CCOOH+LiAlH_4 \xrightarrow[\text{② } H_2O]{\text{① 干醚}} (CH_3)_3CCH_2OH$$

(92%)

$$CH_2=CH(CH_2)_4COOH+LiAlH_4 \xrightarrow[\text{② } H_2O]{\text{① 干醚}} CH_2=CH(CH_2)_4CH_2OH$$

(83%)

此法不但产率高，而且不影响 C=C 双键。但由于 $LiAlH_4$ 价格昂贵，仅限于实验室使用。

$$CH_2=CH-CH_2COOH \xrightarrow[\text{2. } H_2O]{\text{1. } LiAlH_4} CH_2=CH-CH_2CH_2OH$$　不影响双键

（4）脱羧反应　羧酸脱去二氧化碳的反应称为**脱羧反应**。脂肪羧酸的羧基较稳定，不易脱羧，且脱羧要求高温，并常伴有大量的分解产物，产率低，在合成上没有什么价值。

交流与讨论

实验室中如何制备甲烷？

羧酸的一价碱金属盐在高温下脱羧生成烷烃，这是实验室中制取少量甲烷的方法。例如：

$$CH_3COONa+NaOH \xrightarrow[\triangle]{CaO} CH_4+Na_2CO_3$$

羧酸的二价碱土金属盐加热脱羧生成酮。例如：

$$(CH_3COO)_2Ca \xrightarrow{\triangle} H_3C-\overset{O}{\overset{\|}{C}}-CH_3+CaCO_3$$

α－碳原子上连有强吸电子基团时，易发生脱羧反应。例如：

$$C_6H_5-\overset{O}{\overset{\|}{C}}-CH_2-COOH \xrightarrow{\triangle} C_6H_5-\overset{O}{\overset{\|}{C}}-CH_3 + CO_2$$

（5）α－H 的取代反应　羧基与羰基相似，能使 α－H 活化，但不如醛、酮的 α－H 卤代反应活性高，该反应需在碘、硫或红磷等催化剂作用下进行。例如：

$$R-CH_2-COOH \xrightarrow[P]{X_2} R-\underset{X}{\underset{|}{CH}}-COOH \xrightarrow[P]{X_2} R-\underset{X}{\underset{|}{\overset{X}{\overset{|}{C}}}}-COOH$$

$X_2=Cl_2,Br_2$

$$CH_3COOH \xrightarrow[P]{Cl_2} CH_2ClCOOH \xrightarrow[P]{Cl_2} CHCl_2COOH \xrightarrow[P]{Cl_2} CCl_3COOH$$

若控制好反应条件，可使反应停留在一元或二元取代阶段。α－卤代酸的卤原子活泼，是一类重要的合成中间体，可以通过水解、氨解、消除反应来制备 α－取代酸和 α,β－不饱和酸。

$$R\underset{X}{\underset{|}{C}}HCOOH \xrightarrow{NaCN,\,OH^-} R\underset{CN}{\underset{|}{C}}HCOONa \xrightarrow{H_3O^+} R\underset{CN}{\underset{|}{C}}HCOOH$$

$$R\underset{X}{\underset{|}{C}}HCOOH \xrightarrow{OH^-} R\underset{OH}{\underset{|}{C}}HCOO^- \xrightarrow{H_3O^+} R\underset{OH}{\underset{|}{C}}HCOOH$$

$$R\underset{X}{\underset{|}{C}}HCOOH \xrightarrow[H_2O]{NH_3（过量）} R\underset{NH_2}{\underset{|}{C}}HCOO^-\overset{+}{N}H_4 \xrightarrow{H_3O^+} R\underset{NH_2}{\underset{|}{C}}HCOOH$$

$$R\underset{H}{\underset{|}{C}}H-\underset{X}{\underset{|}{C}}HCOOH \xrightarrow[ROH]{KOH} RCH{=}CHCOOK \xrightarrow{H_3O^+} RCH{=}CHCOOH$$

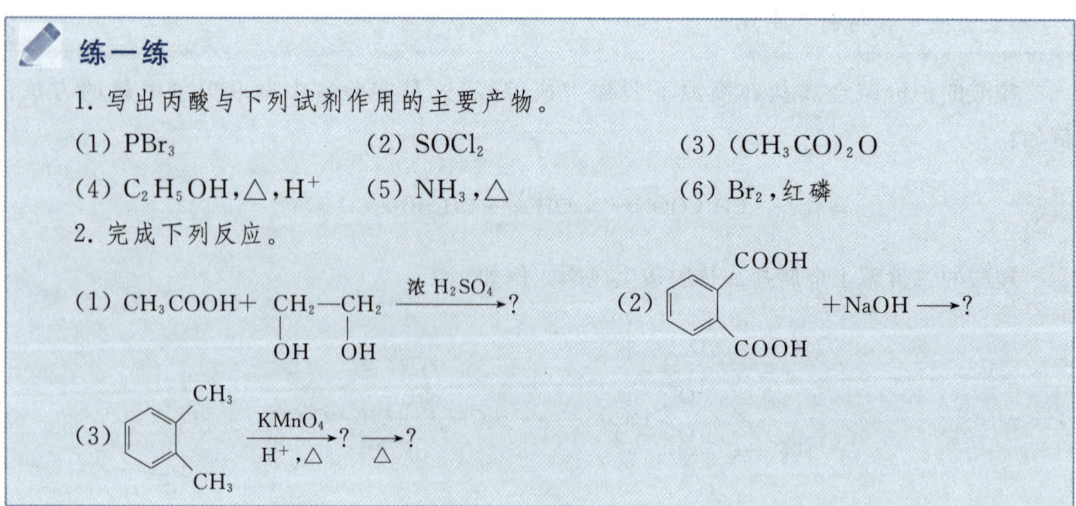
练一练

1. 写出丙酸与下列试剂作用的主要产物。

（1）PBr_3　　（2）$SOCl_2$　　（3）$(CH_3CO)_2O$

（4）C_2H_5OH，△，H^+　　（5）NH_3，△　　（6）Br_2，红磷

2. 完成下列反应。

（1）$CH_3COOH + \underset{OH}{\underset{|}{CH_2}}-\underset{OH}{\underset{|}{CH_2}} \xrightarrow{浓\ H_2SO_4} ?$

（2）邻苯二甲酸（苯环上邻位两个 COOH）$+ NaOH \longrightarrow ?$

（3）邻二甲苯（苯环上邻位两个 CH_3）$\xrightarrow[H^+,\triangle]{KMnO_4} ? \xrightarrow{\triangle} ?$

主题 2　羧酸衍生物

交流与讨论

合成纤维的研制成功是人类的一大奇迹，合成纤维有质轻、耐磨、强度大、保暖性好、防霉、防虫蛀、耐酸碱等优点，你知道合成纤维中的锦纶、涤纶属于羧酸衍生物中的哪一类吗？

一、羧酸衍生物的分类和命名

1. 分类

羧酸中的羧羟基被—X，—OR′，—OCOR′，—NH_2（—NHR′—NR'_2）取代后形成的化合物称羧酸衍生物，共四类：

$R-\overset{\overset{O}{\|}}{C}-Cl$　酰氯

$R-\overset{\overset{O}{\|}}{C}-OR'$　酯

$R-\overset{\overset{O}{\|}}{C}-O-\overset{\overset{O}{\|}}{C}-R'$　酸酐

$R-\overset{\overset{O}{\|}}{C}-NH_2$　酰胺

2. 命名

（1）酰氯、酰胺　将相应的“酸”改为酰氯、酰胺即可。例如：

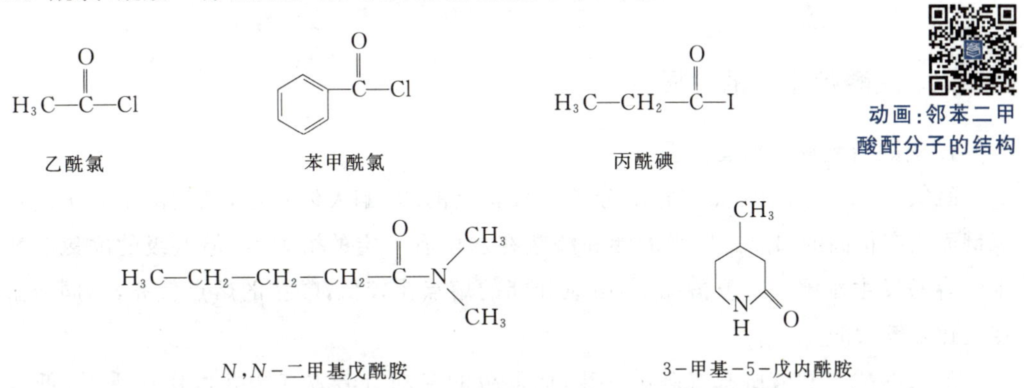

乙酰氯　苯甲酰氯　丙酰碘

N,*N*-二甲基戊酰胺　3-甲基-5-戊内酰胺

动画：邻苯二甲酸酐分子的结构

（2）酸酐　酸酐按形成它的酸来命名。例如：

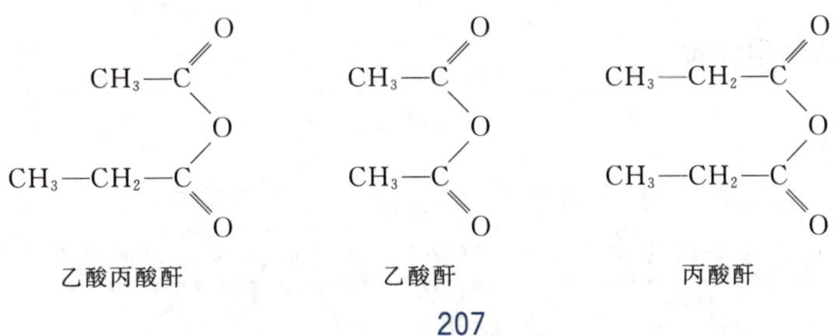

乙酸丙酸酐　乙酸酐　丙酸酐

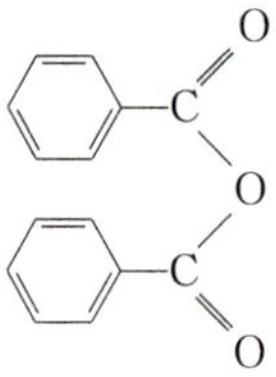

苯甲酸酐

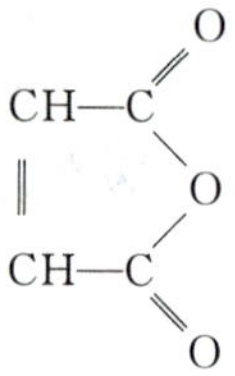

顺丁烯二酸酐

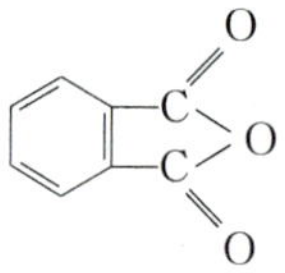

邻苯二甲酸酐

(3) 酯 酯按形成它的酸和醇命名，称为某酸某酯。例如：

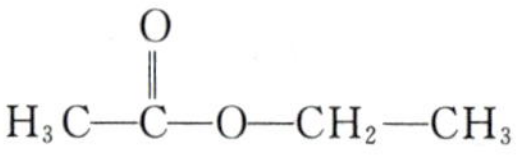

乙酸乙酯

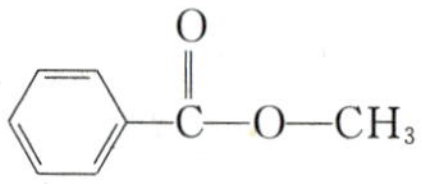

苯甲酸甲酯

练一练

命名下列化合物。

1.

2.

3.

4.

5.

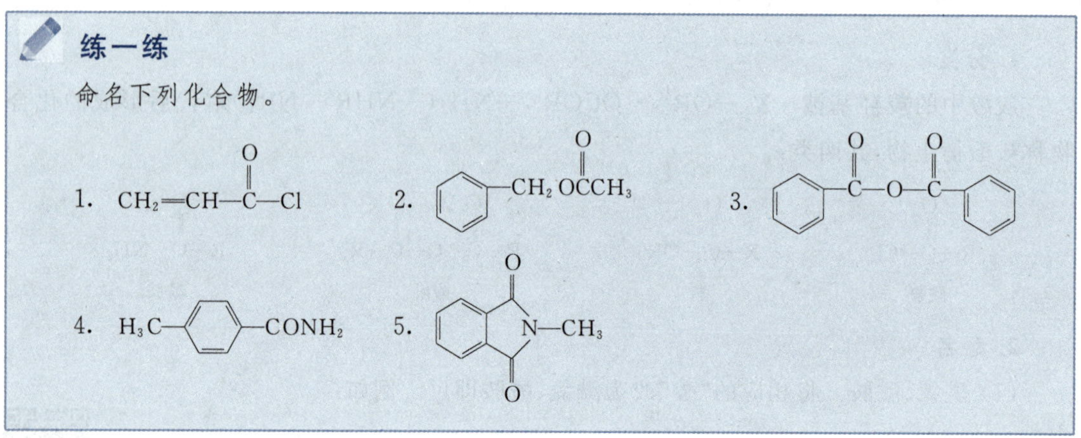

二、羧酸衍生物的性质

1. 羧酸衍生物的物理性质

酰氯、酸酐和酯的沸点与相对分子质量相近的醛、酮大体相近，酰胺由于分子间可形成氢键而具有很高的沸点。低级的酯和酰胺在水中有一定的溶解度；但低级的酰氯和酸酐在水中容易发生水解。一般情况下，酰氯和酯的熔点比较低，酰胺的熔点较高，不同酸酐的熔点变化是较大的。

低级的酰氯和酸酐都有刺鼻气味，而低级的酯却有芳香气味并可用作香料；低级的酰胺是良好的非质子型极性溶剂。常见的羧酸及其衍生物在一般的有机溶剂中有良好的溶解性。

2. 羧酸衍生物的化学性质

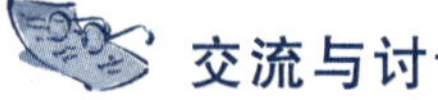

交流与讨论

对羟基苯胺有解热止痛作用，但毒性较大，将其与乙酸酐反应，可制得无毒的解热镇痛药扑热息痛。你知道这个反应是什么反应吗？化学反应方程式如何书写？

（1）羧酸衍生物分子中酰基所连基团的取代反应

① 水解。羧酸衍生物都能与水作用，生成相应的羧酸。

$$\left\{\begin{array}{l}\text{R—CO—Cl}\\ \text{R—CO—O—CO—R}'\\ \text{R—CO—O—R}'\\ \text{R—CO—NH}_2\end{array}\right. + \text{H—OH} \longrightarrow \left\{\begin{array}{l}\text{HCl}\\ \text{R}'\text{COOH}\\ \text{R}'\text{OH}\\ \text{NH}_3\end{array}\right. + \text{R—CO—OH}$$

视频：酰胺的水解

各类羧酸衍生物的水解情况如下：酰氯与水反应激烈并伴随有放热，低级酰氯甚至在潮湿的空气中就能被空气中的水分水解。酸酐在热水中可以水解。酯和酰胺的水解需要加热，并且要加催化剂。尤其是酰胺的水解，速率很慢，需要在酸或碱的催化下经过长时间回流才能完成。酰氯、酸酐、酯和酰胺水解的活性顺序是：酰氯＞酸酐＞酯＞酰胺。

其中酯以酸作催化剂的水解反应，就是酯化反应的逆反应。

$$\text{R—CO—OR}' + H_2O \xrightleftharpoons{\text{浓 } H_2SO_4} \text{R—COOH} + \text{R}'\text{OH}$$

若用碱作催化剂，则生成羧酸盐，水解可以进行到底，酯的碱性水解又称**皂化反应**。高级脂肪酸钠盐是肥皂的主要成分。

酰胺用酸作催化剂，水解生成羧酸和铵盐，用碱作催化剂则生成羧酸盐，并放出氨气。

$$\text{R—CO—NH}_2 + H_2O \xrightarrow[\triangle]{HCl} \text{R—COOH} + NH_4Cl$$

$$\text{R—CO—NH}_2 + NaOH \xrightarrow{\triangle} \text{R—COONa} + NH_3\uparrow$$

② 酸解和醇解。酰氯、酸酐及酯能被酸解或醇解，酸解形成羧酸，醇解形成酯。

$$\left\{\begin{array}{l}\text{R—CO—Cl}\\ \text{R—CO—O—CO—R}'\\ \text{R—CO—O—R}'\end{array}\right. + \text{R}''\text{CO—OH} \longrightarrow \left\{\begin{array}{l}\text{R}''\text{—CO—Cl}\\ \text{R}''\text{—CO—O—CO—R}'\\ \text{R}''\text{—CO—O—R}'\end{array}\right. + \text{R—CO—OH}$$

$$\left\{\begin{array}{l}\text{R—CO—Cl}\\ \text{R—CO—O—CO—R}'\\ \text{R—CO—O—R}'\end{array}\right. + \text{H—OR}'' \longrightarrow \left\{\begin{array}{l}\text{HCl}\\ \text{R}'\text{COOH}\\ \text{R}'\text{OH}\end{array}\right. + \text{R—CO—OR}''$$

酯的醇解反应又称**酯交换反应**。新形成的酯 R—CO—OR″ 与原来的酯 R—CO—OR′ 在醇解反应中互相交换烷氧基。

③ 氨解。酰氯、酸酐及酯能进行氨解形成酰胺。

$$\left\{\begin{array}{l}R—CO—Cl\\R—CO—O—CO—R'\\R—CO—O—R'\end{array}\right. + H—NH_2 \longrightarrow \left\{\begin{array}{l}HCl\\R'COOH\\R'OH\end{array}\right. + R—CO—NH_2$$

(2) 还原反应　酰氯、酸酐、酯和酰胺比羧酸易被还原。在氢化铝锂的作用下,它们分别被还原成相应的醇或胺。

$$\left\{\begin{array}{l}R—CO—Cl\\R—CO—O—CO—R'\\R—CO—O—R'\\R—CO—NH_2\end{array}\right. \xrightarrow{LiAlH_4} \left\{\begin{array}{l}RCH_2OH+HCl\\RCH_2OH+R'CH_2OH\\RCH_2OH+R'OH\\RCH_2NH_2\end{array}\right.$$

(3) 酰胺的脱水反应　酰胺与强脱水剂共热则脱水生成腈。这是实验室制备腈的一种方法(尤其是制备那些用卤代烃和 NaCN 反应难以制备的腈)。通常采用五氧化二磷、五氯化磷、亚硫酰氯或乙酸酐为脱水剂。例如:

$$CH_3CH_2—\overset{\overset{\large O}{\|}}{C}—NH_2 \xrightarrow[200\ ℃]{P_2O_5} CH_3CH_2CN+H_2O$$

(4) 霍夫曼降解反应　酰胺与氯或溴在浓碱溶液(次氯酸钠或次溴酸钠的碱溶液)中共热时,脱去 $\rangle C=O$ 生成伯胺。这是由霍夫曼发现的制伯胺的一种好方法,在反应中碳链减少了一个碳原子,故称**霍夫曼降解反应**。

$$R—\overset{\overset{\large O}{\|}}{C}—NH_2 + Br_2 + 4NaOH \xrightarrow{H_2O} R—NH_2 + 2NaBr + Na_2CO_3 + 2H_2O$$

主题 3　羧酸的制法

交流与讨论

根据前面所学的知识,归纳羧酸的制备方法,如何由苄氯合成苯乙酸?

一、伯醇或醛氧化

伯醇和醛氧化法制羧酸是一种常用的方法。常用的氧化剂有高锰酸钾、重铬酸钾、三氧化铬等。例如:

$$CH_3CH_2CH_2OH \xrightarrow[\text{稀 } H_2SO_4]{K_2Cr_2O_7} CH_3CH_2COOH \quad (65\%)$$

$$CH_3(CH_2)_3\underset{\underset{CH_2CH_3}{|}}{C}HCHO \xrightarrow[H_2O]{KMnO_4,NaOH} CH_3(CH_2)_3\underset{\underset{CH_2CH_3}{|}}{C}HCOONa \xrightarrow{H_3O^+} CH_3(CH_2)_3\underset{\underset{CH_2CH_3}{|}}{C}HCOOH \quad (78\%)$$

二、腈的水解

脂肪腈和芳香腈在酸或碱溶液中水解得相应的羧酸。脂肪腈常从卤代烃制得，故此法也可制备比原来卤代烃多一个碳原子的羧酸。例如：

$$HOCH_2CH_2Cl \xrightarrow{NaCN} HOCH_2CH_2CN \xrightarrow[\text{② } H_3O^+]{\text{① } OH^-,H_2O} HOCH_2CH_2COOH$$

$$C_6H_5-CH_2Cl \xrightarrow{NaCN} C_6H_5-CH_2CN \xrightarrow{H_3O^+} C_6H_5-CH_2COOH$$

此法仅限于由伯卤代烃、苄基型和烯丙基型卤代烃制备腈，其产率很高。仲、叔卤代烃因氰化钠碱性较强易失去水成烯，卤代芳烃一般不与氰化钠反应。

三、格氏试剂与 CO_2 作用

制备时，一般是将格氏试剂的醚溶液倒入过量的干冰中，使格氏试剂与二氧化碳加成，再经水解即生成羧酸。此法可从卤代烃制备多一个碳原子的羧酸。

格氏试剂可由卤代烃制备，但应注意烷基卤化镁的烃基上不能连有与格氏试剂反应的其他基团。

$$(Ar)R-MgX + O{=}C{=}O \xrightarrow{\text{干醚}} (Ar)R-\overset{\overset{O}{\|}}{C}-OMgX \xrightarrow{H_3O^+} (Ar)R-\overset{\overset{O}{\|}}{C}-OH$$

X=Cl，Br，I

可以简写成：

$$RMgX+CO_2 \xrightarrow{\text{干醚}} RCOOMgX \xrightarrow[\triangle]{H_2O,H^+} RCOOH$$

例如：

$$H_3C-C_6H_2(CH_3)_2-Br \xrightarrow[\text{干醚}]{Mg} H_3C-C_6H_2(CH_3)_2-MgBr \xrightarrow[\text{② } H_3O^+]{\text{① } CO_2} H_3C-C_6H_2(CH_3)_2-COOH \quad (60\%)$$

（2,4,6-三甲基：CH_3 位于 Br/MgBr/COOH 的两个邻位）

任务训练8 乙酸正丁酯的合成

任务工单8

工作任务	乙酸正丁酯的合成						
姓名		班级		学号		日期	

学习目标

1. 知识目标

(1) 通过查找资料,了解反应物的物性参数;

(2) 懂得酯化反应的基本原理和反应条件。

2. 能力目标

(1) 会乙酸正丁酯的合成;

(2) 掌握油水分离器的使用和安装;

(3) 学会正确使用分液漏斗。

3. 素养目标

(1) 会查找资料;

(2) 学会规范操作,树立安全意识;

(3) 具有严肃认真的学习态度及认真仔细的工作态度。

学习要求

1. 组长组织组员召开小组会议,领会学习目标,进行任务分工;
2. 结合所学的有机化学理论知识讨论理解实验原理;
3. 讨论实验安全事项。

任务分组

角色	姓名	学号	分工
组长			
组员 1			
组员 2			
组员 3			

任务落实

1. 资料查询、收集与整理 。通过查阅资料，填写表 8-3

表 8-3　试剂及产品的基本物性参数

名称	摩尔质量/$g \cdot mol^{-1}$	熔点/℃	沸点/℃	密度/$g \cdot cm^{-3}$	水溶性	投料量		理论产量
						质量(体积)/g(mL)	物质的量/mol	
乙酸								
正丁醇								
乙酸正丁酯								

2. 领会实验原理和仪器。

(1) 实验原理

(2) 材料清单

3. 实验方案设计。

(1) 实验装置绘制

(2) 方框流程图

操作 1 → 操作 2 → 操作 3 → 操作 4 → ……

4. 完成实验报告。

(1) 实验现象记录

(2) 实验结果记录

(3) 实验结果讨论

任务评价

1. 产品外观

无色透明液体。

2. 产品产量

称量并计算产率,填写产品质量及其评价表,如表 8-4 所示。

表 8-4 产品质量及其评价表

产品外观	实际产量/g	理论产量/g	产率/%

问题探究

1. 酯化反应的特点是什么?本实验中通过什么方法来提高酯的产率?

2. 计算反应完全时理论上应分出多少水。

3. 在提纯粗产品的过程中,用碳酸钠溶液洗涤是为了除去哪些杂质?若改用氢氧化钠溶液是否可以?为什么?

【知识连线】

1. 实验原理

$$CH_3COOH+CH_3CH_2CH_2CH_2OH\xrightarrow{H_2SO_4}CH_3COOCH_2CH_2CH_2CH_3+H_2O$$

乙酸正丁酯是一种重要的化工产品,也是重要的有机合成中间体,广泛用于有机合成、塑料、涂料等工业。它是化工、军工、医药等行业的主要溶剂,特别是清漆、人造革、塑料等物质的良好溶剂。此外,它还是制造油漆、飞机漆的主要原料,可用于香料、化妆品、食品添加剂、防腐防霉剂和药物的合成工业中。乙酸正丁酯具有广泛的应用价值和巨大的发展前景。

回流分水装置:回流分水装置是在回流装置的烧瓶与回流冷凝管之间插入一个油水分离器,使回流液先滴入油水分离器后再回流到烧瓶中,这种装置最适合原料和产物都不溶于水,但有水生成的可逆反应。例如,酯、醚的制备。利用油水分离器将水蒸出,使可逆平衡向产物方向移动,当反应物之中有可溶于水的物质时,可以通过计算加入过量可溶性反应物并加入分水剂,应用回流分水装置控制反应,所谓分水剂就是该物质可与水形成低恒沸混合物，降低蒸出水的温度，减少其他物质蒸出。回流分水装置可通过蒸出水的量判断反应进行的程度。

干燥：干燥剂是一种从外界吸收水分的除水剂，干燥的原理就是通过物理方式将水分子吸附在自身的结构中或通过化学方式吸收水分子并改变其化学结构，变成另外一种物质。为了保持药品、仪器设备的干燥，或对制得的气体、液体产品进行干燥，必须使用干燥剂。

2. 仪器设备与装置

100 mL 圆底烧瓶，油水分离器，球形冷凝管，分液漏斗，锥形瓶，电炉，石棉网等。反应装置见图 8-3。

3. 药品试剂

正丁醇 11.5 mL，冰醋酸 9 mL，100 g·L^{-1}碳酸钠溶液，无水硫酸镁，硫酸。

4. 实验流程

合成乙酸正丁酯的流程见图 8-4。

(1) 安装回流分水装置　按图 8-3 反应装置安装好回流分水装置，圆底烧瓶和球形冷凝管均应固定在铁架台上。

(2) 酯化　在 100 mL 圆底烧瓶中加入 11.5 mL 正丁醇和 9 mL 冰醋酸，加入 3～4 滴浓硫酸摇匀，投入 2 粒沸石。

根据反应理论生成水量，在油水分离器中加入水后，再放出比此量稍多些的水，从而让水留在油水分离器中，让有机层自动返回圆底烧瓶中。

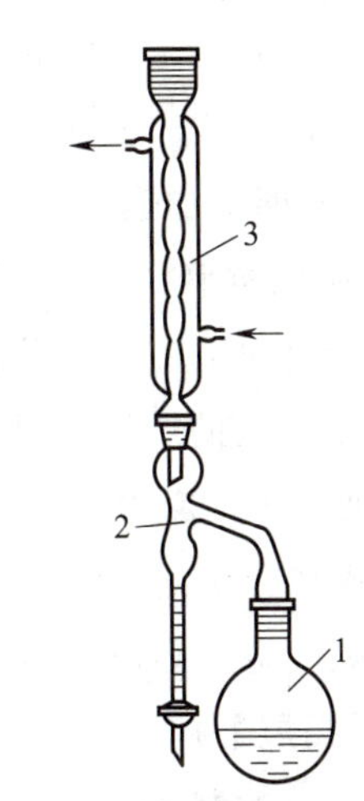

1—圆底烧瓶；2—油水分离器；3—冷凝管

图 8-3　回流分水装置

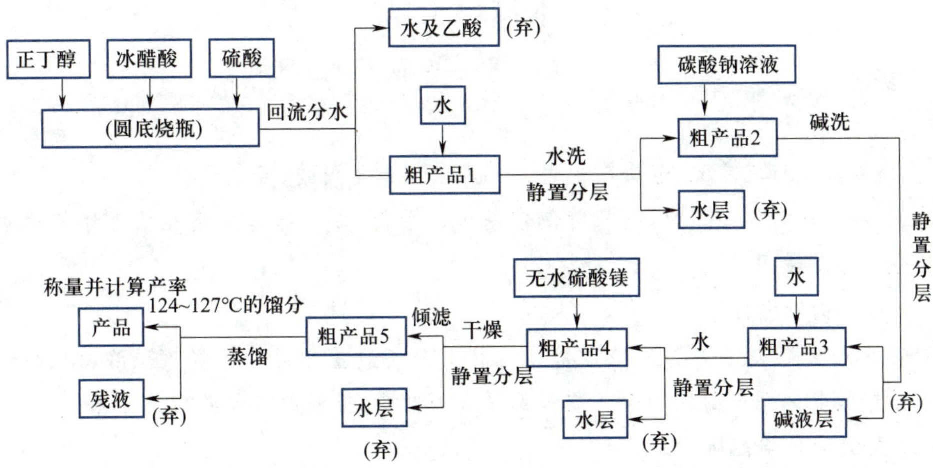

图 8-4　乙酸正丁酯合成流程图

接通冷凝水，将圆底烧瓶放在石棉网上，小火加热，控制温度，使蒸气上升高度不超过冷凝管的1/3。

反应过程中不断有水分蒸出，并进入油水分离器下部，反应约40 min后，油水分离器的水层不再增加时，即为反应终点。

反应完毕后，将油水分离器中的液体倒入分液漏斗中，放掉水层，上层的油层与反应液合并。

(3) 粗产品精制

① 洗涤：分别用10 mL水，10 mL 100g·L^{-1}碳酸钠溶液，10 mL水洗涤反应液，将分离出来的上层油层倒入一干燥的锥形瓶中。

② 干燥：加入无水硫酸镁，直至液体澄清为止。

③ 蒸馏：用倾析法将干燥后的液体倒入干燥的100 mL蒸馏瓶中，加入沸石，安装好蒸馏装置，在石棉网上加热，收集124～127 ℃的馏分。

5. 实验注意事项

(1) 硫酸的用量为醇用量的3%时即能起催化作用。此处硫酸用量较多，它还可以起脱水作用而增加酯的产量。但若硫酸用量过多，由于氧化作用反而对反应不利。

(2) 加硫酸时必须振摇，分次小心加入。若不小心的话，有可能使反应液炭化，影响产量。

(3) 操作分液漏斗时不能振摇过猛，防止乳化，难分层。记住旋塞要放气。

(4) 圆底烧瓶必须干燥。

【素质拓展】

乙酸乙酯的制备。

阿司匹林的制备。

本模块小结

1. 羧酸

(1) 羧酸的分类及命名

① 分类。脂肪族羧酸、芳香族羧酸；一元羧酸、二元羧酸、多元羧酸。

② 命名。命名和醛类似，编号时使羧基位次最低，取代基采用阿拉伯数字标明位次，按主链碳原子的数目称为某酸。

(2) 羧酸的物理性质

羧酸的分子间以氢键结合，它的沸点比相对分子质量相近的烷烃、醚、醛、酮、醇都高，对于一元羧酸其溶解度随相对分子质量的增大而减小，低级的二元羧酸溶于水。

(3) 羧酸的化学性质

① 酸性　　甲酸＞苯甲酸＞其他饱和一元羧酸

硫酸＞盐酸＞羧酸＞碳酸＞苯酚＞水＞醇

② 羧基中羟基的取代反应。分别生成酰卤、酸酐、酯、酰胺等化合物。

③ 还原反应。用强还原剂氢化铝锂可以将羧基还原成醇羟基。

④ 脱羧反应。羧酸的一价碱金属盐在高温下可以脱羧生成烷烃；羧酸的二价碱土金属盐加热脱羧生成酮。

⑤ 烃基上的反应。在红磷的存在下，羧酸烃基上的 α-H 可以发生卤代反应。

(4) 羧酸的制法

$$RCH{=}CHR' \xrightarrow[H^+]{KMnO_4} RCOOH + R'COOH$$

$$C_6H_5{-}R \xrightarrow[H^+]{KMnO_4} C_6H_5{-}COOH$$

$$RCH_2OH \xrightarrow[H^+]{KMnO_4} RCOOH$$

$$RCN + H_2O \xrightarrow[\triangle]{H^+} RCOOH$$

$$RCOCH_3 \xrightarrow{NaOH+I_2} RCOONa + CHI_3$$

$$RCOONa \xrightarrow{H^+} RCOOH \text{（减少一个碳原子）}$$

$$RMgX + CO_2 \xrightarrow{\text{干醚}} RCOOMgX \xrightarrow[\triangle]{H_2O/H^+} RCOOH \text{（增加一个碳原子）}$$

2. 羧酸衍生物

(1) 羧酸衍生物的命名　命名酰卤、酰胺时，只需把相应羧酸名称中的“酸”字改为“酰”字，再加上取代基的名称即可。

酰胺上氮原子所连的氢原子如果被烃基取代则生成取代酰胺。命名取代酰胺时必须在烃基名称前冠以“*N*-”，表示该烃基是直接连在氮原子上的。

(2) 羧酸衍生物的化学性质　酰卤、酸酐、酯都可以水解、醇解和氨解；酰胺只能进行水解反应；酰卤、酸酐、酯和酰胺比羧酸易被还原。在氢化铝锂的作用下，它们分别被还原成相应的醇或胺。

(3) 羧酸衍生物的化学活性

$$RCOX > (RCO)_2O > RCOOR > RCONH_2$$

3. 任务训练：乙酸正丁酯的合成

在浓 H_2SO_4 作用下，以正丁醇与冰醋酸反应合成乙酸正丁酯。

本模块思维导图

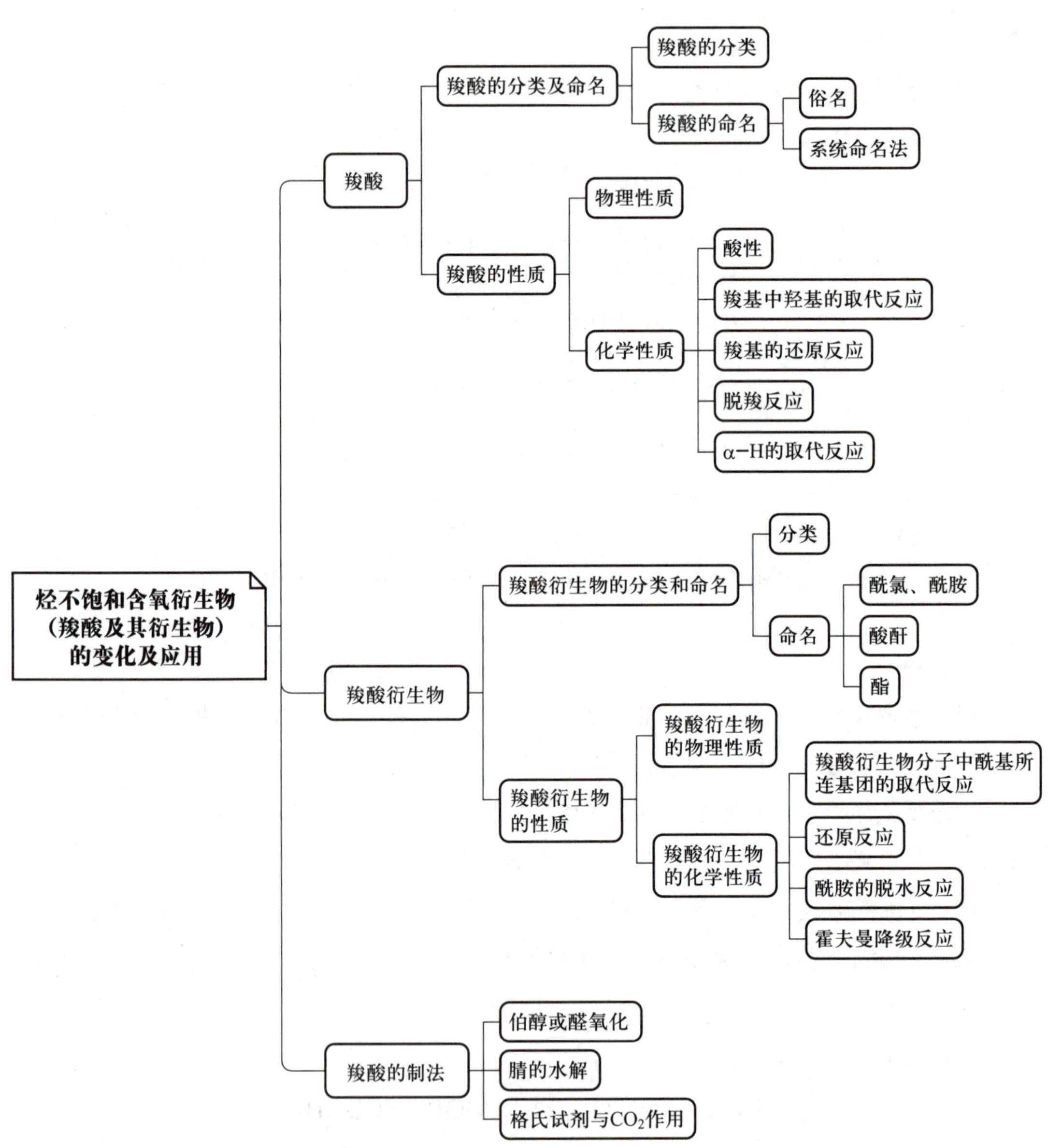
烃不饱和含氧衍生物
(羧酸及其衍生物)
的变化及应用
羧酸
羧酸的分类及命名
羧酸的分类
羧酸的命名
俗名
系统命名法
羧酸的性质
物理性质
化学性质
酸性
羧基中羟基的取代反应
羧基的还原反应
脱羧反应
α−H的取代反应
羧酸衍生物
羧酸衍生物的分类和命名
分类
命名
酰氯、酰胺
酸酐
酯
羧酸衍生物
的性质
羧酸衍生物
的物理性质
羧酸衍生物
的化学性质
羧酸衍生物分子中酰基所
连基团的取代反应
还原反应
酰胺的脱水反应
霍夫曼降级反应
羧酸的制法
伯醇或醛氧化
腈的水解
格氏试剂与CO₂作用

习题与测试

一、命名

1. $CH_3CH_2CH(CH_3)COOH$ 　　2. $CH_3CH_2CH_2CONH_2$

3. $CH_3CH(CH_3)COCl$ 　　4. $CH_2{=}C(CH_3)COOH$

5. $H_3C-C_6H_4-CONH_2$（对位） 　　6. $CH_3COOCH_2CH_3$

7. $(CH_3CH_2CH_2CO)_2O$ 　　8. $HOOCCH_2COOH$

二、写出下列化合物的构造式

1. 3-甲基-2,4-己二烯酸 　　2. 3,3-二甲基戊二酸

3. *N*-甲基乙酰胺 　　4. 2,2-二甲基丁酰氯

三、用化学方法区别下列各组化合物

1. 乙醇、乙醛、乙酸、甲酸 　　2. 乙酰氯、氯乙酸

※3. 苯酚、苯甲醛、苯乙酮、苯甲酸

四、完成下列方程式

1. $CH_3CH{=}CH_2 \xrightarrow{HBr} ? \xrightarrow{?} (CH_3)_2CHMgBr \xrightarrow{HCHO} ? \xrightarrow{H_2O} ? \xrightarrow{?} (CH_3)_2CHCOOH \xrightarrow{PCl_5} ? \xrightarrow{NH_3} ? \xrightarrow[NaOH]{NaBrO} ?$

2. $CH_3CH_2COOH \xrightarrow{?} CH_3CH_2COCl \xrightarrow{?} CH_3CH_2CONH_2 \xrightarrow{?} CH_3CH_2NH_2$

$CH_3CH_2CONH_2 \xrightarrow{?} CH_3CH_2CH_2NH_2$

※3. $(CH_3)_2CHCOOH \xrightarrow{PCl_5} ? \xrightarrow{NH_3} ? \xrightarrow[NaOH]{NaBrO} ?$

4. $CH_2{=}CH_2 \xrightarrow[\triangle]{H_2O,H^+} ? \xrightarrow{?} CH_3CHO \xrightarrow[\triangle]{KMnO_4,H^+} ? \xrightarrow[H^+]{CH_3CH_2CH_2OH} ?$

※五、合成题

1. 以乙烯为原料合成丙酸 　　2. 以乙醇为原料合成丙酸乙酯

3. 以正丙醇为原料合成2-甲基丙酸 　　4. 以丙烯为原料合成丙酸异丙酯

※六、推断题

1. 化合物A、B、C化学式都是$C_3H_6O_2$，A能与$NaHCO_3$作用放出CO_2，B和C能在水溶液中水解，B的水解产物之一能起碘仿反应。推断A、B、C的构造式。

2. 化合物A、B的化学式都是$C_4H_6O_2$，它们都不溶于碳酸钠和氢氧化钠的水溶液，都可使溴水褪色，且都有香味。它们和NaOH水溶液共热则发生反应：A的反应产物为乙酸钠和乙醛，而B的反应产物为甲醇和一种羧酸的钠盐，将后者用酸中和后，所得的有机物可使溴水褪色。试推断A、B的构造式。

模块九

烃含氮衍生物的变化及应用

学习目标

1. 会给硝基化合物、胺、重氮化合物和偶氮化合物、腈命名；
2. 知道硝基化合物、胺、重氮化合物、腈的物理性质；
3. 能应用硝基化合物、胺、重氮化合物、腈的化学性质解决相关问题；
4. 会进行胺、重氮化合物、腈的制备；
5. 能完成乙酰苯胺的合成操作。

问题引入

1934 年，德国人格哈德·多马克(Gerhard Domagk)发现了一种红色偶氮染料——“百浪多息”[prontosil，4-(2，4-二氨基苯基)偶氮苯磺酰胺]，给白鼠静脉注射后，可治疗因链球菌和葡萄球菌所引起的感染性疾病，但在体外却无作用。1935 年，又发现“百浪多息”可治疗人的链球菌病及儿童的丹毒症。接着，法国的 Trefouel 和英国的 Fullet 等人认为“百浪多息”在体内可转化为具有制菌活性的磺胺(*p*-氨基苯磺酰胺)。“百浪多息”的结构如下：

$$NH_2$$
$$H_2N-\bigcirc-N{=}N-\bigcirc-SO_2NH_2$$

此后，磺胺就成了在青霉素应用前治疗许多细菌性传染病最有效的化学治疗剂，尤其在治疗肺炎链球菌(在美国多称肺炎双球菌)、痢疾志贺菌、布鲁氏菌、奈瑟菌及金黄色葡萄球菌等引起的各种传染病中，效果更为显著。

1940 年，Wood 和 Fildes 研究了磺胺的作用机制，并阐明它的结构与细菌的生长因子——对氨基苯甲酸高度相似，因而两者发生了竞争性拮抗作用。

为什么磺胺药对人体无毒，对某些病原菌却有高度抑制作用？

小知识

胺类化合物广泛分布于动植物界，具有多种生理活性，如从金鸡纳树皮中分离得到的奎宁具有抗疟作用；从鸦片中提取得到的可待因具有镇痛作用。

烃的含氮衍生物是指烃分子中的氢原子被含氮的官能团取代而衍生出的有机化合物，有机化学接触较多的含氮衍生物有硝基化合物、胺、腈、重氮及偶氮化合物。

主题 1　硝基化合物

一、硝基化合物的分类和命名

交流与讨论

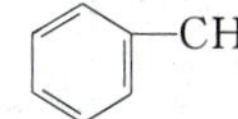

是芳香族硝基化合物还是脂肪族硝基化合物？如何命名它？

根据硝基的数目，硝基化合物分为一硝基化合物和多硝基化合物。根据硝基所连烃基的不同又可将其分为脂肪族硝基化合物和芳香族硝基化合物。脂肪族硝基化合物又根据与硝基连接的碳原子种类的不同分为一级(1°)、二级(2°)、三级(3°)硝基化合物。

硝基化合物的命名以烃为母体，硝基为取代基。例如：

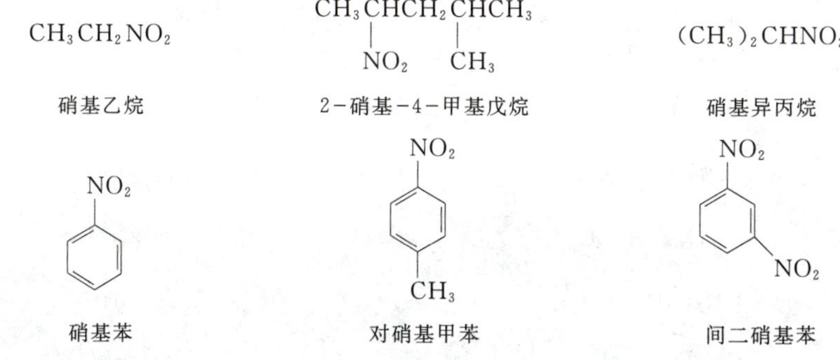

动画：硝基苯分子的结构

动画：对硝基甲苯分子的结构

练一练

命名下列化合物或写出构造式：

1. $(CH_3)_3CNO_2$　2. $CH_3C(CH_3)(NO_2)CH_2CH_3$（构造式：$CH_3\overset{CH_3}{\underset{NO_2}{C}}CH_2CH_3$）　3. 苯环上 Br 与 NO_2 处于邻位的化合物（Br、NO_2）　4. 苯环上 OH，两侧邻位 O_2N、NO_2，对位 NO_2 的化合物（NO_2、O_2N、NO_2、OH）

5. 3-硝基戊烷　6. 对二硝基苯　7. α-硝基萘酚　8. 邻硝基苯磺酸

二、硝基化合物的性质

1. 物理性质

交流与讨论

你知道炸药三硝基甲苯(TNT)如何保存吗？为什么？

硝基是强极性基团，硝基化合物的极性较大，沸点较高，不溶于水，易溶于有机溶剂，相对密度大于1。脂肪族硝基化合物是无色而具有香味的液体。芳香族硝基化合物中一硝基化合物为无色或淡黄色液体或固体，多硝基化合物是黄色晶体。表9-1列出了一些硝基化合物的物理常数。多硝基化合物通常具有爆炸性，三硝基甲苯、三硝基苯(TNB)都是著名的炸药，在实验室里应在水中保存。

表9-1　一些硝基化合物的物理常数

名称	化学式	熔点/℃	沸点/℃
硝基甲烷	CH_3NO_2	−28.5	100.8
硝基乙烷	$CH_3CH_2NO_2$	−50	115
1-硝基丙烷	$CH_3CH_2CH_2NO_2$	−108	131.5
2-硝基丙烷	$(CH_3)_2CHNO_2$	−93	120(120.6 kPa)
硝基苯	$C_6H_5NO_2$	5.7	210.8
间二硝基苯	$C_6H_4(NO_2)_2$	89.8	303
1,3,5-三硝基苯	$C_6H_3(NO_2)_3$	122	315
邻硝基甲苯	$CH_3C_6H_4NO_2$	−4	222.3
对硝基甲苯	$CH_3C_6H_4NO_2$	54.5	238.3
2,4-二硝基甲苯	$CH_3C_6H_3(NO_2)_2$	71	300
2,4,6-三硝基甲苯	$CH_3C_6H_3(NO_2)_3$	82	分解

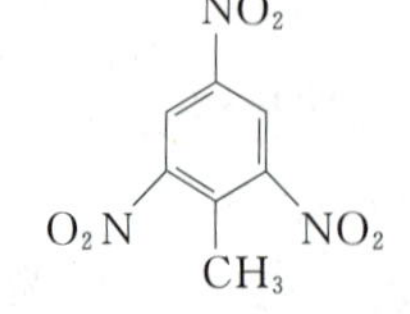

2,4,6-三硝基甲苯(TNT)

1,3,5-三硝基苯(TNB)

有的硝基化合物具有香味，可作香料；有的可用作药物合成的原料或中间体；液体硝基化合物是有机化合物的良好溶剂。

小贴士

多数硝基化合物具有毒性，易引起肝、肾、血液和中枢神经系统中毒，因而使用时应特别注意。

2. 化学性质

芳香族硝基化合物的实用价值比脂肪族硝基化合物重要，所以这里主要学习芳香族硝基化合物的化学性质。

（1）还原反应　硝基可以被还原，特别是芳香族硝基化合物的还原有很大的实用意义。用催化氢化法或较强的化学还原剂（如 Fe、Sn 或 Zn 和稀 HCl；$SnCl_2$ 和 HCl 等）硝基直接被还原成氨基，这是工业上制备芳香族伯胺的常用方法。例如：

交流与讨论

如何完成下列转化？

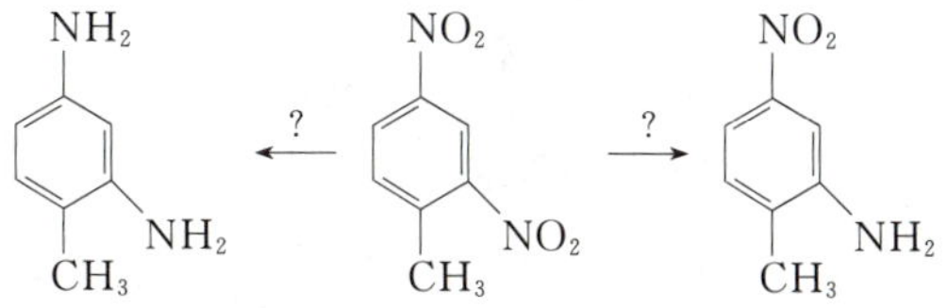

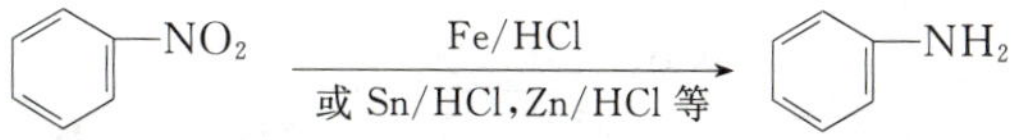

（2,4-二氨基甲苯 $\xleftarrow{?}$ 2,4-二硝基甲苯 $\xrightarrow{?}$ 2-氨基-4-硝基甲苯）

$$C_6H_5-NO_2 \xrightarrow[\text{或 Sn/HCl,Zn/HCl 等}]{\text{Fe/HCl}} C_6H_5-NH_2$$

催化氢化是使硝基化合物转变为伯胺的一种既干净又方便、环境污染少的方法，常以镍、铂和钯为催化剂。反应在中性条件下进行，特别适用于对酸敏感的硝基化合物的还原。例如：

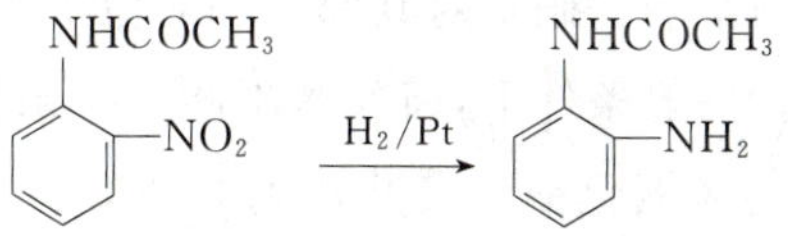

$$o\text{-}C_6H_4(NHCOCH_3)(NO_2) \xrightarrow{H_2/Pt} o\text{-}C_6H_4(NHCOCH_3)(NH_2)$$

采用硫化钠（铵）、硫氢化钠（铵）或多硫酸铵，在适当条件下，可以选择性地将多硝基化合物中的一个硝基还原为氨基。例如：

$$m\text{-}C_6H_4(NO_2)_2 \xrightarrow[\text{沸腾}]{NaHS, H_2O} m\text{-}H_2NC_6H_4NO_2$$

硝基苯在不同碱性介质中还原时，可以分别得到氧化偶氮苯、偶氮苯或氢化偶氮苯等不同还原产物。例如：

$$C_6H_5NO_2 \xrightarrow[100\ ℃]{\text{葡萄糖}+NaOH} C_6H_5-N{=}\overset{O}{\overset{\uparrow}{N}}-C_6H_5$$

氧化偶氮苯

$$C_6H_5NO_2 \xrightarrow[H_2O]{Zn(2\ mol)+NaOH} C_6H_5-N{=}N-C_6H_5$$

偶氮苯

$$C_6H_5NO_2 \xrightarrow[C_2H_5OH]{Zn(3\ mol)+NaOH} C_6H_5-NH-HN-C_6H_5$$

氢化偶氮苯

(2) 芳环上的取代反应　硝基是一种强吸电子基团，不仅是间位定位基，还能使苯环钝化。因此，连有硝基的苯环只能与强的亲电试剂发生亲电取代反应。例如：

$$C_6H_5NO_2 \xrightarrow[140\ ℃]{Br_2, Fe} m\text{-}O_2NC_6H_4Br$$

$$C_6H_5NO_2 \xrightarrow[95\ ℃]{\text{发烟 }HNO_3,\text{浓 }H_2SO_4} m\text{-}C_6H_4(NO_2)_2$$

$$C_6H_5NO_2 \xrightarrow[110\ ℃]{\text{发烟 }H_2SO_4} m\text{-}O_2NC_6H_4SO_3H$$

(3) 硝基对邻、对位基团的影响　硝基对其邻位和对位上基团的化学性质有较大影响。

① 对苯环上卤素的影响。一般条件下，卤代苯不能发生亲核取代反应。例如，氯苯分子中的氯原子并不活泼，将氯苯与氢氧化钠溶液共热到 200 ℃，也不能水解成苯酚。如果在氯的邻位或对位引入硝基，由于硝基的吸电子作用，使得硝基邻位或对位碳原子的电子云密度降低，则氯原子就比较活泼，这样与氯相连的碳便易于受亲核试剂 OH^- 的进攻而发生取代反应。并且，邻、对位上的硝基数目越多，反应越容易进行。例如：

$$\xrightarrow[130\ ℃]{NaHCO_3\ 溶液}\quad \xrightarrow{H^+}$$

$$\xrightarrow[100\ ℃]{NaHCO_3\ 溶液}\quad \xrightarrow{H^+}$$

$$\xrightarrow[\triangle]{NaHCO_3\ 溶液}\quad \xrightarrow{H^+}$$

想一想

除了卤素，其他取代基的邻、对位有吸电子基团时，也可以被亲核试剂取代，试比较下列常见的取代基的活性顺序。

$$—NO_2,—F,—OAr,—Br,—OR,—Cl,—I,—NR_2$$

② 对苯环上羟基酸性的影响。当苯环上引入硝基时，苯环上羟基的酸性增强。硝基在羟基邻、对位比在其间位影响更大。并且硝基数目越多，影响也越大。例如，苯酚（pK_a 为 9.89）的酸性比碳酸还弱，呈弱酸性；而 2,4－二硝基苯酚（pK_a 为 3.96）的酸性与甲酸相近；2,4,6－三硝基苯酚（pK_a 为 0.38）的酸性几乎与强无机酸相近。

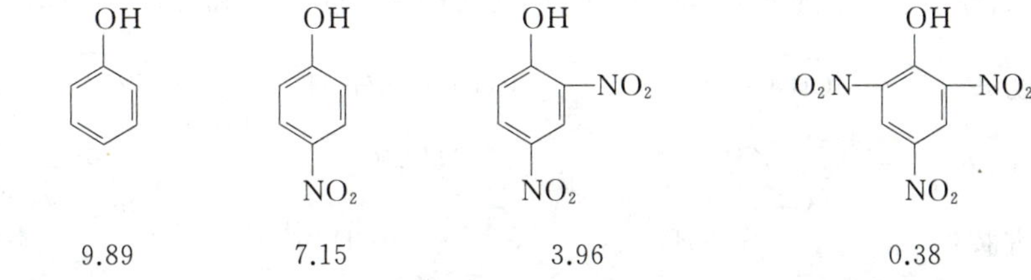

练一练

1. 以适当的芳香烃为原料合成下列化合物

(1) 2,4－二硝基苯酚　　(2) 对氨基苯甲酸

2. 完成下列反应式

(1) 邻硝基甲苯（CH_3，$—NO_2$）$\xrightarrow{H_2/Ni}$　　(2) $O_2N—C_6H_4—NO_2$ $\xrightarrow[C_2H_5OH,\triangle]{Fe+HCl}$

主题 2　胺

一、胺的分类和命名

交流与讨论

命名下列化合物或写出构造式。

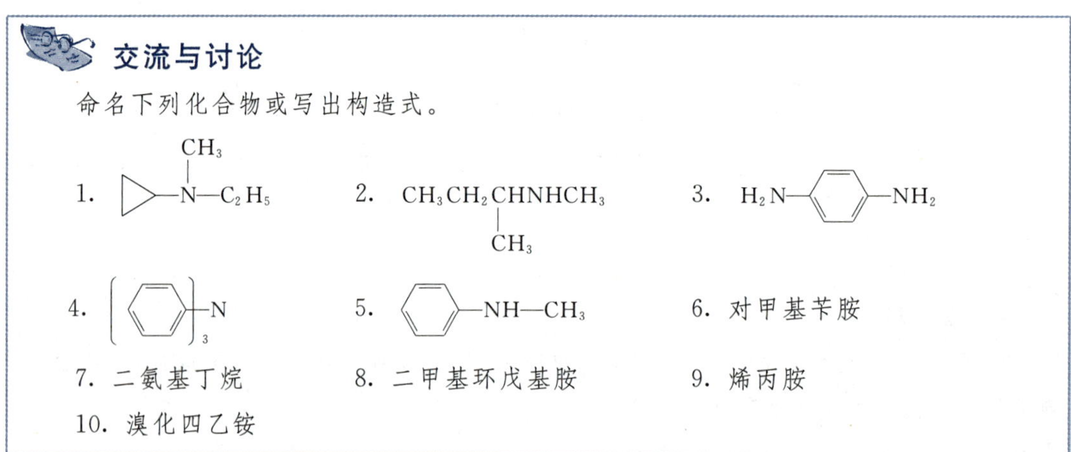

6. 对甲基苄胺
7. 二氨基丁烷
8. 二甲基环戊基胺
9. 烯丙胺
10. 溴化四乙铵

1. 分类

(1) 根据氮原子上烃基取代数目不同，胺可分为一级（伯或 1°）、二级（仲或 2°）、三级（叔或 3°）胺和四级（季）铵盐。

NH_3	RNH_2	R_2NH	R_3N	$R_4N^+X^-(OH^-)$
氨	伯(1°)胺	仲(2°)胺	叔(3°)胺	季铵盐(碱)

(2) 根据分子中烃基的种类不同，胺可分为脂肪族胺（脂肪胺）和芳香族胺（芳香胺）。例如：

脂肪胺：$CH_3CH_2NH_2$　乙胺　　$CH_3CH_2NHCH_3$　甲乙胺　　环己基胺

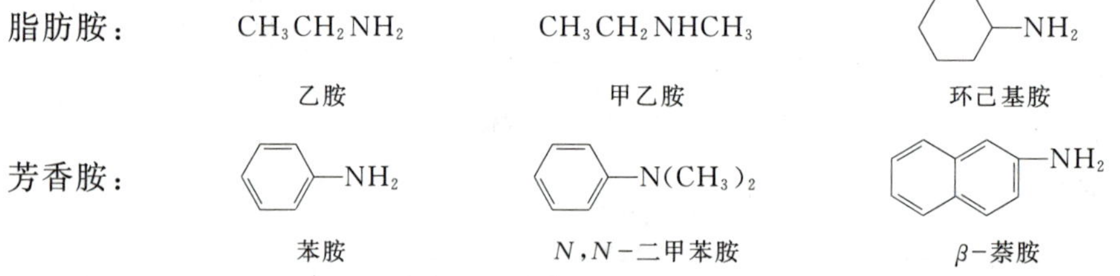

芳香胺：苯胺　　N,N-二甲苯胺　　β-萘胺

想一想

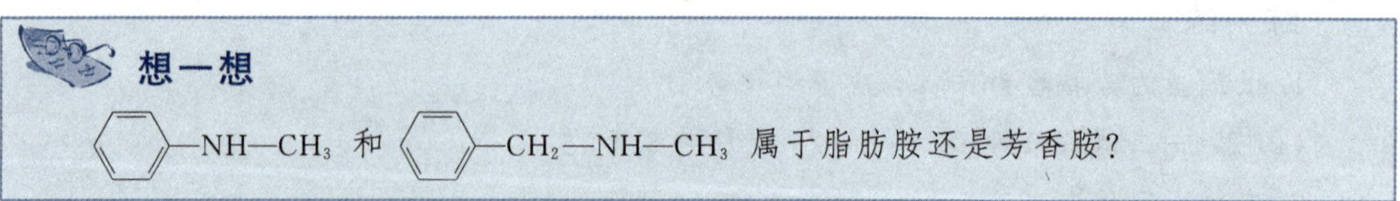

（苯基—NH—CH_3 和 苯基—CH_2—NH—CH_3）属于脂肪胺还是芳香胺？

(3) 根据分子中氨基的数目，胺可以分为一元胺、二元胺等。例如：

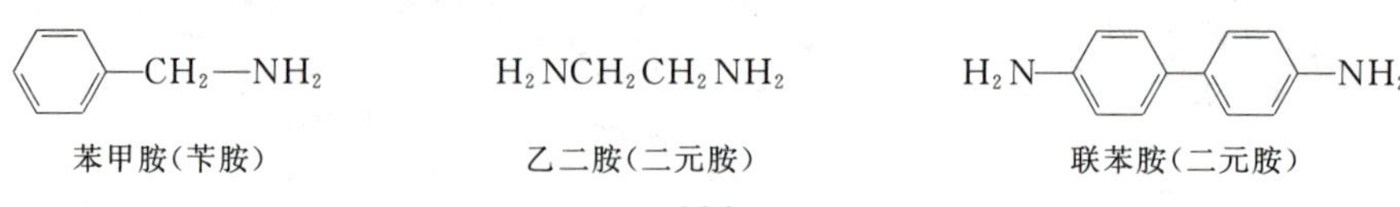

苯甲胺（苄胺）　　$H_2NCH_2CH_2NH_2$　乙二胺（二元胺）　　联苯胺（二元胺）

2. 命名

简单的胺习惯上按所含的烃基命名。例如：

$(CH_3)_2CHCH_2NH_2$ 异丁(基)胺

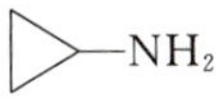

环丙基胺

对甲基苯胺

对于仲胺和叔胺，当烃基相同时，在前面用“二”或“三”表示烃基的数目；当烃基不同时，则按次序规则将“较优”基团的名称放在后面。

CH_3NHCH_3 二甲(基)胺

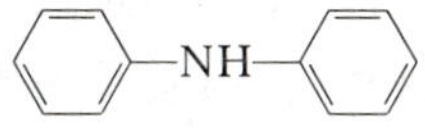

二苯胺

$CH_3CH_2NHCH_3$ 甲(基)乙(基)胺

一级(伯)、二级(仲)、三级(叔)胺的区别与一级(伯)、二级(仲)、三级(叔)醇或卤代烃不同。胺是按照氮原子上所连碳原子的数目决定的；而对于醇或卤代烃的级数则是根据与官能团相连的碳原子的级数决定的。例如，叔丁醇为三级(3°)醇，而叔丁胺则为一级(1°)胺。

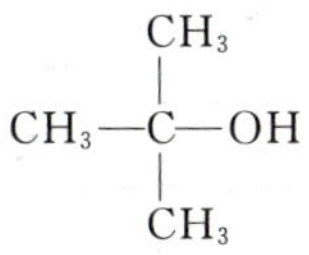

$(CH_3)_3C-OH$ 叔丁醇(叔醇)

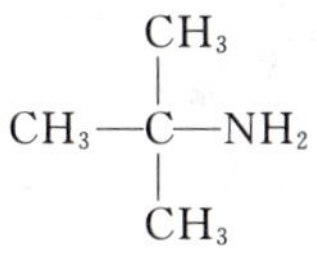

$(CH_3)_3C-NH_2$ 叔丁胺(伯胺)

对于氮原子上同时连有芳基和脂肪烃基时，在芳胺名称前加“*N*”字，以表示脂肪烃基连在氮原子上。例如：

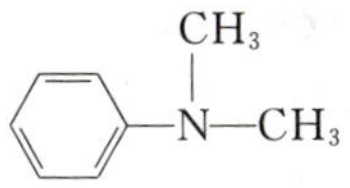

N,*N*-二甲基苯胺

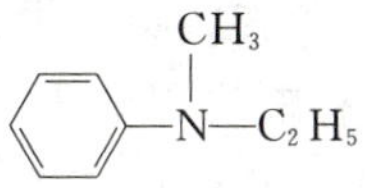

N-甲基-*N*-乙基苯胺

对于结构比较复杂的胺，则用系统命名法，将氨基当作取代基，以烃或其他官能团为母体，取代基按次序规则排列，将较优基团后列出。例如：

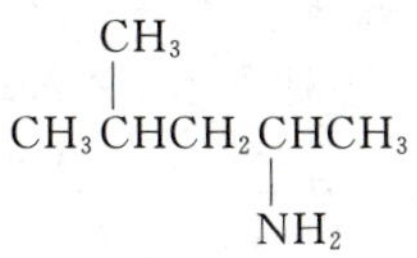

$CH_3CH(CH_3)CH_2CH(NH_2)CH_3$ 2-甲基-4-氨基戊烷

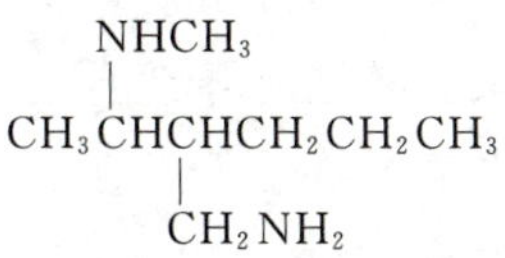

$CH_3CH(NHCH_3)CH(CH_2NH_2)CH_2CH_2CH_3$ 3-氨甲基-2-甲氨基己烷

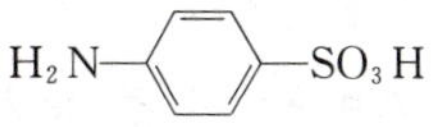

$H_2N-C_6H_4-SO_3H$ 对氨基苯磺酸

季铵化合物的命名则与氢氧化铵或铵盐的命名相似。例如：

$(CH_3)_4N^+Cl^-$ 氯化四甲基铵

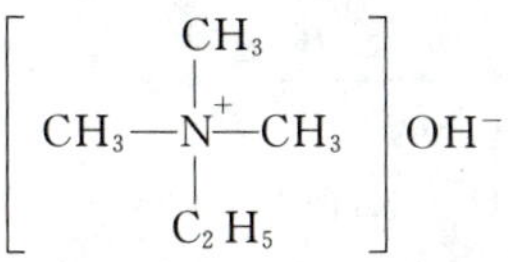

$[(CH_3)_3\overset{+}{N}C_2H_5]OH^-$ 氢氧化三甲基乙基铵

二、胺的性质

1. 物理性质

交流与讨论

从胺的物理常数的数据试着归纳胺在熔沸点等物理性质方面的特点和规律。你知道为什么会有此特点和规律吗？

一般情况下，胺的熔沸点随相对分子质量的增加而不断升高。如甲胺、二甲胺、三甲胺和乙胺在常温下是气体，丙胺及以上是液体，高级胺是固体。

伯胺和仲胺分子中的氮原子上有氢原子，它们可以在分子间形成氢键，故其沸点比相对分子质量相近的烷烃高。而氮原子的电负性比氧原子小，胺分子之间的氢键不如醇、羧酸分子之间的氢键强，所以它们的沸点比相对分子质量相近的醇、羧酸沸点低。见表 9-2。

表 9-2　相近相对分子质量烷烃、胺、醇和羧酸的沸点

化合物	$CH_3CH_2CH_2CH_3$	$CH_3CH_2CH_2NH_2$	$CH_3CH_2CH_2OH$	CH_3COOH
相对分子质量	58	59	60	60
沸点/℃	−0.5	47.8	97.2	118

叔胺在纯液体状态下不可能存在氢键，故沸点比相应伯、仲胺低。

胺有不愉快的或是很难闻的臭味，特别是低级脂肪胺。如有鱼腥臭味的三甲胺，动物腐烂时产生剧毒且极臭的 1,4-丁二胺（腐胺）和 1,5-戊二胺（尸胺）。高级脂肪胺和芳香胺气味不像脂肪胺这样大，但芳香胺毒性极大而且容易通过皮肤吸收。

胺分子中氮原子上有未共用电子对，胺分子能与水分子形成分子间氢键，因此 C_6 以下的低级胺能溶于水，高级胺难溶或不溶于水。某些胺的物理常数见表 9-3。

小贴士

芳香胺有毒，吸入其蒸气或皮肤接触均可引起严重中毒。人若在百万分之一的苯胺蒸气中待上数小时，即会有中毒现象。苯胺可导致再生障碍性贫血，通过吸入、食入或皮肤吸收而使人中毒，食入 0.25 mL 苯胺就会使人严重中毒。另外，某些芳香胺（如联苯胺、α-萘胺、β-萘胺等）还有很强的致癌性，并已被禁止使用。

表 9-3　某些胺的物理常数

名称	结构简式	熔点/℃	沸点/℃	pK_b(25 ℃)
甲胺	CH_3NH_2	−93.5	−6.3	3.35
二甲胺	$(CH_3)_2NH$	−93	7.4	3.27
三甲胺	$(CH_3)_3N$	−117	3	4.22

续表

名称	结构简式	熔点/℃	沸点/℃	pK_b(25 ℃)
乙胺	$CH_3CH_2NH_2$	−81	16.6	3.29
二乙胺	$(CH_3CH_2)_2NH$	−48	56.3	3.06
三乙胺	$(CH_3CH_2)_3N$	−114.7	89	3.25
丙胺	$CH_3(CH_2)_2NH_2$	−83	47.8	3.29
丁胺	$CH_3(CH_2)_3NH_2$	−49	77.8	3.23
戊胺	$CH_3(CH_2)_4NH_2$	−55	104	—
乙二胺	$H_2NCH_2CH_2NH_2$	8.5	117	—
己二胺	$H_2N(CH_2)_6NH_2$	41	204	—
苯胺	$C_6H_5NH_2$	−6	184	9.37
N-甲基苯胺	$C_6H_5NHCH_3$	−57	196	9.16
N,*N*-二甲基苯胺	$C_6H_5N(CH_3)_2$	2.5	194	8.93
二苯胺	$(C_6H_5)_2NH$	54	302	13.2

2. 化学性质

胺的化学性质在很大程度上与氮原子上的未共用电子对有关，如碱性、亲核性及氨基增强芳环亲电取代反应的活性等。

(1) 碱性　胺分子由于氮原子上有未共用电子对，因而能接受质子，显碱性，可进攻缺电子中心而显亲核性，芳香胺中氮原子上的未共用电子对与苯环中的 π 电子共轭，使芳环高度活化，环上的亲电取代反应更容易进行。

交流与讨论

比较氨、脂肪胺、芳香胺的碱性强弱。

与氨相似，胺的水溶液呈碱性。胺的碱性强弱次序为脂肪胺＞氨＞芳香胺。

① 脂肪胺的碱性。在脂肪胺中，烷基的给电子诱导效应使氮原子上的电子云密度增加，碱性增强，但随着烷基的增加，氮原子与质子结合的空间位阻也随之增加，结果反映出来的是碱性不但没有增强，反而有所减弱。所以低级脂肪胺在水溶液中表现为仲胺碱性最强，伯胺和叔胺次之，但它们的碱性都比氨强。

$$(CH_3)_2NH > CH_3NH_2 > (CH_3)_3N > NH_3$$

pK_b(25 ℃)　3.27　3.35　4.22　4.76

② 芳香胺的碱性。水溶液中芳香胺的碱性比脂肪胺弱得多，并且比氨还弱。例如，25 ℃时苯胺的 pK_b 为 9.37，而氨的 pK_b 为 4.76。这是由于芳香胺中氮原子上未共用电子对与苯环之间存在 p-π 共轭作用，氮原子上电子云向苯环方向偏移，使氮原子周围电子云密度减小，接受质子的能力也随之减小，因而碱性减弱。同时苯环又占据较大的空间，阻止质子和

氨基接近，故苯胺的碱性比氨弱得多。

芳香胺中氮原子上芳基数目越多，碱性越弱。例如，苯胺的碱性比氨弱得多，二苯胺的碱性更弱，三苯胺在一般条件下不显碱性。

苯环上存在取代基时，苯胺的碱性也会受到影响。当取代基处于氨基的间位或对位时，吸电子基使碱性减弱，给电子基使碱性增强。而邻位取代的苯胺由于受到较大的空间位阻作用，碱性减弱。

	对甲苯胺 (NH_2, CH_3)	间甲苯胺 (NH_2, CH_3)	苯胺 (NH_2)	间硝基苯胺 (NH_2, NO_2)	对硝基苯胺 (NH_2, NO_2)	邻硝基苯胺 (NH_2, NO_2)
pK_b	8.70	9.28	9.40	11.53	13.00	14.25

脂肪胺和芳香胺都可以与强酸（盐酸、硫酸等）作用生成盐。脂肪胺甚至与弱酸（乙酸）也能成盐。

$$C_6H_5NH_2 + HCl \longrightarrow C_6H_5NH_3^+Cl^- \text{ 或 } C_6H_5NH_2 \cdot HCl$$

苯胺　　　氯化苯胺　　　苯胺盐酸盐

铵盐是弱碱生成的盐，与强碱作用又重新游离出原来的胺。因此，利用此性质可以分离或精制胺。

$$(Ar)R\overset{+}{N}H_3\overset{-}{Cl} + NaOH \longrightarrow (Ar)RNH_2 + NaCl + H_2O$$

利用铵盐的水溶性，可将某些难溶于水的胺类药物转变为水溶性的药物，方便临床应用。例如，局部麻醉药盐酸普鲁卡因，其水溶液可用于肌肉注射。

$$H_2N\text{—}C_6H_4\text{—}COOCH_2CH_2N(C_2H_5)_2 + HCl \longrightarrow \left[H_2N\text{—}C_6H_4\text{—}COOCH_2CH_2\overset{+}{N}H(C_2H_5)_2\right]Cl^-$$

普鲁卡因　　　　盐酸普鲁卡因

练一练

比较下列胺的碱性强弱。

1. CH_3NH_2，$(CH_3)_2NH$，$(CH_3)_3N$　　2. CH_3NH_2，$C_6H_5\text{—}NH_2$

3. NH_3，$(CH_3CH_2)_2NH$，$C_6H_5\text{—}NH_2$

4. $C_6H_5\text{—}NH_2$，$CH_3O\text{—}C_6H_4\text{—}NH_2$，$O_2N\text{—}C_6H_4\text{—}NH_2$，$Cl\text{—}C_6H_4\text{—}NH_2$

（2）烷基化　与氨相似，胺分子中氮原子上有未共用电子对，可作为亲核试剂与卤代烷或醇等发生亲核取代反应。卤代烷可与氨作用生成胺（伯胺），这个反应常称为**卤代烃的氨**

解。例如：

$$CH_3CH_2I \xrightarrow{NH_3} CH_3CH_2NH_3^+I^- \overset{NH_3}{\rightleftharpoons} CH_3CH_2NH_2 + NH_4I$$

胺可以继续与卤代烷作用，得到仲胺，这个反应叫作**胺的烷基化**。仲胺仍可继续与卤代烷反应生成叔胺，叔胺再与卤代烷作用则得季铵盐。

$$CH_3CH_2NH_2 + CH_3CH_2I \longrightarrow (CH_3CH_2)_2NH_2^+I^- \overset{NH_3}{\rightleftharpoons} \underset{\text{仲胺}}{(CH_3CH_2)_2NH} + NH_4I$$

$$(CH_3CH_2)_2NH \xrightarrow{CH_3CH_2I} (CH_3CH_2)_3NH^+I^- \overset{NH_3}{\rightleftharpoons} \underset{\text{叔胺}}{(CH_3CH_2)_3N} + NH_4I$$

$$(CH_3CH_2)_3N + CH_3CH_2I \longrightarrow \underset{\text{季铵盐}}{(CH_3CH_2)_4N^+I^-}$$

在上述反应中，卤代烷与氨作用得到的往往是伯、仲、叔胺和季铵盐的混合物，工业上采用精馏的方法将它们分离。

(3) 酰基化

交流与讨论

设计苯胺合成对硝基苯胺的方案。

胺分子中氮原子上的氢原子被酰基取代，叫作**胺的酰基化**，产物是 N-取代酰胺。

伯胺、仲胺容易与酰氯或酸酐反应，生成 N-烃基酰胺或 N,N-二烃基酰胺，它们是具有一定熔点的固体，可用于伯、仲胺的鉴定，也可从伯、仲、叔胺的混合物中分离出叔胺，还可以区别叔胺与伯、仲胺。因为叔胺的氮原子上没有氢原子，所以不能被酰化。

$$C_6H_5NH_2 + (CH_3CO)_2O \longrightarrow C_6H_5NHCOCH_3 + CH_3COOH$$

$$CH_3COCl + HN(C_2H_5)_2 \longrightarrow \underset{N,N\text{-二乙基乙酰胺}}{CH_3CON(C_2H_5)_2} + HCl$$

氨基比较活泼，又容易被氧化，在有机合成中常将氨基酰化后再进行其他的反应，最后用酰胺水解法除去酰基，这样可以保护氨基，避免副反应发生。

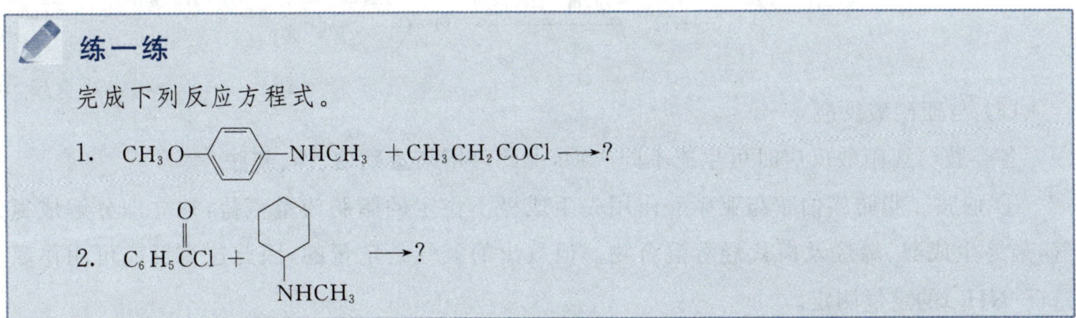

练一练

完成下列反应方程式。

1. $CH_3O-C_6H_4-NHCH_3 + CH_3CH_2COCl \longrightarrow ?$

2. $C_6H_5\overset{O}{\overset{\|}{C}}Cl + C_6H_{11}NHCH_3 \longrightarrow ?$

(4) 磺酰化

交流与讨论

如何鉴别伯、仲、叔胺?

与胺的酰基化反应相似,伯胺或仲胺氮原子上的氢原子可以被磺酰基($R—SO_2—$)取代,生成磺酰胺,称为**磺酰化反应**,又称为**兴斯堡**(Hinsberg)**反应**。

$$H_3C—C_6H_4—SO_2Cl + RNH_2 \longrightarrow H_3C—C_6H_4—SO_2NHR$$

$$H_3C—C_6H_4—SO_2Cl + R_2NH \longrightarrow H_3C—C_6H_4—SO_2NR_2$$

常用的磺酰化剂是苯磺酰氯或对甲苯磺酰氯,反应需要在氢氧化钠或氢氧化钾溶液中进行。伯胺生成的磺酰胺分子中,由于磺酰基是强的吸电子基,使与氮原子相连的氢原子具有较强的酸性,能与氢氧化钠生成钠盐而溶于碱液中。仲胺生成的磺酰胺,氮原子上没有氢原子,不能与氢氧化钠反应生成钠盐,故不溶于碱液而成固体析出。叔胺分子中氮原子上没有氢原子,不与磺酰氯反应。利用这些性质,可**鉴别和分离伯胺、仲胺、叔胺**。

RNH_2 / R_2NH / R_3N —($CH_3—C_6H_4—SO_2Cl$)→

RNH_2 → $CH_3—C_6H_4—SO_2NHR$ —NaOH→ $[C_6H_5—SO_2NR]^- Na^+$

R_2NH → $CH_3—C_6H_4—SO_2NR_2$ —NaOH→ 不反应,固体析出

R_3N → 不反应

(5) 氧化

胺比较容易被氧化,脂肪伯胺、仲胺和叔胺用过氧化氢氧化后分别得到肟或羟胺、氧化胺等产物。芳香胺比脂肪胺更易被氧化,尤其是伯、仲芳香胺,在空气中放置颜色也会因氧化而逐渐变深,氧化的产物比较复杂,有醌类、偶氮化合物等,所以常用包裹黑纸的棕色瓶来贮存芳香胺。另外,芳香胺的盐较难氧化,因此有时可将芳香胺以盐的形式贮存。

苯胺用二氧化锰和硫酸氧化,主要产物为对苯醌。

$$C_6H_5—NH_2 \xrightarrow{MnO_2,H_2SO_4} O=C_6H_4=O$$

(6) 与亚硝酸反应

各类胺与亚硝酸反应时可生成不同产物,由此可用来**鉴别伯、仲、叔胺**。

① 伯胺。脂肪族伯胺与亚硝酸作用先生成极不稳定的脂肪族重氮盐,它立即分解成氮气,最终生成醇、烯烃及卤代烃等混合物。但放出的氮气是定量的,因此这个反应可用作氨基($—NH_2$)的定量测定。

$$CH_3CH_2NH_2 \xrightarrow[HCl]{NaNO_2} CH_3CH_2-\overset{+}{N}\equiv NCl^- \longrightarrow \begin{cases} CH_3CH_2OH \\ CH_2=CH_2 + N_2\uparrow \\ CH_3CH_2Cl \end{cases}$$

重氮盐(不稳定)

芳香伯胺在过量的强酸溶液中与亚硝酸在低温下(一般在 5 ℃以下)反应得到重氮盐，此反应称为**重氮化反应**。

$$C_6H_5-NH_2 + NaNO_2 + 2HCl \xrightarrow[0\sim5\ ℃]{H_2O} C_6H_5-N_2^+Cl^- + 2H_2O + NaCl$$

芳基重氮盐比烷基重氮盐更稳定，在水溶液中，0～5 ℃下可以保存一段时间，用于多种芳香族化合物的合成。当温度升高时，大多数重氮盐会缓慢分解，放出氮气而得到酚。

干燥的重氮盐遇热或撞击容易爆炸。

② 仲胺。脂肪仲胺和芳香仲胺与亚硝酸作用都生成 *N*－亚硝基胺。

$$(CH_3)_2NH + NaNO_2 + HCl \longrightarrow (CH_3)_2N-N=O + H_2O + NaCl$$

N－亚硝基二甲胺

$$C_6H_5-NH(CH_3) + NaNO_2 + HCl \xrightarrow{10\ ℃} C_6H_5-N(CH_3)-N=O + H_2O + NaCl$$

N－甲基－*N*－亚硝基苯胺

N－亚硝基胺都是黄色油状液体，它与稀盐酸共热时，则水解成原来的仲胺，可用来分离或提纯仲胺。

小贴士

亚硝酸盐在胃肠道中与蛋白质的分解产物胺结合形成亚硝基胺，亚硝基胺是一种强致癌剂。流行病学研究发现，凡饮用水中硝酸盐、亚硝酸盐含量高的地区，食管癌及胃癌发病率均高。应少吃或不吃硝酸盐、亚硝酸盐处理过的食品，如香肠、火腿、烤肉、熏肉、泡菜、腌菜等。另外，发霉的食品中有亚硝基胺存在，如霉变的玉米面和红薯渣。

③ 叔胺。脂肪叔胺在低温时能与亚硝酸生成不稳定的盐，很易水解，加碱后可重新得到游离的叔胺。芳香叔胺与亚硝酸作用，在苯环上发生亲电取代反应，生成对亚硝基化合物。若对位被占据，亚硝基则进入邻位。

$$C_6H_5-N(CH_3)_2 \xrightarrow[8\ ℃]{NaNO_2/HCl} (CH_3)_2N-C_6H_4-N=O + H_2O + NaCl$$

N,*N*－二甲基苯胺　　对亚硝基－*N*,*N*－二甲基苯胺

对亚硝基－*N*,*N*－二甲基苯胺在酸性条件下呈橘黄色，碱性条件下则变为翠绿色。

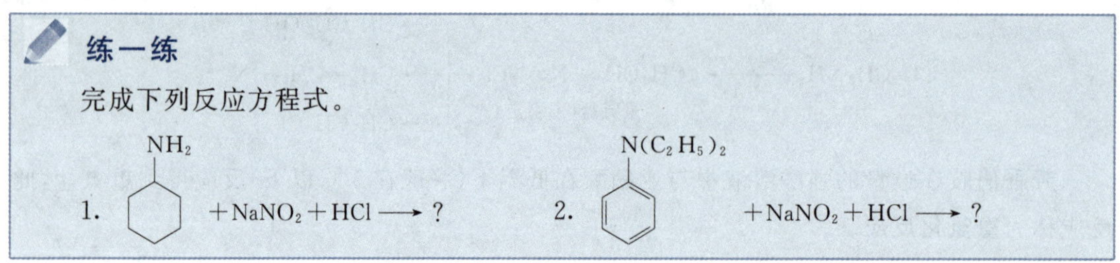

(7) 芳环上的取代反应　氨基是使苯环致活的基团，所以苯胺很容易进行芳香亲电取代反应，且反应主要发生在氨基的邻位和对位上，如卤化、硝化、磺化等反应。

① 卤化。苯胺在水溶液中与卤素的反应很容易进行。例如，苯胺与溴水作用，立即得到2,4,6-三溴苯胺白色沉淀，反应不能停留在一溴代或二溴代阶段。此反应可定量完成，常用于苯胺的定性和定量分析。

视频：苯胺与溴的反应

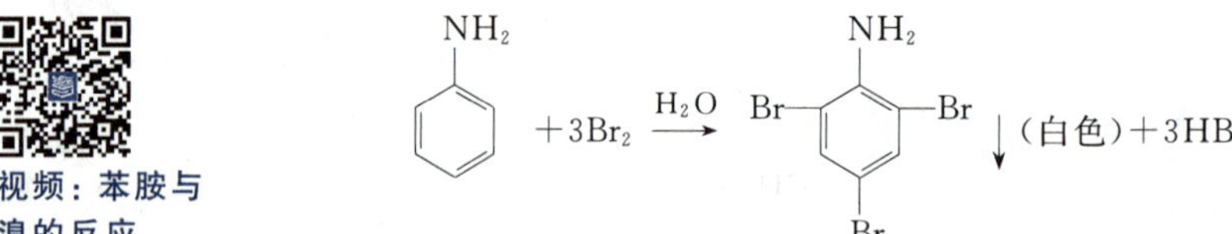

制备一溴代苯胺，需先将苯胺转化为乙酰苯胺以降低氨基的致活作用，再进行溴代，然后水解除去酰基。由于空间位阻的原因，可得到高产率的对位产物。

$$C_6H_5NH_2 \xrightarrow{CH_2COCl} C_6H_5NHCOCH_3 \xrightarrow{Br_2} p\text{-}BrC_6H_4NHCOCH_3 \xrightarrow[H^+\text{或}OH^-]{H_2O} p\text{-}BrC_6H_4NH_2$$

② 硝化。芳香伯胺容易氧化，硝酸又是较强的氧化剂，所以不能直接用硝酸硝化。氨基用酰基保护后，硝化可顺利进行。

要得到邻硝基苯胺或对硝基苯胺，需先将氨基保护起来，硝化反应后再除去保护基即可。

$$p\text{-}(CH_3)_2CHC_6H_4NH_2 \xrightarrow{(CH_3CO)_2O} p\text{-}(CH_3)_2CHC_6H_4NHCOCH_3 \xrightarrow{HNO_3,20\ ℃} \text{2-}NO_2\text{-4-}CH(CH_3)_2C_6H_3NHCOCH_3 \xrightarrow[\triangle]{KOH,EtOH} \text{2-}NO_2\text{-4-}CH(CH_3)_2C_6H_3NH_2$$

$$C_6H_5NH_2 \xrightarrow{(CH_3CO)_2O} C_6H_5NHCOCH_3 \xrightarrow[\triangle]{HNO_3} p\text{-}O_2NC_6H_4NHCOCH_3 \xrightarrow[OH^-]{H_2O} p\text{-}O_2NC_6H_4NH_2$$

要得到间硝基苯胺，需先将苯胺溶于浓硫酸，生成的硫酸氢盐用硝酸硝化，则得到间位硝化物，再用碱处理。

$$\text{NH}_2\text{(苯环)} \xrightarrow{H_2SO_4} \overset{+}{N}H_3\overset{-}{H}SO_4\text{(苯环)} \xrightarrow[\triangle]{HNO_3} \overset{+}{N}H_3\overset{-}{H}SO_4\text{(间位 }NO_2\text{)} \xrightarrow[H_2O]{OH^-} NH_2\text{(间位 }NO_2\text{)}$$

③ 磺化。苯胺与浓硫酸作用生成苯胺硫酸盐，再于 180 ℃加热脱水得到苯胺磺酸，然后发生重排得到对氨基苯磺酸。

$$\text{NH}_2\text{(苯环)} \xrightarrow{H_2SO_4} \overset{+}{N}H_3\overset{-}{H}SO_4\text{(苯环)} \xrightarrow[-H_2O]{180\ ℃} NHSO_3H\text{(苯环)} \xrightarrow{重排} SO_3^-\text{(对位 }NH_3^+\text{)}$$

对氨基苯磺酸兼有碱性的氨基和酸性的磺酸基两种官能团，因此以内盐的形式存在，是两性离子，熔点高、水溶性小。

苯胺也能与氯磺酸发生氯磺化反应，由此得到的苯磺酰氯是工业上制备胺类药物的重要中间体，由此中间体出发，与一系列胺类化合物进行反应，即可得到各种不同的磺胺类药物。

$$\text{NH}_2\text{(苯环)} \xrightarrow{(CH_3CO)_2O} NHCOCH_3\text{(苯环)} \xrightarrow{Cl—SO_3H} NHCOCH_3\text{(对位 }SO_2Cl\text{)}$$

$$\xrightarrow{RNH_2} NHCOCH_3\text{(对位 }SO_2NHR\text{)} \xrightarrow{NaOH/H_2O} NH_2\text{(对位 }SO_2NHR\text{)}$$

小知识

20 世纪 30 年代，德国化学家格哈德·多马克用小白鼠试验证明了染料“百浪多息”具有很强的抗菌作用，并从中提炼出一种白色的粉末——磺胺，但这种药物尚未进行临床试验。不久，杜马克的女儿因玩耍时不小心割破手指引起严重的细菌感染，命在旦夕，他只好给女儿试用磺胺药。结果他的女儿成为医学史上第一个用磺胺药治好细菌感染的患者。多马克也因发现了“百浪多息”（一种磺胺类药物）的抗菌效果而获得 1939 年诺贝尔生理学或医学奖。

三、胺的制备

交流与讨论

想要制备纯的伯胺，你知道该采用哪种方法吗？

1. 硝基化合物的还原

硝基化合物的还原是制备伯胺的常用方法。最常用的方法是用 Ni、Pt、Pd 作催化剂的催化氢化法，它是一种既干净又方便的方法。如溶剂中加入少量氯仿，则产物为伯胺的盐酸盐。例如：

$$\text{2-硝基-4-异丙基甲苯（}CH_3, NO_2, CH(CH_3)_2\text{）} \xrightarrow[7\,092\ \text{kPa},100\sim200\ ℃]{H_2/Ni} \text{2-氨基-4-异丙基甲苯（}CH_3, NH_2, CH(CH_3)_2\text{）}$$

$$\text{对硝基甲苯（}NO_2, CH_3\text{）} \xrightarrow{H_2,Pd/C,CHCl_3} \text{对甲苯胺盐酸盐（}NH_2\cdot HCl, CH_3\text{）}$$

硝基化合物还可以用 Fe、Zn、Sn 等金属或 $SnCl_2$ 和盐酸作还原剂，乙醇作溶剂，使硝基还原为氨基。此法一般只用于合成芳香胺。对酸敏感的硝基化合物，不宜用铁粉还原时，可用硫化物在碱性介质中还原。例如：

$$\text{2,4-二硝基甲苯（}NO_2, NO_2, CH_3\text{）} \xrightarrow[C_2H_5OH/H_2O]{Fe/HCl} (NH_3^+Cl^-, NH_3^+Cl^-, CH_3) \xrightarrow{NaOH} (NH_2, NH_2, CH_3)$$

$$\text{间二硝基苯（}NO_2, NO_2\text{）} \xrightarrow{SnCl_2/HCl} \text{间硝基苯胺（}NO_2, NH_2\text{）}$$

$$\text{间二硝基苯（}NO_2, NO_2\text{）} \xrightarrow[90\ ℃]{NaHS} \text{间硝基苯胺（}NO_2, NH_2\text{）}$$

2. 卤代烃的氨解

卤代烃的氨解或胺的烷基化是一类通过亲核取代反应来制备胺的方法。氨或胺与卤代烃反应可生成胺，但是往往得到的是伯、仲、叔胺及季铵盐的混合物，分离、提纯有一定的困难，因而这一方法的使用受到很大的限制。不过，用过量的氨或伯胺作原料可以使主要产物为伯胺或仲胺，但产物仍为混合物。

$$\underset{\substack{\text{1-溴辛烷}\\1\ \text{mol}}}{CH_3(CH_2)_6CH_2Br}+\underset{2\ \text{mol}}{NH_3} \longrightarrow \underset{\substack{\text{辛胺}\\45\%}}{CH_3(CH_2)_6CH_2NH_2}+\underset{\substack{\text{二辛胺}\\43\%}}{(CH_3(CH_2)_6CH_2)_2NH}$$

卤代芳烃中的卤素很难被氨或胺取代，故与氨的反应一般要在剧烈条件下才能进行。例如：

$$C_6H_5-Cl + NH_3 \xrightarrow[200\sim300\ ℃,7\ MPa]{Cu_2O} C_6H_5-NH_2$$

但当卤素的邻、对位有强的吸电子基团(如—NO_2 等)存在时，反应变得容易得多。例如：

$$\text{(2-硝基氯苯)} + CH_3NH_2 \xrightarrow[160\ ℃]{CH_3CH_2OH} \text{(N-甲基-2-硝基苯胺, 含 }NHCH_3\text{、}NO_2\text{)}$$

3. 腈和酰胺的还原

腈可以用氢化铝锂还原成伯胺，也可以用催化氢化的方法转变为伯胺。例如：

$$CF_3-C_6H_4-CH_2C\equiv N \xrightarrow[(2)\ H_2O]{(1)\ LiAlH_4,(CH_3CH_2)_2O} CF_3-C_6H_4-CH_2CH_2NH_2$$

$$\underset{\text{己二腈}}{NC-CH_2CH_2CH_2CH_2-CN} \xrightarrow{H_2,Ni} \underset{\text{己二胺}}{H_2N-CH_2(CH_2)_4CH_2-NH_2}$$

小知识

己二胺是制造尼龙-66(又称耐纶-66)的原料。尼龙-66是含有酰胺结构的高聚物，具有耐磨、耐碱、抗有机溶剂的特点，可制成降落伞、渔网、轮胎帘子线、衣袜等，具有弹性足、拉力强和比天然纤维经久耐用的优点。

腈很容易由卤代烃制备，这是**由卤代烃制备增加一个碳的胺**的方法。例如：

$$ClCH_2CH_2CH_2CH_2Cl + 2NaCN \longrightarrow NCCH_2CH_2CH_2CH_2CN \xrightarrow[NH_3]{Ni/H_2} H_2N(CH_2)_6NH_2$$

酰胺和氢化铝锂在无水乙醚等溶剂中一起回流，分子中的羰基还原成亚甲基，从酰胺、N-烃基酰胺和 N,N-二烃基酰胺分别得到伯胺、仲胺和叔胺，本法特别适用于制备仲胺和叔胺。例如：

$$C_6H_5-CH_2CH_2NH\overset{O}{\overset{\|}{C}}CH_3 \xrightarrow{LiAlH_4/(CH_3CH_2)_2O} C_6H_5-CH_2CH_2NHCH_2CH_3$$

4. 还原氨化

在还原剂存在下，醛或酮与氨或胺反应得到相应的伯、仲、叔胺的方法称为**还原氨化**。实际上包含两步反应：首先氨或胺与醛或酮反应得到亚胺或烯胺，然后进一步用 Ni/H_2 或氰基硼氢化钠($NaBH_3CN$)还原为胺。

$$R-\overset{R'}{\overset{|}{C}}=O + H_2N-R'' \xrightleftharpoons{-H_2O} R-\overset{R'}{\overset{|}{C}}=NR'' \xrightarrow{[H]} R-\overset{R'}{\overset{|}{C}H}-NHR''$$

为了获得伯胺，反应中一般采用过量的氨，以防止生成的伯胺与羰基化合物反应继而被还原为仲胺。

醛或酮和甲酸铵在高温下制备伯胺的反应称为**刘卡特**(Leuckart)**反应**。

$$C_6H_5-\overset{O}{\overset{\|}{C}}CH_3 \xrightarrow[175\ ℃]{HCOONH_4} C_6H_5-\overset{NH_2}{\overset{|}{C}H}CH_3 \quad 66\%$$

还原氨化也是制备仲胺常用的方法，用伯胺进行反应即可用于制备仲胺。

$$C_6H_5-CHO + H_2N-C_6H_5 \xrightarrow[H_2,Ni]{NH_3} C_6H_5-CH_2-NH-C_6H_5$$

5. 盖布瑞尔合成法

盖布瑞尔(Gabriel)**合成法**是制备纯伯胺的方法。利用邻苯二甲酰亚胺钾与卤代烷发生亲核取代反应，生成 N-烃基邻苯二甲酰亚胺，后者在酸或碱存在下水解，即得到伯胺。

$$\text{邻苯二甲酰亚胺(NH)} \xrightarrow[C_2H_5OH]{KOH} \text{邻苯二甲酰亚胺}N^-K^+ \xrightarrow[DMF]{R-X} \text{邻苯二甲酰亚胺}N-R + KX$$

$$\text{邻苯二甲酰亚胺}NR + 2NaOH \xrightarrow{H_2O} C_6H_4(CO_2Na)_2 + RNH_2$$

烃基化反应在 DMF 溶液中更容易进行，N-烃基邻苯二甲酰亚胺的水解有困难时，可以用水合肼进行肼解。例如：

$$\text{邻苯二甲酰亚胺}N^-K^+ + C_6H_5CH_2Br \xrightarrow{DMF} \xrightarrow[\text{回流}]{NH_2NH_2\cdot H_2O} C_6H_5CH_2NH_2 + \text{邻苯二甲酰肼(NH—NH)}$$

6. 霍夫曼重排

酰胺用次卤酸钠溶液处理，失去羰基，可得到比原来少一个碳原子的伯胺。霍夫曼重排可用于合成脂肪伯胺或芳香伯胺，特别是利用亲核取代反应难以制得的伯胺，用霍夫曼重排反应可得到较好的效果。

$$C_6H_5-\overset{CH_3}{\overset{|}{C}H}CH_2\overset{O}{\overset{\|}{C}}NH_2 \xrightarrow{Br_2/NaOH} C_6H_5-\overset{CH_3}{\overset{|}{C}H}CH_2NH_2 + CO_2 + NaBr + H_2O$$

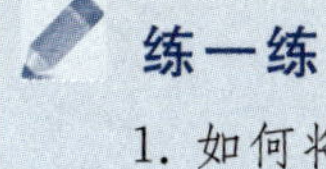

练一练

1. 如何将下列化合物转化为4－甲基苄胺？

(1) $H_3C-C_6H_4-CHO$ (2) $H_3C-C_6H_4-CH_2CONH_2$ (3) $H_3C-C_6H_4-CH_2Cl$

2. 写出下列反应产物并解释反应机制。

$$CH_3CH_2CHO + \text{(哌啶)}\ \text{NH} \xrightarrow{H_2/Ni}$$

主题 3 重氮化合物和偶氮化合物

重氮化合物和偶氮化合物都含有—N═N—基团，此基团的两端都与烃基相连的化合物称为**偶氮化合物**；而一端与烃基相连，另一端与非碳原子或不与其他基团相连的化合物称为**重氮化合物**。

一、重氮化合物和偶氮化合物的命名

$H_2\overset{-}{C}-\overset{+}{N}\equiv N$ 重氮甲烷

$C_6H_5-\overset{+}{N}\equiv NCl^-$ 氯化重氮苯

$C_6H_5-N{=}N-OH$ 苯基重氮酸

$C_6H_5-\overset{+}{N}\equiv NHSO_4^-$ 硫酸重氮苯

$H_3C-N{=}N-CH_3$ 偶氮甲烷

$C_6H_5-N{=}N-C_6H_5$ 偶氮苯

$C_6H_5-N{=}N-C_6H_4-OH$ 对羟基偶氮苯

$(CH_3)_2C(CN)-N{=}N-C(CN)(CH_3)_2$ 偶氮二异丁腈

二、重氮盐的性质及应用

重氮盐的化学性质很活泼，能发生多种反应。其主要发生两类反应：放出氮气的取代反应；不放出氮气的还原和偶合反应。

1. 取代反应

重氮盐中的重氮基可以被卤素、羟基、氢原子、氰基等取代，同时放出氮气。此反应在有机合成中非常重要，通过它可将芳环上的氨基转化为许多其他基团。

(1) 被卤素取代 重氮盐在氯化亚铜或溴化亚铜催化下与氢卤酸作用生成相应的氯化、溴化芳烃。该反应称为**桑德迈尔**(Sandmeyer)**反应**。例如：

$$\text{邻甲基苯胺}\xrightarrow[H_2O,0\ ℃]{NaNO_2,HCl}\text{邻甲基苯重氮盐}(N_2^+Cl^-)\begin{cases}\xrightarrow[\triangle]{CuCl,HCl}\text{邻氯甲苯}\\ \xrightarrow[\triangle]{CuBr,HBr}\text{邻溴甲苯}\end{cases}$$

盖特曼(Gattermann)对此反应进行了改进，用铜粉代替 CuX(不稳定，易分解)，使操作简便，但收率较低。

碘化反应则不需要催化剂，将重氮盐与碘化钾共热，可得较高收率的产物。例如：

$$C_6H_5-NH_2\xrightarrow[0\sim5\ ℃]{NaNO_2,H_2SO_4}C_6H_5-N_2^+SO_4H^-\xrightarrow[\triangle]{KI,H_2O}C_6H_5-I+N_2\uparrow$$

$$\text{对硝基苯胺}(NO_2,NH_2)\xrightarrow[H_2O,0\sim5\ ℃]{NaNO_2/H_2SO_4}\text{对硝基苯重氮盐}(N_2^+HSO_4^-)\xrightarrow{KI}\text{对硝基碘苯}(NO_2,I)+N_2\uparrow$$

氟化物的获得与其他卤原子不一样，须将氟硼酸加到重氮盐溶液中，生成重氮氟硼酸盐沉淀，经分离并干燥后再小心加热使之分解，则得到氟取代物。该反应称为**席曼(Schiemann)反应**。

$$\text{间甲基苯胺}(CH_3,NH_2)\xrightarrow{NaNO_2,HCl}(CH_3,N_2^+Cl^-)\xrightarrow{HBF_4}(CH_3,N_2^+BF_4^-)\xrightarrow{\triangle}\text{间氟甲苯}(CH_3,F)+N_2\uparrow$$

$$\text{邻溴苯}(N_2Cl,Br)\xrightarrow{HPF_6}(N_2PF_6,Br)\xrightarrow{165\ ℃}\text{邻溴氟苯}(F,Br)$$

如用重氮氟磷酸盐代替重氮氟硼酸盐，可提高氟化物产率。

(2) 被羟基取代

交流与讨论

用苯做原料如何合成间溴苯酚？

重氮盐在强酸溶液(一般是 40%～50%硫酸溶液)中加热，分解放出氮气，水解生成酚。例如：

$$\text{邻溴苯胺}(NH_2,Br)\xrightarrow[H_2SO_4]{NaNO_2}(N_2^+HSO_4^-,Br)\xrightarrow[\triangle]{H_3O^+}\text{邻溴苯酚}(OH,Br)+N_2\uparrow$$

$$(CH_3)_2CH-C_6H_4-NH_2 \xrightarrow[H_2SO_4]{NaNO_2} (CH_3)_2CH-C_6H_4-N_2^+SO_4H^- \xrightarrow[\triangle]{H_2O} (CH_3)_2CH-C_6H_4-OH$$

这是把**羟基引入苯环上的一种方法**。

重氮盐可发生水解反应，也可和溶液中其他亲核试剂反应。如 Cl^- 是比 HSO_4^- 更强的亲核试剂，易发生亲核取代，生成氯苯副产物，而 HSO_4^- 的亲核性比水分子更弱，不会与水竞争芳基碳正离子。因此，为了减少其他亲核试剂的干扰，水解应在硫酸中进行。并且，通常在 40%～50%硫酸中煮沸，因为若在中性条件下，生成的酚会与未反应的重氮盐发生偶合生成偶氮类化合物。

$$\text{间硝基苯胺} \xrightarrow[0\sim5\ ℃]{NaNO_2,H_2SO_4} \text{间硝基苯重氮硫酸氢盐}(\overset{+}{N_2}SO_4\overset{-}{H}) \xrightarrow[110\ ℃]{H_2O,H_2SO_4} \text{间硝基苯酚}$$

(3) 被氢原子取代　利用该性质可以去掉芳环上的硝基和氨基，因此在合成某些芳香族化合物上十分有用。

重氮盐与次磷酸水溶液或在乙醇中反应，重氮基被氢原子取代。但与乙醇作用，会伴有醚类副产物生成。

$$\text{2,4,6-三溴苯胺} \xrightarrow{HCl,NaNO_2} \text{氯化重氮-2,4,6-三溴苯} \xrightarrow{50\%H_3PO_2} \text{1,3,5-三溴苯}$$

2,4,6-三溴苯胺　　氯化重氮-2,4,6-三溴苯　　1,3,5-三溴苯

$$C_6H_5N_2^+Cl^- \xrightarrow[H_2O]{C_2H_5OH} C_6H_6 + C_6H_5OC_2H_5 + N_2\uparrow$$

利用氨基的定位效应和活化作用把取代基导入指定位置后，再脱去氨基，可以制备用一般方法难以得到的化合物。例如，由苯制备间氯溴苯。

$$C_6H_6 \xrightarrow[H_2SO_4]{HNO_3} C_6H_5NO_2 \xrightarrow[Fe]{Cl_2} m\text{-}ClC_6H_4NO_2 \xrightarrow{Fe/HCl} m\text{-}ClC_6H_4NH_2 \xrightarrow[HBr,0\sim5\ ℃]{NaNO_2} m\text{-}ClC_6H_4N_2^+Br^- \xrightarrow[H^+]{CuBr} m\text{-}ClC_6H_4Br$$

又如，间溴甲苯的合成。甲基和溴原子都是邻对位定位基，只能得到邻位或对位产物，因此既不能从甲苯直接溴化制备间溴甲苯，也不能从溴苯烷基化制取。但采用重氮盐的方法，通过一系列的反应则可成功地合成间溴甲苯。

$$C_6H_5CH_3 \xrightarrow[H_2SO_4]{NHO_3} p\text{-}CH_3C_6H_4NO_2 \xrightarrow{Fe/HCl} p\text{-}CH_3C_6H_4NH_2 \xrightarrow{(CH_3CO)_2O} p\text{-}CH_3C_6H_4NHCOCH_3 \longrightarrow$$

$\xrightarrow[(2)\ OH^-,H_2O]{(1)\ Br_2}$ 2-溴-4-甲基苯胺 $\xrightarrow[0\sim5\ ℃]{NaNO_2,H_2SO_4}$ 2-溴-4-甲基苯重氮硫酸氢盐（$N_2^+SO_4H^-$）$\xrightarrow[H_2O,130\ ℃]{H_3PO_2}$ 间溴甲苯

(4) 被氰基取代

交流与讨论

用甲苯作原料怎样合成对甲基苯甲酸？

重氮盐与氰化亚铜的氰化钾水溶液(桑德迈尔反应)或在铜粉存在下和氰化钾水溶液作用(盖特曼反应)，则重氮基被氰基取代，生成芳腈。由于氰基可以水解成羧基，因此，这是**通过重氮盐在苯环上引入羧基的一种方法**。

3-溴-4-甲基苯重氮盐酸盐（$N_2^+Cl^-$）$\xrightarrow[KCN]{CuCN}$ 3-溴-4-甲基苯甲腈（CN）$\xrightarrow[H_2O]{H^+}$ 3-溴-4-甲基苯甲酸（COOH）

邻甲基苯重氮硫酸氢盐（$-N_2^+SO_4H^-$）$\xrightarrow[Cu]{KCN}$ 邻甲基苯甲腈（$-CN$）

练一练

完成下列反应式。

1. 苯胺（$-NH_2$）$\xrightarrow{Br_2}$? $\xrightarrow{NaNO_2,H_2SO_4}$? $\xrightarrow{C_2H_5OH}$?

2. 邻甲基苯胺（CH_3，$-NH_2$）$\xrightarrow[H_2O,0\ ℃]{NaNO_2,HCl}$? $\xrightarrow{CuCN,KCN}$?

2. 还原反应

交流与讨论

用甲苯作原料如何合成对甲苯肼？

重氮盐被氯化亚锡和盐酸、亚硫酸钠等还原，保留氮原子生成肼的衍生物。这是实验室及工业生产苯肼的方法。苯肼是常用的羰基试剂，也是合成药物和染料的原料。反应中常用的还原剂为氯化亚锡、亚硫酸钠、亚硫酸氢钠、硫代硫酸钠等。例如：

苯重氮盐酸盐（$N_2^+Cl^-$）$\xrightarrow[0\ ℃]{SnCl_2/HCl}$ 苯肼盐酸盐（$NHNH_2\cdot HCl$）$\xrightarrow{NaOH}$ 苯肼（$NHNH_2$）

若用较强的还原剂如锌和盐酸，则生成苯胺和氨。

$$C_6H_5-N_2^+Cl^- \xrightarrow{Zn/HCl} C_6H_5-NH_2 + NH_3$$

3. 偶合反应

在一定 pH 和低温条件下，重氮盐可以与酚、芳香胺等活泼的芳香族化合物进行芳环上的亲电取代反应，生成偶氮化合物，称为偶合反应。重氮盐称为重氮组分，酚和芳香胺等称为偶合组分。例如：

$$C_6H_5-N_2^+Cl^- + C_6H_5-OH \xrightarrow[0\ ℃]{NaOH,H_2O} C_6H_5-N{=}N-C_6H_4-OH$$

对羟基偶氮苯(橘红色)

$$C_6H_5-N_2^+Cl^- + C_6H_5-N(CH_3)_2 \xrightarrow[H_2O,0\ ℃]{CH_3COONa} C_6H_5-N{=}N-C_6H_4-N(CH_3)_2$$

对二甲氨基偶氮苯(黄色)

重氮盐正离子是弱的亲核试剂，因此与之偶合的化合物芳环上必须有活化基团才容易进行。一般情况下偶合发生在活化基团对位，若对位被占据则偶合在邻位。

$$NaO_3S-C_6H_4-\overset{+}{N}{\equiv}N\overset{-}{Cl} + \text{6-}NaO_3S\text{-2-萘酚(OH)} \xrightarrow[0\ ℃]{NaOH/H_2O} \text{1-}(N{=}N-C_6H_4-SO_3Na)\text{-2-OH-6-}NaO_3S\text{-萘}$$

日落黄(食用色素)

重氮盐和酚的偶合反应一般在弱碱性(pH=8～10)溶液中进行，因为在碱性溶液中酚成为苯氧基负离子，更易发生亲电取代，有利于偶合反应的进行。但碱性也不能太强，因为在强碱性(pH>10)条件下，芳香重氮盐会与氢氧根负离子反应生成重氮酸或重氮酸离子。

$$Ar\overset{+}{N}{\equiv}\ddot{N} \underset{H^+}{\overset{OH^-}{\rightleftharpoons}} ArN{=}N-OH \underset{H^+}{\overset{OH^-}{\rightleftharpoons}} ArN{=}N-O^-$$

重氮酸　　　　重氮酸离子

重氮盐与芳香胺的偶合反应在弱酸性或中性(pH=5～7)溶液中进行，而不宜在强酸性溶液中进行，因为强酸性条件下胺成为铵盐，使苯环电子云密度降低，不利于偶合反应的发生。

在冷的弱酸性溶液中，芳香伯胺和仲胺也可以和芳香重氮盐发生偶合反应。但偶合发生在氮原子上，生成苯重氮氨基苯。

$$CH_3-C_6H_4-\overset{+}{N}{\equiv}NCl^- + C_6H_5-NH_2 \xrightarrow[0\ ℃]{HOAc/H_2O} CH_3-C_6H_4-N{=}N-NH-C_6H_5$$

对甲苯重氮氨基苯

$$\underset{}{\overset{互变异构}{\rightleftharpoons}} CH_3-C_6H_4-\overset{H}{N}-N{=}N-C_6H_5$$

重氮盐与酚、芳香胺的偶合反应是合成偶氮染料的基础。偶氮染料的分子中都具有偶氮基(—N═N—)，这类化合物之所以具有颜色，是因为偶氮基连接两个芳环，扩大了共轭键 π 电子的运动范围，使其吸光作用发生红移，而显示颜色。因此将染料分子中的偶氮基(—N═N—)称为**生色基团**，$—SO_3Na$，—OH，$—NR_2$，$—NH_2$ 等称为**助色基团**。

制备偶氮染料最常用的两个基本反应是重氮化反应和偶合反应。如早期的染料刚果红就是通过偶合反应来制备的。

$$\overset{-}{Cl}\overset{+}{N_2}—C_6H_4—C_6H_4—\overset{+}{N_2}\overset{-}{Cl} + 2\ (1\text{-}NH_2\text{-}4\text{-}SO_3Na\text{-萘}) \longrightarrow$$

$$NaO_3S(NH_2)C_{10}H_5—N═N—C_6H_4—C_6H_4—N═N—C_{10}H_5(NH_2)SO_3Na$$

刚果红

又如甲基橙，是由对氨基苯磺酸经重氮化后，与 N,N-二甲基苯胺偶合而成的。

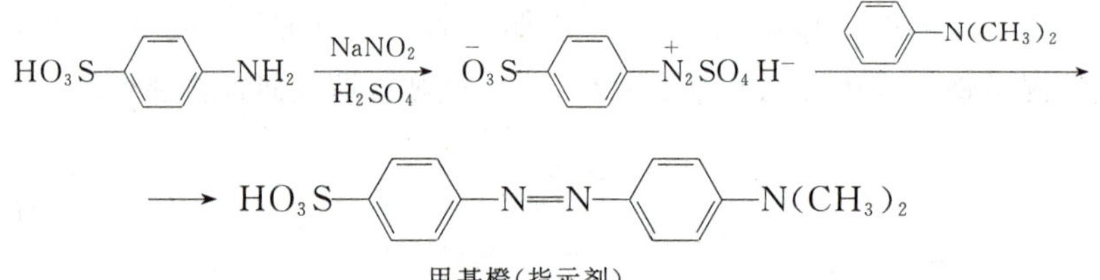

甲基橙(指示剂)

视频：重氮盐的偶联显色反应

有些偶氮芳烃除了可直接作为染料或指示剂之外，还可利用偶合反应产生的颜色来鉴定具有苯酚或芳胺结构的有机药物，以及作为一种新型光信息存储材料、聚合反应的引发剂等。

小知识

偶氮染料是合成染料中品种最多的一种，约占全部染料的一半，包括酸性、媒染、分散、中性、阳离子等偶氮染料，颜色从黄到黑各色品种俱全，以黄、橙、红、蓝品种最多，色调最为鲜艳。广泛用于棉、毛、丝、麻织品及塑料、印刷、食品、皮革、橡胶等产品的染色。

三、重氮盐的制备

芳香伯胺在强酸性低温(0～5 ℃)条件下与亚硝酸反应，生成重氮盐，称为**重氮化反应**。这是制备芳基重氮盐最重要的方法。

$$C_6H_5—NH_2 + NaNO_2 + 2HCl \xrightarrow{0\sim5\ ℃} C_6H_5—N_2^+Cl^- + 2H_2O + NaCl$$

重氮盐具有盐的性质，易溶于水，不溶于有机溶剂。干燥的重氮盐极不稳定，当受热、见光、振动时易发生爆炸。重氮盐水溶液没有爆炸的危险，因此，一般在水溶液中制备和使用。由重氮化反应得到的重氮盐水溶液，不需要进行分离纯化，可直接用于合成。

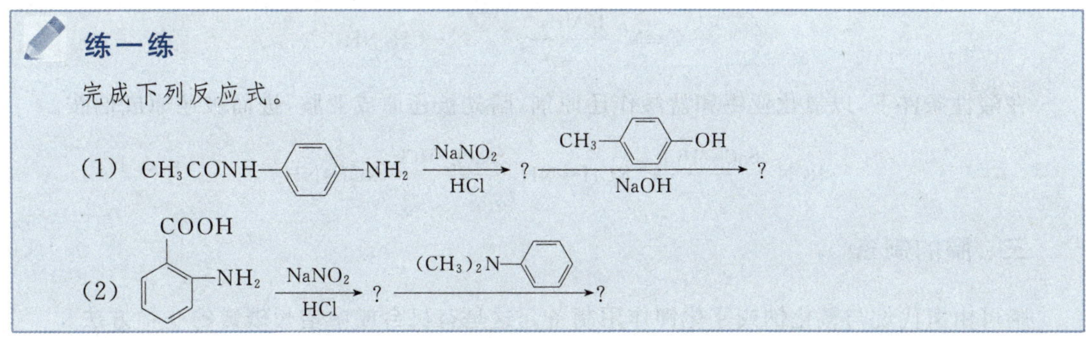

主题 4 腈

一、腈的命名

腈的命名可以根据腈分子中所含的碳原子数，称为某腈。较复杂的腈以烃为母体，氰基作为取代基，称为氰基某烃。例如：

$CH_3—CN$	$C_6H_5—CH_2CN$	$NCCH_2CH_2CH_2CN$
乙腈（氰基甲烷）	苯基乙腈（苄腈）	戊二腈（1，3-二氰基丙烷）

二、腈的性质

低级腈为无色液体，高级腈为固体。乙腈不仅可与水混溶，还可以溶解许多无机盐。随着相对分子质量的增加，丙腈、丁腈在水中的溶解度迅速降低，丁腈以上的腈难溶于水。腈分子中的氰基是高度极化的吸电子基，因此，腈具有较高的偶极矩和沸点。腈的沸点比相对分子质量相近的烃、卤代烃、醚、醛、酮和胺都高。

1. 水解

腈在酸或碱的水溶液催化下，水解生成羧酸或羧酸盐。因此，腈的水解可用于合成羧酸。例如，工业上生产苯乙酸就采用此方法。

$$C_6H_5—CH_2CN + H_2SO_4 + H_2O \xrightarrow[2\ h]{130\ ℃} C_6H_5—CH_2COOH + NH_4HSO_4$$

一般认为这个反应先生成酰胺，然后继续水解生成羧酸。

$$C_6H_5—CH_2CN + H_2O \xrightarrow{HCl,50\ ℃} C_6H_5—CH_2\overset{O}{\overset{\|}{C}}NH_2$$

$$C_6H_5—CH_2CN + 2H_2O \xrightarrow[3\ h]{H_2SO_4,100\ ℃} C_6H_5—CH_2\overset{O}{\overset{\|}{C}}—OH$$

2. 还原

腈催化加氢或用氢化铝锂还原生成伯胺，这是**制备伯胺的方法**之一。例如：

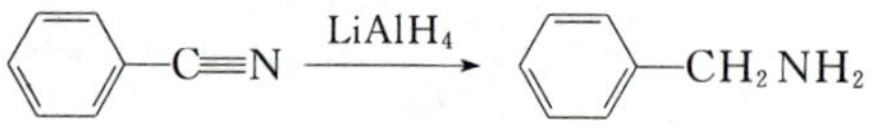

$$C_6H_5-C{\equiv}N \xrightarrow{LiAlH_4} C_6H_5-CH_2NH_2$$

在酸性条件下，以氯化亚锡和盐酸作还原剂，腈先被还原成亚胺，进而被还原成伯胺。

$$RCN \xrightarrow{SnCl_2/HCl} RCH{=}NH \xrightarrow{SnCl_2/HCl} RCH_2NH_2$$

三、腈的制备

腈可由卤代烷与氰化钠或氰化钾作用制备。这是**有机合成中增长碳链的一种方法**。

$$CH_3CH_2CH_2Br + NaCN \xrightarrow{乙醇} CH_3CH_2CH_2CN + NaBr$$

酰胺失水也可以得到腈，通常的失水剂是五氧化二磷、三氯氧化磷、氯化亚砜等，其中尤以五氧化二磷为最好。

$$(CH_3)_2CHCONH_2 \xrightarrow[200\sim220\ ℃]{P_2O_5} (CH_3)_2CHCN$$

芳腈可利用芳基重氮盐发生桑德迈尔反应来制备。

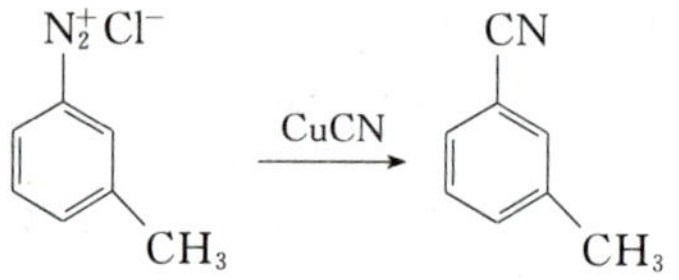

$$m\text{-}CH_3C_6H_4N_2^+Cl^- \xrightarrow{CuCN} m\text{-}CH_3C_6H_4CN$$

练一练

完成下列转变。

1. 正丁醇→正戊腈　　　　2. 甲苯→苯乙腈

任务训练9　乙酰苯胺的合成

任务工单9

工作任务		乙酰苯胺的合成					
姓名		班级		学号		日期	

学习目标

1. 知识目标

(1) 通过查找资料，了解反应物的物性参数；

(2) 懂得酰胺反应的基本原理和反应条件；

(3) 熟悉活性炭脱色的原理。

2. 能力目标

(1) 能进行乙酰苯胺的制备；

(2) 进一步熟悉分馏、抽滤、重结晶和活性炭脱色的操作技术。

3. 素养目标

(1) 会查找资料；

(2) 学会规范操作，树立安全意识；

(3) 具有严肃认真的学习态度及认真仔细的工作态度。

学习要求

1. 组长组织组员召开小组会议，领会学习目标，进行任务分工；
2. 结合所学的有机化学理论知识讨论理解实验原理；
3. 讨论实验安全事项。

任务分组

角色	姓名	学号	分工
组长			
组员 1			
组员 2			
组员 3			

任务落实

1. 资料查询、收集与整理。通过查阅资料，填写表 9-4。

表 9-4　试剂及产品的基本物性参数

名称	摩尔质量 $g\cdot mol^{-1}$	熔点 ℃	沸点 ℃	密度 $g\cdot cm^{-3}$	水溶性	投料量		理论产量
						质量(体积) g(mL)	物质的量 mol	
苯胺								—
冰醋酸								—
乙酰苯胺						—	—	

2. 领会实验原理和仪器。

(1) 实验原理

（2）材料清单

3. 实验方案设计。

（1）实验装置绘制

（2）方框流程图

操作 1 → 操作 2 → 操作 3 → 操作 4 → ……

4. 完成实验报告。

（1）实验现象记录

（2）实验结果记录

（3）实验结果讨论

任务评价

1. 产品外观

乙酰苯胺为无色有光泽的片状晶体。

2. 产品产量

产品烘干，称量，计算产率。填写产品质量及其评价表，如表 9-5 所示。

表 9-5　产品质量及其评价表

产品外观	实际产量/g	理论产量/g	产率/%

问题探究

1. 反应温度为何要控制在 105 ℃？温度过高或过低有什么影响？
2. 根据理论计算，反应完成时应产生多少毫升水？为何实际收集的液体比理论量多？
3. 采取什么措施可以提高乙酰苯胺的产量？
4. 重结晶为何要加入活性炭？为什么要稍冷后加入？

【知识连线】

1. 实验原理

乙酰苯胺俗称退热冰，是无色有光泽的片状晶体，如图9-1所示。熔点114 ℃，难溶于冷水，溶于热水、乙醇、乙醚、氯仿、丙酮等溶剂，故可用热水进行重结晶。乙酰苯胺可通过苯胺与乙酰化试剂反应制得。

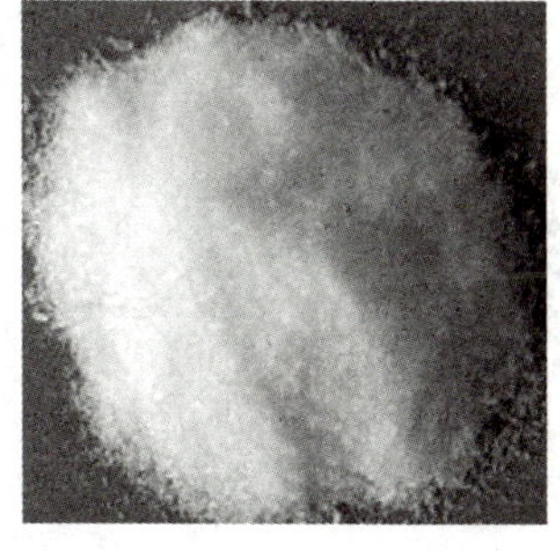
图9-1 乙酰苯胺

苯胺的乙酰化试剂有乙酰氯、乙酸酐和乙酸等，其中苯胺与乙酰氯反应最激烈，乙酸酐次之，乙酸最慢，但乙酸价格便宜、操作方便，故在工业上广泛采用。因此本实验采用乙酸作酰化剂，在加入锌粉条件下，与苯胺发生酰化反应制得乙酰苯胺。生成的乙酰苯胺粗品，用热水和活性炭进行重结晶将其纯化。

由于冰醋酸与苯胺的反应为可逆反应，故需设法使生成的水及时除去，可通过回流分水装置并控制分馏柱柱顶温度以除去产物中的水。

(1) 主反应

$$C_6H_5NH_2 + CH_3COOH \xrightleftharpoons{105\ ℃} C_6H_5NHCOCH_3 + H_2O$$

(2) 副反应

$$C_6H_5NH_2 \xrightarrow{[O]} C_6H_5NO + C_6H_5NO_2 + C_6H_5N{=}NC_6H_5$$

2. 仪器设备与装置

圆底烧瓶(100 mL)、分馏柱、温度计(150 ℃)、蒸馏头、真空接引管、布氏漏斗、吸滤瓶、真空泵、直形冷凝管、烧杯(150 mL、250 mL)、锥形瓶等。

制备乙酰苯胺的反应装置如图9-2所示。

3. 药品试剂

苯胺、冰醋酸、锌粉、活性炭。

4. 实验流程

实验关键步骤:加料→酰化→结晶→抽滤→重结晶。

乙酰苯胺的制备流程见图9-3。

5. 实验注意事项

(1) 苯胺有毒，不要吸入其蒸气或使其接触皮肤。

(2) 苯胺久置后带有颜色，影响乙酰苯胺的质量，需要采用新蒸馏的无色或淡黄色的苯胺。

(3) 锌粉的作用是防止苯胺被氧化，但不能加太多，否则在后处理中会出现不溶于水的氢氧化锌。

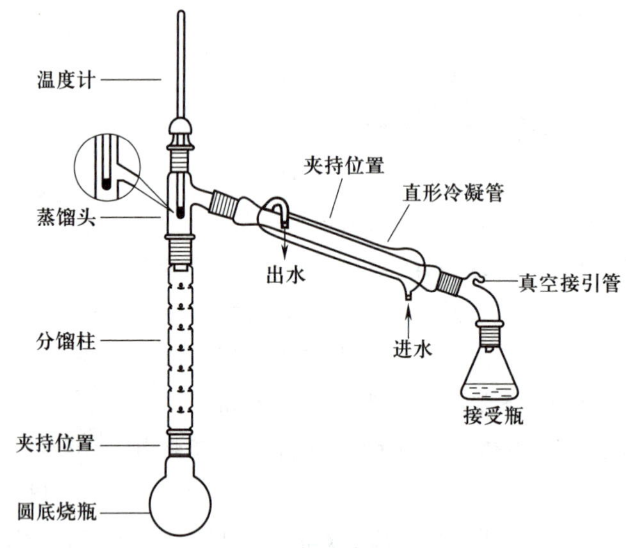

动画：乙酰苯胺的制备

图 9-2　乙酰苯胺的制备装置

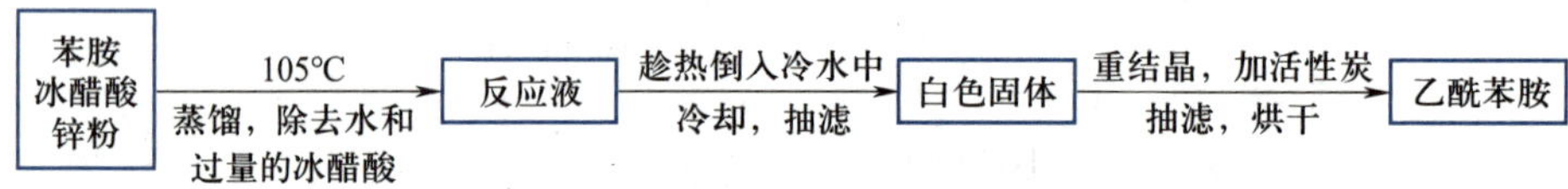

图 9-3　乙酰苯胺的制备流程

（4）反应中必须注意分馏柱的保温，以使反应温度控制在预定范围内。

（5）反应物应趁热在搅拌下倒入冷水中，以除去过量的乙酸及未反应的少量苯胺，以防冷却后，固体产物粘在瓶壁上不易处理。

（6）脱色时，使溶液稍冷后再加入活性炭。

小知识

乙酰苯胺是重要的有机合成中间体，由于它本身就是一种强解热镇痛药，故早期曾用作退热药，俗称“退热冰”，其最大应用是作为磺胺类药物合成的中间体。但因为有较强的毒性现在已被较好的解热剂如对乙酰氨基酚取代。乙酰苯胺也是一种重要的化工原料，可用作双氧水的稳定剂、染料及橡胶工业的原料。

【素质拓展】

苯胺的制备。

N,*N*-二乙基间甲苯甲酰胺的制备。

己内酰胺的制备。

对氨基苯磺酰胺的制备。

间硝基苯胺的制备。

本模块小结

本模块主要介绍硝基化合物、胺、重氮化合物和腈的命名、物理性质、化学性质及其制备知识。

1. 硝基化合物的分类和性质

硝基化合物根据所连烃基分为脂肪族硝基化合物和芳香族硝基化合物。芳环上的硝基可被多种化学还原剂和催化氢化法还原。催化氢化和强酸性条件下用金属还原均可将硝基化合物直接还原为胺。而硫化钠(铵)、硫氢化钠(铵)或多硫酸铵等能选择性还原芳香族多硝基化合物。在不同碱性条件下,硝基化合物可还原为不同类型的偶氮苯化合物。

(1) 还原反应

$$C_6H_5NO_2 \xrightarrow[\text{或 Sn/HCl, Zn/HCl 等}]{Fe/HCl} C_6H_5NH_2$$

$$m\text{-}C_6H_4(NO_2)_2 \xrightarrow[\text{沸腾}]{NaHS, H_2O} m\text{-}NH_2C_6H_4NO_2$$

(2) 硝基对苯环上取代基的影响

① 硝基使苯环上的卤原子活性增强。

② 硝基使苯环上酚羟基的酸性增强。

2. 胺的分类和碱性

根据氮原子上烃基取代数目,胺分为一级(伯)、二级(仲)、三级(叔)胺和四级(季)铵盐。根据分子中烃基的种类,胺分为脂肪族胺和芳香族胺。胺具有碱性,水溶液中脂肪族胺的碱性顺序为:仲胺>伯胺>叔胺。脂肪族胺的碱性强于芳香族胺。

3. 胺的酰基化反应

胺的氮原子上的氢可被酰卤、酸酐等酰化,生成相应的酰胺。胺的磺酰化反应可以用来鉴别伯、仲、叔胺。

$$C_6H_5NH_2 + (CH_3CO)_2O \longrightarrow C_6H_5NHCOCH_3 + CH_3COOH$$

$$CH_3COCl + HN(C_2H_5)_2 \longrightarrow CH_3CON(C_2H_5)_2 + HCl$$

$$RNH_2 \xrightarrow{CH_3\text{-}C_6H_4\text{-}SO_2Cl} CH_3\text{-}C_6H_4\text{-}SO_2NHR \xrightarrow{NaOH} [C_6H_5\text{-}SO_2NR]^- Na^+$$

$$R_2NH \xrightarrow{CH_3\text{-}C_6H_4\text{-}SO_2Cl} CH_3\text{-}C_6H_4\text{-}SO_2NR_2 \xrightarrow{NaOH} \text{不反应,固体析出}$$

$$R_3N \xrightarrow{CH_3\text{-}C_6H_4\text{-}SO_2Cl} \text{不反应}$$

4. 胺的亚硝化反应

各类胺与亚硝酸反应时可生成不同产物，由此可用来鉴别伯、仲、叔胺。

脂肪族伯胺与亚硝酸反应放出的氮气是定量的，可用于伯胺的定量测定。仲胺生成 N-亚硝基胺。脂肪族叔胺生成不稳定的盐，芳香族叔胺在苯环上发生亲电取代反应生成对亚硝基化合物。

$$CH_3CH_2NH_2 \xrightarrow[HCl]{NaNO_2} CH_3CH_2-\overset{+}{N}\equiv NCl^- \longrightarrow \begin{cases} CH_3CH_2OH \\ CH_2=CH_2 + N_2\uparrow \\ CH_3CH_2Cl \end{cases}$$

重氮盐（不稳定）

$$(CH_3)_2NH + NaNO_2 + HCl \longrightarrow (CH_3)_2N-N=O + H_2O + NaCl$$

$$C_6H_5N(CH_3)_2 \xrightarrow[8\ ℃]{NaNO_2/HCl} (CH_3)_2N-C_6H_4-N=O + H_2O + NaCl$$

5. 芳香胺芳环上的取代反应

氨基可使苯环致活从而使芳胺易进行芳环上的亲电取代反应，主要发生在氨基的邻位和对位上，如卤化、硝化、磺化等。

$$C_6H_5NH_2 + 3Br_2 \xrightarrow{H_2O} 2,4,6\text{-}Br_3C_6H_2NH_2\downarrow(\text{白色}) + 3HBr$$

$$C_6H_5NH_2 \xrightarrow{(CH_3CO)_2O} C_6H_5NHCOCH_3 \xrightarrow[\triangle]{HNO_3} p\text{-}O_2NC_6H_4NHCOCH_3 \xrightarrow[OH^-]{H_2O} p\text{-}O_2NC_6H_4NH_2$$

$$C_6H_5NH_2 \xrightarrow{H_2SO_4} C_6H_5\overset{+}{N}H_3\overset{-}{H}SO_4 \xrightarrow[-H_2O]{180\ ℃} C_6H_5NHSO_3H \xrightarrow{\text{重排}} p\text{-}{}^-O_3SC_6H_4NH_3^+$$

6. 胺的制备

(1) 硝基化合物的还原

$$\text{2-硝基-1-甲基-4-}CH(CH_3)_2\text{苯} \xrightarrow[7\,092\ kPa,100\sim200\ ℃]{H_2/Ni} \text{2-氨基-1-甲基-4-}CH(CH_3)_2\text{苯}$$

(2) 卤代烃的氨解

$$CH_3(CH_2)_6CH_2Br + NH_3 \longrightarrow CH_3(CH_2)_6CH_2NH_2 + (CH_3(CH_2)_6CH_2)_2NH$$

$$C_6H_5-Cl + NH_3 \xrightarrow[200\sim300\ ℃,7\ MPa]{Cu_2O} C_6H_5-NH_2$$

(3) 腈和酰胺的还原

$$CF_3-C_6H_4-CH_2C\equiv N \xrightarrow[(2)\ H_2O]{(1)\ LiAlH_4,Et_2O} CF_3-C_6H_4-CH_2CH_2NH_2$$

(4) 还原氨化

$$C_6H_5-\overset{O}{\overset{\|}{C}}CH_3 \xrightarrow[175\ ℃]{HCOONH_4} C_6H_5-\overset{NH_2}{\overset{|}{C}}HCH_3$$

(5) 盖布瑞尔合成法

$$\text{邻苯二甲酰亚胺(NH)} \xrightarrow[C_2H_5OH]{KOH} \text{邻苯二甲酰亚胺}N^- K^+ \xrightarrow[DMF]{R-X} \text{邻苯二甲酰亚胺}N-R + KX$$

$$\text{邻苯二甲酰亚胺}NR + 2NaOH \xrightarrow{H_2O} C_6H_4(CO_2Na)_2 + RNH_2$$

(6) 霍夫曼重排

$$C_6H_5-\overset{CH_3}{\overset{|}{C}}HCH_2\underset{O}{\underset{\|}{C}}NH_2 \xrightarrow{Br_2/NaOH} C_6H_5-\overset{CH_3}{\overset{|}{C}}HCH_2NH_2 + CO_2 + NaBr + H_2O$$

7. 重氮化合物的性质

重氮化合物主要发生放出氮气的取代反应和不放出氮气的还原和偶合反应。取代反应是重氮化合物中的重氮基被卤素、羟基、氢原子、氰基等取代。偶合反应是重氮化合物与酚、芳胺等活泼的芳香族化合物进行芳环上的亲电取代反应，生成偶氮化合物。

(1) 取代反应

① 被卤素取代

$$o\text{-}CH_3C_6H_4NH_2 \xrightarrow[H_2O,0\ ℃]{NaNO_2,HCl} o\text{-}CH_3C_6H_4N_2^+Cl^- \begin{cases} \xrightarrow[\triangle]{CuCl,HCl} o\text{-}CH_3C_6H_4Cl \\ \xrightarrow[\triangle]{CuBr,HBr} o\text{-}CH_3C_6H_4Br \end{cases}$$

② 被羟基取代

$$o\text{-}BrC_6H_4NH_2 \xrightarrow[H_2SO_4]{NaNO_2} o\text{-}BrC_6H_4N_2^+HSO_4^- \xrightarrow[\triangle]{H_3O^+} o\text{-}BrC_6H_4OH + N_2\uparrow$$

$$(CH_3)_2CH\text{-}C_6H_4\text{-}NH_2 \xrightarrow[H_2SO_4]{NaNO_2} (CH_3)_2CH\text{-}C_6H_4\text{-}N_2^+SO_4H^- \xrightarrow[\triangle]{H_2O} (CH_3)_2CH\text{-}C_6H_4\text{-}OH$$

$$m\text{-}O_2NC_6H_4NH_2 \xrightarrow[0\sim5\ ℃]{NaNO_2,H_2SO_4} m\text{-}O_2NC_6H_4\overset{+}{N_2}SO_4\overset{-}{H} \xrightarrow[110\ ℃]{H_2O,H_2SO_4} m\text{-}O_2NC_6H_4OH$$

③ 被氢原子取代

$$2,4,6\text{-}Br_3C_6H_2NH_2 \xrightarrow{HCl,NaNO_2} 2,4,6\text{-}Br_3C_6H_2\overset{+}{N_2}\overset{-}{Cl} \xrightarrow{50\%H_3PO_2} 1,3,5\text{-}Br_3C_6H_3$$

④ 被氰基取代

$$3\text{-}Br\text{-}4\text{-}CH_3C_6H_3N_2^+Cl^- \xrightarrow[KCN]{CuCN} 3\text{-}Br\text{-}4\text{-}CH_3C_6H_3CN$$

$$o\text{-}CH_3C_6H_4N_2^+SO_4H^- \xrightarrow[Cu]{KCN} o\text{-}CH_3C_6H_4CN$$

(2) 还原反应

$$C_6H_5N_2^+Cl^- \xrightarrow[0\ ℃]{SnCl_2/HCl} C_6H_5NHNH_2\cdot HCl \xrightarrow{NaOH} C_6H_5NHNH_2$$

$$C_6H_5N_2^+Cl^- \xrightarrow{Zn/HCl} C_6H_5NH_2 + NH_3$$

(3) 偶合反应

$$C_6H_5N_2^+Cl^- + C_6H_5OH \xrightarrow[0\ ℃]{NaOH,H_2O} C_6H_5\text{-}N{=}N\text{-}C_6H_4\text{-}OH$$

$$C_6H_5N_2^+Cl^- + C_6H_5N(CH_3)_2 \xrightarrow[H_2O,0\ ℃]{CH_3COONa} C_6H_5\text{-}N{=}N\text{-}C_6H_4\text{-}N(CH_3)_2$$

8. 技能训练:乙酰苯胺的合成

在加入锌粉的条件下,以冰醋酸作乙酰化试剂,与苯胺发生酰化反应合成乙酰苯胺。

本模块思维导图

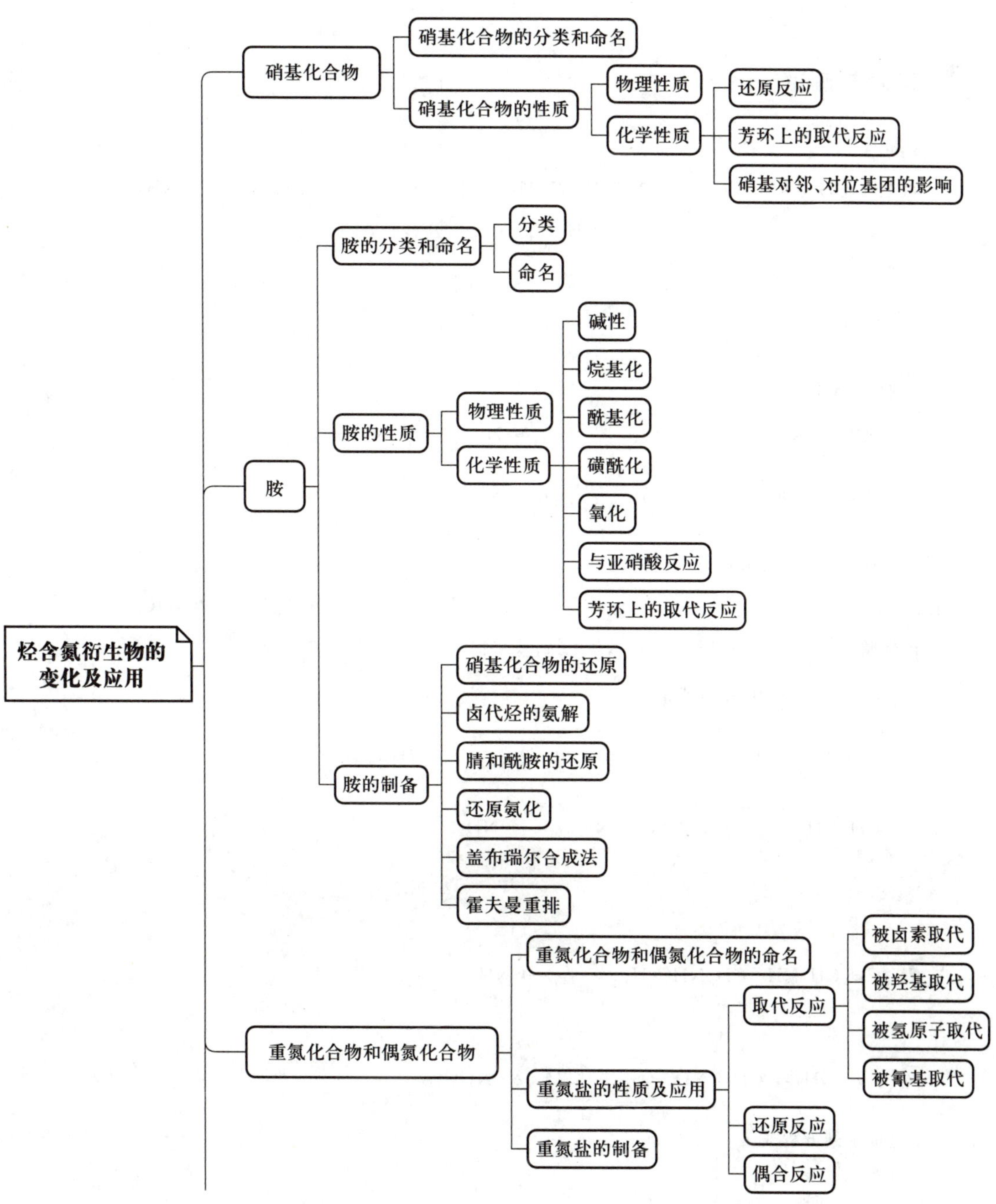
烃含氮衍生物的变化及应用
硝基化合物
硝基化合物的分类和命名
硝基化合物的性质
物理性质
化学性质
还原反应
芳环上的取代反应
硝基对邻、对位基团的影响
胺
胺的分类和命名
分类
命名
胺的性质
物理性质
化学性质
碱性
烷基化
酰基化
磺酰化
氧化
与亚硝酸反应
芳环上的取代反应
胺的制备
硝基化合物的还原
卤代烃的氨解
腈和酰胺的还原
还原氨化
盖布瑞尔合成法
霍夫曼重排
重氮化合物和偶氮化合物
重氮化合物和偶氮化合物的命名
重氮盐的性质及应用
取代反应
被卤素取代
被羟基取代
被氢原子取代
被氰基取代
还原反应
偶合反应
重氮盐的制备

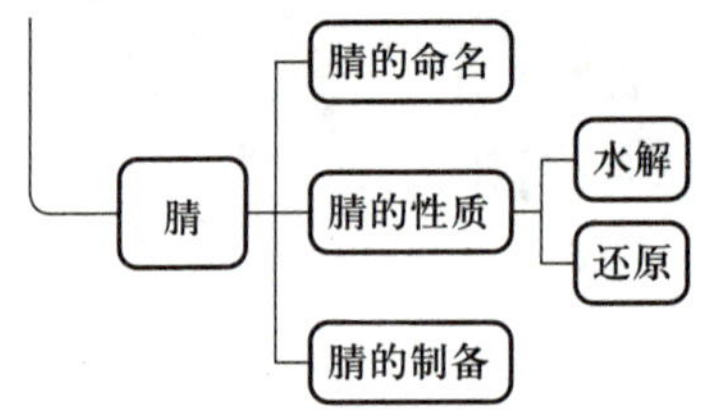

习题与测试

一、命名

1. $(CH_3)_2CHNO_2$　　2. $CH_3NHCH(CH_3)_2$　　3. $H_2N(CH_2)_5NH_2$

4. NH_2—⟨苯环⟩—NH_2（间位）　　5. CH_3, NO_2 ⟨苯环⟩ NO_2　　6. $(CH_3)_2CHN^+(CH_3)_3OH^-$

7. $CH_3CH(CH_3)CH(CH_3)NO_2$（H_3C　CH_3 / $CH_3CHCHNO_2$）　　8. $C_6H_5-N{=}N-C_6H_4-N(CH_3)_2$

9. $Br-C_6H_4-\overset{+}{N}{\equiv}N\overset{-}{Cl}$　　10. $NC(CH_2)_2CN$

二、写出下列化合物的构造式

1. *N*-乙基苯胺　　2. 二环己基胺　　3. 溴化三甲基丙基铵

4. 丙烯腈　　5. 2,4-二硝基苯胺　　6. 三乙胺

三、比较下列化合物的碱性强弱

1. $C_6H_5-NH_2$，$O_2N-C_6H_4-NH_2$，$H_3C-C_6H_4-NH_2$

2. $CH_3CH_2NH_2$，$C_6H_5-NH_2$，$O_2N-C_6H_3(NO_2)-NH_2$

3. $CH_3CH_2CH_2NH_2$，$CH_3NHC_2H_5$，$C_6H_5-\overset{O}{\overset{\|}{C}}NH_2$

4. $C_6H_5-NH_2$，$CH_3\overset{O}{\overset{\|}{C}}NH-C_6H_5$，$C_6H_5-NHCH_3$

四、完成下列方程式

1. $CH_3-C_6H_4-NO_2 \xrightarrow[\triangle]{Fe/HCl}$?　　2. $CH_3O-C_6H_4-CH_3$（间位）$\xrightarrow[H_2SO_4]{HNO_3}$? $\xrightarrow{Fe/HCl}$?

3. H_2N—(苯环，邻位 CH_3)—NO_2 $\xrightarrow{NaNO_2/HCl}$? $\xrightarrow{CuCN}$?

4. C_6H_5—$N(CH_3)$—C_2H_5 $\xrightarrow{NaNO_2+HCl}$?

5. CH_3—C_6H_4—NH_2 $\xrightarrow{Br_2/H_2O}$? $\xrightarrow[0\sim5\ ℃]{NaNO_2,HCl}$? $\xrightarrow{CuCl}$?

6. $CH_3CH_2CH_2NH_2+CH_3COCl \longrightarrow$?

※7. $C_6H_5\overset{+}{N_2}\overset{-}{Cl}$ $\xrightarrow[CuCN]{KCN}$? $\xrightarrow{H_3O^+}$?

※8. $C_6H_5\overset{+}{N_2}\overset{-}{Cl}$ $\xrightarrow[pH8\sim10]{HO-C_6H_4-CH_3}$?

9. $NH_2CH_2CH_3+CH_3COOH \longrightarrow$

五、用化学方法区别下列各组化合物

1. $C_6H_5NH_2$（苯胺） 和 $C_6H_{11}NH_2$（环己胺）

2. $C_6H_5NH_2$ 和 $C_6H_5NHCH_3$

※六、合成题

1. 由苯合成对二硝基苯

2. 由苯合成邻溴氯苯

3. 由甲苯合成 *N*-甲基苄胺

4. 由苯合成间硝基苯胺

5. 由甲苯合成对氨基苯甲酸

※七、推断题

1. 化学式为 $C_8H_9NO_2$ 的化合物 A，与 Sn/HCl 反应生成化学式为 $C_8H_{11}N$ 的化合物 B；B 与 $NaNO_2+HCl$ 在 0 ℃下反应生成化学式为 $C_8H_9ClN_2$ 的一种盐 C；在稀酸中 C 与 CuCN 反应生成化学式为 C_9H_9N 的化合物 D；D 在稀酸中水解得到化学式为 $C_9H_{10}O_2$ 的有机酸 E；E 用 $KMnO_4$ 氧化得到另一种二元羧酸 F；F 受热时生成苯酐。推测 A～F 的构造式。

2. 化学式为 $C_7H_{17}N$ 的化合物 A 能溶于稀盐酸。A 与 $NaNO_2/HCl$ 在室温下作用放出氮气，并得到几种有机化合物，其中一种 B 能进行碘仿反应。B 和浓硫酸共热得到 C(C_7H_{14})，C 能使 $KMnO_4$ 褪色，反应产物是 2-甲基丁酸和乙酸。推测 A、B、C 的构造式。

模块十

烃含杂原子环状化合物(杂环化合物)的变化及应用

学习目标

1. 知道杂环化合物的分类并会命名;

2. 懂五元杂环化合物(呋喃、吡咯、噻吩)和六元杂环化合物(吡啶)的化学性质;

3. 知道五元杂环化合物(呋喃、吡咯、噻吩)和六元杂环化合物(吡啶)结构与性质的关系;

4. 会完成杂环化合物的制备;

5. 能通过水蒸气蒸馏分离液体混合物。

问题引入

杂环化合物与生物的生长、发育、繁殖,以及遗传、变异等有密切的关系,对于生命科学有着极为重要意义。杂环化合物是有机化合物中的一大类,约占全部已知有机化合物的三分之一,普遍存在于生物界,如血红蛋白中的血红素,绿色植物中的叶绿素,茶叶中具有刺激心脏、兴奋大脑神经和利尿作用的咖啡因,核酸中的碱基。它们在医药上也具有重要意义,如中药黄连的药效成分小檗碱,用作消炎杀菌的阿莫西林等的分子结构中都含有杂环。图 10-1 为阿莫西林的结构式。煤、石油中也含有杂环化合物。

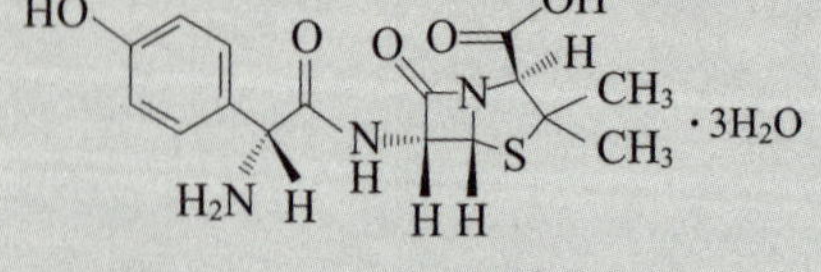

图 10-1　阿莫西林的结构式

你知道什么是杂环化合物吗？杂环化合物在结构上有什么特点呢？结合生活实际，你能找出含有杂环的物质吗？

小贴士

芳香性是指所有成环原子处于同一平面内，构成一个含有 $4n+2(n=0,1,2,\cdots)$ 个 π 电子的闭合共轭体系。

主题 1　杂环化合物的分类和命名

交流与讨论

下列化合物属于杂环化合物中的哪一类？如何命名它们？

1. 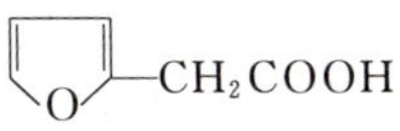 O　$-CH_2COOH$
2. 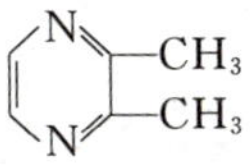 N　N　$-CH_3$　$-CH_3$
3. $-CH_2CH_2OH$　N　H
4. 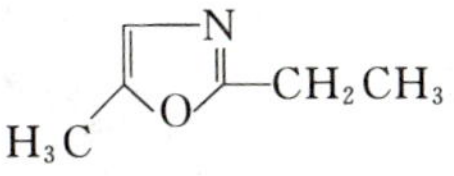 N　O　H_3C　$-CH_2CH_3$
5. 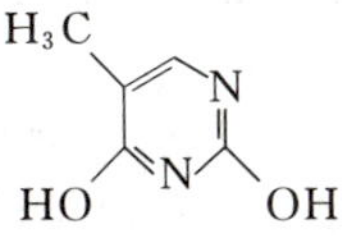 H_3C　N　N　HO　OH
6. 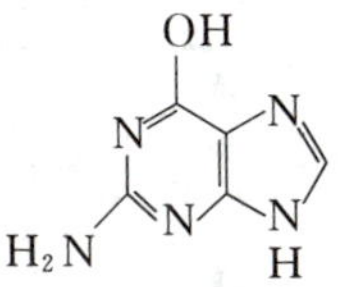 OH　N　N　N　N　H_2N　H
7. 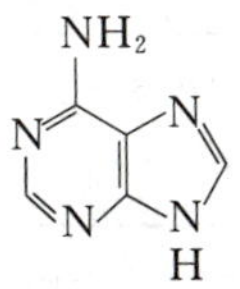 NH_2　N　N　N　N　H
8. 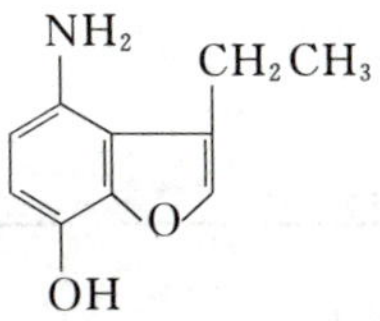 NH_2　CH_2CH_3　O　OH

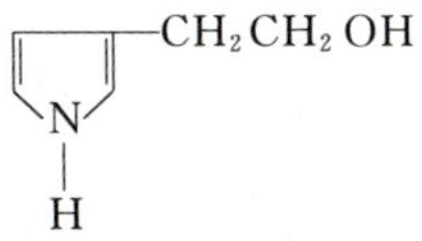

按分子中所含环的数目分为单杂环和稠杂环。单杂环按杂环的大小可分为五元环和六元环，稠杂环是由苯环和一个或多个单杂环稠合而成的。此外，也可以按环中杂原子的种类和数目进行分类。

杂环化合物的命名多采用音译法，按化合物的英文名称音译，在近似的同音汉字左边加上一个“口”字旁，“口”表示是环状化合物。杂环化合物的分类、译音法名称和成环原子的编号如表 10-1 所示。

表 10-1 常见杂环化合物的构造、分类和名称

类别		含一个杂原子	含两个或两个以上杂原子
五元单环	构造	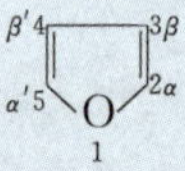 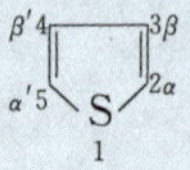 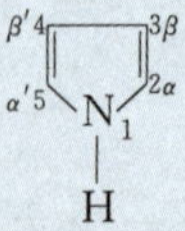	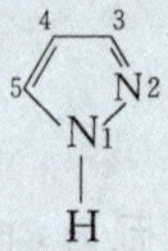 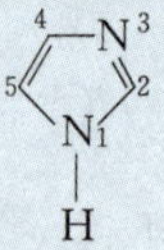 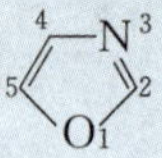 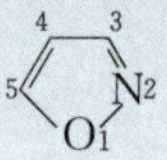 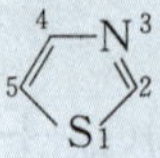 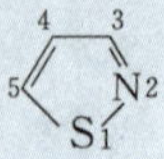
	名称	呋喃 furan　噻吩 thiophene　吡咯 pyrrole	吡唑 pyrazole　咪唑 imidazole　噁唑 oxazole　异噁唑 isoxazole　噻唑 thiazole　异噻唑 isothiazole
五元二环	构造	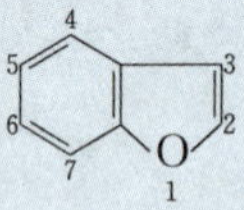 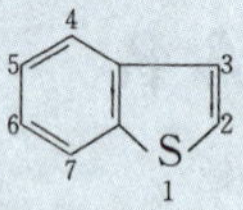 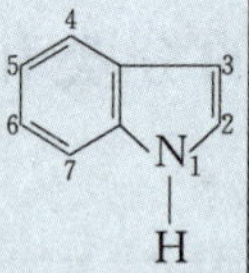	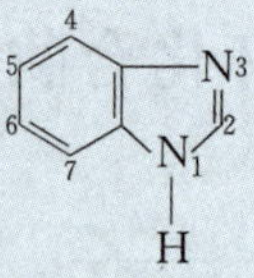 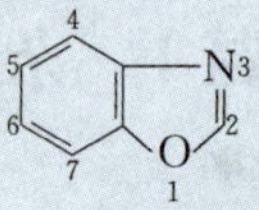 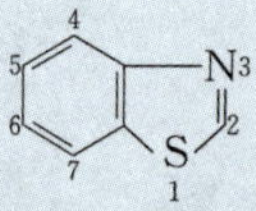 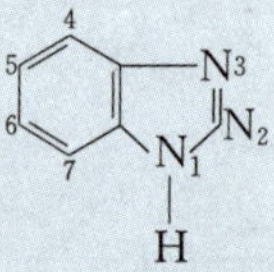
	名称	苯并呋喃 benzfuran　苯并噻吩 benzothiophene　吲哚 indole	苯并咪唑 benzimidazole　苯并噁唑 benzoxazole　苯并噻唑 benzothiazole　苯并三唑 benzotriazole
六元单环	构造	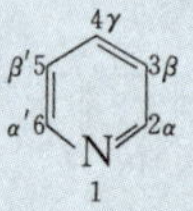	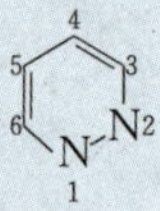 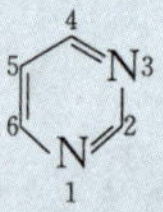 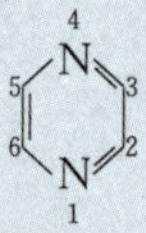 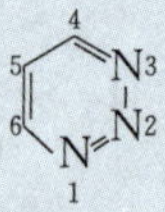
	名称	吡啶 pyridine	哒嗪 pyridazine　嘧啶 pyrimidine　吡嗪 pyrazine　1,2,3-三嗪 1,2,3-triazine
六元二环	构造	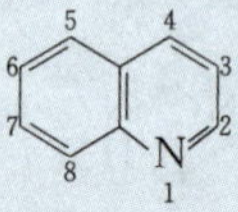 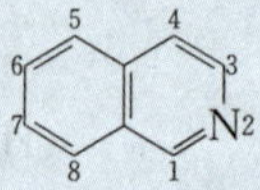	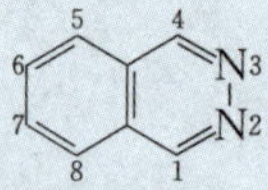 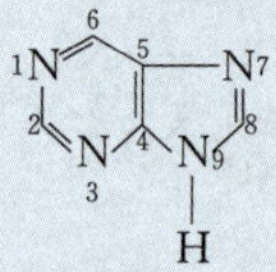
	名称	喹啉 quinoline　异喹啉 isoquinoline	酞嗪 phthalazine　嘌呤 purine

当杂环衍生物按系统命名法命名时,只含有一个杂原子的单环杂环化合物通常将杂原子定位为 1 号,环上杂原子旁其他碳原子可以按数字依次排列,也可以按 $\alpha,\beta,\gamma,\cdots$进行编号。例如:

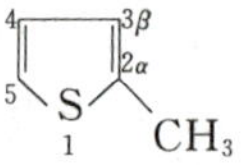

α-甲基噻吩
或 2-甲基噻吩

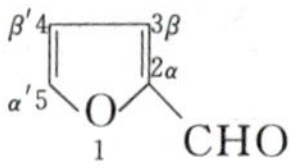

α-呋喃甲醛
或 2-呋喃甲醛

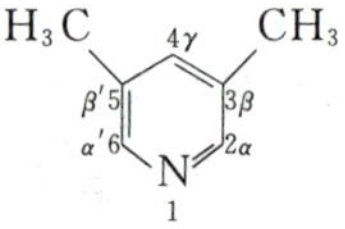

β,β'-二甲基吡啶
或 3,5-二甲基吡啶

含有两个或两个以上杂原子的单环杂环化合物通常按杂原子的价态,先小后大,相同价

态的原子，按原子序数先后列出，按照从小到大的顺序进行编号，并且要使杂原子的编号尽可能小。氧原子和硫原子的价态为 2 价，氮原子的价态为 3 价。硫原子的原子序数大于氧原子的。例如：

4-甲氧基异噁唑　　6-甲基-4-氨基嘧啶　　5-甲基-4-乙基噁唑

苯并杂环的稠杂环化合物，编号方式与稠环芳香烃的相似，但编号一般从杂环开始。

4-硝基喹啉　　5-氨基苯并哒嗪　　8-羟基喹啉

少数稠杂环的化合物有另外的编号顺序，如嘌呤环，其原子的编号顺序见表 10-1。

主题 2　五元杂环化合物

一、五元杂环化合物的结构

呋喃、噻吩和吡咯都是环中含有一个杂原子的五元杂环，在分子结构上具有相同点。环中的杂原子均为 sp^2 杂化，杂原子与环上的碳原子的 sp^2 杂化轨道相互重叠，形成 σ 键，形成了平面五元环。4 个碳原子上未杂化的 p 轨道都有一个电子，杂原子没有杂化的轨道上有两个电子，这些轨道平行且垂直于 σ 键所形成的平面五元环，构成一个环状闭合的 5 个原子、6 个电子的共轭体系，如图 10-2 所示。

动画：呋喃分子的结构

动画：噻吩分子的结构

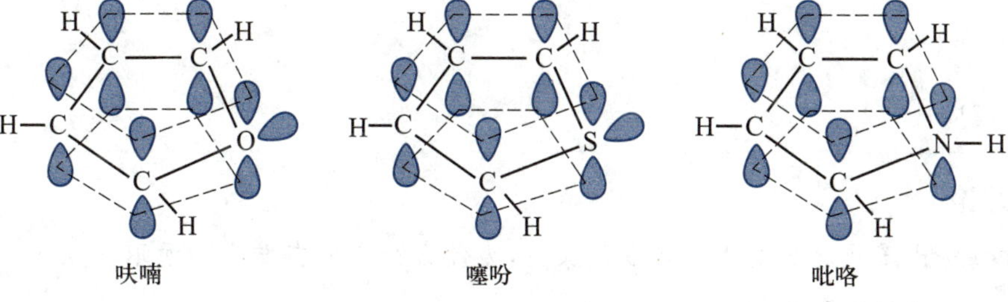

图 10-2　呋喃、噻吩、吡咯分子中的共轭 π 键

动画：吡咯分子的结构

二、五元杂环化合物的性质

1. 物理性质

交流与讨论

查表 10-2,五元杂环化合物的物理性质有什么规律?你知道为什么吗?

五元杂环化合物都具有特殊的气味。一些常见五元杂环化合物的物理常数见表 10-2。

表 10-2 一些常见五元杂环化合物的物理常数

名称	熔点/℃	沸点/℃	溶解性
呋喃	−86	31.4	不溶于水,易溶于乙醇、乙醚
噻吩	−38	84	不溶于水,溶于乙醇、乙醚、苯
吡咯	−18.5	131	不溶于水,易溶于乙醇、乙醚
吡唑	70	188	易溶于水
咪唑	90	263	易溶于水

呋喃、噻吩、吡咯在水中的溶解度不大,主要是杂原子上的孤对电子参与了环上的闭合共轭体系,使得杂原子上的电子云密度降低,与水形成氢键的能力降低。吡咯氮原子上连有氢原子,可以与水中的氧原子形成氢键,相比之下吡咯的水溶性更大。呋喃氧原子的电负性大于噻吩硫原子的,呋喃与水形成氢键的能力更强,所以呋喃的水溶性大于噻吩。

吡唑、咪唑易溶于水,是由于它们比吡咯多一个氮原子,这个氮原子上的孤对电子并没有参与环上的共轭体系,与水形成氢键的能力较强。

咪唑和吡唑能形成分子间氢键,因此吡唑和咪唑都具有较高的沸点,而且缔合程度越高的咪唑沸点越高。

吡唑形成的氢键缔合

咪唑分子间的氢键

2. 化学性质

(1) 亲电取代反应

交流与讨论

呋喃、吡咯和噻吩比苯更容易发生亲电取代反应,为什么?它们在发生一元取代反应时,通常发生在 α 位还是 β 位?为什么?

呋喃、吡咯和噻吩为五原子六电子共轭体系（苯为六原子六电子共轭体系），π 电子云密度均高于苯，因此都要比苯更容易发生亲电取代反应。与苯环相连的第一个杂原子具有孤对电子。例如：

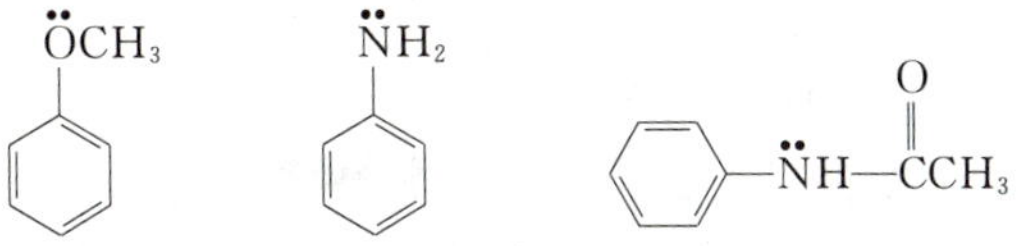

杂原子的 p 轨道和直接相连的共轭 π 键的 π 轨道形成 p-π 共轭，后引入一个取代基时，主要进入其邻位和对位。

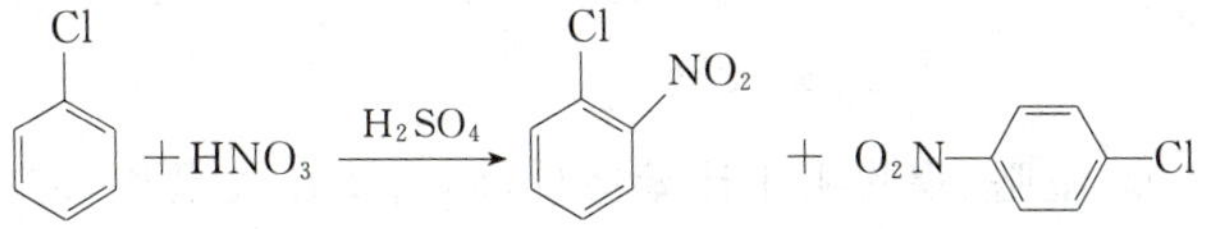

$$C_6H_5Cl + HNO_3 \xrightarrow{H_2SO_4} o\text{-}ClC_6H_4NO_2 + O_2N\text{-}C_6H_4\text{-}Cl$$

显然，呋喃、吡咯和噻吩的杂原子上具有孤对电子，在这些杂环中引入一个取代基时，通常总是引入 α 位[α 位（邻位）比 β 位（间位）更活泼]。

① 硝化反应。呋喃、吡咯和噻吩易被氧气、硝酸等氧化剂氧化。当遇到强酸时，立即发生分解、开环甚至聚合。因此通常采用比较温和的非质子硝化试剂——硝酸乙酰酯——在低温下进行硝化。

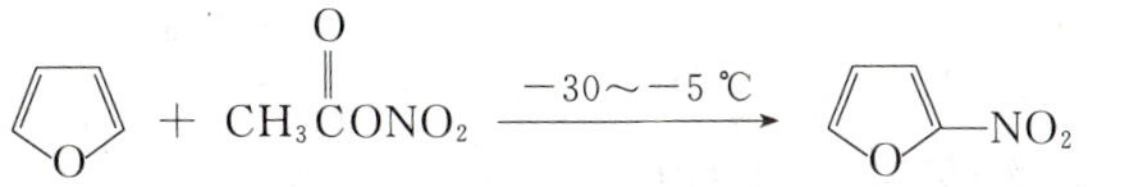

$$\text{呋喃} + CH_3CONO_2 \xrightarrow{-30\sim-5\ ℃} \text{2-硝基呋喃}$$

硝酸乙酰酯　　2-硝基呋喃(35%)

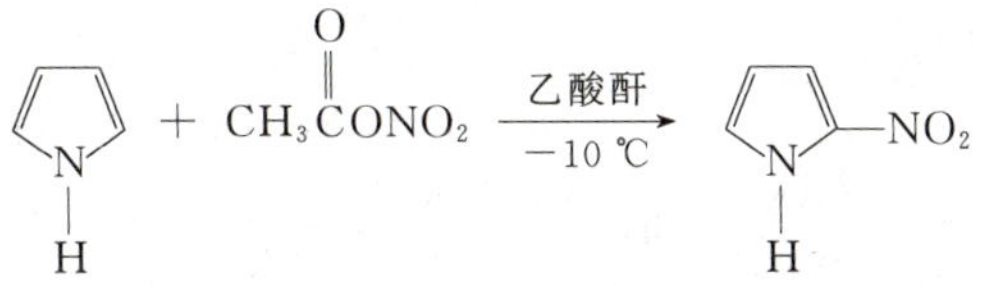

$$\text{吡咯} + CH_3CONO_2 \xrightarrow[-10\ ℃]{\text{乙酸酐}} \text{2-硝基吡咯}$$

2-硝基吡咯(51%)

$$\text{噻吩} + CH_3CONO_2 \xrightarrow[0\ ℃]{\text{乙酸酐-乙酸}} \text{2-硝基噻吩}$$

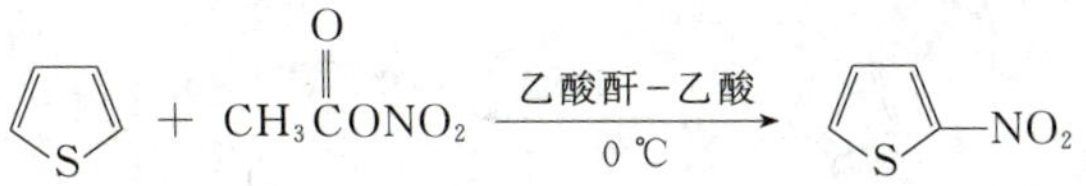

2-硝基噻吩(60%)

② 磺化反应。

交流与讨论

如果苯中含有少量的杂质噻吩，由于苯和噻吩的沸点接近，用分馏法很难将其除去，请设计一个简便的提纯苯的实验方案。

呋喃、吡咯常采用温和的非质子磺化试剂，如采用吡啶和三氧化硫加合产物进行磺化反应。

$$\text{呋喃} \xrightarrow[\text{1,2-二氯乙烷}]{SO_3\text{-吡啶}} \text{2-呋喃磺酸}(41\%)\ (—SO_3H)$$

$$\text{吡咯} \xrightarrow[100\ ℃]{SO_3\text{-吡啶}} \text{2-吡咯磺酸}(90\%)\ (—SO_3H)$$

呋喃、吡咯和噻吩中，噻吩的反应活性最低，在室温下可以和浓硫酸发生磺化反应，生成能溶于水的2-噻吩磺酸，2-噻吩磺酸经过水解，又可得到噻吩。

$$\text{噻吩} \xrightarrow[20\ ℃]{\text{浓硫酸}} \text{2-噻吩磺酸}\ (—SO_3H) \xrightarrow{H_2O, H^+} \text{噻吩} + H_2SO_4(\text{稀})$$

③ 卤化反应。呋喃、吡咯、噻吩由于比苯活性高，需要在较温和条件下发生卤化反应，否则容易生成多卤化物。例如：

$$\text{呋喃} + Cl_2 \xrightarrow{-40\ ℃} \text{2-氯呋喃} + \text{2,5-二氯呋喃}$$

$$\text{呋喃} + Br_2 \xrightarrow[0\ ℃]{\text{1,4-二氧六环}} \text{2-溴呋喃}$$

$$\text{吡咯} + I_2 \xrightarrow{NaOH} \text{2,3,4,5-四碘吡咯(伤口消毒剂)}$$

$$\text{噻吩} + Br_2 \xrightarrow{CH_3COOH} \text{2-溴噻吩}$$

$$\text{噻吩} + I_2 \xrightarrow[\text{苯},0\ ℃]{HgO} \text{2-碘噻吩}(70\%)$$

④ 弗里德-克拉夫茨酰基化(弗-克酰基化)反应。吡咯与乙酸酐在150～200 ℃直接发生酰基化反应。

$$\text{吡咯} + CH_3COOCCH_3\ (\text{乙酸酐}) \xrightarrow{150\sim200\ ℃} \text{2-乙酰基吡咯}(60\%)\ (—COCH_3)$$

呋喃用酸酐或酰氯作酰基化试剂时，常用路易斯酸催化。常用的路易斯酸有无水 $AlCl_3$、$FeCl_3$、BF_3、$ZnCl_2$、$SnCl_4$，其中 BF_3 催化产率最高。

$$\text{呋喃} + CH_3\overset{O}{\overset{\|}{C}}O\overset{O}{\overset{\|}{C}}CH_3 \xrightarrow{BF_3} \text{2-}COCH_3\text{呋喃}$$

2－乙酰基呋喃(75%～92%)

噻吩与酸酐或酰氯发生酰基化反应时，若用无水 $AlCl_3$、$SnCl_4$ 等作催化剂，有树脂状物质生成。必须将 $AlCl_3$ 等先与酰基化试剂反应制成活泼的亲电试剂，然后再与噻吩反应。

$$\text{噻吩} + C_6H_5\overset{O}{\overset{\|}{C}}—Cl \xrightarrow[20\ ℃]{AlCl_3} C_6H_5\overset{O}{\overset{\|}{C}}—\text{(2-噻吩基)}$$

2－苯甲酰基噻吩

(2) 加成反应　在催化剂铅、镍等的催化下，呋喃、吡咯加氢分别生成四氢呋喃、四氢吡咯。噻吩在耐硫催化剂 MoS_2 催化下，加氢生成四氢噻吩。呋喃、吡咯、噻吩在 Cr－Mo－Fe 金属氧化物的催化下，加氢脱除氧原子、硫原子和氮原子。

$$\text{呋喃} + H_2 \xrightarrow{Ni} \text{四氢呋喃}$$

$$\text{吡咯(N—H)} + H_2 \xrightarrow{Ni} \text{四氢吡咯(N—H)}$$

$$\text{噻吩} + H_2 \xrightarrow{MoS_2} \text{四氢噻吩}$$

$$\text{吡咯(N—H)} + H_2 \xrightarrow[350\sim380\ ℃]{Cr_2O_3-MoO_2-Fe_2O_3} CH_3CH_2CH_2CH_3 + NH_3$$

$$\text{噻吩} + H_2 \xrightarrow[350\sim380\ ℃]{Cr_2O_3-MoO_2-Fe_2O_3} CH_3CH_2CH_2CH_3 + H_2S$$

小知识

苯加氢是目前化工行业非常热门的生产项目。粗苯的来源：炼焦产生的焦炉煤气中回收的焦化粗苯、石油化学工业中获得的石油粗苯。将粗苯进行分馏，得到轻苯和重苯。将轻苯在一定温度、压力和催化剂条件下加氢，使得其中的含硫化合物、含氮化合物和含氧化合物生成硫化氢、氨和水，将不饱和烃转化为饱和烃和环烷烃，然后用碱水洗涤，从轻苯中除去硫化物和氨等物质，以达到净化的目的。

（3）狄尔斯-阿尔德反应

交流与讨论

共轭二烯烃与含有C═C双键或C≡C三键的化合物发生1，4-加成反应，生成环状化合物。呋喃、吡咯和噻吩能发生狄尔斯-阿尔德反应吗？

呋喃、吡咯、噻吩的分子结构中含有共轭二烯烃的结构，理论上都能发生双烯合成反应，表现出共轭二烯烃的性质。呋喃很容易与亲双烯体发生狄尔斯-阿尔德反应。例如：

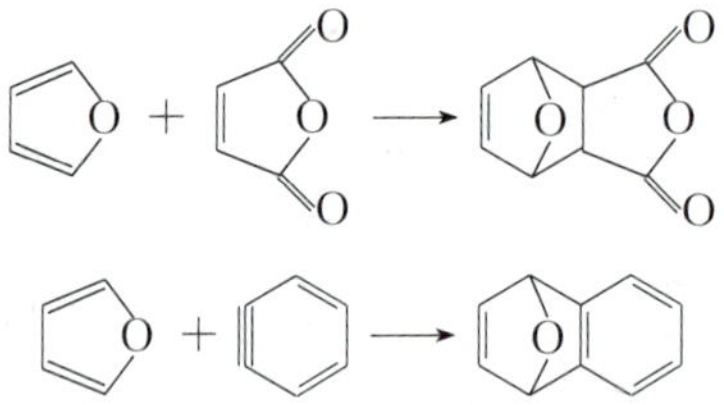

吡咯可以和比较活泼的亲双烯体发生狄尔斯-阿尔德反应。例如：

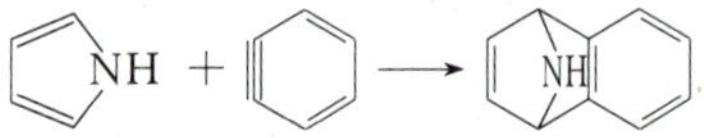

噻吩基本上不发生狄尔斯-阿尔德反应，即使在个别情况下发生，生成物也是不稳定的。

三、糖醛

糖醛是一种无色透明的油状液体，其化学名为α-呋喃甲醛，是呋喃衍生物中最重要的。它最初是利用米糠和稀硫酸共热来制备的，所以称为糖醛。

1. 糖醛的制备

动画：糖醛分子的结构

工业上利用含纤维素或半纤维素较高的农副产品，如棉花、木材、农作物的秸秆、玉米芯、花生壳、稻壳等为原料，来制备糖醛。纤维素和半纤维素是多糖，在稀硫酸或稀盐酸的作用下水解得到戊糖，戊糖进一步脱水环化生成糖醛。

$$\underset{\text{多缩戊糖}}{(C_5H_8O_4)_n} + nH_2O \xrightarrow{\text{稀 } H_2SO_4} \underset{\text{戊糖}}{nC_5H_{10}O_5}$$

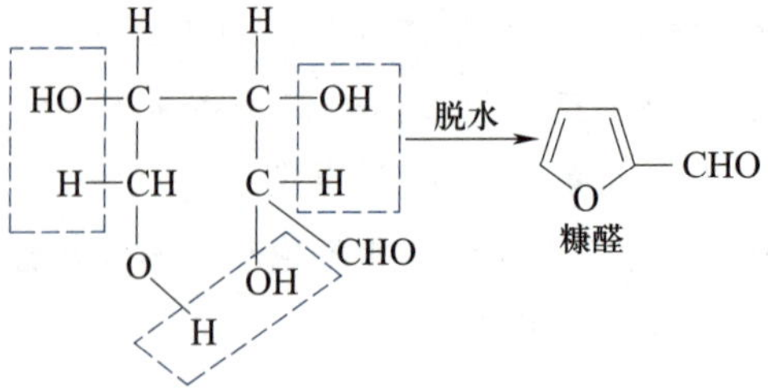

2. 糠醛的化学性质

交流与讨论

糠醛具有醛的一般性质，它能发生哪些反应呢？

（1）康尼扎罗反应　不含有 α-氢原子的醛在浓碱的作用下，发生歧化反应，即两分子的醛相互作用，其中一分子醛还原为醇，另一分子醛氧化为酸。例如：

$$2\ \text{(呋喃环)—CHO} \xrightarrow{\text{浓 NaOH}} \text{(呋喃环)—CH}_2\text{OH} + \text{(呋喃环)—COONa}$$

糠醛　　呋喃甲醇　　呋喃甲酸钠

$$\text{(呋喃环)—COONa} + HCl \longrightarrow \text{(呋喃环)—COOH} + NaCl$$

呋喃甲酸钠　　呋喃甲酸

（2）氧化反应　糠醛具有还原性，能被托伦试剂（硝酸银的氨溶液）或高锰酸钾等氧化剂氧化。

$$\text{(呋喃环)—CHO} + 2Ag(NH_3)_2OH \xrightarrow{\triangle} \text{(呋喃环)—COONH}_4 + 2Ag\downarrow + H_2O + 3NH_3\uparrow$$

$$\text{(呋喃环)—CHO} \xrightarrow[OH^-,\ H_2O]{KMnO_4} \text{(呋喃环)—COOH}$$

（3）还原反应　糠醛在适当催化剂的作用下，可以在羰基上加一分子的氢，生成醇。例如：

$$\text{(呋喃环)—CHO} + H_2 \xrightarrow[150\ ℃,\ 10\ MPa]{CuO,\ Cr_2O_3} \text{(呋喃环)—CH}_2\text{OH}$$

（4）脱羰基反应　在催化剂 $ZnO-Cr_2O_3-MnO_2$ 的作用下，糠醛与水蒸气高温反应，脱去羰基生成呋喃。

$$\text{(呋喃环)—CHO} + H_2O \xrightarrow[400\sim415\ ℃]{ZnO-Cr_2O_3-MnO_2} \text{(呋喃)} + CO_2 + H_2$$

此外，糠醛也是不含 α-氢原子的醛，能与含有 α-氢原子的醛、酮发生交叉羟醛缩合反应；能与乙酸酐发生**珀金（Perkin）反应**等。例如：

$$\text{(呋喃环)—CHO} + (CH_3CO)_2O \xrightarrow[\triangle]{CH_3COONa} \text{(呋喃环)—CH=CHCOOH} + CH_3COOH$$

3. 糠醛的物理性质和用途

纯糠醛是无色的液体，沸点是 162 ℃，熔点是 −36.5 ℃，相对密度是 1.160，可溶于水，能与醇、醚混溶。

糠醛是优良的溶剂,也是重要的化工原料。通过上述反应,利用糠醛可以制备糠醇(α-呋喃甲醇)、糠酸(α-呋喃甲酸)、呋喃、己二酸、己二胺等重要的化工产品。

主题3　六元杂环化合物

一、吡啶

动画:吡啶分子的结构

六元杂环化合物中,比较具有代表性的是吡啶。吡啶是无色有臭味的液体,其蒸气有毒。能溶于水,与乙醇、乙醚等有机溶剂混溶,是良好的有机溶剂。吡啶多存在于煤焦油和页岩油中。工业上将煤焦油分馏出的轻油部分用硫酸吸收,则吡啶和硫酸生成硫酸吡啶而溶解在水中,从而将硫酸吡啶和轻油进行分离。在硫酸吡啶水溶液中通入氨-水蒸气中和游离的酸,分解硫酸吡啶,最后经蒸馏精制。

吡啶环上的碳原子和氮原子均以 sp^2 杂化轨道成键,环上的所有原子均处于同一平面内,环上每个原子 p 轨道的一个 p 电子形成环状的共轭体系,具有芳香性。氮原子上没有参与成键的 sp^2 杂化轨道,被一对电子占据,所以吡啶具有碱性。

1. 吡啶的碱性

交流与讨论

吡啶有碱性,它与脂肪胺、苯胺、吡咯相比较,碱性是强还是弱?

吡啶氮原子上的孤对电子,并没参与成键;苯胺中苯环双键是吸电子基团,会使氮原子上的电子云密度下降,或者也可以这样理解,—NH_2 与苯环直接相连,是一个给电子基团,会使苯环上的电子云密度升高,而氮原子上的电子云密度下降,碱性减弱。吡咯中的孤对电子参与环上的共轭,导致氮原子上的电子云密度下降,碱性减弱;烷基是给电子基团,会使脂肪胺中氮原子上的电子云密度升高,碱性增强。因此,吡啶的碱性要比苯胺和吡咯的强,比脂肪胺的弱。

$$\text{(吡啶)} + H_2SO_4 \longrightarrow \text{(吡啶}\overset{+}{N}\text{—H)}\ HSO_4^-$$

2. 亲电取代反应

交流与讨论

吡啶发生亲电取代反应时,反应主要发生在 α 位还是 β 位?

当苯环直接连接使苯环钝化的间位定位基时,如 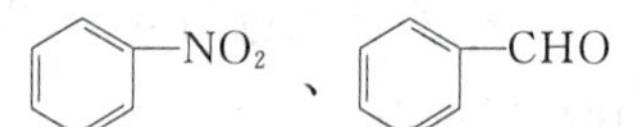 、

$C_6H_5-SO_3H$、C_6H_5-COOH 等，发生亲电取代反应，后引入一个取代基时，主要进入原有取代基的间位。例如：

$$C_6H_5NO_2 + HNO_3(\text{发烟}) \xrightarrow[100\ ℃]{H_2SO_4} m\text{-}C_6H_4(NO_2)_2 \quad (93\%)$$

吡啶氮原子上的孤对电子并没有参与环上的共轭体系，氮原子的电负性比碳原子的大，会使吡啶环上的电子云密度下降。亲电反应的活性要比苯困难。如同硝基苯一样，反应主要发生在 β 位（氮原子的间位）。例如：

$$C_5H_5N + Br_2 \xrightarrow{300\ ℃} 3\text{-Br-}C_5H_4N + HBr$$

$$C_5H_5N + HNO_3 \xrightarrow[300\ ℃]{H_2SO_4} 3\text{-}NO_2\text{-}C_5H_4N + H_2O$$

$$C_5H_5N + H_2SO_4 \xrightarrow[300\ ℃]{HgSO_4} 3\text{-}SO_3H\text{-}C_5H_4N + H_2O$$

当苯环上直接连接吸电子的钝化苯环的取代基时，则苯环一般不发生弗里德-克拉夫茨反应。吡啶也不能发生弗里德-克拉夫茨反应。

3. 亲核取代反应

与硝基苯相似，吡啶在与强的亲核取代试剂发生亲核取代反应时，主要生成 α-和 γ-取代产物。例如：

$$C_5H_5N \xrightarrow[\text{液 } NH_3]{NaNH_2} 2\text{-}NH_2\text{-}C_5H_4N$$

$$C_5H_5N + C_6H_5Li \longrightarrow 2\text{-}C_6H_5\text{-}C_5H_4N + LiH$$

4. 催化加氢

在金属 Pt 的作用下，吡啶与氢气反应，可制备六氢吡啶（又称哌啶）。

$$C_5H_5N + 3H_2 \xrightarrow[CH_3COOH]{Pt} C_5H_{10}NH$$

六氢吡啶

在催化剂 $Cr_2O_3-MoO_2-Fe_2O_3$ 的作用下，吡啶与氢气在高温下脱氮，生成戊烷和氨气。

$$\text{吡啶} + 5H_2 \xrightarrow[350\sim380\ ^\circ C]{Cr_2O_3-MoO_2-Fe_2O_3} C_5H_{12} + NH_3$$

5. 氧化反应

吡啶比苯稳定,不易被氧化剂氧化,当吡啶侧链上有 α－H 时,容易被氧化剂氧化生成相应的吡啶甲酸。例如:

$$\text{3-甲基吡啶} \xrightarrow[\triangle]{KMnO_4, H^+} \text{3-吡啶甲酸}$$

3－吡啶甲酸(烟酸)

$$\text{4-甲基吡啶} + O_2 \xrightarrow[\triangle]{V_2O_5} \text{4-吡啶甲酸}$$

4－吡啶甲酸(异烟酸)

小知识

烟酸是B族维生素化合物之一,存在于肉类、肝、酵母、米糠等中,用于治疗癞皮病、空腔类及血管硬化等疾病。异烟酸是用于制造抗结核病异烟肼的中间体。

此外,在2－甲基吡啶和4－甲基吡啶中,甲基上的氢原子受到吡啶氮原子的影响,性质比较活泼,可以和醛、酮的羰基发生缩合反应。例如:

$$\text{2-甲基吡啶} + C_6H_5CHO \xrightarrow[120\ ^\circ C]{KOH, DMF} \text{2-吡啶基}-CH{=}CH-C_6H_5$$

$$\text{4-甲基吡啶} + C_6H_5CHO \xrightarrow[\triangle]{KOH, DMF} \text{4-吡啶基}-CH{=}CH-C_6H_5$$

二、喹啉

喹啉存在于煤焦油和骨油中。常温下喹啉是无色油状液体,有特殊的气味,沸点为238 ℃,难溶于水,易溶于有机溶剂。喹啉氮原子上具有孤对电子,显碱性,与强酸可成盐。工业喹啉在10%HCl溶液中全溶。可用稀硫酸从煤焦油或骨油中提取喹啉。

动画:喹啉分子的结构

喹啉的化学性质与吡啶的相似,氮原子上的孤对电子并没有参与环上共轭体系。喹啉的亲电取代反应(如硝化、磺化、溴化等)要比吡啶容易进行。

1. 取代反应

交流与讨论

喹啉的亲电取代反应,引入的取代基主要进入喹啉的哪个位置?

喹啉中含氮原子的吡啶环上，由于氮原子的吸电子性，会使环上的电子云密度下降，活性降低，性质稳定。而相邻的苯环上电子云密度较高，活性较高，因此喹啉的亲电取代反应，后引入的取代基主要进入喹啉的 5 位和 8 位（喹啉结构式，编号 1～8）。例如：

喹啉 + 浓 HNO_3 $\xrightarrow[0\ ℃]{浓\ H_2SO_4}$ 5-硝基喹啉（NO_2） + 8-硝基喹啉（NO_2）

喹啉 + 浓 H_2SO_4 $\xrightarrow{220\ ℃}$ 5-喹啉磺酸（SO_3H） + 8-喹啉磺酸（SO_3H）

与吡啶相似，喹啉与强的亲核取代试剂发生亲核取代反应时，主要生成 2 位取代产物。例如：

喹啉 $\xrightarrow{KNH_2,液\ NH_3}$ 2-氨基喹啉（$—NH_2$）

2-氨基喹啉

2. 氧化还原反应

交流与讨论

喹啉被氧化时，是含氮原子的吡啶环被氧化，还是相邻的苯环被氧化？

喹啉中含氮原子的吡啶环上电子云密度降低，活性降低。相邻的苯环电子云密度较高，因此苯环一侧易被氧化。例如：

喹啉 $\xrightarrow{KMnO_4}$ 2,3-吡啶二甲酸（$—COOH$，$—COOH$）

喹啉被还原时，吡啶环先被还原。例如：

喹啉 + H_2 $\xrightarrow{Ni}$ 1,2,3,4-四氢喹啉（N—H）

1,2,3,4-四氢喹啉

练一练

写出下列反应的主要产物。

1. 6-甲基喹啉（H_3C） $\xrightarrow{KMnO_4}$

2. 2-甲基喹啉（$—CH_3$） $\xrightarrow{KMnO_4}$

任务训练 10 8-羟基喹啉的合成

任务工单 10

工作任务	8-羟基喹啉的合成						
姓名		班级		学号		日期	

学习目标

1. 知识目标

(1) 通过查找资料,了解反应物的物性参数;

(2) 知道 8-羟基喹琳合成的原理。

2. 能力目标

(1) 能制备 8-羟基喹啉;

(2) 会利用水蒸气蒸馏分离液体混合物;

(3) 会利用重结晶精制固体产品。

3. 素养目标

(1) 会查找资料;

(2) 学会规范操作,树立安全意识;

(3) 具有严肃认真的学习态度及认真仔细的工作态度。

学习要求

1. 组长组织组员召开小组会议,领会学习目标,进行任务分工;

2. 结合所学的有机化学理论知识讨论理解实验原理;

3. 讨论实验安全事项。

任务分组

角色	姓名	学号	分工
组长			
组员 1			
组员 2			
组员 3			

任务落实

1. 资料查询、收集与整理 。通过查阅资料，填写表 10-3。

表 10-3　试剂及产品的基本物性参数

名称	摩尔质量 $g\cdot mol^{-1}$	熔点 ℃	沸点 ℃	密度 $g\cdot cm^{-3}$	水溶性	投料量		理论产量
						质量(体积) g(mL)	物质的量 mol	
无水甘油								
邻氨基苯酚								
邻硝基苯酚								
8-羟基喹啉								
浓硫酸								
氢氧化钠								
乙醇								

2. 领会实验原理和仪器。

(1) 实验原理

(2) 材料清单

3. 实验方案设计。

(1) 实验装置绘制

(2) 方框流程图

操作 1 → 操作 2 → 操作 3 → 操作 4 → ……

4. 完成实验报告。

(1) 实验现象记录

(2) 实验结果记录

(3) 实验结果讨论

任务评价

1. 产品外观

8-羟基喹琳为白色或淡黄色结晶。

2. 产品产量

产品干燥,称量并计算收率,填写产品质量及其评价表,如表 10-4 所示。必要时,可以测定其熔点,应为 75～76 ℃。

表 10-4　产品质量及其评价表

产品外观	实际产量/g	理论产量/g	产　率/%

问题探究

1. 在什么情况下通常采用水蒸气蒸馏?

2. 为什么第一次水蒸气蒸馏(主要蒸出邻硝基苯酚)在酸性条件下进行,而第二次水蒸气蒸馏(主要蒸出 8-羟基喹啡)在中性条件下进行?

3. 为什么在第二次水蒸气蒸馏前,一定要很好地控制 pH? 碱性过强时有何不利?

【知识连线】

1. 实验原理

8-羟基喹啉是白色或淡黄色晶体或结晶性粉末。熔点 75～76 ℃,沸点 267 ℃。不溶于水,溶于乙醇、酸或碱溶液。利用芳胺和 α,β-不饱和醛或酮反应可制备喹啉的衍生物。甘油(丙三醇)在浓硫酸的作用下,脱水生成 α,β-不饱和丙烯醛。

本实验采用邻氨基苯酚、无水甘油、浓硫酸、邻硝基苯酚一起加热反应生成 8-羟基喹啉。浓硫酸的作用是使无水甘油脱水生成丙烯醛,并使芳胺和丙烯醛的加成产物脱水成环,邻硝基苯酚的作用是将 8-羟基-1,2-二氢喹啉氧化成 8-羟基喹啉。利用 8-羟基喹啉既溶于酸又溶于碱而成盐,而邻硝基苯酚难溶于水但具有挥发性,采用水蒸气蒸馏,将没有反应的邻硝基苯酚蒸出,调节溶液的 pH 为 7～8,使 8-羟基喹啉从酸式盐中游离出来,采用水蒸气蒸馏,蒸出 8-羟基喹啉,冷却抽滤,采用乙醇和水(4∶1)混合溶剂重结晶。

$$\text{(邻氨基苯酚，}C_6H_4(NH_2)(OH)\text{)} + \underset{\text{OH}}{\text{CH}_2}-\underset{\text{OH}}{\text{CH}}-\underset{\text{OH}}{\text{CH}_2} \xrightarrow[\text{邻硝基苯酚}]{H_2SO_4} \text{8-羟基喹啉}$$

8-羟基喹啉

2. 仪器设备与装置

圆底烧瓶(100 mL)、球形冷凝管、布氏漏斗、减压过滤装置、水浴锅、电炉与调压器、锥形瓶(150 mL)、表面皿、水蒸气发生器、直形冷凝管等。

制备 8-羟基喹啉的反应装置如图 10-3 所示，水蒸气蒸馏装置如图 10-4 所示。

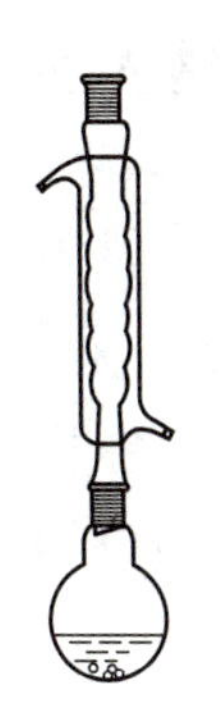

图 10-3　回流反应装置

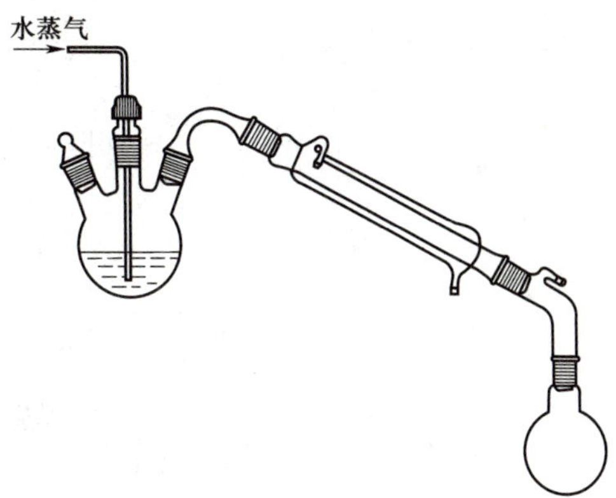

图 10-4　水蒸气蒸馏装置

3. 药品试剂

邻氨基苯酚、丙三醇(无水甘油)、浓硫酸、邻硝基苯酚、氢氧化钠、乙醇、饱和碳酸钠溶液。

4. 实验流程

实验关键步骤：合成 8-羟基喹啉→水蒸气蒸馏除去未反应的邻硝基苯酚→调节溶液的 pH→水蒸气蒸馏蒸出 8-羟基喹啉→抽滤→重结晶。

实验操作流程参见图 10-5。

5. 实验注意事项

(1) 无水甘油的含水量应不超过 0.5%，否则会影响 8-羟基喹啉的产量。

(2) 整个反应过程中，始终保持反应微沸状态。若反应剧烈，反应液则会冲出反应器。

(3) 蒸出未作用的邻硝基苯酚后，调节溶液的 pH 为 7～8 时，游离出的 8-羟基喹啉最多。

【素质拓展】

喹啉的制备。

烟酸的合成。

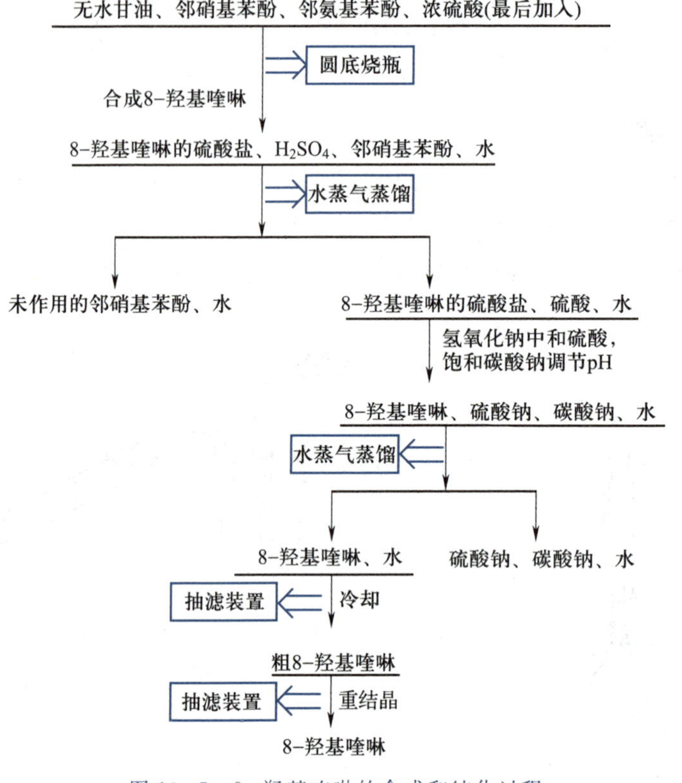

图 10-5 8-羟基喹啉的合成和纯化过程

本模块小结

本模块主要学习了杂环化合物的分类、命名、结构特征、反应规律及某些典型杂环化合物的制备方法等。

1. 杂环化合物的分类

根据所含环的多少，分为单杂环化合物和稠杂环化合物；根据环的大小，分为五元杂环化合物和六元杂环化合物。也可根据环中杂原子的数目和种类进行分类。

2. 杂环化合物的命名

采用音译法，在同音汉字左边加“口”字旁；采用系统命名法，通常以杂环为母体，从杂原子开始进行编号，杂原子编为1号，依次为1,2,3…，或杂原子相邻的碳原子编号定为α，依次为α,β,γ…；当环上有两个或两个以上杂原子时，应使杂原子所在的位次数字为最小；当环上有不同杂原子时，按照O→S→N的次序进行标号。当环上有取代基时，编号遵循次序规则和最低系列原则。

3. 五元杂环化合物的反应规律

呋喃、吡咯和噻吩具有芳香性，都比苯容易发生亲电取代反应，例如卤化、硝化、磺化等，取代反应主要发生在 α 位，其反应活性顺序为：吡咯＞呋喃＞噻吩。在催化剂铅、镍等的催化下，呋喃、吡咯加氢分别生成四氢呋喃、四氢吡咯。噻吩在耐硫催化剂 MoS_2 催化下，加氢生成四氢噻吩。呋喃和吡咯能发生狄尔斯－阿尔德反应，噻吩基本上不发生狄尔斯－阿尔德反应。

(1) 亲电取代反应

卤化反应

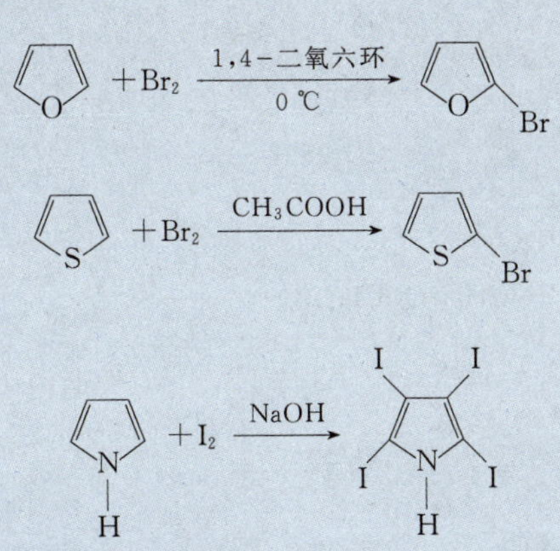

$$\text{(O)} + Br_2 \xrightarrow[0\ ℃]{1,4-二氧六环} \text{(O)}-Br$$

$$\text{(S)} + Br_2 \xrightarrow{CH_3COOH} \text{(S)}-Br$$

$$\text{(N-H)} + I_2 \xrightarrow{NaOH} \text{I, I, I, I (N-H)}$$

硝化反应

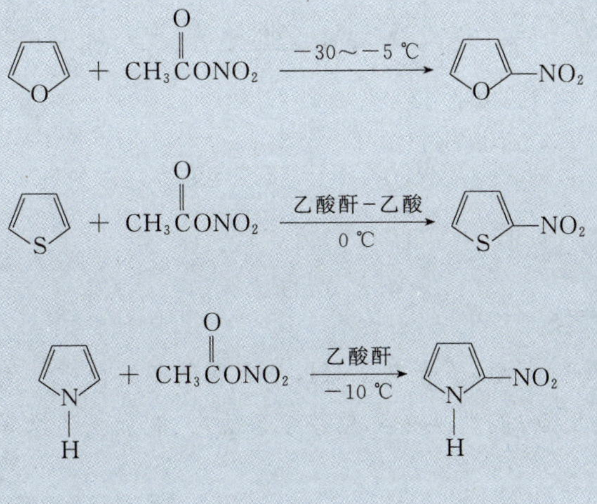

$$\text{(O)} + CH_3\overset{O}{\overset{\|}{C}}ONO_2 \xrightarrow{-30\sim-5\ ℃} \text{(O)}-NO_2$$

$$\text{(S)} + CH_3\overset{O}{\overset{\|}{C}}ONO_2 \xrightarrow[0\ ℃]{乙酸酐-乙酸} \text{(S)}-NO_2$$

$$\text{(N-H)} + CH_3\overset{O}{\overset{\|}{C}}ONO_2 \xrightarrow[-10\ ℃]{乙酸酐} \text{(N-H)}-NO_2$$

磺化反应

$$\text{(O)} \xrightarrow[1,2-二氯乙烷]{SO_3-吡啶} \text{(O)}-SO_3H$$

$$\text{(S)} \xrightarrow[20\ ℃]{浓硫酸} \text{(S)}-SO_3H$$

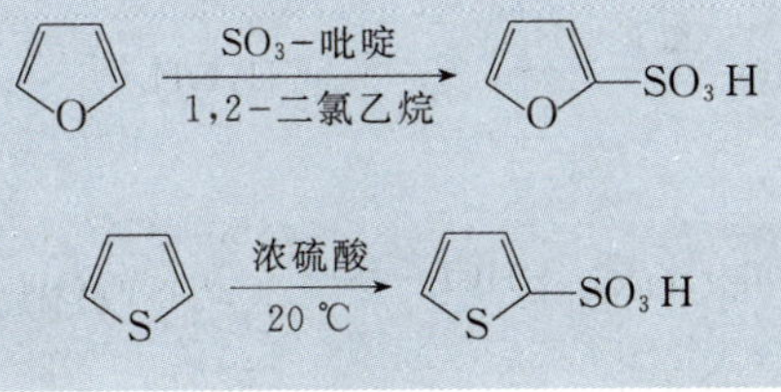

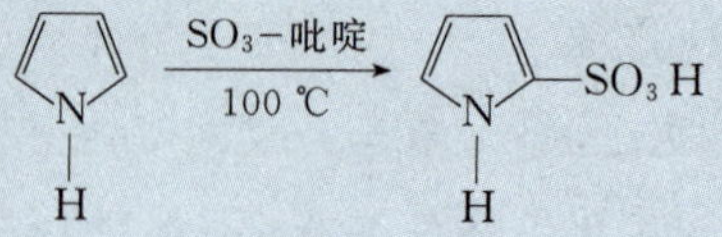

$$\text{吡咯} \xrightarrow[100\ ℃]{SO_3-\text{吡啶}} \text{α-吡咯磺酸}(-SO_3H)$$

弗-克酰基化反应

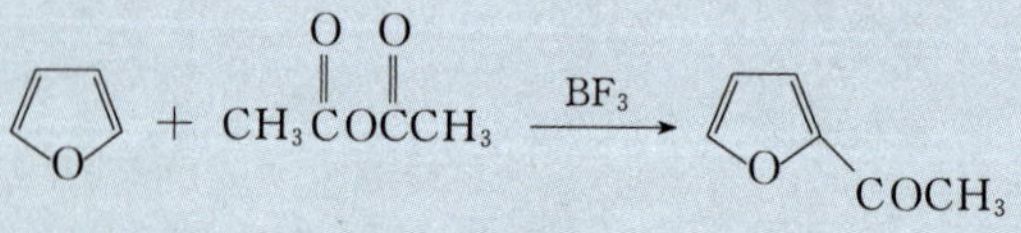

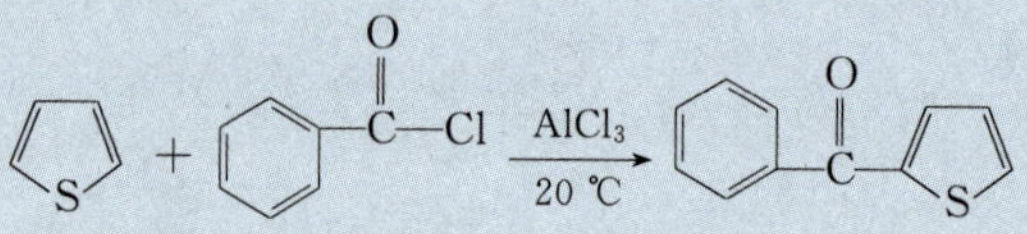

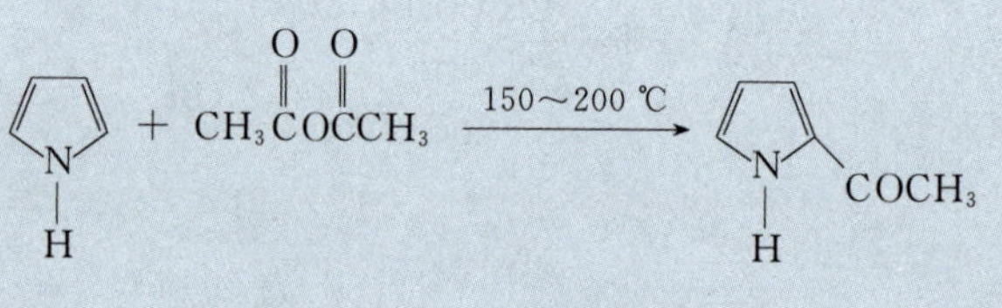

$$\text{呋喃} + CH_3COOCCH_3 \xrightarrow{BF_3} \text{2-呋喃基}-COCH_3$$

$$\text{噻吩} + C_6H_5-\overset{O}{\overset{\|}{C}}-Cl \xrightarrow[20\ ℃]{AlCl_3} C_6H_5-\overset{O}{\overset{\|}{C}}-\text{2-噻吩基}$$

$$\text{吡咯} + CH_3COOCCH_3 \xrightarrow{150\sim200\ ℃} \text{2-吡咯基}-COCH_3$$

(2) 加成反应

$$\text{呋喃} + H_2 \xrightarrow{Ni} \text{四氢呋喃}$$

$$\text{噻吩} + H_2 \xrightarrow{MoS_2} \text{四氢噻吩}$$

$$\text{吡咯} + H_2 \xrightarrow{Ni} \text{四氢吡咯}$$

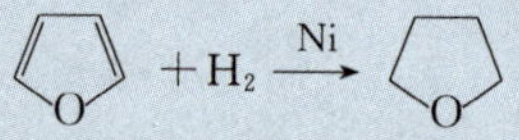

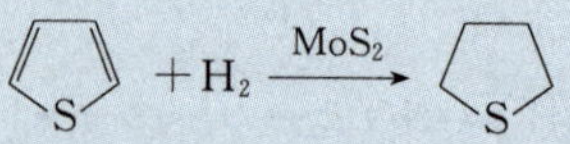

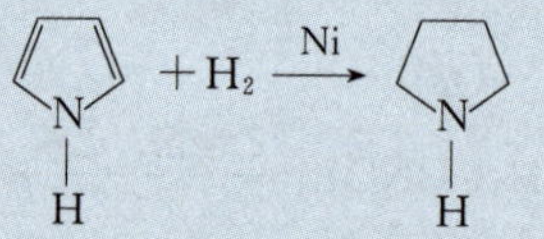

4. 糠醛的化学性质

糠醛是呋喃的重要衍生物,不含有 $\alpha-H$,具有普通醛的性质。例如,碱性条件下,发生歧化反应;能发生银镜反应;能发生交叉羟醛缩合反应;能加氢还原等。

(1) 康尼扎罗反应

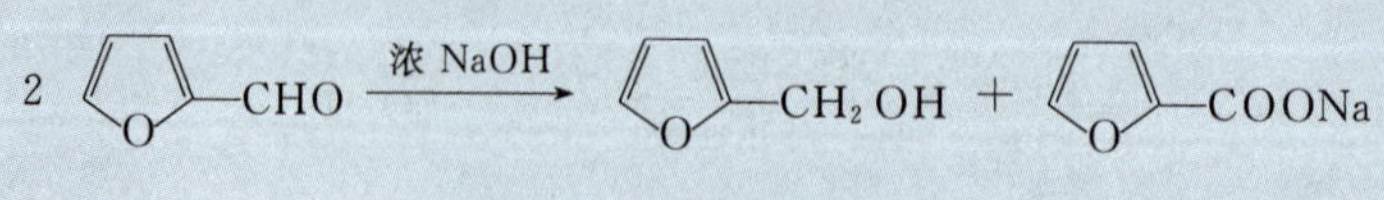

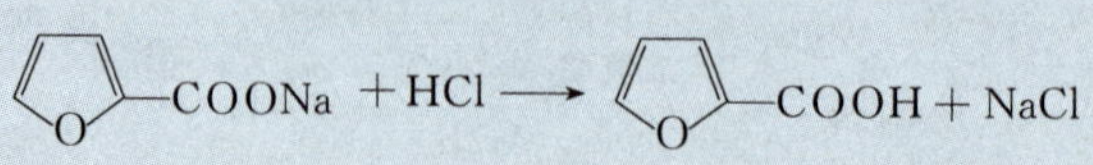

$$2\ \text{呋喃基}-CHO \xrightarrow{\text{浓}\ NaOH} \text{呋喃基}-CH_2OH + \text{呋喃基}-COONa$$

$$\text{呋喃基}-COONa + HCl \longrightarrow \text{呋喃基}-COOH + NaCl$$

(2) 氧化反应

$$\text{furan-2-CHO} + 2Ag(NH_3)_2OH \xrightarrow{\triangle} \text{furan-2-COONH}_4 + 2Ag\downarrow + H_2O + 3NH_3\uparrow$$

$$\text{furan-2-CHO} \xrightarrow[OH^-, H_2O]{KMnO_4} \text{furan-2-COOH}$$

(3) 还原反应

$$\text{furan-2-CHO} + H_2 \xrightarrow[150\ ℃, 10\ MPa]{CuO, Cr_2O_3} \text{furan-2-CH}_2OH$$

(4) 脱羰基反应

$$\text{furan-2-CHO} + H_2O \xrightarrow[400\sim415\ ℃]{ZnO-Cr_2O_3-MnO_2} \text{furan} + CO_2 + H_2$$

5. 吡啶的性质

吡啶环上氮原子的孤对电子不参与环上的共轭，能结合质子，吡啶显碱性；吡啶的亲电取代反应比苯困难，主要发生在β位；由于氮原子的吸电子性，使得吡啶环上的电子云密度下降，发生亲核取代反应时，主要发生在α位；吡啶不易被氧化，但烷基(含有α-H)吡啶的侧链容易被氧化，生成相应的吡啶甲酸。

(1) 亲电取代反应

$$\text{pyridine} + Br_2 \xrightarrow{300\ ℃} \text{3-Br-pyridine} + HBr$$

$$\text{pyridine} + HNO_3 \xrightarrow[300\ ℃]{H_2SO_4} \text{3-NO}_2\text{-pyridine} + H_2O$$

$$\text{pyridine} + H_2SO_4 \xrightarrow[300\ ℃]{HgSO_4} \text{3-SO}_3H\text{-pyridine} + H_2O$$

(2) 亲核取代反应

$$\text{pyridine} \xrightarrow[\text{液 } NH_3]{NaNH_2} \text{2-NH}_2\text{-pyridine}$$

$$\text{pyridine} + C_6H_5Li \longrightarrow \text{2-C}_6H_5\text{-pyridine} + LiH$$

(3) 催化加氢

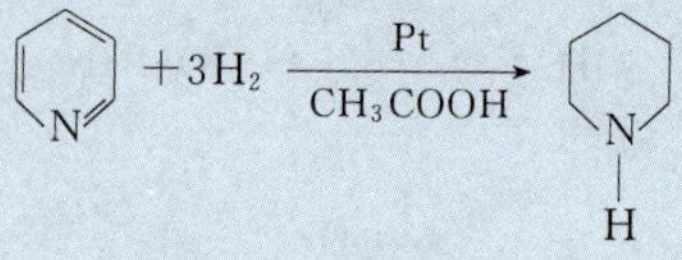

$$\text{吡啶} + 3H_2 \xrightarrow[CH_3COOH]{Pt} \text{哌啶}$$

(4) 氧化反应

$$\text{3-甲基吡啶} \xrightarrow[\triangle]{KMnO_4, H^+} \text{3-吡啶甲酸}$$

$$\text{4-甲基吡啶} + O_2 \xrightarrow[\triangle]{V_2O_5} \text{4-吡啶甲酸}$$

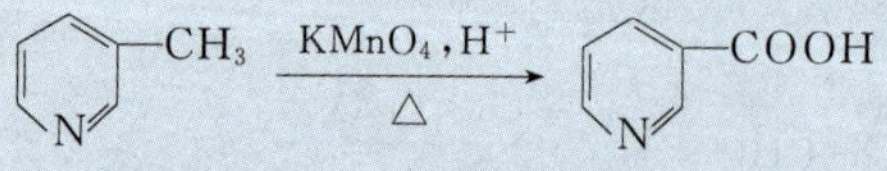

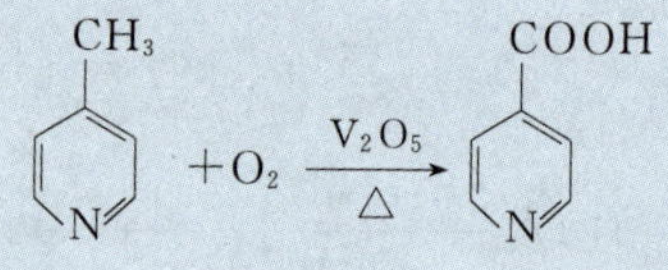

6. 喹啉的性质

喹啉是稠杂环化合物，亲电取代反应主要发生在喹啉的5位和8位；由于吡啶环上的电子云密度较低，被氧化剂氧化时，苯环一侧易被氧化，生成2,3-吡啶二甲酸。

(1) 取代反应

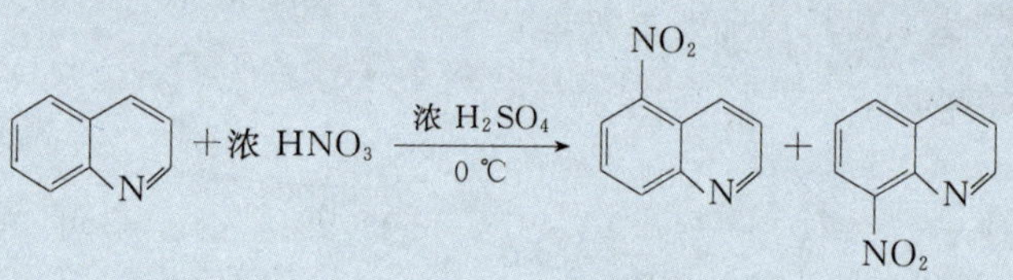

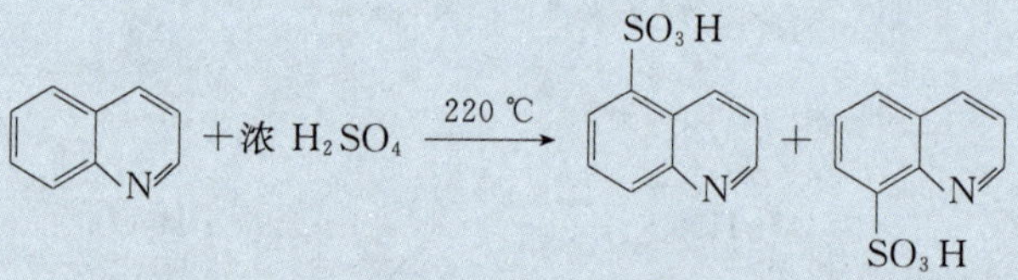

$$\text{喹啉} + \text{浓 } HNO_3 \xrightarrow[0\ ℃]{\text{浓 } H_2SO_4} \text{5-硝基喹啉} + \text{8-硝基喹啉}$$

$$\text{喹啉} + \text{浓 } H_2SO_4 \xrightarrow{220\ ℃} \text{5-喹啉磺酸} + \text{8-喹啉磺酸}$$

(2) 氧化还原反应

$$\text{喹啉} \xrightarrow{KMnO_4} \text{2,3-吡啶二甲酸}$$

$$\text{喹啉} + H_2 \xrightarrow{Ni} \text{1,2,3,4-四氢喹啉}$$

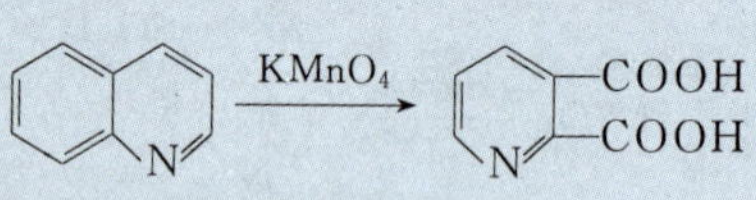

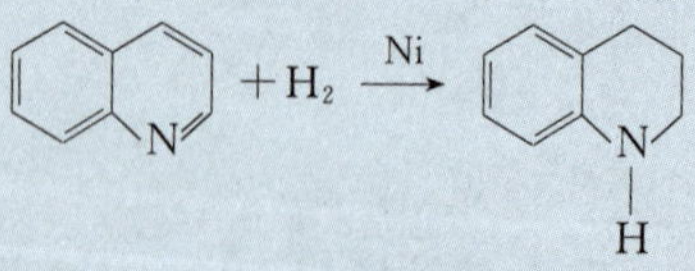

7. 任务训练：8-羟基喹啉的合成

在脱水剂浓硫酸和氧化剂邻硝基苯酚的作用下，邻氨基苯酚和甘油(丙三醇)反应生成8-羟基喹啉。

本模块思维导图

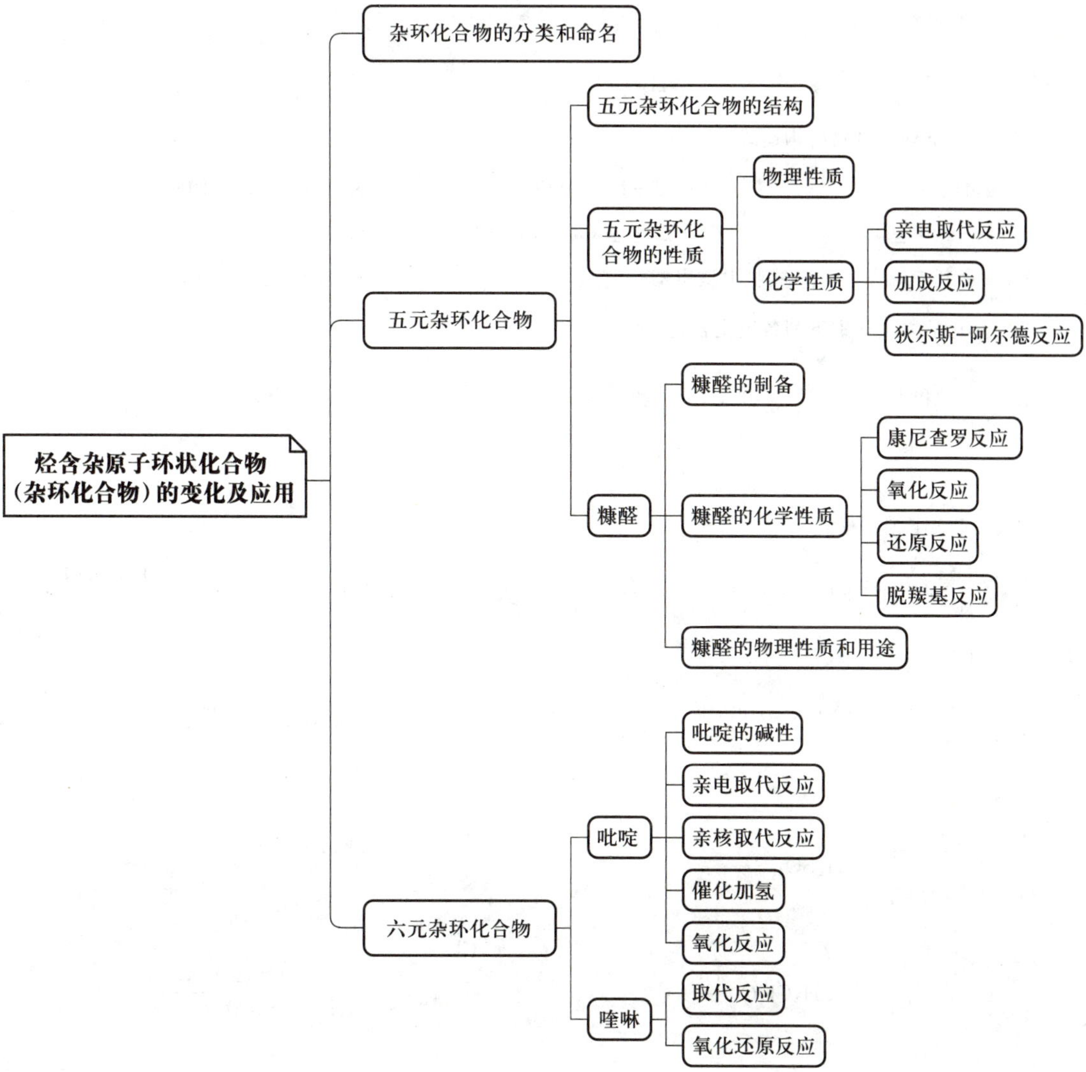

- **烃含杂原子环状化合物（杂环化合物）的变化及应用**
  - 杂环化合物的分类和命名
  - 五元杂环化合物
    - 五元杂环化合物的结构
    - 五元杂环化合物的性质
      - 物理性质
      - 化学性质
        - 亲电取代反应
        - 加成反应
        - 狄尔斯-阿尔德反应
    - 糠醛
      - 糠醛的制备
      - 糠醛的化学性质
        - 康尼查罗反应
        - 氧化反应
        - 还原反应
        - 脱羧基反应
      - 糠醛的物理性质和用途
  - 六元杂环化合物
    - 吡啶
      - 吡啶的碱性
      - 亲电取代反应
      - 亲核取代反应
      - 催化加氢
      - 氧化反应
    - 喹啉
      - 取代反应
      - 氧化还原反应

习题与测试

一、命名

1. 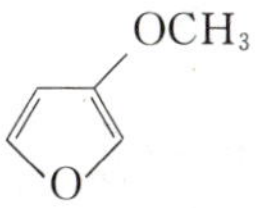 OCH_3 O

2. 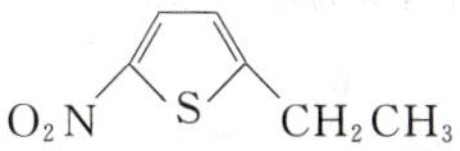 O_2N S CH_2CH_3

3. CH_3 N CH—CH_3

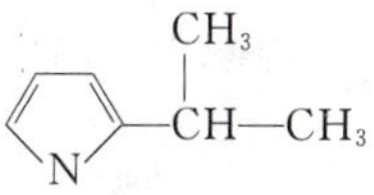

4. 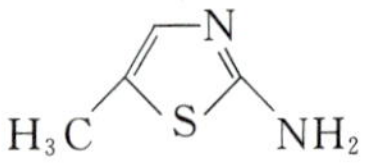 H_3C S N NH_2　　5. 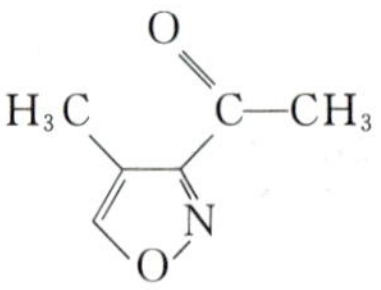 H_3C O C—CH_3 N O　　6. 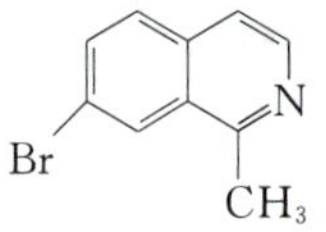 Br N CH_3

7. 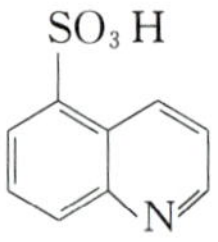 SO_3H N　　8. 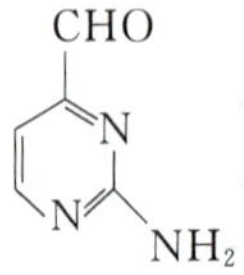 CHO N N NH_2

二、写出下列化合物的构造式

1. 四氢呋喃　　2. 2-甲基-4-羟基吡啶　　3. 3,5-二苯基吡唑

4. 3,5-二甲基异噁唑　　5. 2,4-二甲基-5-苯基咪唑　　6. 8-羟基喹啉

7. 2-甲基-5-苯基-3-噻吩甲酸甲酯　　8. 2,3-吡啶二甲酸

三、用化学方法区别下列各组化合物

1. 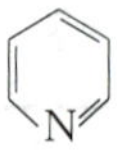 N 和 (苯)

2. 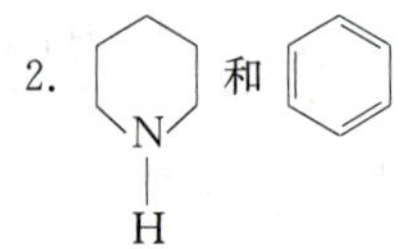 和 (苯)

3. 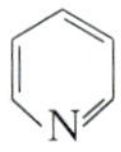 N 和 N $-CH_3$

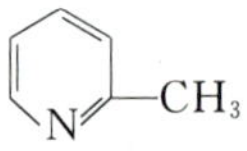

※四、完成下列方程式

1. 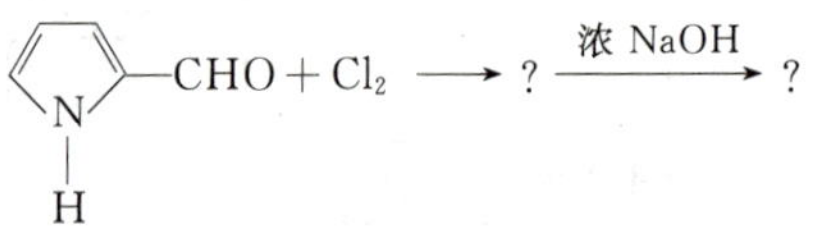 (吡咯, N—H)—CHO + Cl_2 ⟶ ? $\xrightarrow{\text{浓 NaOH}}$?

2.  (呋喃, O)—CHO + $(CH_3CO)_2O$ $\xrightarrow{CH_3COONa}$?

3. (吡啶, N)—CH_3 $\xrightarrow[H^+]{KMnO_4}$? $\xrightarrow{PCl_5}$? $\xrightarrow{NH_3}$ 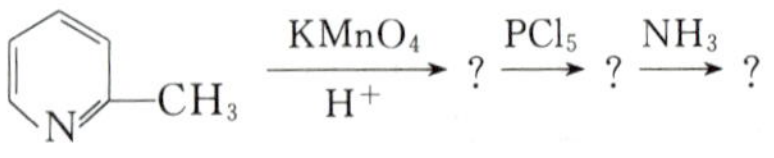 ?

4. 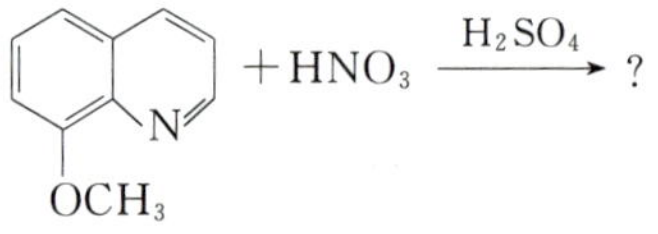 (喹啉, N, OCH_3) + HNO_3 $\xrightarrow{H_2SO_4}$?

5.  (苯基噻吩, S) + H_2SO_4 ⟶ ?

6. 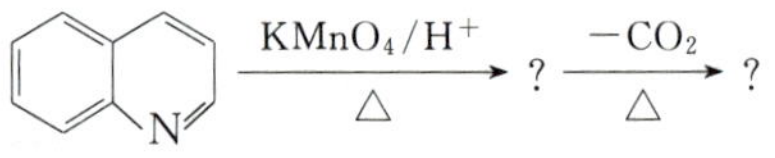 (喹啉, N) $\xrightarrow[\triangle]{KMnO_4/H^+}$? $\xrightarrow[\triangle]{-CO_2}$?

7. 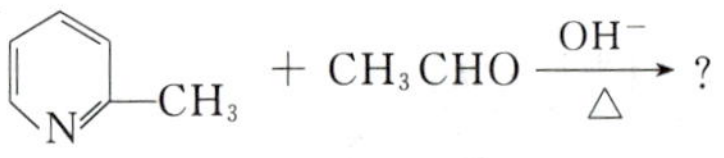 (吡啶, N)—CH_3 + CH_3CHO $\xrightarrow[\triangle]{OH^-}$?

8. 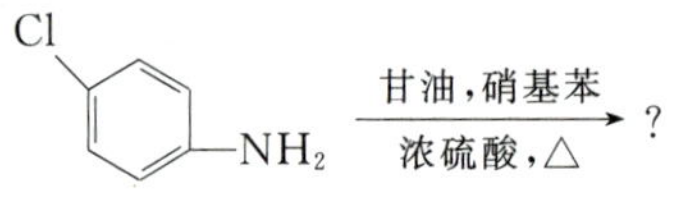 Cl (苯)—NH_2 $\xrightarrow[\text{浓硫酸},\triangle]{\text{甘油,硝基苯}}$?

※五、合成题

1. 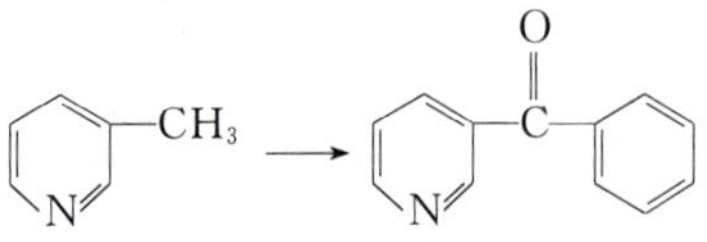 (吡啶, N)—CH_3 ⟶ (吡啶, N)—C(=O)—(苯)

2. 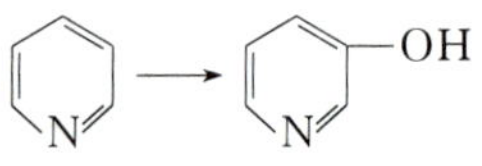 (吡啶, N) ⟶ (吡啶, N)—OH

3. 以 (苯)—NH_2 (NO_2)、$CH_3CH═CH—CHO$、邻硝基苯为原料来合成 (喹啉, N)—CH_3 (NO_2)

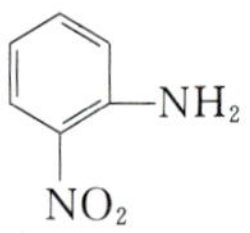

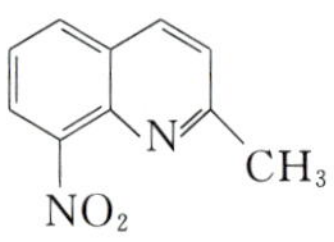

4. 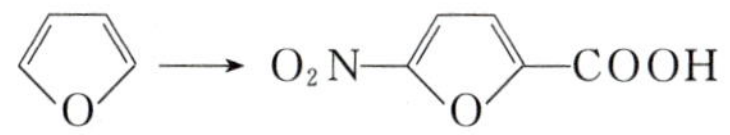 (呋喃) ⟶ O_2N-(呋喃环)-COOH

六、推断题

某杂环化合物 A($C_5H_4O_2$)经氧化后生成羧酸 B($C_5H_4O_3$)。此羧酸的钠盐与碱石灰作用，转变为 C(C_4H_4O)，后者不与金属钠反应，不具有醛、酮的性质。推测化合物 A、B、C 的构造式，并写出相关的反应式。

模块十一

生命的物质基础

学习目标

1. 知道糖类的分类；
2. 会给氨基酸命名；
3. 知道糖类、氨基酸、蛋白质、核酸的结构特征；
4. 掌握单糖、氨基酸的化学性质；
5. 能完成氨基酸及蛋白质的鉴定。

问题引入

中国科学院天津工业生物技术研究所提出了一种颠覆性的淀粉制备方法，不依赖植物光合作用，以二氧化碳、电解产生的氢气为原料，成功生产出淀粉，在国际上首次实现了二氧化碳到淀粉的从头合成，使淀粉生产从传统农业种植模式向工业车间生产模式转变成为可能，取得原创性突破。相关成果在国际知名学术期刊《科学》上发表。

淀粉(图 11-1)是粮食最主要的成分，也是一种重要的工业原料。此次研究中，科研人员从头设计、构建了 11 步反应的非自然二氧化碳固定与人工合成淀粉新途径。实验室初步测试显示，人工合成淀粉的速率是自然合成淀粉速率的 8.5 倍，理论上 1 m^3 大小的生物反应器年产淀粉量相当于目前我国 0.33 公顷玉米地的年产淀粉量，这是从分子生物学到合成生物学的一项重大突破。

在社会重大需求中提炼科学问题，在回答科学问题中取得重要突破，就可以进一步挖掘潜力，为我国实现碳达峰、碳中和作出更大贡献。

图 11-1 为淀粉的结构式。淀粉属于哪种糖类？在生活中有什么作用？

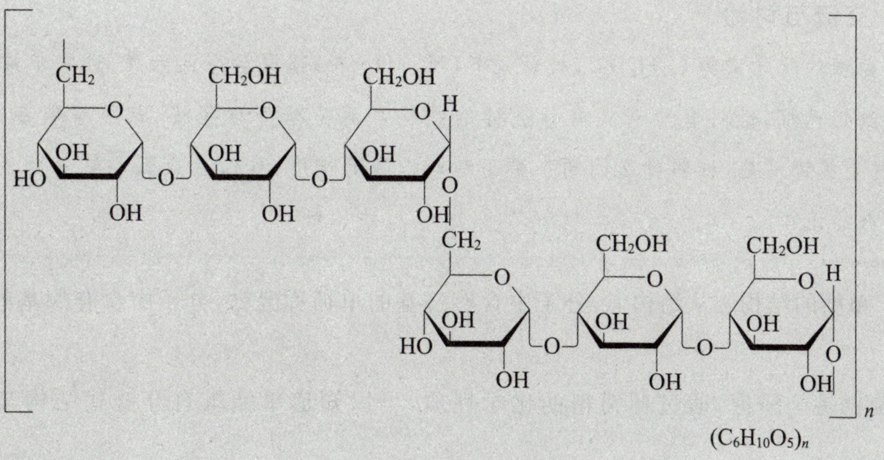

$(C_6H_{10}O_5)_n$

图 11-1 淀粉的结构式

生物机体的生命活动有许多共同的物质基础，组成生物体的物质基础主要包括糖类、核酸、蛋白质和脂类等有机化合物。

主题1 糖 类

一、糖类的分类与结构

从化学结构上看，糖类是多羟基醛或多羟基酮及水解后能生成多羟基醛或多羟基酮的物质。例如，葡萄糖是多羟基醛；果糖是多羟基酮；蔗糖水解生成葡萄糖和果糖；淀粉和纤维素也能水解生成葡萄糖。

1. 糖类的分类

根据糖类能否水解和水解后产物的情况可将糖类分成三类。

（1）单糖　不能水解成更小分子的多羟基醛或多羟基酮，如葡萄糖、果糖、核糖、半乳糖等。

（2）二糖　水解后能生成两分子单糖，如麦芽糖、蔗糖、乳糖。

（3）多糖　水解后能生成十个以上（甚至成百上千个）单糖，如淀粉、纤维素等。

2. 糖类的结构

交流与讨论

葡萄糖的化学式为 $C_6H_{12}O_6$，被钠汞齐（Na-Hg 齐）还原后得己六醇，进一步被 HI 还原后得到正己烷，说明葡萄糖具有什么样的结构？葡萄糖可与羟胺、苯肼等羰基试剂作用，能发生银镜反应，说明什么问题？葡萄糖与乙酸酐作用，可以生成五乙酰基衍生物，能得出什么结论？

(1) 单糖的结构　从结构上，分子中含有醛基的单糖称醛糖，分子中含有酮基的单糖称为酮糖。

葡萄糖是己醛糖，通过葡萄糖的化学性质，可以知道单糖既有开链式结构又有环状结构。

① 单糖的开链式结构。单糖的开链式结构采用费歇尔（Fisher）投影式表示，把含有手性碳原子的主链竖直放置，命名时编号最小的碳原子放在最上端。

最简单的单糖是 2,3-二羟基丙醛（甘油醛或丙醛糖）和丙酮糖（二羟基丙酮）。丙酮糖分子中没有手性碳原子；丙醛糖分子中有一个手性碳原子，其对映异构体为

CH_2OH—C(=O)—CH_2OH
丙酮糖

CHO
H—C—OH
CH_2OH
D-(+)-甘油醛

CHO
HO—C—H
CH_2OH
L-(−)-甘油醛

除了丙酮糖外，单糖分子中含有一个或多个手性碳原子，存在立体异构体，需要对构型进行标记。糖类的名称常用俗名，而分子构型常用 D/L 标记法。单糖构型的标记以甘油醛为标准，规定—OH 写在右边的为右旋-(+)-甘油醛，构型标记为 D 型；—OH 写在左边的为左旋-(−)-甘油醛，构型标记为 L 型。凡费歇尔投影式中最下面的一个手性碳原子的构型，若与 D-甘油醛的结构相同，则属于 D 型；若与 L-甘油醛的结构相同，则属于 L 型。自然界中存在的单糖大部分是 D 型。例如：

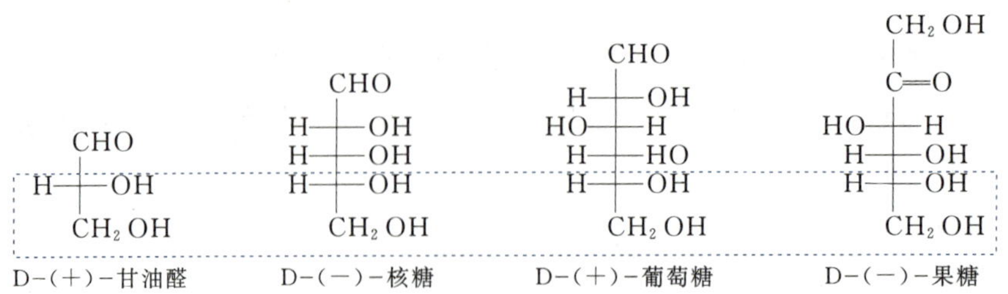

D-(+)-甘油醛　D-(−)-核糖　D-(+)-葡萄糖　D-(−)-果糖

小知识

与四个不同的原子或基团相连的碳原子，称为手性碳原子。

L 型糖和 D 型糖是对映异构体，可以根据 D 型糖的结构推出相应的 L 型糖的结构。例如：

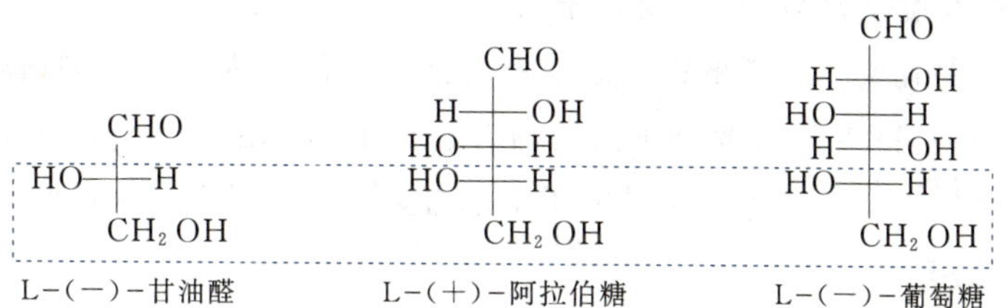

图 11-2 列出了由 D-(+)-甘油醛导出的 D 型醛糖。

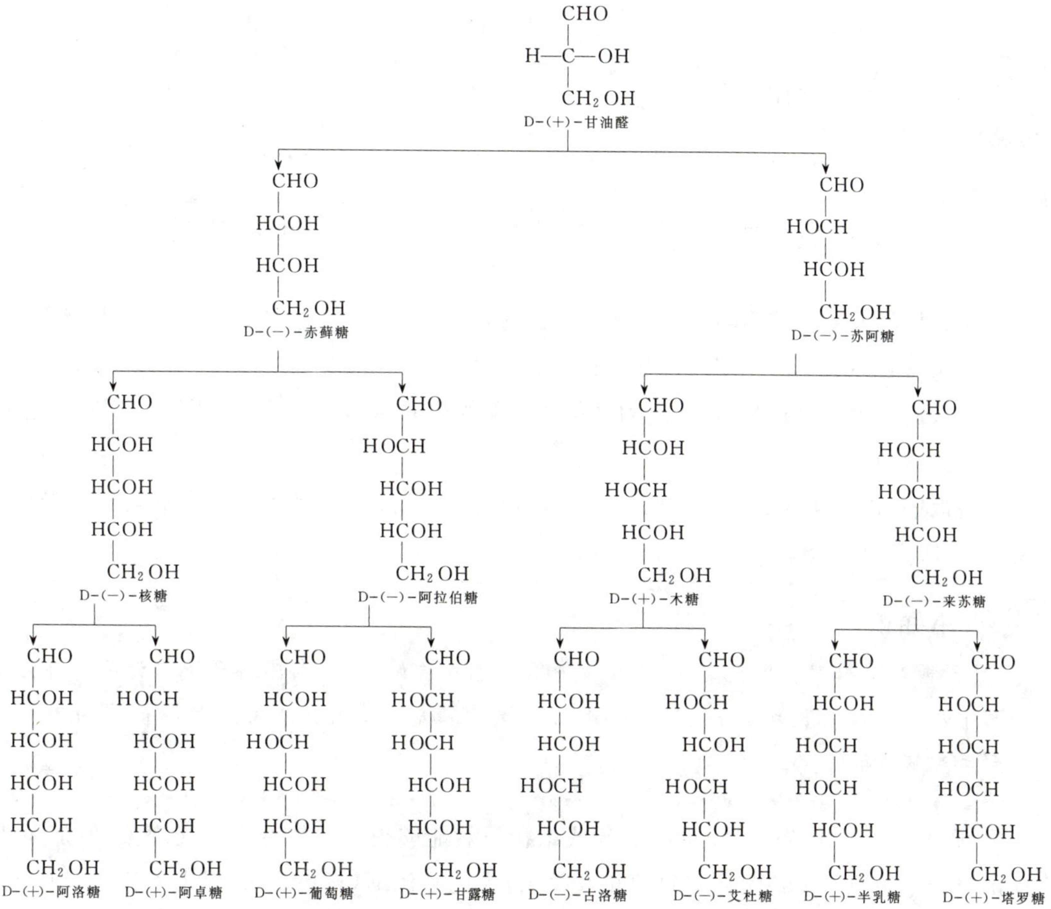

D-(+)-甘油醛：CHO—H—C—OH—CH_2OH

↓

D-(−)-赤藓糖：CHO—HCOH—HCOH—CH_2OH

D-(−)-苏阿糖：CHO—HOCH—HCOH—CH_2OH

↓

D-(−)-核糖：CHO—HCOH—HCOH—HCOH—CH_2OH

D-(−)-阿拉伯糖：CHO—HOCH—HCOH—HCOH—CH_2OH

D-(+)-木糖：CHO—HCOH—HOCH—HCOH—CH_2OH

D-(−)-来苏糖：CHO—HOCH—HOCH—HCOH—CH_2OH

↓

D-(+)-阿洛糖：CHO—HCOH—HCOH—HCOH—HCOH—CH_2OH

D-(+)-阿卓糖：CHO—HOCH—HCOH—HCOH—HCOH—CH_2OH

D-(+)-葡萄糖：CHO—HCOH—HOCH—HCOH—HCOH—CH_2OH

D-(+)-甘露糖：CHO—HOCH—HOCH—HCOH—HCOH—CH_2OH

D-(−)-古洛糖：CHO—HCOH—HCOH—HOCH—HCOH—CH_2OH

D-(−)-艾杜糖：CHO—HOCH—HCOH—HOCH—HCOH—CH_2OH

D-(+)-半乳糖：CHO—HCOH—HOCH—HOCH—HCOH—CH_2OH

D-(+)-塔罗糖：CHO—HOCH—HOCH—HOCH—HCOH—CH_2OH

图 11-2　D 型醛糖的构型和名称

② 单糖的氧环式结构。葡萄糖虽然具有一个醛基，但只能和一分子的醇形成缩醛；葡萄糖的醛基不能和饱和 $NaHSO_4$ 发生加成反应。

此外，实验发现，D-葡萄糖在不同条件下结晶，可以得到两种物理性质不同的晶体，一种是从乙醇中析出的晶体，熔点为 146 ℃，比旋光度[α]为 $+112^\circ \cdot cm^2 \cdot g^{-1}$；另一种是从吡啶溶液中析出的晶体，熔点为 150 ℃，比旋光度为 $+18.7^\circ \cdot cm^2 \cdot g^{-1}$。这两种晶体的水溶液，随着时间的变化，比旋光度都会发生变化，并且都在达到 $+52.7^\circ \cdot cm^2 \cdot g^{-1}$ 后稳定不变。这种比旋光度会发生变化的现象，称为**变旋光现象**。

上述实验事实是葡萄糖分子的链状结构所无法解释的。人们从一般醛与醇相互作用生成半缩醛的反应得到启示：葡萄糖分子内同时存在的醛基和醇羟基，可能发生分子内反应，生成环状半缩醛结构。一般是第五个碳原子上的羟基与醛基作用，形成半缩醛，这是一个稳定的六元氧环式结构。

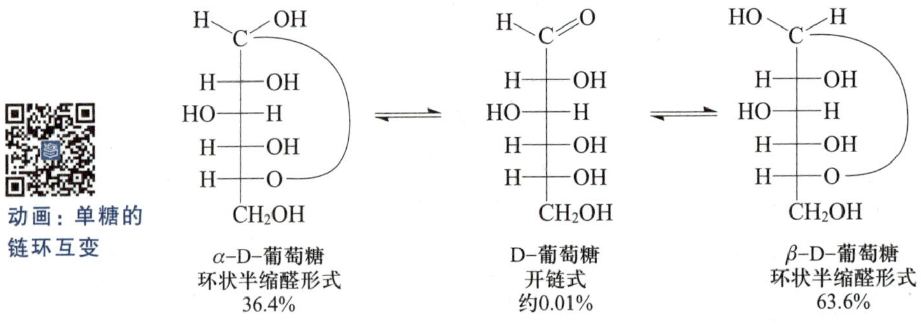

在葡萄糖的开链式结构转化为氧环式结构过程中，羰基碳原子转化成新的手性碳原子，称为苷原子。苷原子上的半缩醛羟基又称为苷羟基。

通常人们将半缩醛羟基与 C_5 上的羟基在同侧的构型称为 α 型，而半缩醛羟基与 C_5 上的羟基在异侧的构型称为 β 型。

在溶液中，葡萄糖可以三种不同的形式存在，当三种形式达到动态平衡时，溶液的比旋光度为 $+52.7^\circ \cdot cm^2 \cdot g^{-1}$。

小知识

葡萄糖在葡萄中含量较高，人和动物血液中也含有葡萄糖，人体血液中的葡萄糖称为血糖，正常人血糖浓度为 3.9～6.1 $mmol \cdot L^{-1}$，葡萄糖是人体所需能量的重要来源，并有强心、利尿和解毒的作用。

③ 哈沃斯投影式结构。单糖的氧环式结构虽然能够很好地解释变旋光现象，但是无法反映出分子中的原子和基团在空间的相互关系，为此哈沃斯(Haworth)提出了透视式结构，D-葡萄糖由费歇尔投影式转化为哈沃斯投影式结构建议按下列规则：将费歇尔投影式中，连在手性碳原子右边的羟基，在哈沃斯投影式中位于平面的下方称 α 式，位于平面的上方称 β 式。费歇尔投影式中的 D 型糖的羟甲基在哈沃斯投影式中位于平面的上方，L 型糖的羟甲基位于环平面的下方。

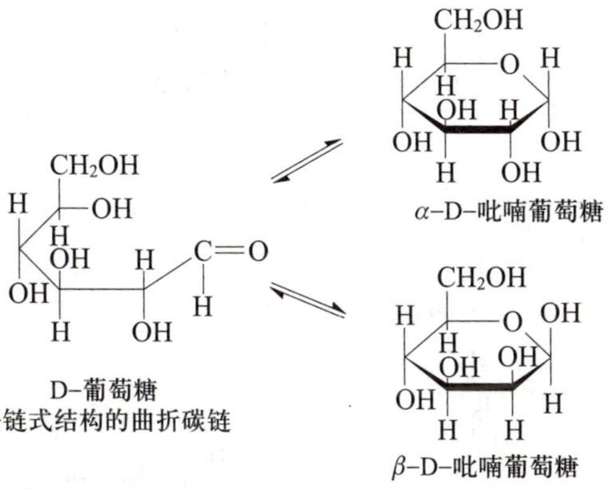

D-葡萄糖
开链式结构的曲折碳链

α-D-吡喃葡萄糖

β-D-吡喃葡萄糖

由于葡萄糖的环状结构是由五个碳原子和一个氧原子组成的六元环，其骨架形式与吡喃相似，故葡萄糖又称为吡喃型单糖。

（2）二糖的结构

① 蔗糖的结构。蔗糖的化学式为 $C_{12}H_{22}O_{11}$，在酸或酶的催化作用下，水解生成一分子的 D-(+)-葡萄糖和一分子的 D-(−)-果糖。物理方法测定表明，蔗糖是 α-D-(+)-吡喃葡萄糖和 β-D-(−)-呋喃果糖以 1，2-苷键连接而成的二糖。其结构式为

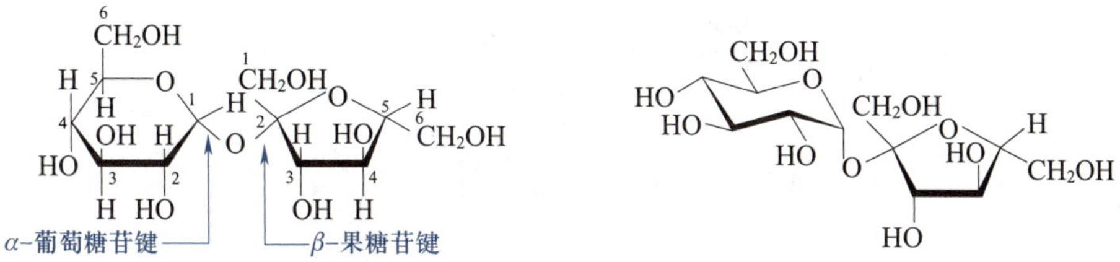

α-葡萄糖苷键　β-果糖苷键

蔗糖

② 麦芽糖的结构。麦芽糖的化学式为 $C_{12}H_{22}O_{11}$，一分子的麦芽糖水解得到两分子的 D-(+)-葡萄糖；麦芽糖只能被 α-葡萄糖苷酶水解；麦芽糖有变旋光现象，具有还原性，说明麦芽糖是两分子的 D-(+)-葡萄糖的缩水产物，分子中存在苷羟基。麦芽糖是一分子 D-吡喃葡萄糖 C_4 上的羟基和另一分子 α-D-吡喃葡萄糖的苷羟基的缩水产物。其结构式为

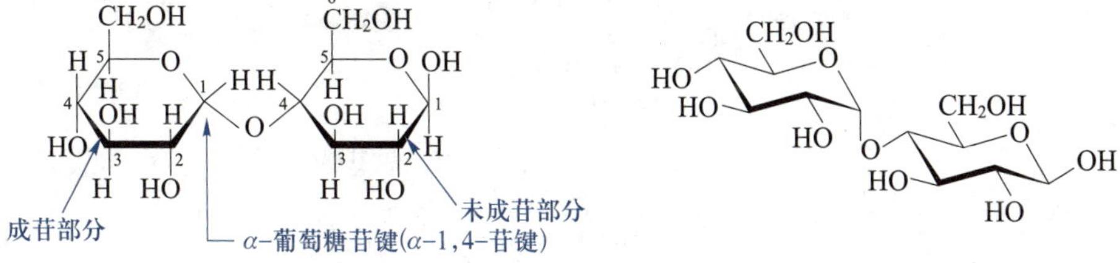

成苷部分　α-葡萄糖苷键(α-1，4-苷键)　未成苷部分

麦芽糖

③ 纤维二糖的结构。纤维二糖的化学式为 $C_{12}H_{22}O_{11}$，一分子的纤维二糖水解得到两分子

的 D-(+)-葡萄糖;纤维二糖具有还原性,被溴氧化得到纤维二糖酸;纤维二糖能被 β-葡萄糖苷酶水解,说明纤维二糖是两分子的 D-(+)-葡萄糖的缩水产物,分子中存在苷羟基。纤维二糖是一分子 D-吡喃葡萄糖 C_4 上的羟基和另一分子 β-D-吡喃葡萄糖的苷羟基的缩水产物。其结构式为

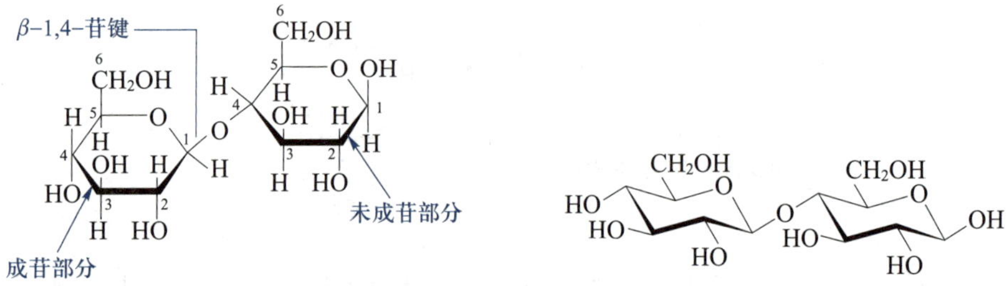

β-1,4-苷键
成苷部分
未成苷部分

纤维二糖

(3) 多糖的结构

① 淀粉的结构。淀粉经热水处理后得到 20%的直链淀粉和 80%的支链淀粉,直链淀粉是一种线型聚合物,由于分子内的氢键作用,使得其结构卷曲为螺旋状。直链淀粉是由葡萄糖的 α-1,4-苷键结合而成的大分子化合物。其结构式为

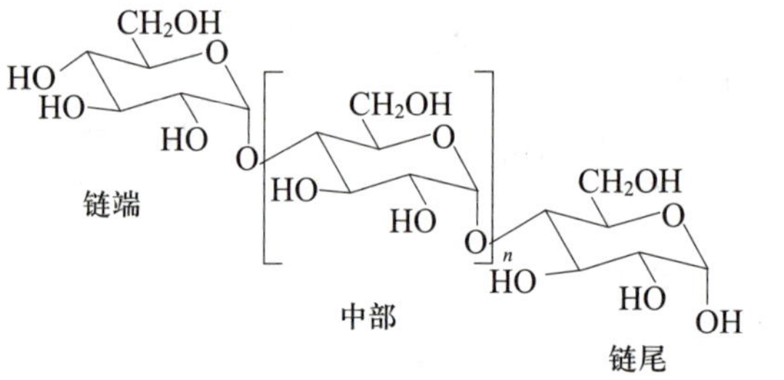

链端
中部
链尾

支链淀粉的结构除了有葡萄糖的 α-1,4-苷键外,还有 α-1,6-苷键。支链淀粉的主链由葡萄糖单元通过 α-1,4-苷键结合,支链通过 α-1,6-苷键结合。其结构式为

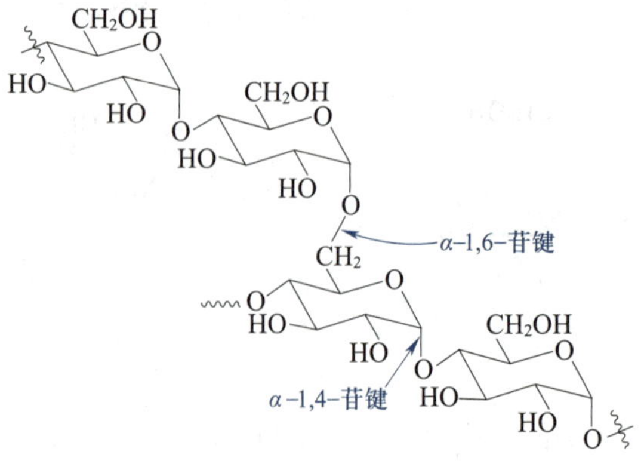

α-1,6-苷键
α-1,4-苷键

② 纤维素的结构。纤维素用高浓度的酸进行水解，可以得到纤维二糖、纤维三糖和纤维四糖，最终水解产物为 D-(+)-葡萄糖。与淀粉不同的是，纤维素的构成单元是 β-D-葡萄糖。纤维素是由许多 D-(+)-葡萄糖单元通过 β-1,4-苷键连接而成的直链多糖。其结构式为

纤维素大分子链外侧的羟基呈现相同的分布，分子链间由充分的氢键结合，所以纤维素的分子链基本上是线型的，各分子链相互缠绕成线状。

二、单糖

单糖是无色的结晶，有甜味，易溶于水，溶于乙醇，难溶于乙醚和非极性有机溶剂。

果糖与氢氧化钙生成的络合物 $C_6H_{12}O_6 \cdot Ca(OH)_2 \cdot H_2O$ 极难溶于水，可用于**果糖的检验**。

单糖分子中含有羟基，具有醇的性质；含有羰基，具有醛、酮的性质；由于羟基和羰基的相互影响，又使其具有其他特殊的性质。

交流与讨论

你知道医院检验患者是否患有糖尿病的检验原理吗？

1. 氧化反应

醛糖和酮糖均可以被弱氧化剂费林试剂或托伦试剂氧化，分别生成氧化亚铜和银镜。例如：

$$\begin{array}{c} CHO \\ H-\!\!\!+\!\!\!-OH \\ HO-\!\!\!+\!\!\!-H \\ H-\!\!\!+\!\!\!-OH \\ H-\!\!\!+\!\!\!-OH \\ CH_2OH \end{array} + 2Ag^+ + 2OH^- \longrightarrow \begin{array}{c} COOH \\ H-\!\!\!+\!\!\!-OH \\ HO-\!\!\!+\!\!\!-H \\ H-\!\!\!+\!\!\!-OH \\ H-\!\!\!+\!\!\!-OH \\ CH_2OH \end{array} + 2Ag\downarrow + H_2O$$

视频：托伦试验

$$\begin{array}{c} CHO \\ H-\!\!\!+\!\!\!-OH \\ HO-\!\!\!+\!\!\!-H \\ H-\!\!\!+\!\!\!-OH \\ H-\!\!\!+\!\!\!-OH \\ CH_2OH \end{array} \xrightarrow[\text{(费林试剂)}]{Cu^{2+}, OH^-, H_2O} \begin{array}{c} COOH \\ H-\!\!\!+\!\!\!-OH \\ HO-\!\!\!+\!\!\!-H \\ H-\!\!\!+\!\!\!-OH \\ H-\!\!\!+\!\!\!-OH \\ CH_2OH \end{array} + Cu_2O\downarrow$$

能与费林试剂或托伦试剂反应的糖类叫作**还原性糖**，不发生反应的糖类叫作**非还原性糖**。这个反应可用于单糖的定性和定量测定，但不能用于鉴别醛糖和酮糖（单糖都是还原性糖）。

小知识

本尼迪克特试剂（曾称班氏试剂）是由硫酸铜、碳酸钠和柠檬酸钠配制成的混合溶液，同费林试剂一样含有 Cu^{2+} 配离子。它比费林试剂稳定，不需要临时配制，使用方便。临床上常用它检验尿液中是否含有葡萄糖。

pH＝5 时，溴水可以将醛糖氧化成糖酸，但不能氧化酮糖，常用于醛糖和酮糖的鉴别。

$$\begin{array}{c} CHO \\ H-\!\!\!-OH \\ HO-\!\!\!-H \\ H-\!\!\!-OH \\ H-\!\!\!-OH \\ CH_2OH \end{array} \xrightarrow[pH=5]{Br_2/H_2O} \begin{array}{c} COOH \\ H-\!\!\!-OH \\ HO-\!\!\!-H \\ H-\!\!\!-OH \\ H-\!\!\!-OH \\ CH_2OH \end{array}$$

醛糖被稀硝酸氧化时，醛基和羟基均被氧化成羧基，生成糖二酸。

$$\begin{array}{c} CHO \\ H-\!\!\!-OH \\ HO-\!\!\!-H \\ H-\!\!\!-OH \\ H-\!\!\!-OH \\ CH_2OH \end{array} \xrightarrow{\text{稀 } HNO_3} \begin{array}{c} COOH \\ H-\!\!\!-OH \\ HO-\!\!\!-H \\ H-\!\!\!-OH \\ H-\!\!\!-OH \\ COOH \end{array}$$

2. 还原反应

硼氢化钠（$NaBH_4$）可以选择性地将糖类分子中的醛基还原为羟基，也可以通过催化加氢将羰基还原。例如，D－葡萄糖催化加氢被还原为 D－山梨醇；L－古洛糖经催化加氢也被还原成 D－山梨醇。

$$\underset{\text{D－葡萄糖}}{\begin{array}{c} CHO \\ H-\!\!\!-OH \\ HO-\!\!\!-H \\ H-\!\!\!-OH \\ H-\!\!\!-OH \\ CH_2OH \end{array}} \xrightarrow[Ni,\triangle]{H_2} \underset{\text{D－山梨醇}}{\begin{array}{c} CH_2OH \\ H-\!\!\!-OH \\ HO-\!\!\!-H \\ H-\!\!\!-OH \\ H-\!\!\!-OH \\ CH_2OH \end{array}} \xleftarrow[Ni,\triangle]{H_2} \underset{\text{L－古洛糖}}{\begin{array}{c} CH_2OH \\ H-\!\!\!-OH \\ HO-\!\!\!-H \\ H-\!\!\!-OH \\ H-\!\!\!-OH \\ CHO \end{array} = \begin{array}{c} CHO \\ HO-\!\!\!-H \\ HO-\!\!\!-H \\ H-\!\!\!-OH \\ HO-\!\!\!-H \\ CH_2OH \end{array}}$$

3. 成脎反应

交流与讨论

通常用所生成糖脎的晶形和熔点来鉴别糖类，请讨论一下，能否用 D－葡萄糖、D－甘露糖和 D－果糖与苯肼反应所生成的糖脎来鉴别这三种糖？为什么？

单糖与苯肼反应生成不溶于水的苯腙，当苯肼过量时则生成脎。例如：

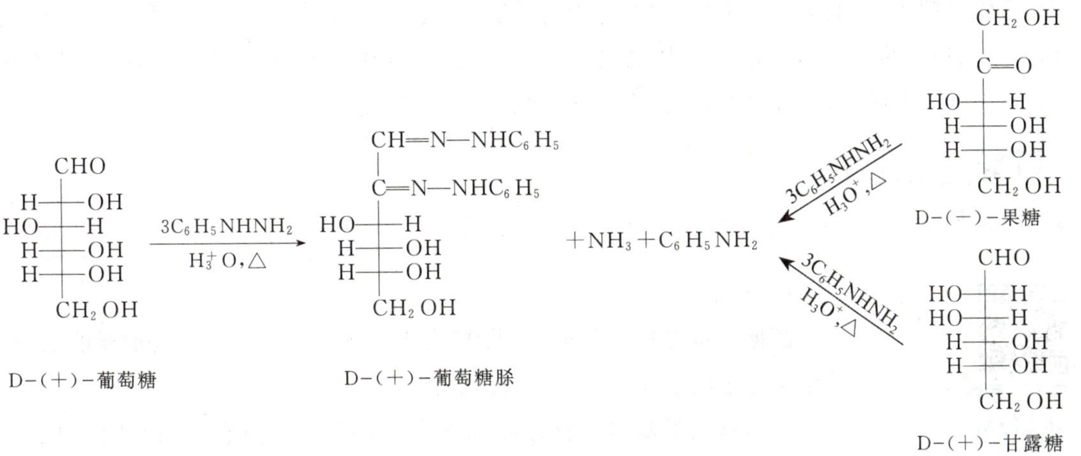

CHO / H—C—OH / HO—C—H / H—C—OH / H—C—OH / CH_2OH $\xrightarrow[H_3^+O,\triangle]{3C_6H_5NHNH_2}$ CH=N—NHC₆H₅ / C=N—NHC₆H₅ / HO—C—H / H—C—OH / H—C—OH / CH_2OH $+NH_3+C_6H_5NH_2$

D-(+)-葡萄糖　　D-(+)-葡萄糖脎

CH_2OH / C=O / HO—C—H / H—C—OH / H—C—OH / CH_2OH $\xrightarrow[H_3O^+,\triangle]{3C_6H_5NHNH_2}$

D-(-)-果糖

CHO / HO—C—H / HO—C—H / H—C—OH / H—C—OH / CH_2OH $\xrightarrow[H_3O^+,\triangle]{3C_6H_5NHNH_2}$

D-(+)-甘露糖

糖脎是难溶于水的黄色晶体，不同的糖类生成的糖脎晶体形状和熔点不相同，成脎所需时间也不同，因此**成脎反应常用于鉴别不同的糖类**。

视频：成脎反应

4. 成苷反应

苷是糖类的氧环式结构中苷羟基与其他含有羟基的化合物（醇或酚）反应，失水形成的缩醛或缩酮。例如，在少量干 HCl 的作用下，D-(+)-葡萄糖与热的甲醇溶液作用，生成 α-、β-两种异构体。

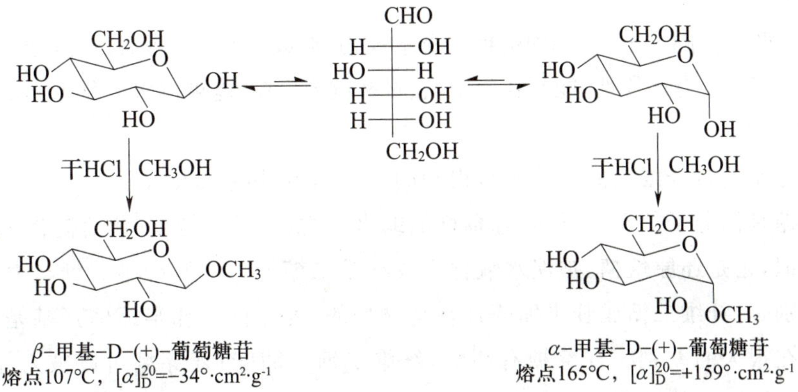

β-D-葡萄糖（环式，CH_2OH, O, OH, HO, HO, HO） ⇌ CHO / H—C—OH / HO—C—H / H—C—OH / H—C—OH / CH_2OH ⇌ α-D-葡萄糖（环式，CH_2OH, O, HO, HO, HO, OH）

干HCl | CH_3OH ↓　　　　干HCl | CH_3OH ↓

（环式，CH_2OH, O, OCH_3, HO, HO, HO）　　（环式，CH_2OH, O, HO, HO, HO, OCH_3）

β-甲基-D-(+)-葡萄糖苷
熔点107°C，$[\alpha]_D^{20}=-34°\cdot cm^2\cdot g^{-1}$

α-甲基-D-(+)-葡萄糖苷
熔点165°C，$[\alpha]_D^{20}=+159°\cdot cm^2\cdot g^{-1}$

在中性或碱性条件下苷比较稳定，不与苯肼、费林试剂、托伦试剂反应。但在酸性条件下，苷易水解为原来的糖类和甲醇。另外，单糖的环状结构中存在苷羟基和醇羟基，具有醇的性质。单糖与适当的试剂作用可以得到单糖的醚和酯。

三、二糖

二糖是由两分子的单糖通过苷键连接而成的低聚糖。其物理性质与单糖相似，能形成晶体，易溶于水并有甜味。形成二糖的两分子单糖之间的苷键有两种方式：一种是一分子单糖的苷羟基与另一分子单糖的醇羟基脱水结合，形成的二糖中仍然有苷羟基存在，如麦芽糖、纤维二糖等，这类糖具有单糖的性质，能与苯肼、托伦试剂、费林试剂反应，称为还原性二糖。第二种是两个单糖都以苷羟基脱水结合，形成的二糖中不存在苷羟基，不能与苯肼作用，不能被托伦试剂、费林试剂氧化，为非还原性二糖，如蔗糖。

交流与讨论

设计一个除去蔗糖中含有的少量麦芽糖的方案。

动画：蔗糖分子的结构模型

1. 蔗糖

蔗糖大量存在于甘蔗、甜菜中，是自然界中分布最广、最重要的二糖。蔗糖是无色的晶体，熔点 180 ℃，易溶于水。

蔗糖是人类基本的食品添加剂之一，人类对蔗糖的认识和使用已有几千年历史。蔗糖是植物光合作用的主要产物，广泛分布于植物体内，尤其是甜菜、甘蔗和水果中蔗糖含量极高。日常生活中使用的白糖、红糖和冰糖都是蔗糖。

蔗糖在酸性条件下水解生成一分子 D-(+)-葡萄糖和一分子 D-(-)-果糖，蔗糖是一分子葡萄糖和一分子果糖的缩水产物。蔗糖是非还原性糖，不与托伦试剂、费林试剂反应，说明形成蔗糖的葡萄糖和果糖之间是通过苷羟基脱水结合的。

2. 麦芽糖

麦芽糖在自然界中仅少量存在于麦芽中。淀粉经淀粉酶水解可得到麦芽糖。麦芽糖是无色晶体，熔点 160～165 ℃。

麦芽糖是两分子的 D-(+)-葡萄糖的缩水产物，形成的是 α-葡萄糖苷，分子中存在苷羟基，能与苯肼成脎；具有还原性，能与托伦试剂、费林试剂反应；能被溴水氧化生成麦芽糖酸。

3. 纤维二糖

纤维二糖是通过纤维素的部分水解得到的无色晶体，熔点 225 ℃。

纤维二糖是两分子的 D-(+)-葡萄糖的缩水产物，形成的是 β-葡萄糖苷。其化学性质与麦芽糖相似，也是还原性糖，被溴水氧化生成纤维二糖酸。虽然纤维二糖与麦芽糖在结构上的唯一区别是：纤维二糖成苷半缩醛羟基是 β 型的，麦芽糖成苷半缩醛羟基是 α 型的。但在生理上存在很大的差别。麦芽糖有甜味，纤维二糖无甜味；麦芽糖可以被人体消化吸收，但纤维素是牛、羊、马等动物的营养食料。

四、多糖

多糖是由数百至数千个单糖通过苷键结合而成的天然高分子化合物。多糖水解只生成一种单糖的称为同多糖，水解生成两种或两种以上单糖的称为杂多糖。植物的骨架、昆虫的甲壳、植物的黏液、树胶等都是由多糖组成的，同时为植物和动物的生命活动提供了营养成分。多糖中最重要的是淀粉和纤维素。多糖没有甜味，大多不溶于水。多糖的末端含有苷羟基，但苷羟基的比例很小，因此多糖没有还原性和变旋光现象。

交流与讨论

取少许青涩的苹果肉，往其中加入几滴碘液，观察到果肉慢慢变蓝，另取一支试管加入少许成熟的苹果汁，往其中加入托伦试剂后水浴加热，将会观察到试管壁有光亮的银镜，你能解释上述现象吗？

1. 淀粉

淀粉是无色无味的颗粒，大量存在于植物的果实、根茎和种子中。淀粉是动植物生命活动的营养成分之一，是制备乙醇、丁醇、丙酮、葡萄糖等的工业原料。淀粉的化学式为$(C_6H_{10}O_5)_n$，在酸或酶的作用下，淀粉水解生成糊精，进一步水解，最终水解产物为葡萄糖。

$$\underset{\text{淀粉}}{(C_6H_{10}O_5)_n} \xrightarrow[H_2O]{\text{酸或酶}} \underset{\text{糊精}}{(C_6H_{10}O_5)_m} \xrightarrow[H_2O]{\text{酸或酶}} \underset{\text{麦芽糖和异麦芽糖}}{C_{12}H_{22}O_{11}} \xrightarrow[H_2O]{\text{酸或酶}} \underset{\text{D-(+)-葡萄糖}}{C_6H_{12}O_6}$$

根据性质和结构的不同，淀粉分为直链淀粉和支链淀粉。直链淀粉是一种线型聚合物，由于分子内的氢键作用，使得其结构卷曲为螺旋状，内部具有空腔。当碘分子钻入淀粉分子的螺旋链中的空腔时，被吸附生成深蓝色的淀粉$-I_2$配合物，此反应非常灵敏，加热蓝色消失，冷却蓝色出现，常用于**检验碘的存在**。支链淀粉的许多羟基暴露在外侧，易与水形成氢键，水溶性好。支链淀粉遇碘呈紫红色。

小贴士

什么是无糖食品？

无糖食品是指不含蔗糖（甘蔗糖和甜菜糖）、葡萄糖、麦芽糖、果糖等的甜味食品，但是无糖食品应含有糖醇（包括木糖醇、山梨醇、麦芽糖醇、甘露醇）等替代品，一般采用糖醇或低聚糖等不升高血糖的能替代蔗糖的甜味剂品种（图 11-3）。食品安全国家标准《预包装食品营养标签通则》（GB 28050—2011）规定，“无糖或不含糖”是指每 100 g 或 100 mL 固体或液体食品中的含糖量不高于 0.5 g。

无糖食品里面，可能只是没有添加蔗糖，但含有淀粉水解物类作为甜味来源，也就是淀粉糖浆、果葡糖浆、麦芽糖浆等。这些糖浆升高血糖、变成能量的效率，未必会比蔗糖慢。常见的应用有高效甜味剂和合成甜味剂，如安塞蜜、甜蜜素、糖精、阿斯巴甜等。

图 11-3　无糖食品

2. 纤维素

纤维素是自然界分布最广的一种多糖，是构成植物体的主要成分。广泛分布于棉花、亚麻、木材、果壳、稻草、芦苇等植物中。纤维素的化学式为$(C_6H_{10}O_5)_n$，是天然高分子化合物。纯纤维素无色、无味、无臭，不溶于水和一般的有机溶剂，其分子内含有大量的羟基，具有一定的吸湿性。

纤维素分子中含有羟基，具有醇的性质，能发生成醚和成酯反应；不具有还原性，不能与托伦试剂、费林试剂反应。在浓硫酸的催化下，纤维素可以和硝酸反应生成硝化纤维素酯。

$$[C_6H_7O_2(OH)_3]_n + HNO_3 \xrightarrow{H_2SO_4} [C_6H_7O_2(ONO_2)_3]_n$$

硝化程度不同，其含氮量也不同。含氮量为11%左右的，称为胶棉，易燃而无爆炸性，与樟脑混合可制备赛璐珞塑料等；含氮量为13%左右的，称为火棉，易燃易爆，可用于制造无烟火药。

在少量浓硫酸的催化下，纤维素与乙酸酐和醋酸混合液作用，生成醋酸纤维素酯。

$$[C_6H_7O_2(OH)_3]_n + (CH_3CO)_2O \xrightarrow{H_2SO_4} [C_6H_7O_2(OOCCH_3)_3]_n + CH_3COOH$$

醋酸纤维素酯部分水解得到的二醋酸纤维素酯，不易燃烧，可用于制造高质量的人造丝和电影胶片。

纤维素在碱性条件下与卤代烷作用，得到纤维素醚。例如，纤维素与碱作用生成的纤维素钠，在高温、高压下与氯甲烷反应，生成甲基纤维素。纤维素钠与氯乙酸钠反应生成羧甲基纤维素钠（C_6上的羟基醚化）。

$$[C_6H_7O_2(OH)_3]_n + NaOH \longrightarrow [C_6H_7O_2(OH)_2ONa]_n \xrightarrow{ClCH_2COONa} [C_6H_7O_2(OH)_2OCH_2COONa]_n$$

羧甲基纤维素钠可用作纺织工业的上浆剂、黏合剂，石油工业的泥浆稳定剂，造纸工业的胶料及合成洗涤剂的填料，牙膏和冰淇淋的稳定剂等。

纤维素与氢氧化钠和二硫化碳作用，生成纤维素黄原酸酯钠盐，在稀硫酸中水解生成黏胶纤维。

$$[C_6H_7O_2(OH)_3]_n + NaOH \longrightarrow [C_6H_7O_2(OH)_2ONa]_n \xrightarrow{CS_2}$$

$$[C_6H_7O_2(OH)_2OCS_2Na]_n \xrightarrow{H_2SO_4} [C_6H_7O_2(OH)_3]_n + CS_2$$

黏胶纤维可以用于纺线、织布，也可以用于人造毛、人造棉等。

主题2　氨　基　酸

分子中既含有氨基又含有羧基的化合物称为氨基酸。不同来源的蛋白质中的绝大多数在酸、碱或酶的作用下完全水解，生成α-氨基酸的混合物。α-氨基酸是组成蛋白质的基本结构单元。

一、氨基酸的分类与命名

1. 氨基酸的分类

氨基酸可以看成是羧酸分子中烃基上的一个或几个氢原子被氨基取代后生成的化合物。根据氨基酸性质和结构的不同，氨基酸的分类如下。

（1）根据分子中烃基的不同，氨基酸可分为脂肪族氨基酸、芳香族氨基酸和杂环氨基酸。

（2）根据脂肪族氨基酸分子中氨基和羧基的相对位置不同，氨基酸可分为 α－、β－、γ－…ω－氨基酸。例如：

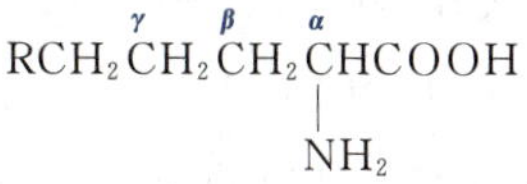

$$RCH_2\overset{\gamma}{C}H_2\overset{\beta}{C}H_2\overset{\alpha}{C}H(NH_2)COOH$$

α－氨基酸

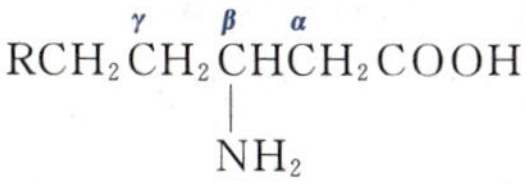

$$RCH_2\overset{\gamma}{C}H_2\overset{\beta}{C}H(NH_2)\overset{\alpha}{C}H_2COOH$$

β－氨基酸

$$RCH_2\overset{\gamma}{C}H(NH_2)\overset{\beta}{C}H_2\overset{\alpha}{C}H_2COOH$$

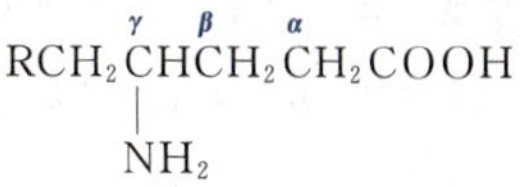

γ－氨基酸

（3）根据分子中所含氨基和羧基数目的不同，氨基酸可分为中性氨基酸（氨基和羧基的数目相同）、酸性氨基酸（羧基的数目多于氨基的数目）和碱性氨基酸（氨基的数目多于羧基的数目）。例如：

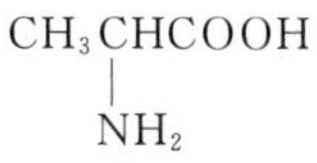

$$CH_3CH(NH_2)COOH$$

中性氨基酸

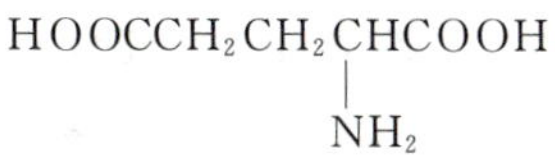

$$HOOCCH_2CH_2CH(NH_2)COOH$$

酸性氨基酸

$$\text{(咪唑-4-基)}-CH_2-CH(NH_2)COOH$$

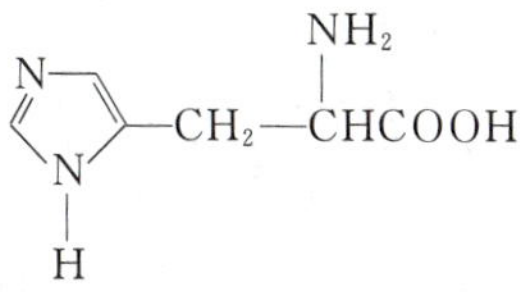

碱性氨基酸

2. 氨基酸的命名

氨基酸的系统命名法原则与羧酸的相同，通常将羧酸看成是母体，氨基看成是取代基。例如：

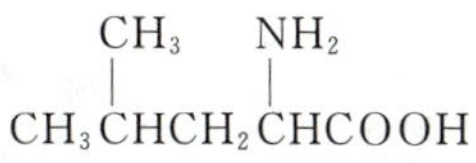

$$CH_3CH(CH_3)CH_2CH(NH_2)COOH$$

4－甲基－2－氨基戊酸

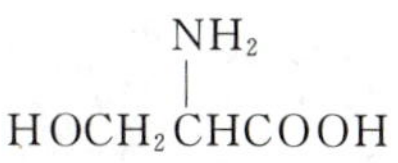

$$HOCH_2CH(NH_2)COOH$$

2－氨基－3－羟基丙酸

$$HOOCCH_2CH_2CH(NH_2)COOH$$

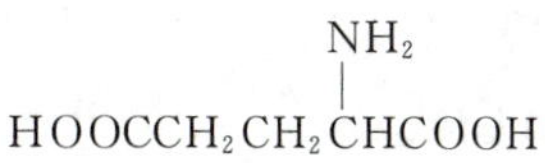

2－氨基戊二酸

天然的 α－氨基酸通常按照来源和性质用俗名来命名，表 11－1 列出了蛋白质水解得到的 α－氨基酸的俗名和国际通用的缩写符号（其中加“＊”的为人体必需的氨基酸，这些氨基酸在人体内不能合成，必须由食物来提供）。

表 11－1　蛋白质中常见的 α－氨基酸

名称	缩写符号	构造式	等电点
中性氨基酸			
甘氨酸（Glycine）（氨基乙酸）	甘（Gly）	$CH_2(NH_2)COOH$	5.97

续表

名称	缩写符号	构造式	等电点
丙氨酸(Alanine)(α－氨基丙酸)	丙(Ala)	$CH_3CH(NH_2)COOH$	6.00
丝氨酸(Serine)(α－氨基－β－羟基丙酸)	丝(Ser)	$CH_2(OH)CH(NH_2)COOH$	5.68
半胱氨酸(Cysteine)(α－氨基－β－巯基丙酸)	半胱(CySH)	$CH_2(SH)CH(NH_2)COOH$	5.02
胱氨酸(Cystine)(双－β－硫代－α－氨基丙酸)	胱(CySSCy)	$S—CH_2CH(NH_2)COOH$ ｜ $S—CH_2CH(NH_2)COOH$	4.80
* 苏氨酸(Threonine)(α－氨基－β－羟基丁酸)	苏(Thr)	$CH_3CH(OH)CH(NH_2)COOH$	5.60
* 甲硫氨酸(Methionine)(α－氨基－γ－甲硫基丁酸)	甲硫(Met)	$CH_3SCH_2CH_2CH(NH_2)COOH$	5.74
* 缬氨酸(Valine)(α－氨基－β－甲基丁酸)	缬(Val)	$(CH_3)_2CHCH(NH_2)COOH$	5.96
* 亮氨酸(Leucine)(α－氨基－γ－甲基戊酸)	亮(Leu)	$(CH_3)_2CHCH_2CH(NH_2)COOH$	5.98
* 异亮氨酸(Isoleucine)(α－氨基－β－甲基戊酸)	异亮(Ile)	$CH_3CH_2CH(CH_3)CH(NH_2)COOH$	6.02
* 苯丙氨酸(Phenylalanine)(α－氨基－β－苯基丙酸)	苯丙(Phe)	$C_6H_5—CH_2CH(NH_2)COOH$	5.48
酪氨酸(Tyrosine)(α－氨基－β－对羟苯基丙酸)	酪(Tyr)	$HO—C_6H_4—CH_2CH(NH_2)COOH$	5.66
脯氨酸(Proline)(α－四氢吡咯甲酸)	脯(Pro)	(四氢吡咯环，N—H)—COOH	6.30
* 色氨酸(Tryptophan)[α－氨基－β－(3－吲哚)丙酸]	色(Try)	(吲哚环，N—H)—$CH_2CH(NH_2)COOH$	5.89
酸性氨基酸			
天冬氨酸(Aspartic acid)(α－氨基丁二酸)	天冬(Asp)	$HOOCCH_2CH(NH_2)COOH$	2.77
谷氨酸(Glutamic acid)(α－氨基戊二酸)	谷(Glu)	$HOOCCH_2CH_2CH(NH_2)COOH$	3.22
碱性氨基酸			
精氨酸(Arginine)(α－氨基－δ－胍基戊酸)	精(Arg)	$H_2NC(=NH)NH(CH_2)_3CH(NH_2)COOH$	10.76
* 赖氨酸(Lysine)(α,ε－二氨基己酸)	赖(Lys)	$H_2N(CH_2)_4CH(NH_2)COOH$	9.74
组氨酸(Histidine)[α－氨基－β－(4－咪唑基)丙酸]	组(His)	(咪唑环，N—H)—$CH_2CH(NH_2)COOH$	7.59

二、氨基酸的性质

氨基酸分子中含有氨基和羧基，分子间或分子内可以形成氢键，因此具有较高的熔点。大多数氨基酸为高熔点的无色晶体，少数为黏稠液体。大多数氨基酸容易受热分解。一般易溶于强酸、强碱等溶液中，在水中具有一定的溶解度，难溶于非极性溶剂。

由于氨基酸分子中存在—NH_2 和—COOH，因此分别具有—NH_2 和—COOH 的性质，如氨基的酰化、烷基化等，羧基的成酯、成酰氯等。此外，氨基酸还有一些特性。

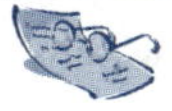

交流与讨论

为什么烹饪菜肴时，通常在临起锅时才加入味精？

1. 酸碱性和等电点

氨基酸分子中的酸性羧基和碱性氨基相互作用，形成了内盐。内盐分子中含有正、负离子，也称为**偶极离子**。

$$\mathrm{R{-}\underset{\displaystyle |}{\overset{NH_2}{CH}}{-}COOH} \rightleftharpoons \mathrm{R{-}\overset{NH_3^+}{CH}{-}COO^-}$$

氨基酸分子中的氨基显碱性，羧基显酸性，在不同的溶液中，氨基酸以偶极离子、正离子、负离子的形式形成一个平衡体系。

$$\underset{\text{负离子}}{\mathrm{R{-}\overset{NH_2}{CH}{-}COO^-}} \underset{OH^-}{\overset{H^+}{\rightleftharpoons}} \underset{\text{偶极离子}}{\mathrm{R{-}\overset{NH_3^+}{CH}{-}COO^-}} \underset{OH^-}{\overset{H^+}{\rightleftharpoons}} \underset{\text{正离子}}{\mathrm{R{-}\overset{NH_3^+}{CH}{-}COOH}}$$

在电场中不同 pH 的氨基酸溶液表现不同行为，酸性溶液中，主要以正离子的形式存在，会向电场的阴极移动；碱性溶液中，主要以负离子的形式存在，会向阳极移动。当溶液 pH 为一定数值，氨基酸主要以偶极离子的形式存在，其正、负电荷相等时，不会向电场的阳极或阴极移动，此时溶液的 pH 就是该氨基酸的**等电点**，用 pI 表示。不同组成的氨基酸等电点不同。通常，中性氨基酸的等电点为 5.0～6.8；酸性氨基酸的等电点为 2.8～3.2；碱性氨基酸的等电点为 7.6～10.8。

在等电点时，氨基酸具有一些特性：

(1) 溶解度最小。利用等电点，可分离提取各种不同的氨基酸。

(2) 等电点是每一种氨基酸的特定常数，氨基酸不同，等电点不同。所以可以通过测定氨基酸的等电点来鉴别氨基酸。

2. 与亚硝酸的反应

氨基酸中的氨基（伯胺）与亚硝酸反应，生成羟基酸，并定量地放出氮气。例如，

$$\mathrm{R{-}\underset{NH_2}{CH}{-}COOH} + HNO_2 \longrightarrow \mathrm{R{-}\underset{OH}{CH}{-}COOH} + N_2\uparrow + H_2O$$

通过测定放出的氮气的量，可以计算出氨基酸分子中氨基的含量。

3. 脱水反应

氨基酸受热或与脱水剂共热，发生脱水或脱氨反应，分子中氨基和羧基的相对位置不同，产物不同。α－氨基酸受热时，两分子间的羧基和氨基相互酯化脱水生成交酰胺。

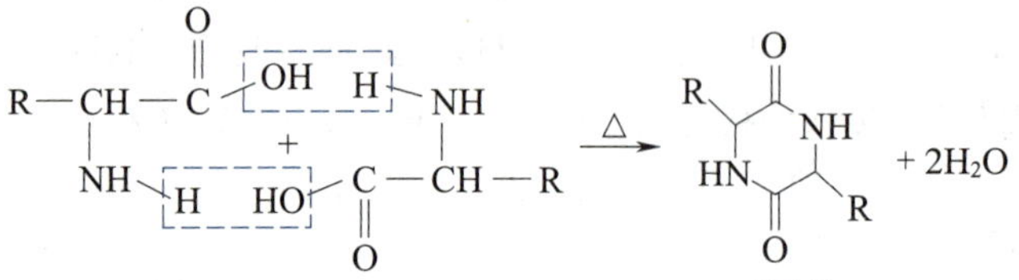

交酰胺

γ－氨基酸和δ－氨基酸很容易脱水生成稳定五元环和六元环的内酰胺。

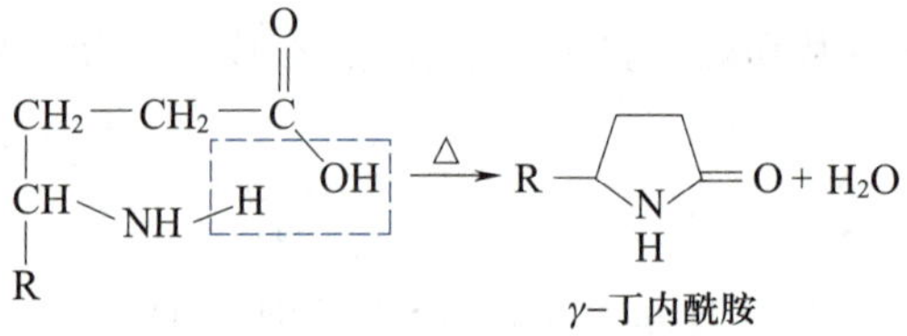

γ－丁内酰胺

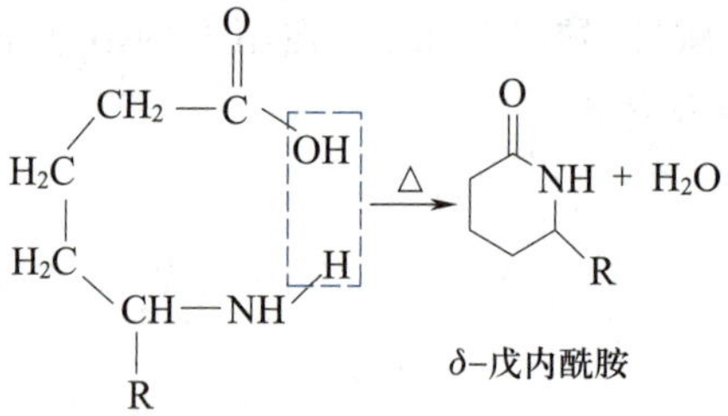

δ－戊内酰胺

交酰胺和内酰胺在酸或碱的催化下，水解为原来的氨基酸。

4. 显色反应

氨基酸（伯胺）能与茚三酮的水合物反应生成蓝紫色的化合物。

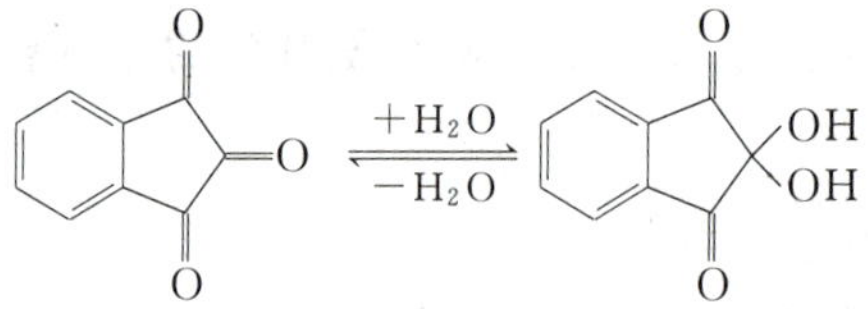

水合茚三酮

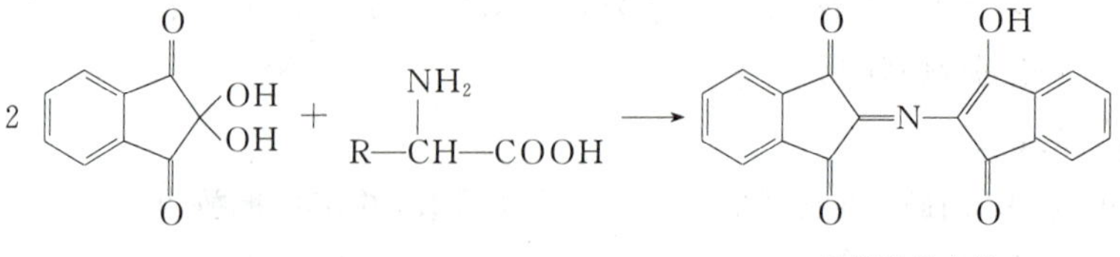

蓝紫色化合物

此反应用于**氨基酸的定性和定量实验**。

主题 3　蛋　白　质

α-氨基酸的氨基与羧基分子间失水生成以 $-\overset{\overset{\large O}{\|}}{C}-NH-$ 相连的缩合产物，称为**肽**。两个氨基酸缩合成二肽；三个氨基酸缩合成三肽；3～50 个氨基酸缩合成多肽。蛋白质是由多种 α-氨基酸以一定的顺序缩合而成多肽链，再按照一定的顺序结合而成的高分子化合物。多肽和蛋白质并无严格的区别，分子量在 10 000 以上的多肽叫作**蛋白质**。

一、蛋白质的组成、结构和分类

1. 蛋白质的组成

由元素分析可知，蛋白质含有 C、H、O、N 和少量 S 元素，有的蛋白质还含有微量的 P、Fe、Zn、Mo 等元素。干燥蛋白质的元素组成如下：

C	O	H	N	S
50%～55%	20%～23%	6%～7%	15%～17%	0.3%～2.5%

2. 蛋白质的结构

蛋白质的结构非常复杂。蛋白质分子中，不仅存在多肽内氨基酸的种类和排列顺序不同——构造异构，而且还存在多肽链空间结构的不同——构型和构象异构。

(1) 蛋白质的一级结构　各种氨基酸按照一定的排列顺序构成的蛋白质肽链骨架是蛋白质的基本结构，又称为**蛋白质的一级结构**。

(2) 蛋白质的二级结构　肽链的局部在空间盘旋和折叠而形成的特定的空间排列，称为**蛋白质的二级结构**。氢键在蛋白质的二级结构中起着很重要的作用，通过最大程度的氢键结合，形成了比较稳定的构象。蛋白质的二级结构有两种：α 螺旋结构和 β 折叠结构，如图 11-4 所示。

肽链每圈螺旋间酰基氧与氮原子上的氢原子通过氢键相连，使肽键形成右手 α 螺旋状结构；在 β 折叠结构中，通过氢键作用，形成了反平行排列的 β 褶皱片状结构。

(3) 蛋白质的三级结构　蛋白质的二级结构整体继续卷曲、盘旋和折叠，就形成了**蛋白质的三级结构**。在折叠时，亲水性的极性基团暴露于表面，疏水性的非极性基团包在中间。维持蛋白质的三级结构稳定性的因素有氢键、二硫键、离子键、疏水键、范德瓦耳斯力等。

(4) 蛋白质的四级结构　有些蛋白质分子中，不止含有一条多肽链。例如，血红蛋白由四条多肽链依靠静电引力聚集在一起，形成了紧密的结构。涉及整个分子中肽链的聚集状态的即为**蛋白质的四级结构**。

3. 蛋白质的分类

按照溶解度的不同，蛋白质分为纤维蛋白质(不溶于水)和球蛋白质(能溶于水、酸、碱或

(a) 蛋白质的二级结构(α螺旋结构)

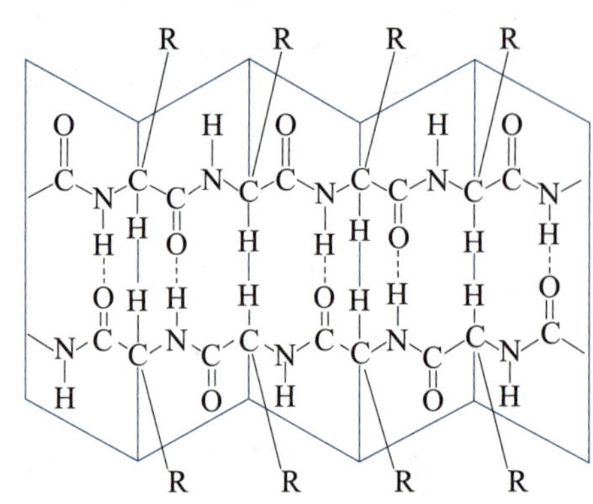

(b) 蛋白质的二级结构(β折叠结构)

图 11-4　蛋白质的二级结构

盐溶液)。

按照水解产物的不同,蛋白质分为单纯蛋白质(水解只生成 α-氨基酸),如清蛋白、球蛋白等;结合蛋白质(水解除生成 α-氨基酸外,还生成非蛋白质物质,如糖类、脂肪等),如核蛋白、糖蛋白等。

视频:蛋白质的盐析

二、蛋白质的性质

蛋白质是高分子化合物,结构非常复杂,分子中含有许多官能团,这些基团彼此相互影响,使得蛋白质呈现特殊的性质,如溶液的胶体性质、盐析与变性等。

交流与讨论

鸡蛋为什么要在高温下蒸熟、煮熟或炒熟了才吃?感冒打点滴前为什么要用酒精擦拭扎针部位?重金属如 Hg^{2+}、Pb^{2+} 等为什么可以使人体中毒?

1. 两性与等电点

与氨基酸相似,蛋白质也是两性的,与强酸、强碱反应生成盐。某一蛋白质在一定 pH 时,所带有的正电荷和负电荷数量相同,在电场中不移动,此时溶液的 pH 就是该蛋白质的等电点。不同的蛋白质有不同的等电点。在等电点时,蛋白质在水中的溶解度最小,最容易析出沉淀。不同的蛋白质分子大小不同,所带电荷的性质、数量不同,在电泳池中移动的速度不同,在同一 pH 溶液中,可以进行蛋白质的分离和分析。

2. 盐析

向蛋白质的水溶液中加入浓的无机盐如硫酸铵、硫酸钠、硫酸镁或氯化钠溶液,可以使蛋白质从溶液中沉淀出来,这种作用称为**盐析**。盐析出来的蛋白质可再溶于水,而不影响蛋白质的性质。不同的蛋白质析出时,所需盐的最低浓度不同,利用盐析可以分离蛋白质。

3. 变性

在受热、紫外线、X 射线或某些化学试剂如硝酸、三氯乙酸、单宁酸、苦味酸、重金属盐、尿素、丙酮等的作用下，蛋白质的一些物理、化学性质发生变化，这种现象称为**蛋白质的变性**。例如，蛋白质的溶解度降低，甚至凝结析出沉淀。

小贴士

蛋白质的变性在实际应用中具有重要意义。例如，临床上急救重金属盐中毒的患者时，常让其先服用大量的牛奶和蛋清，使蛋白质在消化道中与重金属盐结合，从而阻止有毒重金属离子被人体吸收。

4. 显色反应

视频：蛋白质的显色反应

蛋白质分子中含有不同的氨基酸，可与不同的试剂发生特殊的颜色反应。

（1）**茚三酮反应**　茚三酮能与分子中含有 $-\overset{O}{\overset{\|}{C}}-\overset{NH_2}{\overset{|}{CH}}-$ 结构的化合物，如 α-氨基酸、蛋白质、多肽等，生成蓝紫色的物质。

（2）**缩二脲反应**　在蛋白质的氢氧化钠溶液中，加入稀硫酸铜溶液，发生了缩二脲反应，溶液呈现紫色或粉红色。二肽以上的肽和蛋白质都会发生此显色反应。

（3）**黄蛋白反应**　某些蛋白质遇到硝酸会变成黄色，可能是蛋白质中的苯环发生了硝化反应。例如，人的皮肤或指甲遇浓硝酸变为黄色。

小贴士

蛋白质的应用

蛋白质作为生命活动中起重要作用的生物大分子，与一切揭开生命奥秘的重大研究课题都有密切的关系。蛋白质是人类和其他动物的主要食物成分，高蛋白膳食是人民生活水平提高的重要标志之一。

许多纯的蛋白质制剂是有效的药物，如胰岛素、人血丙种球蛋白和一些酶制剂等。在临床检验方面，测定有关酶的活力和某些蛋白质的变化可以作为一些疾病临床诊断的指标。例如，乳酸脱氢酶同工酶的鉴定可以用作心肌梗死的指标，甲胎蛋白的升高可以作为早期肝癌病变的指标等；在工业生产上，某些蛋白质是食品工业及轻工业的重要原料，如羊毛和蚕丝都是蛋白质，皮革是经过处理的胶原蛋白；在制革、制药等工业部门应用各种酶制剂后，可以提高生产效率和产品质量。蛋白质在农业、畜牧业、水产养殖业等方面也十分重要。

主题4　核　　酸

核酸是由许多核苷酸通过磷酸酯键按照一定的顺序结合而成的生物高分子化合物。最初核酸是从细胞核内分离出来的，具有酸性，因此称为核酸。核酸不仅存在于细胞核（DNA）内，也存在于细胞质（RNA）中。在生物体内，核酸控制细胞的生长和分裂，并参与蛋白质的合成，对遗传信息的传递和贮存等起着重要的作用。

一、核酸的组成

核酸可以游离的形式存在，也可以与蛋白质结合成核蛋白的形式存在。在生物体内主要以核蛋白的形式存在。核蛋白在酸性条件下水解，水解产物如图 11-5 所示。

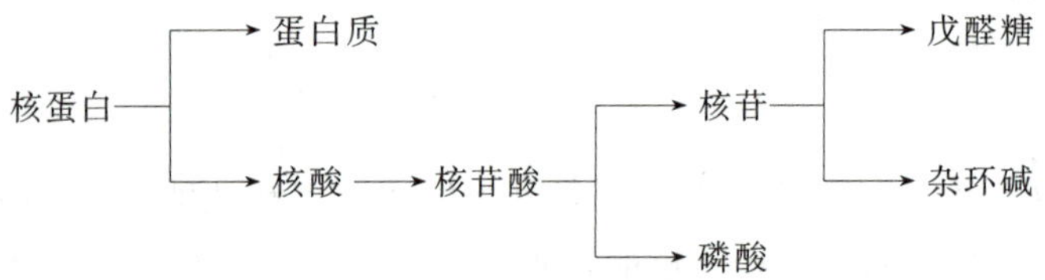

图 11-5　核蛋白的水解产物

1. 杂环碱

核酸分子中的杂环碱有两类：嘌呤碱和嘧啶碱。主要有以下 5 种：

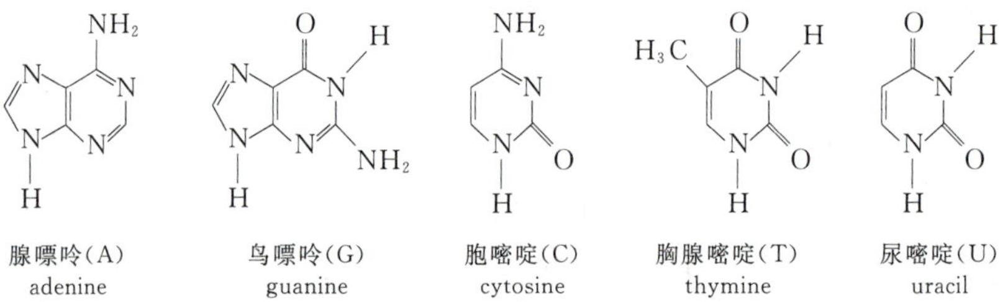

其中 DNA 分子中的杂化碱有 A、G、C、T；RNA 分子中的杂环碱有 A、G、C、U。

2. 核糖和脱氧核糖

核酸水解得到的戊醛糖有两种：核糖和脱氧核糖。

β-D-核糖　　　　β-D-2-脱氧核糖

水解后得到核糖的核酸叫作**核糖核酸**（简称为 RNA）；水解后得到脱氧核糖的核酸叫作**脱氧核糖核酸**（简称为 DNA）。

3. 核苷

核苷是由核糖或脱氧核糖分子中的 $C_{1'}$ 羟基(苷羟基)与嘌呤碱 N_9—H 或嘧啶碱 N_1—H 脱水结合而成的。根据核苷中所含核糖的不同,核苷分为核糖核苷和脱氧核糖核苷。

B(base)＝碱基

脱氧核糖核苷	核糖核苷
碱基＝A:腺嘌呤脱氧核糖核苷	碱基＝A:腺嘌呤核糖核苷
G:鸟嘌呤脱氧核糖核苷	G:鸟嘌呤核糖核苷
C:胞嘧啶脱氧核糖核苷	C:胞嘧啶核糖核苷
T:胸腺嘧啶脱氧核糖核苷	U:尿嘧啶核糖核苷

例如,鸟嘌呤核糖核苷和胸腺嘧啶脱氧核糖核苷的结构式如下:

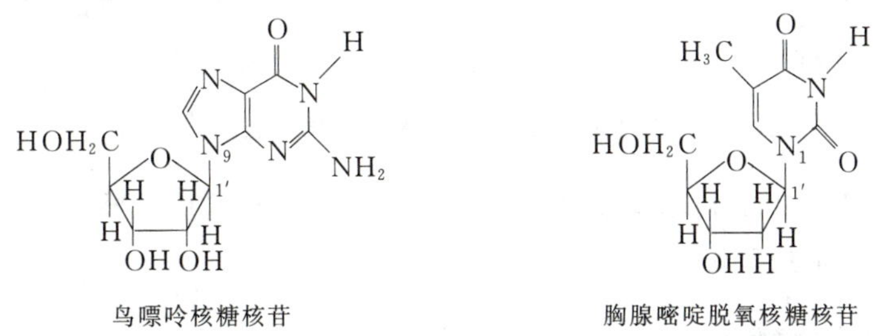

鸟嘌呤核糖核苷　　胸腺嘧啶脱氧核糖核苷

4. 核苷酸

核苷酸是核苷的磷酸酯,由核糖或脱氧核糖分子中 $C_{5'}$ 上羟基与磷酸以酯键结合而成。

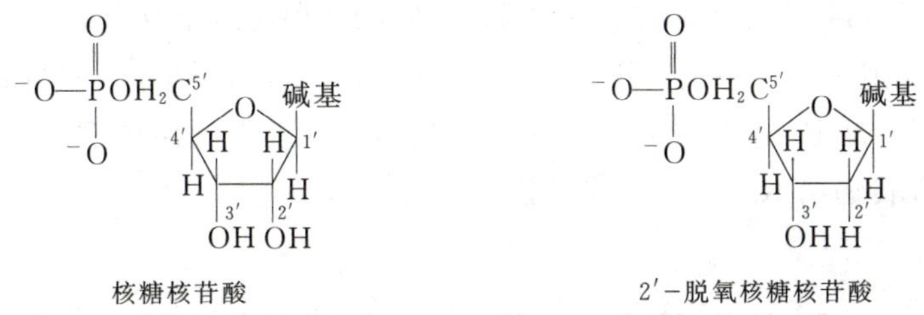

核糖核苷酸　　2′-脱氧核糖核苷酸

二、核酸的结构

核酸是由一个核苷酸 $C_{5'}$ 上的磷酸酯基与另一个核苷酸 $C_{3'}$ 上的羟基之间脱水形成的磷酸二酯连接而成的线型聚合物。由核糖核苷酸聚合而成的称为 **RNA 链**;由脱氧核糖核酸聚合而成的称为 **DNA 链**。一种核酸中含有多种碱基,核酸链中含有不同碱基的各种核苷酸是按一定的排列次序相互连接的,这就形成了核酸的一级结构。

物理方法表明,DNA 的二级结构(双螺旋结构)如图 11-6 所示。

DNA 的二级结构的特点:

(1) 两条反向平行的 DNA 链沿着同一个轴向右盘旋成双螺旋体。

(2) 在 DNA 分子中,碱基 A 和 T,G 和 C 总是成对出现的,并且数量相同。

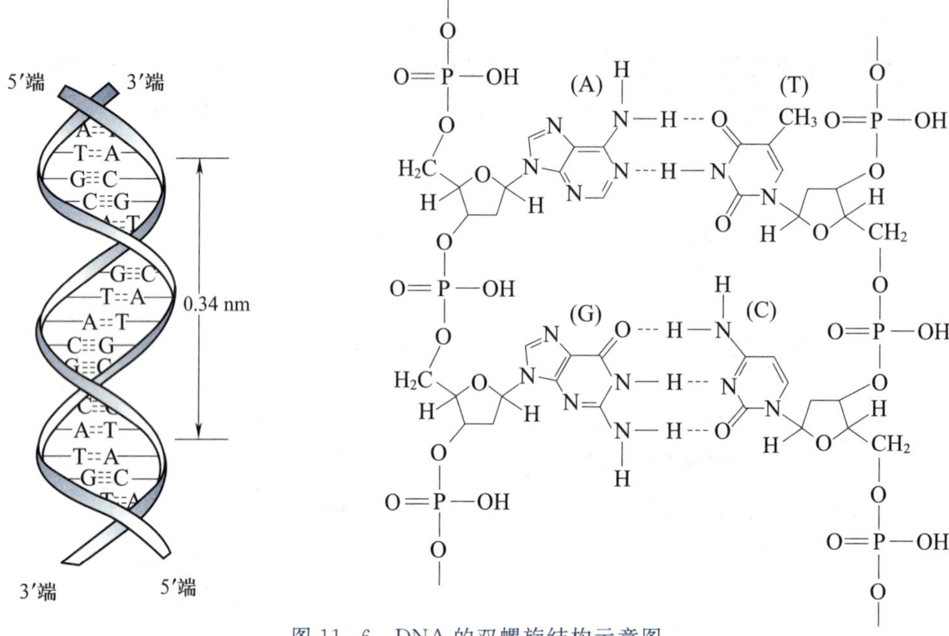

图 11-6　DNA 的双螺旋结构示意图

(3) 两条 DNA 链上的碱基间通过氢键结合，腺嘌呤(A)与胸腺嘧啶(T)形成氢键；鸟嘌呤(G)与胞嘧啶(C)形成氢键。

三、核酸的生物功能

核酸在生物体内主要与蛋白质结合形成核蛋白。核酸具有极其重要的生理功能，是生物遗传的物质基础。DNA 是遗传信息的携带者，它的结构决定生物合成蛋白质的特定结构，并保证把这种特性遗传给下一代。RNA 是以 DNA 为模板而形成的，并且直接参与蛋白质的生物合成。DNA 是 RNA 的模板，RNA 又是蛋白质的模板。存在于 DNA 分子上的遗传信息就是由 DNA 传递给 RNA，再传递给蛋白质的。

任务训练 11　从茶叶中提取咖啡因

任务工单 11

工作任务	从茶叶中提取咖啡因						
姓名		班级		学号		日期	

学习目标

1. 知识目标

(1) 通过查找资料，了解反应物的物性参数；

(2) 知道索氏提取器、升华操作的原理。

2. 能力目标

(1) 能从茶叶中提取咖啡因；

(2) 会操作索氏提取器；

(3) 会升华操作技术。

3. 素养目标

(1) 会查找资料；

(2) 学会规范操作，树立安全意识；

(3) 具有严肃认真的学习态度及认真仔细的工作态度。

学习要求

1. 组长组织组员召开小组会议，领会学习目标，进行任务分工；

2. 结合所学的有机化学理论知识讨论理解实验原理；

3. 讨论实验安全事项。

任务分组

角色	姓名	学号	分工
组长			
组员 1			
组员 2			
组员 3			

任务落实

1. 资料查询、收集与整理。通过查阅资料，填写表 11-2。

表 11-2　试剂及产品的基本物性参数

名称	摩尔质量/$g\cdot mol^{-1}$	熔点/℃	沸点/℃	密度/$g\cdot cm^{-3}$	水溶性
乙醇					
咖啡因					

2. 领会实验原理和仪器。

(1) 实验原理

(2) 材料清单

3. 实验方案设计。

(1) 实验装置绘制

(2) 方框流程图

操作 1 → 操作 2 → 操作 3 → 操作 4 → ……

4. 完成实验报告。

(1) 实验现象记录

(2) 实验结果记录

(3) 实验结果讨论

任务评价

1. 产品外观

白色针状结晶。

2. 产品产量

称量并计算收率，填写产品质量及其评价表，如表 11-3 所示。

表 11-3　产品质量及其评价表

产品外观	实际产量/g	理论产量/g	产率/%

问题探究

1. 除了升华提纯方法外，还可采取哪种办法提取纯咖啡因？
2. 若滤纸包中的茶叶末漏出，有可能出现什么情况？
3. 提取咖啡因时，需要用到生石灰，起什么作用？
4. 从茶叶中提取出的粗咖啡因有绿色光泽，为什么？
5. 升华操作时，应注意哪几方面？为什么采用升华可以得到较纯的咖啡因？

【知识连线】

1. 实验原理

茶叶中含有多种生物碱，其主要成分为含量 3%～5%的咖啡因，并含有少量互为异构体的茶碱和可可碱，它们都是杂环化合物嘌呤的衍生物。咖啡因的结构式如下：

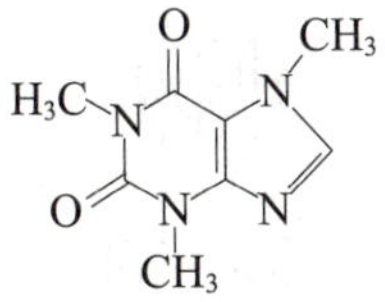

咖啡因

1,3,7－三甲基－2,6－二氧嘌呤

为了提取茶叶中的咖啡因，本实验利用咖啡因易溶于乙醇，易升华等特点，以 95%乙醇作溶剂，通过索氏提取器进行连续提取，经浓缩、焙炒得到粗咖啡因。粗咖啡因中还含有其他一些生物碱和杂质，通过升华提取得到纯咖啡因。

咖啡因是一种作用于中枢神经的药物，具有强心、利尿、兴奋和刺激胃液分泌等作用，可用于配制茶碱、氨茶碱和荷尔蒙等药物，临床主要用于：

① 抢救各种原因引起的呼吸抑制和循环衰竭及对抗中枢抑制药中毒等。

② 与溴化物合用可调节大脑皮质兴奋过程与抑制过程而治疗神经官能症。

③ 与解热镇痛药合用可增强镇痛效果，与麦角胺合用可治疗偏头痛。

由于咖啡因在各类植物中含量较少，提取比较困难，一直是一种紧俏的药物原料。近年来，天然绿色产品越来越受重视，从含量相对较高的茶叶（含 1%～5%）中提取咖啡因也因此备受关注。

萃取分离技术：萃取是利用反应体系中各组分在溶剂中有不同的溶解度来分离混合物的单元操作，有两种方式。

① 液－液萃取。用选定的溶剂分离液体混合物中某种组分，溶剂必须与被萃取的混合物液体不相溶，具有选择性的溶解能力，而且必须有好的热稳定性和化学稳定性，毒性低，腐蚀性小。如用苯分离煤焦油中的酚；用有机溶剂分离石油馏分中的烯烃等。

② 固－液萃取（也叫浸取）。用溶剂分离固体混合物中的组分，如用水浸取甜菜中的糖类；用酒精浸取黄豆中的豆油以提高油产量；用水从中药中浸取有效成分以制取流浸膏等。

萃取方法：浸泡法、连续萃取法。

萃取是有机化学实验室中用来提纯和纯化化合物的手段之一，操作过程不改变被萃取物质的化学结构，所以萃取操作是一个物理过程。通过萃取，能从固体或液体混合物中提取出所需要的化合物。

2. 仪器设备与装置

索氏提取器、电热套、表面皿、蒸发皿、漏斗。

索氏提取器装置如图 11－7 所示

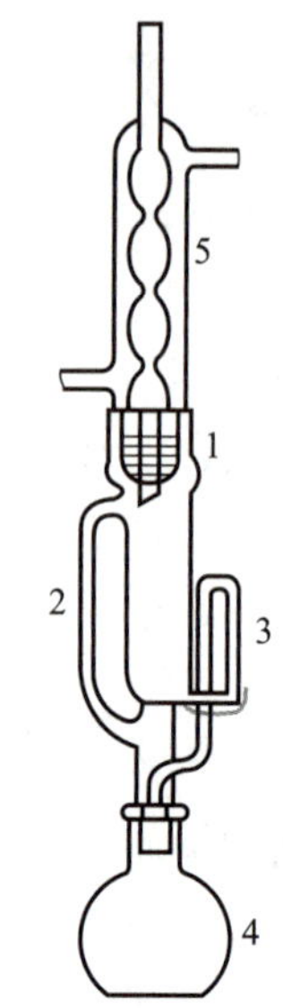

1—提取器；2—连接管；3—虹吸管；4—提取瓶；5—冷凝管

图 11-7　索氏提取器装置

3. 实验流程

实验流程如图 11-8 所示。

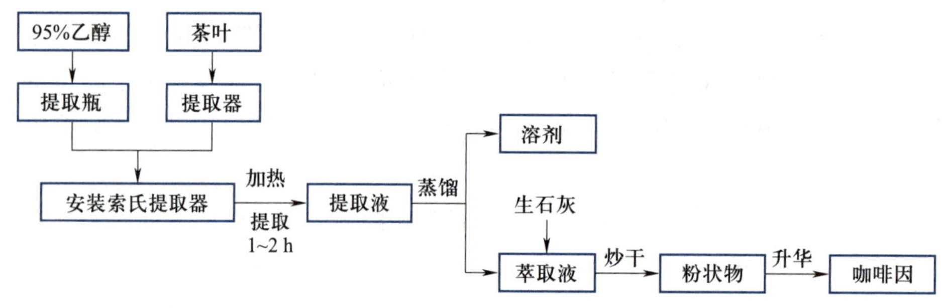

图 11-8　从茶叶中提取咖啡因过程

称取 9 g 茶叶末，装入滤纸包中，再将其小心地放入索氏提取器中。量取 50 mL 95%乙醇加入提取瓶中，加入几粒沸石，安装好提取装置。水浴加热，连续提取 1～2 h，此时提取液颜色已经较淡，待提取液刚刚虹吸流回烧瓶时，立即停止加热。

稍冷后，将提取装置改装成蒸馏装置，重新加入几粒沸石，进行蒸馏，蒸出大部分乙醇（要回收）。趁热将烧杯中的残液（5～10 mL）倒入蒸发皿中，加入约 2 g 研细的生石灰粉使之成糊状，于蒸汽浴上将溶剂蒸干，其间要用玻璃棒不断搅拌，并压碎块状物。再将固体颗粒转移到蒸发皿中，放在电炉上方 5～10 cm 处，小心地将固体焙炒至干粉状（注意温度控制在 100 ℃左右）（图 11-9）。

冷却后，擦去沾在蒸发皿边上的粉末，以免在升华时污染产物。蒸发皿上覆盖一张刺有许多小孔的滤纸（毛面向上），滤纸上再扣一只口径合适的玻璃漏斗，小心地加热升华（温度控制在 150 ℃左右)，如图 11－10 所示。若漏斗上有水汽则用滤纸擦干。当滤纸上出现许多白色毛状结晶时，暂停加热，让其自然冷却至 100 ℃左右。小心取下漏斗，揭开滤纸，用刮铲将滤纸正反面和器皿周围的咖啡因晶体刮下，称量。

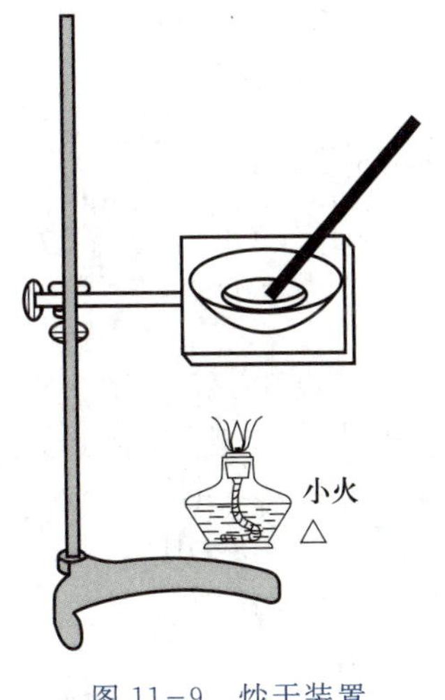

图 11－9　炒干装置

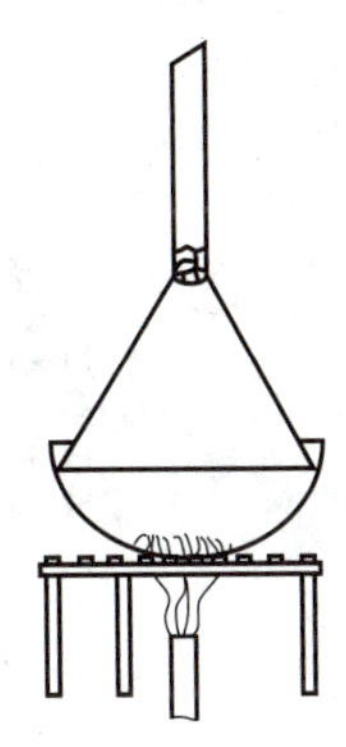

图 11－10　升华装置

4. 实验注意事项：

(1) 滤纸套大小既要紧贴器壁，又能方便取放，其高度不得超过虹吸管；滤纸包茶叶末时要包紧，防止茶叶末漏出堵塞虹吸管；纸套上面折成凹形，以保证回流液均匀浸润被萃取物。

(2) 索氏提取器的虹吸管极易折断，安装和拆卸装置时必须特别小心。

(3) 套筒内萃取液颜色稍浅时，即可停止萃取。

(4) 蒸馏分离乙醇时，不可蒸得太干，否则残液很黏，转移时损失较大。

(5) 生石灰起吸水和中和的作用，以除去部分酸性杂质(如鞣酸、单宁酸等)，还可作为载体以利于后面的升华操作。

(6) 升华操作是实验成功的关键。升华过程中，始终都需要控制升华的温度，若温度过低，升华速率慢甚至无法升华到滤纸上面而凝结在滤纸下端，掉回蒸发皿中无法收集；如温度太高，会使产物发黄。

【素质拓展】

提取八角油。

本模块小结

1. 糖类的定义和分类

糖类是指多羟基醛或多羟基酮，以及能水解生成多羟基醛或多羟基酮的一类化合物。糖类可以分为单糖、二糖和多糖。

2. 糖类的性质

（1）单糖的性质　葡萄糖是多羟基醛，能被托伦试剂和费林试剂氧化，能被溴水氧化，能被 $NaBH_4$ 还原，能与苯肼反应；果糖是多羟基酮，能被托伦试剂和费林试剂氧化，不能被溴水氧化，能被 $NaBH_4$ 还原，能与苯肼反应。

$$
\begin{array}{c} CHO \\ H-\!\!\!-\!\!\!+\!\!\!-\!\!\!-OH \\ HO-\!\!\!-\!\!\!+\!\!\!-\!\!\!-H \\ H-\!\!\!-\!\!\!+\!\!\!-\!\!\!-OH \\ H-\!\!\!-\!\!\!+\!\!\!-\!\!\!-OH \\ CH_2OH \end{array} + 2Ag^+ + 2OH^- \longrightarrow \begin{array}{c} COOH \\ H-\!\!\!-\!\!\!+\!\!\!-\!\!\!-OH \\ HO-\!\!\!-\!\!\!+\!\!\!-\!\!\!-H \\ H-\!\!\!-\!\!\!+\!\!\!-\!\!\!-OH \\ H-\!\!\!-\!\!\!+\!\!\!-\!\!\!-OH \\ CH_2OH \end{array} + 2Ag\downarrow + H_2O
$$

$$
\begin{array}{c} CHO \\ H-\!\!\!-\!\!\!+\!\!\!-\!\!\!-OH \\ HO-\!\!\!-\!\!\!+\!\!\!-\!\!\!-H \\ H-\!\!\!-\!\!\!+\!\!\!-\!\!\!-OH \\ H-\!\!\!-\!\!\!+\!\!\!-\!\!\!-OH \\ CH_2OH \end{array} \xrightarrow[pH=5]{Br_2/H_2O} \begin{array}{c} COOH \\ H-\!\!\!-\!\!\!+\!\!\!-\!\!\!-OH \\ HO-\!\!\!-\!\!\!+\!\!\!-\!\!\!-H \\ H-\!\!\!-\!\!\!+\!\!\!-\!\!\!-OH \\ H-\!\!\!-\!\!\!+\!\!\!-\!\!\!-OH \\ CH_2OH \end{array}
$$

$$
\begin{array}{c} CHO \\ | \\ CHOH \\ | \\ CHOH \\ | \\ CHOH \\ | \\ CH_2OH \end{array} \xrightarrow{NaBH_4} \begin{array}{c} CH_2OH \\ | \\ CHOH \\ | \\ CHOH \\ | \\ CHOH \\ | \\ CH_2OH \end{array}
$$

$$
\begin{array}{c} CHO \\ | \\ H-C-OH \\ | \\ CHOH \\ | \\ CHOH \\ | \\ CHOH \\ | \\ CH_2OH \end{array} \xrightarrow[H_3^+O,\triangle]{3\ C_6H_5-NHNH_2} \begin{array}{l} CH{=}N-NH-C_6H_5 \\ | \\ C{=}N-NH-C_6H_5 \\ | \\ CHOH \\ | \\ CHOH \\ | \\ CHOH \\ | \\ CH_2OH \end{array} + NH_3 + C_6H_5NH_2
$$

（2）二糖的性质　麦芽糖和纤维二糖分子含有苷羟基，为还原性糖，能被托伦试剂和费林试剂氧化，能与苯肼反应；蔗糖分子中不含苷羟基，为非还原性糖，不能被托伦试剂和费林试剂氧化，不能与苯肼反应。

（3）多糖的性质　淀粉的结构链端，虽含有苷羟基，但比例太小，故没有还原性。淀粉中的羟基能发生成酯、成醚、氧化等反应。淀粉水解的最终产物为葡萄糖。淀粉和碘等发生配位反应，用于鉴别碘的存在。

纤维素分子中含有羟基，具有醇的性质，能发生成醚和成酯反应；纤维素不具有还原性，不能与托伦试剂、费林试剂反应。

3. 氨基酸

（1）氨基酸的分类　按照分子中烃基的不同，氨基酸可分为脂肪族氨基酸、芳香族氨基酸酸和杂环氨基酸；根据脂肪族氨基酸分子中氨基和羧基的相对位置分为 α-，β-，γ-…ω-氨基酸；根据分子中所含氨基和羧基数目的不同，分为中性氨基酸（氨基和羧基的数目相同）、酸性氨基酸（羧基的数目多于氨基的数目）和碱性氨基酸（氨基的数目多于羧基的数目）。

（2）氨基酸的命名　α-氨基酸按俗名命名，见表 11-1；一般氨基酸按系统命名法命名，通常以羧酸为母体，氨基作为取代基。

（3）氨基酸的性质　在等电点时，氨基酸以偶极离子的形式存在，溶解度最小，容易析出固体。α-氨基酸受热时，分子间交叉脱水，生成六元环的交酰胺；γ-氨基酸和 δ-氨基酸很容易脱水生成稳定五元环和六元环的内酰胺。α-氨基酸能与茚三酮的水合物反应生成蓝紫色的化合物。氨基酸中的氨基（伯胺）与亚硝酸反应，生成羟基酸，并定量地放出氮气。

$$R-CH(NH_2)-COOH \xrightarrow{NaOH} R-CH(NH_2)-COONa$$

$$R-CH(NH_2)-COOH \xrightarrow{HCl} R-CH(NH_3Cl)-COOH$$

$$2\ \text{(水合茚三酮)} + R-CH(NH_2)-COOH \longrightarrow \text{(蓝紫色化合物)}$$

$$R-CH(NH_2)-COOH + HNO_2 \longrightarrow R-CH(OH)-COOH + N_2\uparrow + H_2O$$

4. 蛋白质

（1）蛋白质的结构

① 蛋白质的一级结构：各种氨基酸按照一定的排列顺序构成的蛋白质肽链骨架；

② 蛋白质的二级结构：肽链的局部在空间盘旋和折叠而形成的特定的空间排列；

③ 蛋白质的三级结构：蛋白质的二级结构整体继续卷曲、盘旋和折叠，形成的更为复杂的结构；

④ 蛋白质的四级结构：涉及整个分子中肽链的聚集状态。

（2）蛋白质的分类　根据溶解度的不同，蛋白质分为纤维蛋白质和球蛋白质；根据水解产物的不同，蛋白质分为单纯蛋白质、结合蛋白质。

（3）蛋白质的性质　蛋白质与酸和碱都能成盐。当溶液处于某一 pH 时，蛋白质分子以两性离子存在，在电场中不移动，此时溶液的 pH 为该蛋白质的等电点。蛋白质有盐析和变性的作用，能与茚三酮、碱性硫酸铜、硝酸等发生显色反应。

5. 核酸

（1）核酸的组成　核苷酸是组成核酸的基本单位。核苷酸在酸性条件下，水解为磷酸、戊醛糖（核糖或脱氧核糖）和杂环碱（嘌呤和嘧啶衍生物）。

(2) 核酸的生物功能　DNA能够携带遗传信息,决定细胞和个体的基因类型;RNA参与细胞内DNA遗传信息的表达。

6. 任务训练:从茶叶中提取咖啡因

在乙醇作溶剂的条件下,利用索氏提取器对茶叶末进行连续提取,经浓缩、焙炒得到粗咖啡因,进一步升华提取得到纯咖啡因。

本模块思维导图

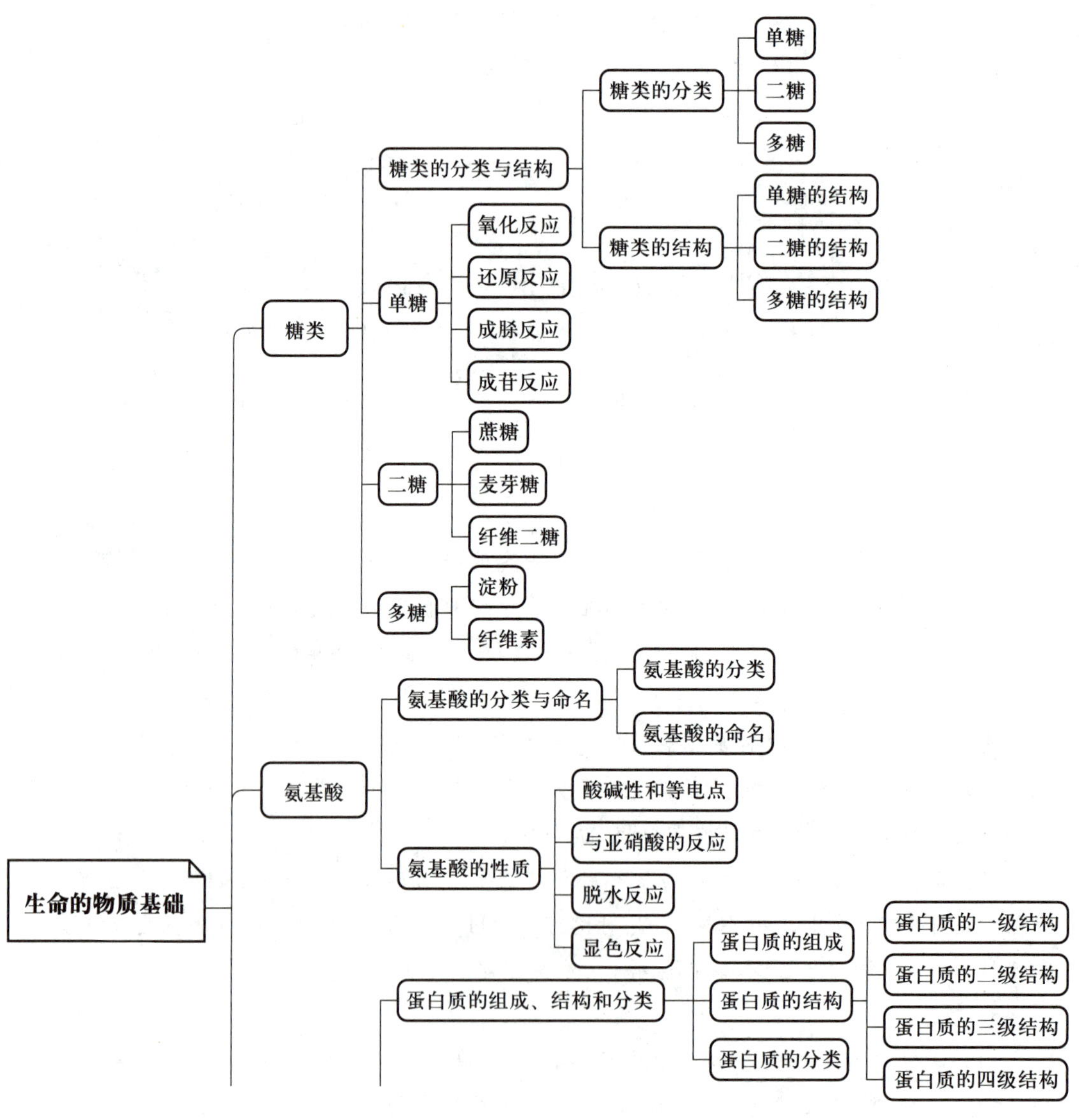

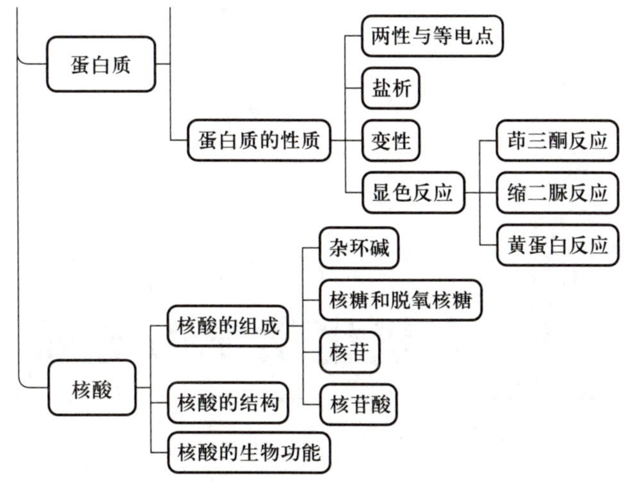

习题与测试

一、试写出 D-(+)-葡萄糖与下列试剂反应的主要产物

1. 过量苯肼　　2. 托伦试剂　　3. 甲醇/干 HCl　　4. H_2/Ni

二、试写出果糖与下列试剂反应的主要产物

1. 苯肼　　2. 溴水　　3. 硼氢化钠　　4. 甲醇/干 HCl

三、用化学方法鉴别下列各组化合物

1. 葡萄糖和蔗糖　2. 淀粉和纤维素　3. 氨基酸和蛋白质

四、思考题

1. 当调节溶液 pH=12.00 时，丙氨酸(等电点 pI=6.00)在电场中将朝何方向移动(阳极、阴极或原点不动)？

※2. 为什么 D-果糖是还原性糖，而 β-甲基呋喃果糖无还原性？

※五、推断题

某化合物的化学式为 $C_3H_7O_2N$，能与氢氧化钠或盐酸反应生成盐，并能与醇反应生成酯，与亚硝酸反应放出氮气。试推断该化合物的结构，并写出相关反应式。

模块十二

有机化学学习导航

学习目标

1. 加深对有机化学及有机化合物的认识，巩固有机化合物的命名；
2. 总结有机化合物鉴别的方法和规律；
3. 掌握各种有机化合物的制备方法和有机化合物的工业合成技术。

问题导入

前面我们学习了有机化学及有机化合物的知识，你知道众多有机化合物的命名、反应与合成有什么规律吗？各类有机化合物之间有什么内在联系？

归纳和总结是学好有机化学的重要环节，找出它们的共性和不同官能团化合物的个性之间的关系，从而可以做到举一反三。有机化合物的制备是有机化学的重点，也是学习的难点，只要勤于思考、善于归纳总结，培养自学能力，不断提高分析问题和解决问题的能力，熟练掌握化合物的性质和相互转化规律，一切问题都会迎刃而解。

主题 1　认识有机化学及有机化合物

一、基本概念

(1) 有机化学：研究有机化合物的化学。

(2) 有机化合物：碳氢化合物及其衍生物。

二、烃类及其衍生物的通式

(1) 烷烃　C_nH_{2n+2}

(2) 烯烃及环烷烃　C_nH_{2n}

(3) 炔烃及二烯烃　C_nH_{2n-2}

(4) 卤代烃通式　R—X

(5) 醇的通式　ROH

(6) 酚　ArOH

(7) 醚的通式　ROR′

(8) 醛的通式　RCHO

(9) 酮的通式　RCOR′, ArCOR

(10) 羧酸的通式　RCOOH

(11) 羧酸衍生物的通式

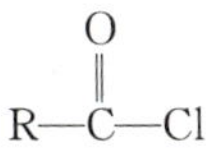

R—CO—Cl　酰氯　　R—CO—OR′　酯　　R—CO—O—CO—R′　酸酐

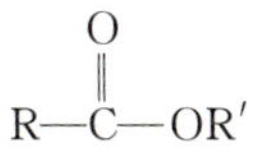

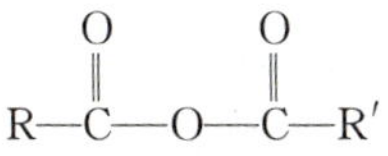

(12) 含氮化合物的通式

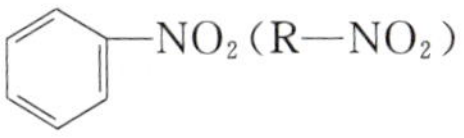

C_6H_5—NO_2($R—NO_2$)　硝基化合物　　C_6H_5—NH_2($R—NH_2$)　胺　　R—N=N—R′　偶氮化合物　　R—C≡N　腈

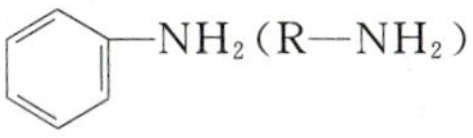

主题 2　命名有机化合物

一、命名原则

系统命名法命名时遵循以下原则。

1. 选择主链

选择含有官能团的最长碳链作为主链，有取代基时，选择含取代基(支链)最多的最长碳链作为主链。

2. 主链编号

从距离官能团最近的一端开始。如果有两种以上的编号方法，则以取代基之和最小为原则。

3. 命名顺序

以先取代基后母体的顺序命名，取代基按“优先基团后列出”的顺序出现，母体前标明官能团的位置。

4. 烯炔的命名

分子中同时含有双键和三键时，以“烯炔”命名。选择含有双键及三键的最长碳链为主链，编号时先使双键、三键位次之和最小，同样情况下先使双键位次最小，在烯炔前分别标明双键、三键位次。

5. 多官能团化合物的命名

多官能团化合物命名时，一般是按照模块八表 8-1 所列官能团的优先次序来确定母体和取代基。处于最前面的官能团为优先基团，由它决定母体名称，其他官能团都作为取代基来命名。

二、取代基的命名

1. 烷基

从烷烃分子中去掉一个氢原子后剩余的基团，称为烷基。例如：

$CH_3CH_2—$ 乙基　$CH_3CH_2CH_2—$ 丙基　$CH_3\overset{|}{C}HCH_3$ 异丙基

$CH_3CH_2CH_2CH_2—$ 丁基　$CH_3\overset{|}{C}HCH_2CH_3$ 仲丁基　$CH_3\overset{CH_3}{\overset{|}{C}}HCH_2—$ 异丁基　$CH_3\underset{CH_3}{\underset{|}{\overset{CH_3}{\overset{|}{C}}}}—$ 叔丁基

2. 烯基

从烯烃分子中去掉一个氢原子后剩余的基团，称为烯基。例如：

$CH_2=CH—$ 乙烯基　$CH_3CH=CH—$ 丙烯基　$CH_2=CH—CH_2—$ 烯丙基　$CH_2=\overset{|}{C}—CH_3$ 异丙烯基

3. 环基

从单环脂环烃分子中去掉一个氢原子后的剩余的基团，称为环基。例如：

环丙基　环丁基　2-环戊烯基　2-甲基环己基

4. 芳基

从芳香烃分子中去掉一个氢原子后剩余的基团，称为芳基。例如：

苯基　对甲苯基（$CH_3—C_6H_4—$）　苯甲基（苄基）（$C_6H_5—CH_2—$）

5. 烷氧基

$CH_3O—$　甲氧基

$CH_3CH_2CH_2O—$　丙氧基

$CH_3CH(CH_3)O—$　异丙氧基

6. 氨基

$CH_3CH_2NH—$　乙氨基

$(CH_3)_2N—$　二甲氨基

$CH_3CH_2N(CH_3)—$　甲乙氨基

$H_2NCH_2—$　氨甲基

$H_2NCH_2CH_2—$　氨乙基

7. 酰基

$CH_3C(=O)—$　乙酰基

$C_6H_5CH_2C(=O)—$　苯乙酰基

$H_2N—C(=O)—$　氨基甲酰基

$X—C(=O)—$　卤代甲酰基

主题 3　鉴别有机化合物

有机化合物在生产、研究及检验过程中经常会遇到这样的问题：2 种或 2 种以上的化合物的标签丢失，虽知道这其中有什么物质，但无法一一对应。对分别存放的 2 种或 2 种以上的有机化合物进行定性辨认的过程，称为**有机化合物的鉴别**，它是有机化学知识的一个基本应用。

鉴别中的待鉴别物，一般为纯净物，鉴别的依据是几种物质的不同特性。特性可以是物质的颜色、气味、溶解性及溶解时的热效应等物理性质，也可以是某一种有机化合物的化学性质。

一、鉴别有机化合物常用的方法

1. 水溶法

通过观察有机化合物是否溶于水及溶于水的密度大小进行判断。有机化合物中只有少数物质易溶于水，大部分不易溶于水。

2. 燃烧法

通过观察有机化合物燃烧的现象进行鉴别。如烟雾的颜色、燃烧时的气味等。

3. 官能团法

官能团决定有机化合物的主要化学性质，通过官能团的特征反应可鉴别有机化合物。鉴别时，并不是化合物的所有化学性质都可以用于鉴别，必须具备一定的条件。例如，化学反应中有颜色变化；化学反应过程中伴随着明显的温度变化（放热或吸热）；反应产物有气体产生；反应产物有沉淀生成或反应过程中沉淀溶解、产物分层等。鉴别时最好是利用该化合物的特征反应，以排除是其他物质的可能性。同时要求反应的操作简便易行，步骤较少。

二、鉴别不饱和烃

交流与讨论

实验室有 4 瓶失去标签的无色液体，已知分别是正己烷、1－己炔、1，3－环戊二烯、2－甲基－1－丁烯，请设计鉴别方案并贴上正确标签。

1. 与溴的四氯化碳溶液反应

烯烃、炔烃与溴的四氯化碳溶液反应，溴的红棕色立即消失。

$$RCH{=}CH_2 + Br_2 \xrightarrow{CCl_4} R{-}\underset{\displaystyle Br}{\underset{|}{CH}}{-}\underset{\displaystyle Br}{\underset{|}{CH_2}}$$

$$RC{\equiv}CH + Br_2 \xrightarrow{CCl_4} R{-}\overset{\displaystyle Br}{\overset{|}{\underset{\displaystyle Br}{\underset{|}{C}}}}{-}\overset{\displaystyle Br}{\overset{|}{\underset{\displaystyle Br}{\underset{|}{CH}}}}$$

2. 与高锰酸钾溶液反应

烯烃、炔烃很容易使高锰酸钾溶液的紫红色褪去，利用此性质可鉴别不饱和烃。

$$RCH{=}CH_2 \xrightarrow[H_2O]{KMnO_4} R\underset{\displaystyle OH}{\underset{|}{CH}}{-}\underset{\displaystyle OH}{\underset{|}{CH_2}} + MnO_2\downarrow$$

$$RC{\equiv}CH \xrightarrow[H_2O]{KMnO_4} RCOOH + CO_2\uparrow + MnO_2\downarrow$$

3. 与银氨溶液或氯化亚铜的氨溶液反应

末端炔烃与银氨溶液（硝酸银的氨溶液）或氯化亚铜的氨溶液反应，分别生成白色炔银和红棕色炔亚铜沉淀，用此反应可鉴别末端炔烃。

$$RC{\equiv}CH + Ag(NH_3)_2NO_3 \longrightarrow RC{\equiv}CAg\downarrow\text{（白色）}$$

$$RC{\equiv}CH + Cu(NH_3)_2Cl \longrightarrow RC{\equiv}CCu\downarrow\text{（红棕色）}$$

三、鉴别脂环烃

交流与讨论

现有 3 瓶丢失标签的无色液体，已知分别是正戊烷、1－戊烯、环丙烷，请设计鉴别方案并贴上正确标签。

1. 鉴别小环烃与其他环烃

脂环烃中环丙烷像烯烃一样，在常温下即与卤素发生加成反应，生成相应的卤代烃。环丁烷需加热才能与卤素反应。

2. 鉴别小环烃与不饱和烃

常温下，即使较活泼的环丙烷也不与一般的氧化剂（如高锰酸钾水溶液）反应，这与不饱和烃的性质不同。

四、鉴别卤代烃

交流与讨论

实验室有 4 瓶失去标签的无色液体，可能为叔丁基氯、2-溴丁烷、碘乙烷、烯丙基溴，请将其一一鉴别。

卤代烃与硝酸银的乙醇溶液作用，生成硝酸酯和卤化银沉淀。

$$RX + AgNO_3 \xrightarrow{乙醇} RONO_2 + AgX\downarrow$$

根据卤代烃的反应活性对产生沉淀快慢的影响，以及卤化银颜色的差别进行鉴别，该反应既可用于鉴别不同类别的烃基，也可用于鉴别不同的卤原子。

反应速率：$CH_2{=}CHCH_2X$，$C_6H_5CH_2X$ > 叔卤代烃 > 仲卤代烃 > 伯卤代烃 > $CH_2{=}CHX$，C_6H_5X

伯卤代烃需要加热才能反应，乙烯型和苯型卤代烃加热也不反应。

五、鉴别醇

交流与讨论

现有 4 瓶丢失标签的无色液体，已知分别是正己烷、正丁醇、苯酚和丁醚，请将其一一鉴别。

1. 与卢卡斯试剂反应

$$R{-}CH_2OH + HCl \xrightarrow[20\ ^\circ C]{ZnCl_2} R{-}CH_2Cl + H_2O$$（常温下不反应，加热后反应）

$$RCH(OH)R' + HCl \xrightarrow[20\ ^\circ C]{ZnCl_2} RCH(Cl)R' + H_2O$$（10 min 反应）

$$RC(OH)R'R'' + HCl \xrightarrow[20\ ^\circ C]{ZnCl_2} RC(Cl)R'R'' + H_2O$$（立即反应）

反应速率：$CH_2=CHCH_2OH$

$C_6H_5-CH_2OH$ > 叔醇 > 仲醇 > 伯醇

2. 与活泼金属反应

可用此反应鉴别 C_6 以下的低级醇。

$$R-CH_2OH + Na \longrightarrow R-CH_2ONa + \frac{1}{2}H_2\uparrow$$

由于含活泼氢的有机化合物较多，因此该反应并不是醇所独有的特征反应。

3. 氧化反应

伯醇被 $K_2Cr_2O_7$、$KMnO_4$、浓 HNO_3 等氧化剂氧化。

$$RCH_2OH \xrightarrow{K_2Cr_2O_7+H_2SO_4} RCOOH$$

此反应中溶液由橙红色转变为绿色，以此鉴别醇。

仲醇由于其 α-C 上只有一个氢原子，所以它被氧化的产物为酮。

$$RCH_2CH(OH)CH_3 \xrightarrow{K_2Cr_2O_7+H_2SO_4} RCH_2C(=O)CH_3$$

而叔醇在室温下不易被氧化，故可用氧化反应区别叔醇。

4. 邻二醇的鉴别

丙三醇、乙二醇等相邻位置具有两个羟基的多元醇都能与新配制的氢氧化铜溶液作用，生成绛蓝色产物，此反应可用于邻二醇的鉴别。

$$\begin{matrix}CH_2-OH\\ |\\ CH-OH\\ |\\ CH_2-OH\end{matrix} + Cu^{2+} + 2OH^- \longrightarrow \begin{matrix}CH_2-O\\ |\quad\quad \rangle Cu\\ CH-O\\ |\\ CH_2-ONO_2\end{matrix} + 2H_2O$$

甘油铜(绛蓝色)

六、鉴别酚

1. 与溴水反应

$$C_6H_5-OH + Br_2 \xrightarrow{H_2O} \text{2,4,6-}Br_3C_6H_2OH\downarrow(白色)$$

2. 与三氯化铁反应

酚与三氧化铁溶液发生颜色反应，酚的结构不同，颜色也不同，因此可利用该反应鉴别酚。

$$6\,C_6H_5OH + FeCl_3 \longrightarrow [Fe(OC_6H_5)_6]^{3-} + 6H^+ + 3Cl^-$$

七、鉴别醚

醚分子中氧原子上带有未共用电子对，能与强酸（如浓硫酸和浓盐酸）作用生成𨦡盐，而溶于浓酸中。

$$ROR' + HCl \longrightarrow [R-\overset{H}{\ddot{O}}-R']^+ Cl^-$$

𨦡盐很不稳定，遇水分解成原来的醚。利用此性质可从烷烃或卤代烃混合物中鉴别和分离醚。

八、鉴别醛、酮

交流与讨论

设计鉴别正己烷、正丁醇、苯酚和丁醚的方案。

1. 与 2,4-二硝基苯肼反应

醛、酮与 2,4-二硝基苯肼反应，生成 2,4-二硝基苯腙的黄色沉淀，现象明显、便于观察，2,4-二硝基苯肼是鉴别羰基化合物最常用的试剂。

$$RCH_2\overset{O}{\overset{\|}{C}}H(R) + H_2NNH-C_6H_3(NO_2)_2 \longrightarrow RCH_2\overset{H(R)}{\overset{|}{C}}{=}NNH-C_6H_3(NO_2)_2 + H_2O$$

不同的醛、酮生成的腙都有固定的熔点，常用于醛、酮的鉴别。

2. 银镜反应

醛能与托伦试剂作用发生银镜反应，而酮不反应，故常用来鉴别醛、酮。

$$RCHO + 2[Ag(NH_3)_2]^+ + 2OH^- \xrightarrow{\triangle} RCOONH_4 + 2Ag\downarrow + 3NH_3 + H_2O$$

3. 与费林试剂反应

脂肪醛与费林试剂反应，产生红色沉淀，而芳香醛却不能发生此反应，进而可区分脂肪醛与芳香醛。

$$RCHO + 2Cu^{2+} + NaOH + H_2O \xrightarrow{\triangle} RCOONa + Cu_2O\downarrow + 4H^+$$

4. 碘仿反应

具有 $-\overset{O}{\overset{\|}{C}}-CH_3$ 结构的醛、酮，或具有 $-\overset{OH}{\overset{|}{C}H}-CH_3$ 结构的醇易被次碘酸钠氧化，生成黄色碘仿沉淀，可用于鉴别具有这些特殊结构的醛、酮或醇。

$$R(H)-\overset{O}{\overset{\|}{C}}-CH_3 \xrightarrow{NaIO} R(H)-\overset{O}{\overset{\|}{C}}-ONa + CHI_3\downarrow(\text{黄色})$$

$$R-\overset{OH}{\overset{|}{C}H}-CH_3 \xrightarrow{NaIO} R-\overset{O}{\overset{\|}{C}}-ONa + CHI_3\downarrow(\text{黄色})$$

5. 与亚硫酸氢钠反应

醛、脂肪族甲基酮及8个碳原子以下的环酮，与饱和的亚硫酸氢钠溶液发生反应，生成白色沉淀，可以用于定性鉴别。

$$R-\underset{H(CH_3)}{\underset{|}{C}}=O + NaHSO_3 \rightleftharpoons R-\underset{H(CH_3)}{\underset{|}{\overset{SO_3Na}{\overset{|}{C}}}}-OH\downarrow(\text{白色})$$

九、鉴别羧酸

交流与讨论

现有1瓶丢失标签的物质，可能是乙醇、乙醛、乙酸或甲酸，请鉴定之。

1. 酸性反应

羧酸是比碳酸酸性强的有机酸。

$$RCOOH + NaHCO_3 \longrightarrow RCOONa + CO_2\uparrow + H_2O$$

2. 甲酸的氧化反应

甲酸分子中由于含有醛基这个特殊的结构，因而具有还原性，不仅容易被高锰酸钾氧化，还能被托伦试剂氧化而发生银镜反应，也能与费林试剂反应生成氧化亚铜，这也是甲酸的鉴定反应。

$$HCOOH \xrightarrow{[Ag(NH_3)_2]OH} CO_2\uparrow + H_2O + Ag\downarrow$$

3. 草酸的氧化反应

草酸也有还原性，易被高锰酸钾溶液氧化生成二氧化碳和水，而且反应是定量进行的，所以常用草酸作为标定高锰酸钾溶液浓度的基准物质。

$$5\begin{matrix}COOH\\|\\COOH\end{matrix} + 2KMnO_4 + 3H_2SO_4 \longrightarrow K_2SO_4 + 2MnSO_4 + 10CO_2\uparrow + 8H_2O$$

十、鉴别胺

交流与讨论

设计鉴别苯胺、邻甲基苯胺、N-甲基苯胺、N,N-二甲基苯胺的方案。

1. 磺酰化反应

伯胺与苯磺酰氯反应的产物溶于强碱而成盐；仲胺与苯磺酰氯反应的产物不溶于碱，而是呈固体状态析出；叔胺不发生磺酰化反应。磺酰化反应常用于伯、仲、叔胺的鉴别和分离。

$$CH_3CH_2NH_2 + C_6H_5SO_2Cl \longrightarrow C_6H_5SO_2NHCH_2CH_3 \xrightarrow{NaOH} \text{溶解}$$

$$(CH_3CH_2)_2NH + C_6H_5SO_2Cl \longrightarrow C_6H_5SO_2N(CH_2CH_3)_2 \xrightarrow{NaOH} \text{不溶解}$$

$$(CH_3CH_2)_3N + C_6H_5SO_2Cl \longrightarrow \text{不反应}$$

2. 亚硝酸反应

由于伯、仲、叔胺与亚硝酸反应后产物的颜色和状态各不相同，因而可以用来鉴别三种胺。伯胺与亚硝酸反应，放出氮气。

$$RCH_2CH_2NH_2 \xrightarrow[HCl]{NaNO_2} N_2\uparrow$$

仲胺与亚硝酸反应，生成不溶于水的黄色油状物——亚硝基胺。

$$C_6H_5-NHCH_3 \xrightarrow[HCl]{NaNO_2} C_6H_5-N(CH_3)-N=O$$

脂肪族叔胺一般不与亚硝酸反应。芳香族叔胺与亚硝酸作用，则是在芳环上发生亲电取代反应，生成有颜色的对亚硝基化合物。

$$C_6H_5N(CH_3)_2 \xrightarrow[HCl]{NaNO_2} p\text{-}ON-C_6H_4-N(CH_3)_2 \quad \text{（有色物质）}$$

3. 苯胺的鉴别

在常温下苯胺与溴水作用，立即生成不溶于水的三溴苯胺的白色沉淀。该反应是定量进行的，可用于苯胺的定性和定量分析。注意，苯酚也能与溴水生成白色沉淀。

$$C_6H_5NH_2 + 3Br_2 \xrightarrow{H_2O} 2,4,6\text{-}Br_3C_6H_2NH_2\downarrow + 3HBr$$

（白色）

主题 4　制备有机化合物

有机制备是从较简单的无机物和有机化合物通过化学反应合成结构比较复杂的有机化合物，并将所需要的产品从混合物中分离纯化的过程。有机化合物的制备包括有机合成及有机产物的后处理两个过程。它是有机化学中的一项重要内容，在化工生产企业，合成岗位也是核心岗位。

要想完成某一物质的合成，需对制备物的结构加以分析，从而设计和选择有机化合物的合成路线。

经合成得到的产品是包含了目标化合物的混合物，必须经后处理才能得到符合要求的产品。粗产品的后处理是一个典型的分离纯化过程，实施前仍需仔细分析混合物的组成，确定后处理方案，针对不同混合物采用不同的单元操作进行分离纯化。

一、烷烃的来源与制备

烷烃的天然来源主要是石油和天然气。

1. 天然烷烃

(1) 天然气　天然气的组成因产地不同而变化很大。天然气分为干气(干性天然气)和湿气(湿性天然气)两类。干气的成分主要是甲烷；湿气除主要成分甲烷外，还含有乙烷、丙烷、丁烷等。

(2) 石油　石油主要是烃的混合物。从地下开采出来的石油一般是深褐色液体，叫作原油。原油的组成与质量因油田不同而有显著的差异。有些地区的原油含有大量的烷烃，甚至几乎全部是烷烃；有些地区的原油含有环烷烃；有些地区的原油含有芳香烃。

(3) 可燃冰　可燃冰是在特定低温高压条件下形成的天然气水合物，它是一种似冰状的白色固体物质，因含有大量甲烷而能够燃烧，所以被称为“可燃冰”。据科学家预算，1 m^3 的可燃冰，在常温常压下可释放 164 m^3 甲烷气体和 0.8 m^3 的淡水。

2. 烷烃的制法

(1) 羧酸盐的热分解　实验室一般通过羧酸盐的热分解制得烷烃。

$$RCOONa \xrightarrow[\triangle]{NaOH/CaO} R—H + Na_2CO_3$$

此外，烷烃还有其他制法。

(2) 不饱和烃加氢

① 烯烃的还原。

$$RCH=CHR' \xrightarrow[\triangle]{H_2/Ni} RCH_2CH_2R'$$

② 炔烃的催化加氢。

$$RC\equiv CR' \xrightarrow[\triangle]{2H_2/Ni} RCH_2CH_2R'$$

(3) 通过卤代烃制备

① 卤代烃与金属钠作用。

$$2RX+2Na \longrightarrow R—R+2NaX$$

② 格氏试剂水解。

$$R—X \xrightarrow[\text{无水乙醚}]{Mg} RMgX \xrightarrow[H^+]{H_2O} R—H$$

(4) 醛、酮的还原　羰基化合物醛、酮的羰基可以还原成亚甲基，得到相应的烃。

① 克莱门森还原法。

$$R—C(=O)—H(R') \xrightarrow[\triangle]{Zn-Hg/HCl} RCH_2—H(R')$$

② 沃尔夫-基希纳-黄鸣龙还原法。

$$R—C(=O)—H(R') \xrightarrow[HOCH_2CH_2OCH_2CH_2OH]{H_2NNH_2,H_2O,NaOH} RCH_2—H(R')$$

这个反应是在碱性介质中进行的，故羰基化合物中不能含有对碱敏感的基团(如卤原子等)。此法可与克莱门森还原法相互补充，这是在苯环上间接引入直链烷基的最好方法。例如：

$$C_6H_5—C(=O)—CH_2CH_3 \xrightarrow[HOCH_2CH_2OCH_2CH_2OH]{H_2NNH_2,H_2O,NaOH/\triangle} C_6H_5—CH_2CH_2CH_3 +N_2\uparrow+H_2O$$

练一练

1. 查取相关资料，了解农村建设中沼气发酵技术的应用情况。

2. 查取文献资料，掌握我国在煤制甲醇和二甲醚等石油替代能源方面所取得的重大成果。

二、烯烃的制备与合成

烯烃中最重要的是乙烯，其次是丙烯，它们主要来自石油裂解气和炼厂气，都是有机化学工业的基础原料。

1. 烯烃的工业制备

在高温和无氧条件下，烷烃分子中的碳碳键或碳氢键断裂，发生裂化反应生成较小的分子。例如：

$$CH_3CH_2CH_2CH_3 \xrightarrow{\triangle} \begin{cases} CH_4 + CH_3-CH=CH_2 \\ CH_3-CH_3 + CH_2=CH_2 \\ H_2 + CH_3-CH_2CH=CH_2 \end{cases}$$

2. 卤代烃脱卤化氢

$$\underset{\underset{X}{|}}{RCH}CH_2R' \xrightarrow[\text{(按照札依采夫规则)}]{KOH/\text{醇}} RCH=CHR'$$

这是制备烯烃，也是生成 C═C 双键的一种方法。为了制备烯烃，最好选用叔卤代烃或仲卤代烃，因为伯卤代烃生成烯烃的产率一般较低。

3. 醇脱水

（1）实验室制法

$$CH_3-CH_2-OH \xrightarrow[\text{约 170 ℃}]{\text{浓 }H_2SO_4} CH_2=CH_2 + H_2O$$

（2）工业制法　工业上，把乙醇的蒸气通过加热至 360 ℃的氧化铝催化剂表面，使醇发生气相脱水而生成烯烃。例如：

$$CH_3-CH_2-OH \xrightarrow[350\sim400\ ℃]{Al_2O_3} CH_2=CH_2 + H_2O$$

4. 单烯烃的其他制法

（1）炔烃加氢　选择适当的催化剂，可以使炔烃的加氢停留在烯烃阶段。常用活性较低的林德拉催化剂（Pd－$BaSO_4$/喹啉或 Pd－$CaCO_3$/醋酸铅），可使炔烃只加一分子氢，加成反应停留在烯烃阶段。

$$-C\equiv C- + H_2 \xrightarrow{Pd-BaSO_4/\text{喹啉}} -\underset{\underset{H}{|}}{C}=\underset{\underset{H}{|}}{C}-$$

当分子中同时含有双键和三键时，加氢反应首先发生在三键上。例如：

$$CH_2=CH-CH_2-C\equiv CH + H_2 \xrightarrow[\text{喹啉}]{Pd-BaSO_4} CH_2=CH-CH_2-CH=CH_2$$

（2）烷烃脱氢

$$C_nH_{2n+2} \xrightarrow[\triangle]{\text{催化剂}} C_nH_{2n} + H_2$$

三、炔烃的制备

交流与讨论

设计由 2－丁烯制备 2－丁炔的方案。

1. 乙炔的实验室制法

$$CaC_2 + 2H_2O \longrightarrow HC\equiv CH + Ca(OH)_2$$

2. 乙炔的工业制备

乙炔是有机化学工业的重要原料之一。目前，工业上生产乙炔的主要方法有电石法和甲烷部分氧化法两种。

(1) 电石法　电石法是生产乙炔较为古老的方法，它是将石灰和焦炭在电弧高温炉中加热至 2 300℃，生成碳化钙(俗称电石)，碳化钙遇水立即生成乙炔。

$$CaO + 3C \xrightarrow{2\,300\ ℃} CaC_2 + CO\uparrow$$

$$CaC_2 + 2H_2O \longrightarrow HC\equiv CH\uparrow + Ca(OH)_2$$

电石法耗电量大，成本高，但技术成熟，生成物中乙炔含量较高，生产工艺流程简单，应用较普遍。随着石油工业的飞速发展，以天然气为原料通过裂解生产乙炔已成为发展方向。

(2) 甲烷部分氧化法　天然气的主要成分是甲烷，将甲烷在 1 500～1 600 ℃的高温下部分氧化裂解可以得到乙炔、氢和一氧化碳(俗称水煤气)。

$$5CH_4 + 3O_2 \xrightarrow{1\,500\sim 1\,600\ ℃} HC\equiv CH + 3CO + 6H_2 + 3H_2O$$

3. 其他炔烃的制备

(1) 炔化物的烃化

$$R—C\equiv CNa + R'—X \longrightarrow R—C\equiv C—R' + NaX$$

(2) 由二卤代烷脱卤化氢

$$\underset{\displaystyle X\quad\ \ X}{R—\underset{|}{C}H—\underset{|}{C}H_2} \xrightarrow[\triangle]{2KOH/醇} R—C\equiv CH + 2HX$$

$$R—\overset{\displaystyle X}{\underset{\displaystyle X}{\overset{|}{\underset{|}{C}}}}—CH_2R' \xrightarrow[\triangle]{2KOH/醇} R—C\equiv C—R' + 2HX$$

(3) 由 1,1,2,2-四卤代物脱卤素　例如：

$$CH_3—\overset{\displaystyle Cl}{\underset{\displaystyle Cl}{\overset{|}{\underset{|}{C}}}}—\overset{\displaystyle Cl}{\underset{\displaystyle Cl}{\overset{|}{\underset{|}{C}}}}H + Zn \xrightarrow[\triangle]{醇} CH_3—C\equiv CH$$

四、卤代烃的制备

交流与讨论

设计以甲苯为原料合成 2,6-二溴甲苯的方案。

1. 烃的直接卤化

(1) 烷烃的卤代反应

$$R—H+X_2 \xrightarrow{光} R—X+HX$$

(2) 烯丙型烯烃的 α-H 高温取代

$$RCH_2—CH{=}CH_2 + X_2 \xrightarrow{500\ ℃} \underset{\displaystyle X}{\underset{|}{RCH}}—CH{=}CH_2 + HX$$

(3) 芳香烃的取代反应

① 环上卤代。

$$ArH + X_2 \xrightarrow[或\ FeX_3]{Fe} ArX+HX$$

② 侧链卤代。

$$C_6H_5—CH_2CH_3 + Cl_2 \xrightarrow{光} C_6H_5—\underset{\displaystyle Cl}{\underset{|}{CH}}CH_3 + HCl$$

2. 从不饱和烃制备卤代烃

(1) 烯烃、炔烃加卤素

$$R—CH{=}CH_2 + X_2 \longrightarrow R—CHX—CH_2X$$

$$R—C{\equiv}CH + 2X_2 \longrightarrow R—CX_2—CHX_2$$

(2) 烯烃、炔烃加卤化氢

$$RCH{=}CH_2 + HBr \xrightarrow{无过氧化物} R—\overset{\displaystyle Br}{\overset{|}{CH}}—CH_3$$

$$RCH{=}CH_2 + HBr \xrightarrow{过氧化物} RCH_2CH_2Br$$

3. 从醇制备卤代烃

(1) 醇与氢卤酸作用

$$R—OH+HX \xrightarrow[\triangle]{无水\ ZnCl_2} R—X+H_2O \quad (式中:X=Cl、Br、I)$$

此法对制备叔卤代烃不适用,因为叔醇与强酸作用时容易发生消除反应而生成烯烃。此外,有些醇与氢卤酸作用会发生重排反应,得到混合物,不易分离提纯。

(2) 醇与卤化磷作用　醇与三卤化磷或五卤化磷作用,是制备溴代烷和碘代烷的常用方法。

$$R—OH+PX_3(PX_5) \longrightarrow R—X \quad (X=Br、I)$$

三溴化磷或三碘化磷不必事先制备,只需将溴或碘与赤磷共热即可生成。此法不适合制备卤代烷，因为有副产品亚磷酸酯[$P(OR)_3$]产生，造成卤代烷产率较低。

(3) 醇与亚硫酰氯作用　亚硫酰氯即二氯亚砜，性质较为活泼，可与醇作用生成氯代烃。

$$R—OH+SOCl_2 \xrightarrow{\triangle} R—Cl+SO_2\uparrow+HCl\uparrow$$

此法不仅反应速率快、产率高(一般在 90%左右)，而且副产品二氧化硫和氯化氢均为气体，容易与氯代烷分离。

4. 利用重氮化合物制备

在一定条件下，重氮盐中的重氮基可以被氟、氯、溴、碘卤原子取代，生成芳香烃衍生物，同时放出氮气。

(1) 被氟原子取代，例如：

$$C_6H_5—N_2F \xrightarrow[②\ \triangle]{①\ BF_4^-} C_6H_5—F+N_2\uparrow$$

(2) 被氯原子取代，例如：

$$C_6H_5—N_2Cl \xrightarrow[0\sim5\ ℃]{CuCl/HCl} C_6H_5—Cl+N_2\uparrow$$

(3) 被溴原子取代，例如：

$$C_6H_5—N_2Br \xrightarrow[0\sim5\ ℃]{CuBr/HBr} C_6H_5—Br+N_2\uparrow$$

(4) 被碘原子取代　重氮盐与碘化钾水溶液一起加热，重氮基即被碘原子取代生成碘代芳香烃。例如：

$$C_6H_5—N_2HSO_4 \xrightarrow[H_2O]{KI} C_6H_5—I$$

重氮基被卤原子取代的反应，通常用于合成用其他方法不易或不能得到的一些卤代芳香烃。例如：

$$m\text{-}Cl—C_6H_4—NO_2 \xrightarrow[\triangle]{Fe/HCl} m\text{-}Cl—C_6H_4—NH_2 \xrightarrow[0\sim5\ ℃]{NaNO_2/HCl} m\text{-}Cl—C_6H_4—N_2Cl \xrightarrow[HCl]{CuCl} m\text{-}Cl—C_6H_4—Cl$$

5. 其他制备卤代烃的方法

卤代烃的其他制备方法归纳如下。

(1) 由醚制备

$$R—O—R'+HX \longrightarrow R—OH+R'—X$$

(2) 苯氯甲基化

$$C_6H_6+HCHO+HCl \xrightarrow{ZnCl_2} C_6H_5—CH_2Cl+H_2O$$

(3) 由卤代烷置换

$$R—Cl(Br)+NaI \xrightarrow{丙酮} R—I+NaCl(Br)$$

(4) 由丙酮制备

$$CH_3—\overset{\overset{\displaystyle O}{\|}}{C}—CH_3 + PCl_5 \longrightarrow CH_3—\underset{\underset{\displaystyle Cl}{|}}{\overset{\overset{\displaystyle Cl}{|}}{C}}—CH_3 + POCl_3$$

五、醇的制备与合成

交流与讨论

试用三种 RMgX 与羰基化合物的组合形式制备下列化合物。

$$C_6H_5—CH_2—\underset{\underset{\displaystyle OH}{|}}{\overset{\overset{\displaystyle CH_3}{|}}{C}}—CH_2—CH_3$$

1. 烯烃水合法

工业上以烯烃为原料制备低级醇，主要有直接水合法和间接水合法两种方法。

(1) 烯烃直接水合法　一般情况下，烯烃不能和水直接发生加成反应。但在酸的催化作用下，烯烃和水可以发生加成反应生成醇。反应如下：

$$R—CH═CH_2 + H_2O \xrightarrow{H^+} R—\underset{\underset{\displaystyle OH}{|}}{CH}—CH_3$$

(2) 烯烃间接水合法　烯烃与浓硫酸作用生成硫酸氢酯，加成产物硫酸氢酯与水共热，则水解生成相应的醇。反应如下：

$$R—CH═CH_2 + H_2SO_4 \longrightarrow R—\underset{\underset{\displaystyle OSO_2OH}{|}}{CH}—CH_3 \xrightarrow{H_2O} R—\underset{\underset{\displaystyle OH}{|}}{CH}—CH_3$$

2. 卤代烃水解

在强碱介质中，卤代烷烃可与水共热发生取代反应，卤原子被羟基取代而生成醇。反应为

$$R—X+H_2O \xrightarrow[\triangle]{NaOH} R—OH+NaX$$

3. 醛、酮的还原

(1) 催化加氢　在加热、加压下，醛、酮催化加氢分别生成伯醇和仲醇。例如：

$$CH_3CH_2—CHO \xrightarrow[\triangle]{H_2/Pt} CH_3CH_2CH_2—OH$$

$$CH_3—\overset{\overset{O}{\|}}{C}—CH_3 \xrightarrow[\triangle]{H_2/Pt} CH_3—\overset{\overset{OH}{|}}{CH}—CH_3$$

（2）还原剂的还原　选择还原剂氢化铝锂（$LiAlH_4$）、硼氢化钠（$NaBH_4$）等，也可以将醛、酮还原到醇的程度。通式为

$$\underset{H(R)}{\overset{R}{\;}}\!\!>C=O \xrightarrow{[H]} \underset{H(R)}{\overset{R}{\;}}\!\!>\underset{H}{C}—OH$$

4. 羧酸及其衍生物的还原

（1）羧酸的还原　在一般条件下，羧酸不易被还原。实验室中常用强还原剂氢化铝锂（$LiAlH_4$），将羧酸还原成醇。例如：

$$CH_3CH_2—COOH + LiAlH_4 \xrightarrow[② H_2O]{① 无水醚} CH_3CH_2CH_2—OH$$

$$C_6H_5—COOH + LiAlH_4 \xrightarrow[② H_2O]{① 无水醚} C_6H_5—CH_2OH$$

$$CH_3CH=CH—COOH + LiAlH_4 \xrightarrow[② H_2O]{① 无水醚} CH_3CH=CH—CH_2OH$$

（2）羧酸衍生物的还原　羧酸衍生物中，酰卤、酸酐和酯在强还原剂如氢化铝锂（$LiAlH_4$）的作用下，都可以还原成伯醇。其中，酯还原时，多种还原剂均可以使用，且生成两种伯醇。

$$\left.\begin{matrix} RCOX \\ (RCO)_2O \\ RCOOR' \end{matrix}\right. \xrightarrow[② H_2O,H^+]{① LiAlH_4} \left\{\begin{matrix} \longrightarrow RCH_2OH \\ \longrightarrow 2RCH_2OH \\ \longrightarrow RCH_2OH + R'OH \end{matrix}\right.$$

① 酯的催化氢化。酯的催化氢化反应需要在高温（200～250 ℃）、高压（14～28 MPa）及特殊催化剂（$Cu_2O+Cr_2O_3$）等条件下才能进行。例如：

$$C_6H_5—\overset{\overset{O}{\|}}{C}—OC_2H_5 + H_2 \xrightarrow[200\sim250\ ℃,14\sim28\ MPa]{Cu_2O+Cr_2O_3} C_6H_5—CH_2OH + C_2H_5OH$$

② 酯的化学还原。酯还能被醇和金属钠还原而不影响分子中的 C═C 双键，这在工业生产上具有实际意义。例如：

$$\underset{月桂酸甲酯}{CH_3(CH_2)_{10}COOCH_3} \xrightarrow{Na+C_2H_5OH} \underset{月桂醇}{CH_3(CH_2)_{10}CH_2OH} + CH_3OH$$

$$\underset{油酸丁酯}{CH_3(CH_2)_7CH=CH(CH_2)_7COOC_4H_9} \xrightarrow[C_2H_5OH]{Na} \underset{油醇}{CH_3(CH_2)_7CH=CH(CH_2)_7CH_2OH} + C_4H_9OH$$

5. 格氏试剂合成法

（1）格氏试剂与环氧乙烷反应

$$\underset{\diagdown\ O\ \diagup}{CH_2—CH_2} \xrightarrow[\text{干醚}]{RMgX} R—CH_2CH_2—OMgX \xrightarrow{H_2O} R—CH_2CH_2—OH + Mg(OH)X$$

（2）格氏试剂与醛、酮的亲核加成

① 与甲醛反应制伯醇。

$$HCHO + CH_3CH_2MgBr \xrightarrow{\text{干醚}} CH_3CH_2CH_2OMgX \xrightarrow{H_2O} CH_3CH_2CH_2OH$$

② 与其他醛反应制仲醇。

$$CH_3CH_2MgBr + R—CHO \xrightarrow{\text{干醚}} CH_3CH_2\underset{|\atop R}{C}HOMgX \xrightarrow{H_2O} CH_3CH_2\underset{|\atop R}{C}HOH$$

③ 与甲基酮反应制叔醇。

$$CH_3CH_2MgBr + CH_3—\overset{O\atop \|}{C}—CH_3 \xrightarrow{\text{干醚}} CH_3CH_2\overset{OMgBr\atop |}{\underset{|\atop CH_3}{C}}—CH_3 \xrightarrow[H^+]{H_2O} CH_3CH_2\overset{OH\atop |}{\underset{|\atop CH_3}{C}}—CH_3$$

（3）格氏试剂与酯反应　在干醚中，过量的格氏试剂与酯进行反应，然后水解，可以得到高产率的醇。这是制备仲醇和叔醇的一种方法。例如：

① 与甲酸酯反应制仲醇。例如：

$$H—\overset{O\atop \|}{C}—OC_2H_5 + 2CH_3(CH_2)_3MgBr \xrightarrow[\text{② } H_3O^+]{\text{① 干醚}} \underset{(85\%)}{(CH_3CH_2CH_2CH_2)_2CHOH}$$

② 与其他酯反应制叔醇。例如：

$$CH_3\overset{O\atop \|}{C}—OC_2H_5 + 2\ C_6H_5—MgBr \xrightarrow[\text{② } H_3O^+]{\text{① 干醚}} C_6H_5—\overset{OH\atop |}{\underset{|\atop CH_3}{C}}—C_6H_5 \quad (82\%)$$

练一练

1. 以乙醛为原料合成 2-乙醛-1-己醇。
2. 由丙酮合成$(CH_3)_2CHC(CH_3)_2OH$。

六、酚的制备与合成

酚的制备有苯磺酸钠碱熔法、卤代苯水解法和异丙苯氧化法等。近年来，开发了异丙苯氧化法制苯酚的新工艺，该法仍以异丙苯生产苯酚的反应为基础，联产的丙酮进行氢化生成异丙醇。然后，异丙醇与苯进行烷基化反应生成异丙苯。异丙苯可以再进入到原有的异丙苯氧化法生产过程中，经氧化、分解生成苯酚和丙酮。

1. 卤代苯水解法

卤代苯中的卤原子很不活泼，一般条件下，很难水解，需在高温、高压和催化剂作用下，与氢氧化钠水溶液作用生成苯酚钠，经酸化得到苯酚。

$$C_6H_5X \xrightarrow[\text{高温、高压}]{NaOH/H_2O,Cu} C_6H_5ONa \xrightarrow{HCl} C_6H_5OH$$

如果卤原子的邻位或对位上连有较强的吸电子基，则较易水解成相应的酚。例如：

$$\text{邻-}ClC_6H_4NO_2 \xrightarrow[130\ ℃]{Na_2CO_3} \text{邻-}NaOC_6H_4NO_2 \xrightarrow{H^+} \text{邻-}HOC_6H_4NO_2$$

$$\text{2,4-}(NO_2)_2C_6H_3Cl \xrightarrow[100\ ℃]{Na_2CO_3} \text{2,4-}(NO_2)_2C_6H_3ONa \xrightarrow{H^+} \text{2,4-}(NO_2)_2C_6H_3OH$$

2. 苯磺酸钠碱熔法

苯磺酸钠碱熔法是苯酚较早的工业制法。其原理是将苯磺酸钠与氢氧化钠共熔（称为碱熔），得到酚钠，再酸化，即得苯酚。

$$C_6H_6 + H_2SO_4 \xrightarrow{140\sim180\ ℃} C_6H_5SO_3H \xrightarrow{Na_2SO_3} C_6H_5SO_3Na \xrightarrow[300\ ℃]{NaOH} C_6H_5ONa \xrightarrow[H_2O]{SO_2} C_6H_5OH$$

3. 异丙苯氧化法

在无水氯化铝催化下，苯与丙烯反应生成异丙苯，然后用空气氧化为氢过氧化异丙苯，最后用稀硫酸使之分解为苯酚和丙酮。

$$C_6H_6 + CH_3CH{=}CH_2 \xrightarrow[\text{或 } H_2SO_4]{AlCl_3} C_6H_5CH(CH_3)_2 \xrightarrow[0.4\sim0.6\ MPa]{O_2,110\sim120\ ℃}$$

$$\longrightarrow (CH_3)_2C(C_6H_5){-}OOH \xrightarrow{\text{稀 } H_2SO_4} C_6H_5OH + CH_3COCH_3$$

此法最大的优点是原料价廉易得，可以连续生产并能同时获得苯酚和丙酮两种重要的原料，是目前工业上生产苯酚最重要的方法。

4. 重氮盐水解法

$$C_6H_5N_2HSO_4 \xrightarrow[H_2SO_4]{H_2O} C_6H_5OH + N_2\uparrow + H_2SO_4$$

反应物一般用重氮苯硫酸盐，以避免产物酚与重氮盐发生偶合反应和氯苯副产物的生成。

在合成上常通过重氮盐来制备一些不能由磺化、碱熔法制备的酚类。该法虽然工艺复杂一些，但反应条件温和。例如，间氯苯酚不宜用间氯苯磺酸通过碱熔法制备，因为氯原子在碱熔的高温条件下也会被羟基取代。常采用下面的方法来制备。

$$m\text{-}ClC_6H_4NO_2 \xrightarrow{[H]} m\text{-}ClC_6H_4NH_2 \xrightarrow[0\sim5\ ℃]{NaNO_2+H_2SO_4} m\text{-}ClC_6H_4N_2HSO_4 \xrightarrow[H_2SO_4]{H_2O} m\text{-}ClC_6H_4OH$$

七、醚的制备与合成

交流与讨论

自选材料设计合成异丙醚的方案。

1. 醇分子间脱水

在酸（如浓硫酸、芳磺酸或三氟化硼）催化下，醇分子间脱水生成醚。

$$ROH + HOR \xrightarrow[\triangle]{浓\ H_2SO_4} R—O—R + H_2O$$

这是制备低级单醚的方法。

2. 威廉森法合成

$$R—ONa + X—R' \longrightarrow R—O—R' + NaX \quad (R'—X\text{ 不能为叔卤代烃})$$

用威廉森法制备醚时，必须注意原料的选择。伯卤代烷生成醚的产率较好，叔卤代烷在强碱条件下几乎都是消除产物。例如，合成乙基叔丁基醚，需采用卤乙烷与叔丁醇钠反应，而不采用叔丁基卤和乙醇钠反应，因为后者主要得到烯烃。

$$CH_3CH_2Br + (CH_3)_3C—ONa \longrightarrow CH_3CH_2O—C(CH_3)_3 + NaBr$$

$$(CH_3)_3C—Br + CH_3CH_2ONa \longrightarrow CH_3—C(CH_3)=CH_2 + CH_3CH_2OH + NaBr$$

制备芳基醚时，用酚钠和卤代烷，而不用卤代芳烃。因为卤代芳烃非常不活泼。例如：

$$C_6H_5ONa + CH_3CH_2CH_2Br \longrightarrow C_6H_5OCH_2CH_2CH_3$$

$$CH_3CH_2CH_2ONa + C_6H_5Br \longrightarrow \text{不反应}$$

3. 环醚的制备

在催化剂存在下对烯烃进行氧化，相同的反应物随着反应条件的不同，产物也不同。例如，工业上采用银作为催化剂，用空气或氧气氧化，则乙烯 C═C 双键中的 π 键断裂，生成环氧化合物——环氧乙烷。

$$CH_2{=}CH_2 + O_2 \xrightarrow[250\ ℃]{Ag} \underset{\diagdown\ O\ \diagup}{CH_2{-}CH_2}$$

练一练

合成下列化合物（原料自选）。

1. 正丁醚　　2. 甲异丁醚　　3. 苯基苄基醚
4. 苯基烯丙基醚　　5. 苄基叔丁基醚

八、醛的制备与合成

交流与讨论

设计由 1-丁烯出发合成丙醛、丁醛、戊醛的方案。

1. 烯烃的氧化

随着石油化工的迅速发展，由乙烯、丙烯等直接氧化制备醛和酮，已成为重要的方法。例如：

$$CH_2{=}CH_2 + \frac{1}{2}O_2 \xrightarrow[120\sim125\ ℃,1\ MPa]{CuCl_2-PbCl_2} CH_3CHO$$

此法原料价格便宜，且又解决了汞盐催化剂污染环境的问题。

2. 炔烃的水合

在汞盐催化下，炔烃与水生成烯醇，烯醇重排后得到相应的羰基化合物。乙炔水合生成乙醛。其他炔水合生成酮。例如：

$$HC{\equiv}CH + H_2O \xrightarrow[H_2SO_4]{HgSO_4} CH_3CHO$$

3. 醇的氧化或脱氢

由于醛比醇更容易氧化，生成相应的羧酸。因此，用伯醇氧化制醛产率较低，且需要选择合适的氧化剂(如 Cr_2O_3/吡啶)。例如：

$$CH_3CH_2CH_2OH \xrightarrow[\text{吡啶}]{Cr_2O_3} CH_3CH_2CHO$$

工业上将醇的蒸气通过加热的催化剂(铜或银等),也可使伯醇、仲醇脱氢生成相应的醛、酮,这是制备醛、酮的重要方法。例如：

$$CH_3CH_2OH \xrightarrow[\triangle]{Cu} CH_3CHO$$

4. 醛的其他制法

(1) 羟醛缩合反应

$$2CH_3CHO \xrightarrow{\text{稀 } OH^-} CH_3\underset{}{\overset{OH}{\overset{|}{C}}}HCH_2CHO \xrightarrow[\triangle]{-H_2O} CH_3CH{=}CHCHO$$

2-丁烯醛催化加氢,即得正丁醇。

$$CH_3CH{=}CHCHO + 2H_2 \xrightarrow[\triangle]{Ni} CH_3CH_2CH_2CH_2OH$$

这是工业上用乙醛为原料,经羟醛缩合和催化加氢制备正丁醇的方法。

(2) 交叉羟醛缩合　除乙醛外,其他醛经羟醛缩合,所得产物都是在 α-碳原子上带有支链的羟基醛或烯醛。例如：

$$CH_3CH_2C(=O)H + H{-}\underset{CH_3}{\underset{|}{C}}HCHO \xrightarrow{\text{稀碱}} CH_3CH_2\overset{OH}{\overset{|}{C}}H\underset{CH_3}{\underset{|}{C}}HCHO \xrightarrow{\triangle} CH_3CH_2CH{=}\underset{CH_3}{\underset{|}{C}}CHO$$

具有 α-氢原子的酮也能发生类似的缩合反应,但比较困难。

羟醛缩合是一种增加碳原子的反应,在有机合成中具有重要用途。常用来制备 β-羟基醛(酮)和 α,β-不饱和醛或酮。

5. 烯烃的醛基化

α-烯烃与 CO 和 H_2 在催化剂作用下,生成比原烯烃多一个碳原子的醛。这种合成法称为烯烃的羰基合成。常用的催化剂为八羰基二钴。例如：

$$CH_2{=}CH_2 + CO + H_2 \xrightarrow[\text{高温、高压}]{[Co(CO)_4]_2} CH_3CH_2CHO$$

九、酮的制备与合成

交流与讨论

设计由 1-丁烯合成丁酮的方案。

1. 烯烃的氧化

$$CH_3CH=CH_2+\frac{1}{2}O_2\xrightarrow[90\sim125\ ℃,1.1\ MPa]{CuCl_2-PbCl_2}CH_3COCH_3$$

2. 炔烃的水合

$$CH_3CH_2C\equiv CH+H_2O\xrightarrow[H_2SO_4]{HgSO_4}CH_3CH_2\underset{\underset{O}{\|}}{C}CH_3$$

3. 仲醇氧化成酮

$$CH_3CH_2CH_2\underset{\underset{OH}{|}}{C}HCH_3\xrightarrow[H_2SO_4,\triangle]{K_2Cr_2O_7}CH_3CH_2CH_2\underset{\underset{O}{\|}}{C}CH_3$$

4. 芳香烃的酰基化

芳香烃的酰基化是制备芳酮的重要方法，常用的酰基化试剂是酰卤或酸酐。例如：

$$C_6H_6+CH_3CH_2COCl\xrightarrow{AlCl_3}C_6H_5\overset{\overset{O}{\|}}{C}CH_2CH_3+HCl$$

5. 交叉羟醛缩合制备酮

$$C_6H_5-CHO+CH_3\underset{\underset{O}{\|}}{C}CH_3\xrightarrow[\triangle]{10\%NaOH}C_6H_5-CH=CH\underset{\underset{O}{\|}}{C}CH_3$$

练一练

由指定原料合成下列化合物。

1. 由丙酮合成$(CH_3)_2C=CHCOCH_3$。

2. 由正丁醇和甲苯合成$C_6H_5-CH_2-\overset{\overset{O}{\|}}{C}-CH_2-CH_2-CH_3$。

十、羧酸的制备

交流与讨论

设计以苯酚为原料合成对羟基苯甲酸的方案。

1. 氧化法

(1) 烃的氧化

① 烷烃的氧化。高级脂肪烃（如石蜡）加热到 120 ℃和在催化剂硬脂酸锰存在的条件下

通入空气，可被氧化生成多种脂肪酸的混合物。

$$RCH_2CH_2R' + \frac{5}{2}O_2 \xrightarrow[120\ ℃]{\text{硬脂酸锰}} RCOOH + R'COOH + H_2O$$

② 烯烃的氧化。烯烃通过氧化，碳链在双键处断裂得到羧酸。例如：

$$RCH{=\!=}CH_2 + \xrightarrow[H^+]{KMnO_4} RCOOH + CO_2 + H_2O$$

$$RCH{=\!=}CHR + \xrightarrow[H^+]{KMnO_4} 2RCOOH$$

③ 环烯的氧化。环状烯烃通过氧化得到二元羧酸。例如：

$$\text{环己烯} \xrightarrow{KMnO_4, H_2SO_4} HOOC(CH_2)_4COOH$$

④ 芳香烃的氧化。有 α－H 的烷基苯在高锰酸钾、重铬酸钾等氧化剂作用下，不论碳链长短均被氧化成苯甲酸。

$$C_6H_5{-}R \xrightarrow[H^+]{KMnO_4} C_6H_5{-}COOH$$

(2) 伯醇或醛的氧化　伯醇和醛氧化法制羧酸是一种常用的方法。常用的氧化剂有高锰酸钾、重铬酸钾、三氧化铬等。例如：

$$CH_3CH_2CH_2OH \xrightarrow[\text{稀 } H_2SO_4]{K_2Cr_2O_7} \underset{(65\%)}{CH_3CH_2COOH}$$

乙醛空气氧化(或氧气氧化)是工业生产乙酸的方法之一。

$$CH_3CHO + O_2(\text{空气}) \xrightarrow[55\sim60\ ℃]{\text{乙酸锰}} CH_3COOH$$

不饱和醇和醛也可氧化成相应的羧酸，但需要选用相应的弱氧化剂，以避免不饱和键被氧化。例如：

$$CH_3CH{=}CHCHO \xrightarrow{Ag(NH_3)_2OH} CH_3CH{=}CHCOOH$$

(3) 酮的氧化　甲基酮的碘仿反应：

$$R{-}\overset{O}{\overset{\|}{C}}{-}CH_3 \xrightarrow{NaOH + I_2} CHI_3\downarrow + R{-}\overset{O}{\overset{\|}{C}}{-}ONa \xrightarrow{H^+} RCOOH$$

此法可制备比原来的酮少一个碳原子的羧酸。

2. 腈的水解

$$RCN + H_2O \xrightarrow{H^+} RCOOH$$

3. 格氏试剂与 CO_2 作用

$$(CH_3)_3C—OH \xrightarrow{HCl} (CH_3)_3C—Cl \xrightarrow[\text{干醚}]{Mg} (CH_3)_3C—MgCl \xrightarrow[\text{② } H_3O^+]{\text{① } CO_2} \underset{(79\%\sim80\%)}{(CH_3)_3C—COOH}$$

4. 羧酸的其他制法

(1) 羧酸衍生物的水解　羧酸衍生物酰卤、酸酐、酯和酰胺都能发生水解反应生成羧酸。

$$R—\overset{O}{\overset{\|}{C}}—Cl + H—OH \xrightarrow{\text{室温}} R—\overset{O}{\overset{\|}{C}}—OH + HCl$$

$$R—\overset{O}{\overset{\|}{C}}—O—\overset{O}{\overset{\|}{C}}—R' + H—OH \xrightarrow{\triangle} R—\overset{O}{\overset{\|}{C}}—OH + R'COOH$$

$$R—\overset{O}{\overset{\|}{C}}—OR' + H—OH \xrightarrow[\triangle]{H^+\text{或}OH^-} R—\overset{O}{\overset{\|}{C}}—OH + R'OH$$

$$R—\overset{O}{\overset{\|}{C}}—NH_2 + H—OH \xrightarrow[\text{回流}]{H^+\text{或}OH^-} R—\overset{O}{\overset{\|}{C}}—OH + NH_3$$

(2) 康尼扎罗反应

$$2\,C_6H_5—CHO \xrightarrow[\text{② } H^+]{\text{① 浓 NaOH}} C_6H_5—COOH + C_6H_5—CH_2OH$$

十一、胺的制备

交流与讨论

设计由丁酰胺制备丙胺的方案。

1. 硝基化合物的还原

$$C_6H_5—NO_2 \xrightarrow{Fe+HCl} C_6H_5—NH_2$$

2. 氨或胺的烃基化

(1) 氨与卤代烃反应

$$RCH_2X + NH_3 \longrightarrow RCH_2NH_2 + HX$$

反应中使用的卤代烃一般是伯卤代烃，仲卤代烃产率较低，而叔卤代烃与氨发生的主要是消除反应，而不是取代反应。由于卤代芳烃的卤原子不活泼，与氨反应困难，因此制备芳胺一般不用此法。

（2）氨或胺与醇反应　工业上，也常用醇和氨反应制备胺。例如：

$$C_6H_5CH_2OH + NH_3 \xrightarrow[\triangle,加压]{Al_2O_3} C_6H_5CH_2NH_2 + H_2O$$

3. 腈的还原

$$RCN + 2H_2 \xrightarrow{Ni} RCH_2NH_2$$

4. 酰胺的还原

$$R-\overset{\overset{\displaystyle O}{\|}}{C}-NH_2 \xrightarrow{LiAlH_4} RCH_2NH_2$$

5. 酰胺的霍夫曼降解反应

酰胺与次卤酸钠作用，脱去羰基，生成**少一个碳原子的伯胺**。

$$R-\overset{\overset{\displaystyle O}{\|}}{C}-NH_2 + NaOBr \xrightarrow{NaOH} RNH_2$$

主题5　有机化合物的制备技术

有机制备是有机化学中的一项重要内容，它要求由简单的无机化合物和有机化合物通过化学反应合成结构比较复杂的有机化合物，为生产和科研服务。

1. 有机制备反应需注意的问题

（1）熟悉各类有机化合物的重要反应及各官能团之间、链与环之间的相互转化规律。

（2）掌握各类官能团的引进和转化途径及常用的增长或缩短碳链的方法。

（3）掌握在合成中常用的化合物如格氏试剂、环氧乙烷、芳香重氮盐等的性质和用途。

（4）掌握重要的反应规律，如苯环上的取代基的定位规律及不对称烯烃的加成规律等，以解决反应产物的导向问题。

（5）在合成中要注意基团的保护、占位和导向。

（6）要注意重要的反应条件，同样的反应物在不同的条件下，往往得到不同的产物。

（7）当一种化合物有几种不同的合成路线时，应选择反应步骤少、原料价廉易得、操作方便安全、副反应少、易纯化、产率高的合成路线。

(8) 在合成过程中，所用的有机化合物都必须由给定原料制取，或根据题目要求选用基本有机合成原料，无机试剂一般可以任意选用。常用的基本有机合成原料包括甲烷、乙烷、丙烷、“三烯”(乙烯、丙烯、丁二烯)、“三苯”(苯、甲苯、二甲苯)、乙炔、萘、乙醇、乙醛、乙酸、丙酮等。

2. 有机化合物增长或缩短碳链的方法

在合成有机化合物时起始的原料所含的碳架并不一定满足合成产品中碳架的要求，某些情况下需要增长碳链或增加支链，某些情况下需要缩短碳链。在合成过程中必须考虑如何形成新的碳架，以满足合成产品中的结构要求。现将已经介绍过的碳架形成的主要方法列于表 12−1 中。

表 12−1　碳架形成的主要方法

类别	反应	反应式
增长碳链或增加支链	弗里德−克拉夫茨反应	$C_6H_6 + CH_3CH_2X \xrightarrow{无水\ AlCl_3} C_6H_5-CH_2CH_3 + HX$ $C_6H_6 + R-\overset{O}{\overset{\Vert}{C}}-X \xrightarrow{无水\ AlCl_3} C_6H_5-\overset{O}{\overset{\Vert}{C}}-R + HX$
	炔化物的烃化 加 HCN 卤代烃氰解	$RC\equiv CNa + R'X \xrightarrow{液\ NH_3} RC\equiv CR' + NaX$ $HC\equiv CH + HCN \xrightarrow{Cu_2Cl_2-NH_4Cl} H_2C=CH-CN$ $R(H)R'C=O + HCN \longrightarrow R(H)R'C(OH)-CN$ $RX + NaCN \longrightarrow RCN + NaX$
	格氏试剂法	$RMgX \xrightarrow[②\ H_2O,\ H^+]{①\ CO_2} RCOOH$ $RMgX \xrightarrow[②\ H_2O,H^+]{①\ CH_2-CH_2\ (环氧乙烷,\ -O-)} RCH_2CH_2OH$ $RMgX \xrightarrow[②\ H_2O,H^+]{①\ >C=O} R-\overset{\vert}{\underset{\vert}{C}}-OH$
	羟醛缩合	$2RCH_2CHO \xrightarrow{稀\ OH^-} R-CH_2-\underset{OH}{\underset{\vert}{CH}}-\underset{R}{\underset{\vert}{CH}}-CHO$
	乙酰乙酸乙酯法及丙二酸二乙酯法	略

续表

类别	反应	反应式
缩短碳链	烃的氧化	$RCH{=}CHR' \xrightarrow{KMnO_4,H^+} RCOOH+R'COOH$ $RC{\equiv}CH \xrightarrow{KMnO_4,H^+} RCOOH+CO_2+H_2O$ $C_6H_5-CH_2CH_3 \xrightarrow[\triangle]{KMnO_4,H^+} C_6H_5-COOH$
	甲基酮的碘仿反应	$R-\overset{\overset{O}{\|}}{C}-CH_3 \xrightarrow{I_2-NaOH} RCOONa+CHI_3$
	羧酸的脱羧	$R-\overset{\overset{O}{\|}}{C}-CH_2COOH \xrightarrow[\triangle]{KMnO_4,H^+} R-\overset{\overset{O}{\|}}{C}-CH_3+CO_2$
	酰胺的霍夫曼降解反应	$R-\overset{\overset{O}{\|}}{C}-NH_2 \xrightarrow{Br_2-NaOH} RNH_2$

3. 常见有机化合物的制备方法

从起始原料合成已知结构的有机化合物，除了要合成合适的碳架外，还要在碳架指定的位置处，引入所需的官能团。现将各类有机化合物的制备反应列于表 12-2 中。

表 12-2　各类有机化合物的制备反应

起始物质	反应	产物	起始物质	反应	产物
烯烃	$RCH{=}CH_2+H_2 \xrightarrow{Ni} RCH_2-CH_3$	烷烃	炔烃	$R-C{\equiv}CH+H_2 \longrightarrow R-CH{=}CH_2$	烯烃
炔烃	$RC{\equiv}CH+2H_2 \xrightarrow{Ni} RCH_2-CH_3$		醇	$R-\underset{\underset{OH}{\|}}{CH}-CH_3 \xrightarrow{脱水剂} R-CH{=}CH_2$	
羧酸	$R-COOH \xrightarrow[\triangle]{碱石灰} RH+CO_2$		卤代烷	$R-\underset{\underset{X}{\|}}{CH}-CH_3 \xrightarrow[\triangle]{KOH-醇} R-CH{=}CH_2$	
格氏试剂	$RMgX \xrightarrow{H_2O} RH+Mg(X)(OH)$		卤代烷	$R-\underset{\underset{X}{\|}}{CH}-\underset{\underset{X}{\|}}{CH_2} \xrightarrow[\triangle]{KOH-醇} R-C{\equiv}CH$	炔烃
醛、酮	$>C{=}O \xrightarrow[HCl]{Zn-Hg} >CH_2$ $>C{=}O \xrightarrow[二甘醇,\triangle]{H_2NNH_2\cdot H_2O,KOH} >CH_2$			$R-C{\equiv}CNa+R'X \longrightarrow R-C{\equiv}CR'+NaX$	

续表

起始物质	反应	产物
烷烃	$RH+X_2 \longrightarrow RX+HX(X=Cl,Br)$	卤代烃
烯烃	$RCH{=}CHR' \xrightarrow{HX} RCH_2—CHR'$（X 连于 CHR'）	
	$RCH{=}CHR' \xrightarrow{X_2} R—CH(X)—CH(X)—R'$	
炔烃	$RC{\equiv}CR' \xrightarrow{HX} RCH{=}CR'$（X 连于 CR'）	
	$RC{\equiv}CR' \xrightarrow{X_2} RC(X){=}CR'(X)$	
芳香烃	$C_6H_5—CH_3 \xrightarrow[FeCl_3]{Cl_2}$ 邻-$ClC_6H_4—CH_3$ $+$ $Cl—C_6H_4—CH_3$（对位）	
	$C_6H_5—CH_3 \xrightarrow[光]{Cl_2} C_6H_5—CH_2Cl$	
小环烷烃	$\triangle + Br_2 \longrightarrow BrCH_2CH_2CH_2Br$	
	$\triangle + HBr \longrightarrow CH_3CH_2CH_2Br$	
醇	$ROH \xrightarrow{HX} RX$（或与 $SOCl_2$，PX_3 作用）	
卤代烃	$RX \xrightarrow{OH^-,H_2O} ROH$	醇
	$RX \xrightarrow{Mg} RMgX \longrightarrow$ 进一步合成各种醇	
醛	$RCHO \xrightarrow{LiAlH_4} RCH_2OH$	
酮	$R_2CO \xrightarrow{LiAlH_4} R_2CHOH$	
酯	$RCOOR' \xrightarrow{LiAlH_4} RCH_2OH$	
烯烃	$RCH{=}CH_2 \xrightarrow[H_3PO_4]{H_2O} RCH(OH)—CH_3$	
	$RCH{=}CH_2 \xrightarrow{H_2SO_4} \xrightarrow{H_2O} RCH(OH)—CH_3$	

起始物质	反应	产物
卤代烃	$RX+NaOR' \longrightarrow R—O—R'$	醚
醇	$2ROH \xrightarrow{脱水} R—O—R'$	
炔烃	$CH{\equiv}CH \xrightarrow[Hg^{2+}]{H_2O} CH_3CHO$	醛、酮
	$RC{\equiv}CH \xrightarrow[Hg^{2+}]{H_2O} R—C(=O)—CH_3$	
烯烃	$RCH{=}CH_2 \xrightarrow[[Co(CO)_4]_2]{CO+H_2}$ RCH_2CH_2CHO；$RCH(CH_3)CHO$	
醇	$RCH_2OH \xrightarrow[\triangle]{Cu 或 Ag} RCHO$	
	$R_2CHOH \xrightarrow{氧化} R_2CO$	
醛	$2CH_3CHO \xrightarrow{稀 OH^-} \xrightarrow[\triangle]{-H_2O} CH_3CH{=}CHCHO$	
芳香烃	$C_6H_6 + RC(=O)—Cl \xrightarrow{AlCl_3} C_6H_5—C(=O)—R + HCl$	
烯烃	$RCH{=}CH_2 \xrightarrow{KMnO_4,H^+} RCOOH$	羧酸
芳香烃	$C_6H_5—R \xrightarrow{KMnO_4,H^+} C_6H_5—COOH$	
醇	$RCH_2OH \xrightarrow{K_2Cr_2O_7} RCOOH$	
醛	$RCHO+O_2$(空气) $\xrightarrow[\triangle]{醋酸锰} RCOOH$	
腈	$RCN \xrightarrow{H_2O} RCOOH$	
卤代烃	$RX \xrightarrow[绝对乙醚]{Mg} RMgX \xrightarrow{CO_2} \xrightarrow{H_2O} RCOOH$	
羧酸衍生物	酰卤、酸酐、酯、酰胺水解生成羧酸	
卤代烃	$RX+NH_3 \longrightarrow RNH_2$(合成各种胺)	胺
腈	$RCN+2H_2 \xrightarrow{Ni} RCH_2NH_2$	
酰胺	$RCONH_2+NaOX+NaOH \longrightarrow RNH_2$	
硝基化合物	$C_6H_5—NO_2 \xrightarrow{Fe+HCl} C_6H_5—NH_2$	

4. 常见基团的保护

在有机合成过程中往往要考虑到某些官能团也会受到反应试剂或反应条件的影响发生副反应，甚至影响整个合成过程。如被氧化或还原、遇酸碱而变化、受热容易分解等，所以必须采取对某些基团的“保护性”措施，完成后再除去保护基，使基团复原，这叫作**基团的保护**，它对合成复杂的化合物尤其重要。

被用作保护性的基团(简称保护基)，必须具备下列条件：

① 保护基必须容易引入到被保护的基团上；

② 除被保护的基团外，对其他基团不产生影响；

③ 保护基引入后，被保护基团的结构在其他试剂进攻时，在反应过程中不发生变化；

④ 完成保护作用后，在较温和条件下易于复原，除去保护基时也不影响分子中其他的基团。

(1) 氨基($—NH_2$)的保护　当进行硝化、卤代等反应时，往往采取下列方法，对氨基进行保护。

① 乙酰化。

$$—NH_2+CH_3COCl \longrightarrow —NHCOCH_3+HCl$$

$$—NH_2+(CH_3CO)_2O \longrightarrow —NHCOCH_3+CH_3COOH$$

② 对$—NR_2$及$—NH_2$均可加H^+质子化，形成$-N^+R_3$及$—NH_3^+$(对氧化剂稳定)而进行保护。

(2) 羟基(—OH)的保护　当进行氧化反应或遇碱等，通常采用转化成无活性氢的化合物来保护羟基。

① 醚化反应。

$$—OH \longrightarrow —OR \quad (对\ RMgX、还原剂、氧化剂、碱稳定)$$

② 酯化反应。

$$—OH \longrightarrow —OCOR \quad (对氧化剂、酸稳定)$$

(3) 羰基($\rangle C=O$)的保护　羰基，尤其是醛基(—CHO)，在进行氧化反应或遇碱时，通常采用生成缩醛(或缩酮)的反应进行保护。

$$—CHO+2ROH \xrightarrow{干\ HCl} —CH(OR)_2+H_2O$$

$$\underset{R'}{\overset{R}{\rangle}}C=O + \begin{matrix} HO—CH_2 \\ | \\ HO—CH_2 \end{matrix} \longrightarrow \underset{R'}{\overset{R}{\rangle}}C\begin{matrix} O—CH_2 \\ | \\ O—CH_2 \end{matrix}$$

(4) 羧基(—COOH)的保护　当遇到高温或碱性试剂时，常用酯化反应保护羧基。

$$-COOH + ROH \xrightarrow{H^+} -COOR + H_2O$$

（对RCOCl稳定）

其他还有如—C═C—、—C≡C—、—CN 等基团，有时也需要保护，可根据具体情况及它们的特性对它们加以适当保护。

在有机合成中还涉及基团的占位和导向问题。在化合物的合成过程中，有时为了防止化合物某一位置上引入不需要的基团，反应前要先用某一特定基团将此位置占据，反应后再把此基团去掉，这叫作**占位**或**阻位**。占位基团必须容易引入指定的位置，在占位期间不参与化学反应，完成占位作用后能顺利消去。常用的占位基团有$—SO_3$和$—NO_2$。

还有一种情况，如在合成芳香族化合物时，由于定位效应的影响，不能用直接的方法把所需基团引入指定位置，可采取措施，先引入一个合适的基团，使其发挥定位作用，最后再把它去掉，这叫作**基团的导向**。

5. 有机合成路线的设计和选择

有的合成题比较简单，不需要用“切断法”和“倒推法”，只要对被合成物的结构加以分析，就可得出适当的合成方法，这要根据具体情况而定。

设计和选择有机化合物的合成路线，应从以下几个方面考虑。

① 首先分析被合成物的分子结构特征，并与给定原料进行对比，初步确定该合成物分子在合成时是需要增长碳链或增加支链，还是缩短碳链。

② 对于复杂的合成反应，可将被合成物分子用“切断法”把它分成几部分，再用“倒推法”从产物倒推到原料。

③ 碳架建立后，往往需要选用适当的方法，在适当的位置引入所需要的官能团。在合成设计中，若能通过官能团的转化不仅建立碳架，同时又引入所需的官能团，这无疑是最合理的合成路线。

④ 从合成方向检查，对各条可能的合成路线进行分析，筛选出一条最佳的合成路线。

下面举几个例子加以说明。

例 12-1　由甲苯制备间溴甲苯。

解析：此题不能用甲苯直接溴化或者溴苯直接甲基化的反应，只能通过间接方法来制取产物。合成此化合物的关键是引入一个比甲基强得多的邻对位定位基，而且这个基团在溴代后能容易地被除去。$—NHCOCH_3$符合这个要求，它经甲苯硝化、还原和乙酰化而被引入甲基的对位，通过水解、重氮化和还原而将其除去。

合成路线如下：

$$C_6H_5CH_3 \xrightarrow[\text{浓}H_2SO_4]{\text{浓}HNO_3} p\text{-}CH_3C_6H_4NO_2 \xrightarrow{Fe+HCl} p\text{-}CH_3C_6H_4NH_2 \xrightarrow{(CH_3CO)_2O} p\text{-}CH_3C_6H_4NHCOCH_3 \xrightarrow{Br_2}$$

$\xrightarrow{}$ (4-甲基-2-溴乙酰苯胺, $NHCOCH_3$) $\xrightarrow[OH^-]{H_2O}$ (4-甲基-2-溴苯胺, NH_2) $\xrightarrow[0\sim5℃]{NaNO_2/HCl}$ ($N_2^+Cl^-$) $\xrightarrow{H_3PO_2}$ (间溴甲苯)

在上述反应中，$—NHCOCH_3$ 起了导向作用，可称为**导向基团**。

例 12-2　由苯制备 1,2,3-三溴苯。

解析：此题不能用苯直接溴化，只能通过间接方法来制备产物。首先在苯环上引入一个强邻对位定位基，进行溴代时使它两个邻位都引入溴原子，它在完成定位作用后，又可转变为溴原子，只有氨基较适合，因为氨基不仅是强邻对位定位基，而且可通过重氮盐再转变为溴原子。为了阻挡溴原子进入氨基的对位，必须在引入氨基后，紧接着引入一个占位基，进入氨基的对位，然后再溴代，硝基是较适合的占位基，它完成占位作用后，可通过氨基再转变为重氮盐而被除去，氨基在硝化时易被氧化，可采用乙酰化反应来保护氨基。

参考合成路线如下：

苯 $\xrightarrow[浓 H_2SO_4]{浓 HNO_3}$ (NO_2) $\xrightarrow{Fe+HCl}$ (NH_2) $\xrightarrow{(CH_3CO)_2O}$ ($NHCOCH_3$) $\xrightarrow[乙酸]{HNO_3}$

$\longrightarrow$ ($NHCOCH_3$, NO_2) $\xrightarrow[OH^-]{H_2O}$ (NH_2, NO_2) $\xrightarrow{Br_2, H_2O}$ (Br, NH_2, Br, NO_2) $\xrightarrow[0\sim5 ℃]{NaNO_2/HBr}$

$\longrightarrow$ (Br, N_2Br, Br, NO_2) $\xrightarrow[\triangle]{CuBr/HBr}$ (Br, Br, Br, NO_2) $\xrightarrow{Fe/HCl}$ (Br, Br, Br, NH_2) $\xrightarrow[0\sim5 ℃]{NaNO_2/H_2SO_4}$

$\longrightarrow$ (Br, Br, Br, N_2HSO_4) $\xrightarrow{H_3PO_2}$ (Br, Br, Br)

例 12-3　以乙醇为原料制取丁酸。

解析：丁酸($CH_3CH_2CH_2COOH$)比原料乙醇(CH_3CH_2OH)增加了两个碳原子。此题可用“倒推法”推出合成路线。

丁酸可由丁醇及丁醛氧化得到：

$$\underset{(A)}{CH_3CH_2CH_2CH_2OH} \xrightarrow{[O]} CH_3CH_2CH_2COOH \xleftarrow{[O]} \underset{(B)}{CH_3CH_2CH_2CHO}$$

给定原料是 C_2H_5OH，因此把倒推的中间产物从中间切断，然后再进行倒推：

方法(A)：

$$CH_3CH_2 + CH_2CH_2OH \longleftarrow CH_3CH_2CH_2CH_2OMgBr \longleftarrow$$

$$\longleftarrow CH_3CH_2MgBr \longleftarrow CH_3CH_2Br \longleftarrow CH_3CH_2OH$$

$$CH_3CH_2OH \longrightarrow CH_2=CH_2 \longrightarrow \underset{\diagdown\ O\ \diagup}{CH_2—CH_2}$$

方法(B)：

$$CH_3CH_2CH_2CHO \longleftarrow CH_3CH_2CH_2CH(OC_2H_5)_2 \longleftarrow$$

$$\longleftarrow CH_3CH=CH—CH(OC_2H_5)_2 \longleftarrow CH_3CH=CHCHO \longleftarrow$$

$$\longleftarrow CH_3\underset{}{CH}(OH)CH_2CHO \longleftarrow CH_3CHO \longleftarrow C_2H_5OH$$

方法(A)和方法(B)均可使用，现以方法(B)为例写出其合成路线：

$$CH_3CH_2OH \xrightarrow{[O]} CH_3CHO \xrightarrow{稀\ OH^-} CH_3CH(OH)CH_2CHO \xrightarrow{\triangle} CH_3CH=CHCHO \xrightarrow[干\ HCl]{C_2H_5OH}$$

$$\longrightarrow CH_3CH=CHCH(OC_2H_5)_2 \xrightarrow[Ni]{H_2} CH_3CH_2CH_2CH(OC_2H_5)_2 \xrightarrow[H^+]{H_2O} CH_3CH_2CH_2CHO \xrightarrow[H^+]{K_2Cr_2O_7} CH_3CH_2CH_2COOH$$

参考 references 文献

[1] 张法庆.有机化学.4版.北京:化学工业出版社,2021.

[2] 张良军,孙玉泉.有机化学.北京:化学工业出版社,2009.

[3] 高等职业教育化学教材编写组.有机化学.6版.北京:高等教育出版社,2022.

[4] 许新,刘斌.有机化学.2版.北京:高等教育出版社,2011.

[5] 高琳.基础化学.5版.北京:高等教育出版社,2021.

[6] 高职高专化学教材编写组.有机化学实验.5版.北京:高等教育出版社,2020.

[7] 王建梅,刘晓薇.化学实验基础.3版.北京:化学工业出版社,2022.

[8] 袁红兰,丁敬敏.有机化合物及其鉴别.2版.北京:化学工业出版社,2022.

[9] 冯骏材.有机化学.北京:科学出版社,2012.

[10] 齐欣,高鸿宾.有机化学.2版.天津:天津大学出版社,2011.

[11] 鲁崇贤,杜洪光.有机化学.2版.北京:科学出版社,2009.

[12] 唐伟方,芦金荣.有机化学.南京:东南大学出版社,2010.

[13] 徐寿昌.有机化学.2版.北京:高等教育出版社,2014.

[14] 汪小兰.有机化学.5版.北京:高等教育出版社,2017.

[15] 郭书好,李毅群.有机化学.北京:清华大学出版社,2007.

[16] 邬瑞斌.有机化学.2版.北京:科学出版社,2010.

[17] 曾昭琼.有机化学(下册).4版.北京:高等教育出版社,2004.

[18] 陈洪超.有机化学.5版.北京:高等教育出版社,2014.

[19] 周志高,初玉霞.有机化学实验.3版.北京:化学工业出版社,2011.

[20] 刘湘,刘士荣.有机化学实验.3版.北京:化学工业出版社,2020.

[21] 广东工业大学轻工化工学院有机教研组.有机化学实验.北京:化学工业出版社,2007.

[22] 吉卯祉,梁久来,黄家卫.有机化学实验.2版.北京:科学出版社,2008.

[23] 徐雅琴,杨玲,王春.有机化学实验.北京:化学工业出版社,2010.

[24] 马军营.有机化学实验.北京:化学工业出版社,2007.

[25] 崔玉.有机化学实验.北京:科学出版社,2009.

[26] 罗冬冬.有机化学实验.北京:化学工业出版社,2012.

[27] 滕巧巧,姜艳.有机化学实验.3版.北京:化学工业出版社,2020.

[28] 杨定乔.有机化学实验.北京:化学工业出版社,2011.

[29] 张敏,陈杰,黄培刚,等.有机化学实验.上海:上海大学出版社,2012.

郑重声明

读者意见反馈

为收集对教材的意见建议，进一步完善教材编写并做好服务工作，读者可将对本教材的意见建议通过如下渠道反馈至我社。

咨询电话　400-810-0598

反馈邮箱　gjdzfwb@pub.hep.cn

通信地址　北京市朝阳区惠新东街4号富盛大厦1座

高等教育出版社总编辑办公室

邮政编码　100029

责任编辑：苗叶凡

高等教育出版社　高等职业教育出版事业部　综合分社

地　　址：北京市朝阳区惠新东街4号富盛大厦1座19层

邮　　编：100029

联系电话：010-58556582

E-mail：miaoyf@hep.com.cn

高教社高职化学化工教育教师QQ群：149057920

（申请配套教学课件请联系责任编辑）